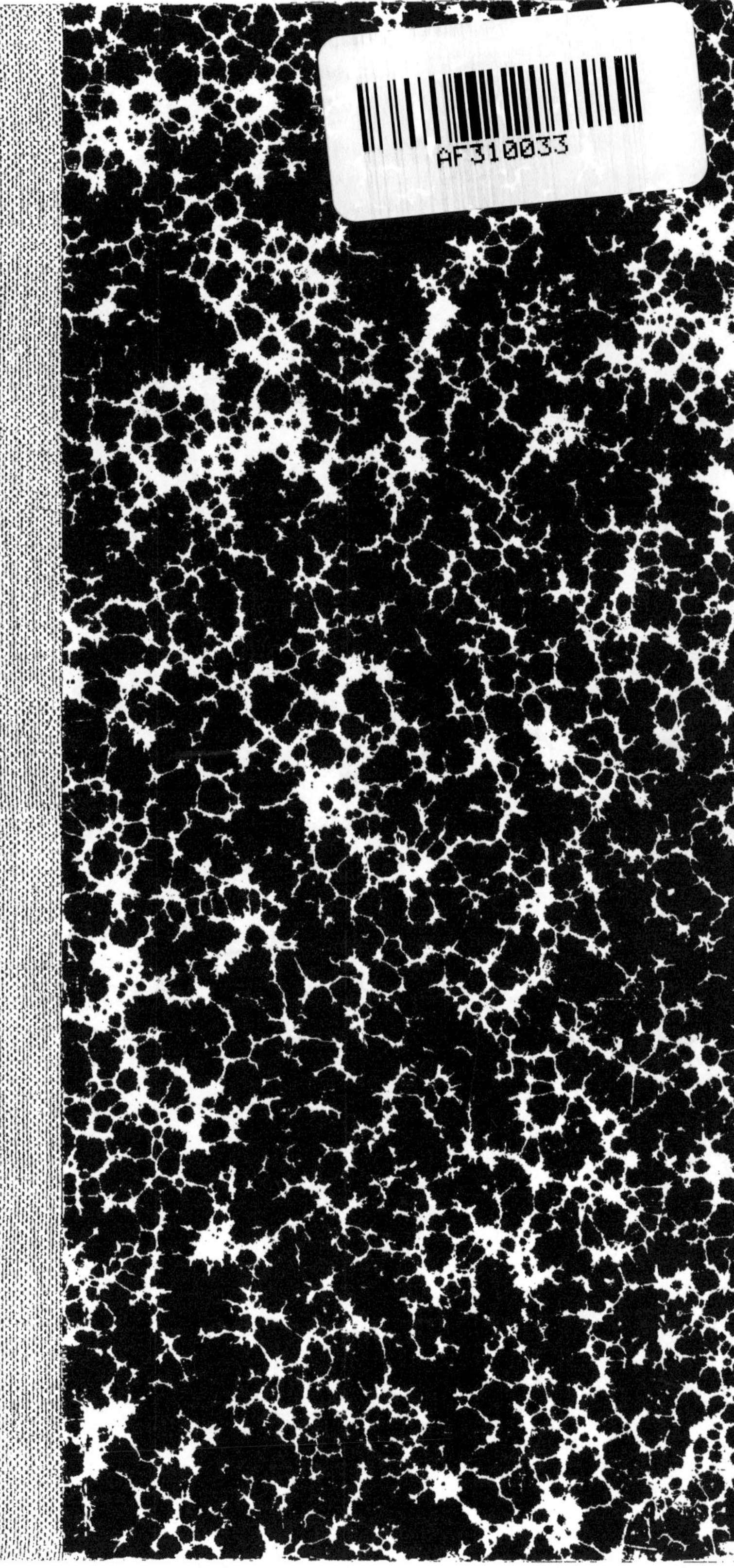

AF310033

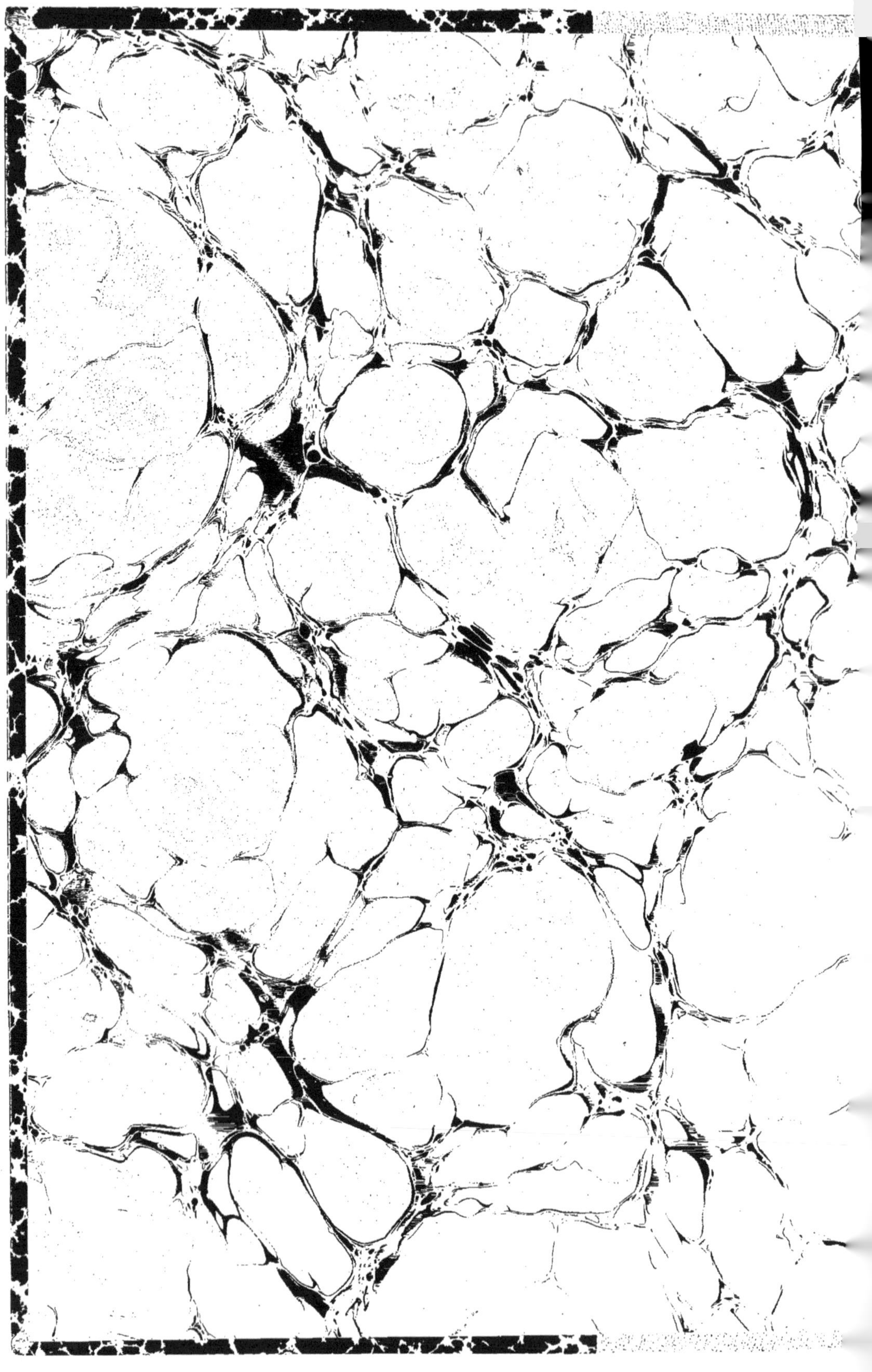

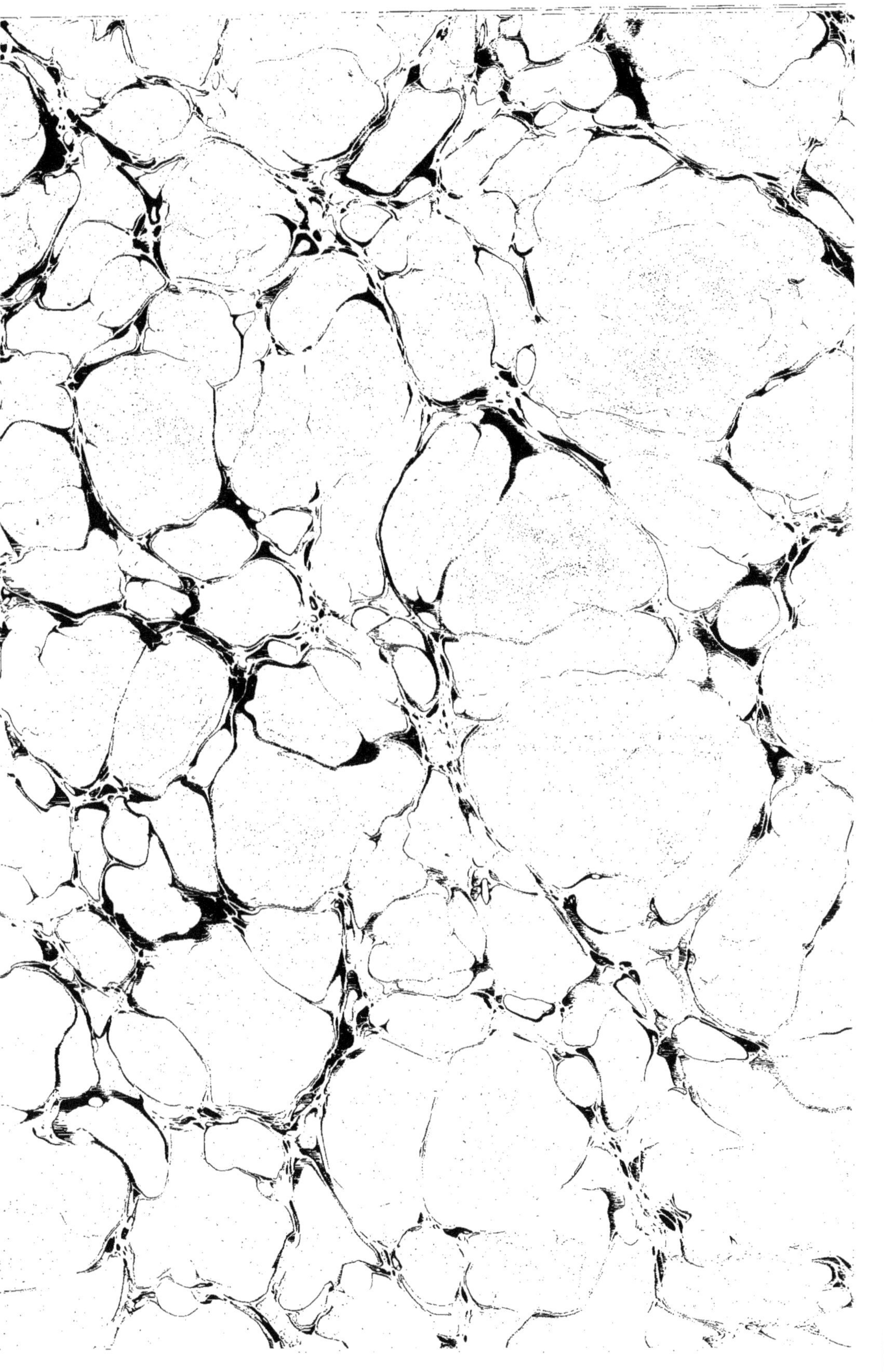

CONGRÈS DES DEPUTÉS

PROJETS DE LOI PRÉSENTÉS PAR LE MINISTRE DES FINANCES

M. RAIMUNDO FERNANDEZ VILLAVERDE

dans la Séance du Congrès du 17 Juin 1899

PRIX : DIX FRANCS

PARIS

GUILLAUMIN ET Cⁱᵉ

Éditeurs du *Journal des Économistes*

14, rue Richelieu, 14

1899

Budgets Espagnols

CONGRÈS DES DÉPUTÉS

PROJETS DE LOI PRÉSENTÉS PAR LE MINISTRE DES FINANCES

M. RAIMUNDO FERNANDEZ VILLAVERDE

dans la Séance du Congrès du 17 Juin 1899

PARIS

—

GUILLAUMIN ET Cie

Editeurs du *Journal des Economistes*

14, rue Richelieu, 14

—

1899

BUDGETS ESPAGNOLS

BUDGETS ESPAGNOLS

CONGRÈS DES DÉPUTÉS

Projets de Loi présentés par le Ministre des Finances,

M. RAIMUNDO FERNANDEZ VILLAVERDE

dans la séance du Congrès du 17 Juin 1899

I
BUDGET GÉNÉRAL DE L'ÉTAT
pour l'année économique 1899 - 1900

AUX CORTÈS

Le ministre soussigné n'a pas besoin d'insister, auprès de la représentation nationale, sur les difficultés inhérentes aux deux grands problèmes économiques que les Cortès sont appelées à résoudre dans la première partie de cette législature, à savoir, d'une part, la liquidation et la régularisation des charges énormes que les guerres coloniales ont laissées au pays, et, d'autre part, l'établissement des budgets des recettes et des dépenses de l'exercice 1899-1900, lesquels doivent être à la fois la synthèse de cette liquidation, et la base inébranlable de notre relèvement économique, en même temps que du double avenir de nos finances et de notre crédit. Décidé comme il l'est à s'exprimer en toute sincérité, à ne rien céler et à proposer, après un mûr examen, les mesures financières qu'il considère comme propres à assurer les résultats qu'il se propose, le gouvernement de Sa Majesté va immédiatement vous faire connaître l'étendue des sacrifices représentés par les dépenses extraordinaires qui ont déjà été faites, le montant des ressources spéciales au moyen desquelles les besoins ont été couverts, le chiffre auquel s'élève le service de la dette publique créée sous diverses formes, ainsi que la nature et l'importance des garanties qui ont aidé à la création de ces valeurs.

Du commencement de l'insurrection cubaine, jusqu'au 31 mars dernier, le Ministère des Colonies a payé les sommes suivantes :

Matériel de guerre et transport des troupes...... P.	219.414.694 72
Matériel naval............	109.006.125 69
Dépenses des divers ministères en rapport avec la guerre................	1.766.152 18
Frais de campagne : remises, acquit de traites et dépenses faites au débit du budget cubain..........	1.072.524.665 27
Dette cubaine, pensions de retraite, frais de transport et autres dépenses ordinaires acquittées pour le budget cubain.........	68.124.345 76
Intérêts, change, service des obligations émises sur la garantie des douanes et autres dépenses financières	300.750.849 11
Avances aux familles des officiers de toutes classes de l'armée de Cuba......	20.631.757 75
Coût et installation du dock flottant du port de la Havane.................	4.050.872 40
Total des dépenses payées pour Cuba...	1.796.269.462 91
Traites tirées sur Londres par le gouverneur général de Puerto-Rico...........	7.097.493 55

PHILIPPINES

Matériel de guerre et transport des troupes........	29.916.250	58
Matériel naval et transports.	9.101.006	92
Dépenses des divers ministères................	266.550	»
Frais de campagne : remises et traites du gouverneur général................	68.107.051	55
Intérêts et changes........	13.107.960	79
Avances aux familles des officiers de toutes classes de l'armée des Philippines..................	3.542.063	90
Dette, pensions de retraite et autres dépenses ordinaires acquittées au débit du budget des Philippines.	41.947.373	98
Total des dépenses payées pour les Philippines.	165.988.257	72
Total général des trois totaux ci-dessus...	1.969.355.214	48

Pour faire face à ces obligations, le Ministre des Colonies a eu recours aux opérations suivantes :

VENTE DE BILLETS HYPOTHÉCAIRES DE CUBA

Billets de l'émission de 1886 : produit net.............	28.924.484	20
Billets de l'émission de 1890.	138.710.544	»
Total........	167.635.028	20
Produit des obligations émises sur la garantie des Douanes...........	370.933.982	34
Souscription nationale.....	23.000.000	»
Surtaxes des impôts.......	27.924.641	70
Total........	589.493.652	24

RESSOURCES DE TRÉSORERIE

Escompte de billets souscrits à l'ordre du Directeur du Trésor et endossés par celui-ci à la Banque d'Espagne......	1.113.472.776	47
Escompte de billets par divers................	65.000.000	»
Escompte de billets par la Cie Transatlantique......	6.807.010	67
Rentrées et remboursements................	43.613.393	21
Remises de Cuba et d'autres caisses................	12.783.910	48
Agio sur le change.......	24.458.013	19
Total.........	1.266.135.104	05
Totaux partiels pour Cuba et Puerto-Rico..	1.855.628.756	31

PHILIPPINES

Négociation d'obligations hypothécaires.............	140.657.180	»
Agio sur la frappe de la monnaie d'argent et le change	14.013.353	64
Total...........	154.670.533	64
Total général pour les trois colonies....	2.010.299.289	95

Pour garantir les prêts, il a fallu avoir recours aux valeurs en portefeuille et à celles dont les lois ont autorisé l'émission. Dans la première catégorie, il n'y a que les billets hypothécaires de Cuba dont la Banque d'Espagne et la Banque Hispano-Coloniale détiennent en ce moment un nombre équivalant nominalement à 411.658.000 piécettes. Voici, du reste, quelle est la situation de ces valeurs :

ÉMISSION 1886

Valeur nominale des billets émis............... P.	620.000.000	»
Billets amortis...........	34.250.000	»
En circulation	585.750.000	»

ÉMISSION 1896

Billets en circulation	391.558.000	»
— amortis...........	22.200.000	»
— remis en gage......	411.658.000	»
— en portefeuille......	49.584.000	»
Total de l'émission.	875.000.000	»

Les nouvelles émissions ont consisté : d'abord en deux ampliations des obligations du Trésor sur les produits des Douanes, de 200 millions chacune, soit en tout 400 millions, dont voici la situation :

En portefeuille............	16.604.500	»
Obligations amorties........	96.900.000	»
En garantie à la Banque d'Espagne................	286.495.500	»
Total..........	400.000.000	»

Plus tard, on a émis les délégations suivantes :

Sur les produits des Tabacs..	95.000.000	»
Sur les produits du Timbre ..	50.000.000	»
Sur les Octrois (consumos)...	80.000.000	»
Total..........	225.000.000	»

Ces valeurs sont toutes à la Banque d'Espagne en garantie de prêts, moins une somme de 1.751.567 piécettes 54, qui a été annulée par suite de la réduction du billet accompagnant les garanties.

Enfin, il y a eu deux émissions de mille millions de piécettes chacune en 4 0/0 intérieur consolidé, dont le bilan est comme suit :

En dépôt à la Banque d'Espagne en garantie de prêts faits soit par la Banque, soit par d'autres et représenté par des billets à ordre......... 1.101.180.000 »

En dépôt à la Banque Hypothécaire............ 136.436.000 »

En portefeuille au Trésor.. 762.384.000 »

Total.......... 2.000.000.000 »

Nous avons vu que le montant total des opérations de Trésorerie s'élève à 2.010.299.289 95, mais il n'y a pour le moment à se préoccuper de l'intérêt et de l'amortissement que des valeurs ci-dessous dénommées :

1° Les Billets de Cuba 1886 et 1890;

2° Les obligations des Douanes réduites à 291.600.000 piécettes ;

3° Les billets à l'ordre de la Banque d'Espagne et de divers, pour 1.185.279.787 14;

4° Les obligations hypothécaires des Philippines, montant à 198.300.000 piécettes.

En outre, nous ferons observer :

1° Qu'il y a encore des créances coloniales pendantes de conversion, à savoir :

En amortissable à 1 et 3 0/0, pour.................P. 1.689.500 »

En annuités à 1 et à 3 0/0, pour.................P. 528.125 »

Total.............. 2.217.625 »

2° Qu'il existe, pour un total présumé de 260.000.000 de piécettes, des obligations reconnues ou déjà échues causées soit en frais de campagne, soit en charges ordinaires des budgets coloniaux, qu'il y aura lieu de payer plus tard et dont quelques-unes ont déjà même été soldées depuis le 31 mars dernier;

3° Que l'on devra désormais comprendre dans les prévisions du budget de l'État les chapitres suivants des anciens budgets coloniaux :

a. Intérêts de la dette de 3 millions à 5 0/0 reconnue au profit des États-Unis.....................P. 150.000 »

b. Charges de Justice (cens).P. 37.000 »

c. Pensions de retraites...P. 16.000.000 »

d. Frais du corps diplomatique et consulaire à la charge du budget des Philippines et frais des Consulats dans nos anciennes colonies........P. 290.350 »

e. Solde des officiers de toute classe réintégrés dans l'armée de la péninsule...........P. 23.000.000 »

f. Solde des officiers et matelots de la flotte qui se trouvent dans le même cas.....P. 4.125.000 »

g. Solde des ingénieurs agronomes et des ingénieurs des mines rapatriés............. 78.000 »

h. Subvention postale de la Compagnie Transatlantique inscrite aux budgets de Cuba, de Puerto-Rico et des Philippines....................P. 3.830.000 »

i. Frais de la section ministérielle chargée à l'avenir des affaires d'outre-mer........P. 180.250 »

j. Assignation en faveur de Fernando-Poo portée au débit du budget des Philippines..P. 354.114 »

En vue des ces observations, on peut résumer ainsi le montant effectif et nominal de la dette qui incombe à l'Espagne par suite de la perte de ses colonies, et celui des intérêts et de l'amortissement qui y correspondent :

1° *Capital effectif de la dette.*

Billets souscrits par le Ministre des Colonies....P. 1.185.279.787 14

Dette flottante à créer en représentation des créances en souffrance....... 260.000.000 »

Total.......... 1.445.279.787 14

2° *Capital nominal.*

Dette cubaine antérieure à 1882................P. 2.217.625 »

Billets cubains 1886....... 585.750.000 »

— 1890....... 394.558.000 »

Obligations des Philippines. 394.558.000 »

Obligations des Douanes... 291.600.000 »

Total.. .... 1.469.425.625 »

3° *Annuités pour intérêts et amortissement.*

Dette cubaine antérieure à 1882................P. 108.810 »

Billets cubains 1886....... 39.196.000 »

— 1890....... 21.958.377 »

Obligations des Philippines. 13.292.000 »

— des Douanes... 61.257.262 50

Billets du Ministère des Colonies............... 62.200.356 97

Dette reconnue au profit des États-Unis............. 150.000 »

Charges de Justice....... 37.000 »

Pensions de retraites...... 16.000.000 »

Dépenses à la charge du Ministère d'État... ..... 290.350 »

A *reporter*....... 214.490.156 47

Report..........	214.490.156	47
Solde des officiers de l'armée de terre rapatriés..	23.000.000	»
Solde des marins et matelots rapatriés..........	4.125.000	»
Appointements des ingénieurs rapatriés et subvention de la Compagnie Transatlantique........	3.907.440	»
Dépenses de la section administrative d'outre-mer.	180.250	»
Dotation de la colonie de Fernando-Poo.........	354.114	»
Intérêts à 5 0/0 de 260 millions de dette flottante à créer..	13.000.000	»
Total.....	259.056.960	47

Ainsi les guerres coloniales, la guerre étrangère et la perte par l'Espagne de sa souveraineté sur les colonies, auront eu, au point de vue financier, les conséquences que nous allons énumérer :

1° Une nouvelle dette flottante de plus de 1.445 millions de piécettes qui, même après déduction faite des 119 millions de piécettes représentant les 20 millions de dollars reçus du gouvernement des Etats-Unis conformément au Traité de Paris, s'élèvera encore à plus de 1.326 millions ;

2° Une autre dette amortissable montant à 1.469.425.625 piécettes ;

3° Comme résultat final, une charge annuelle de 252.797.560 piécettes 47 pour le budget national, en raison des intérêts et de l'amortissement de la dette ainsi que des dépenses surérogatoires.

Ces chiffres symbolisent le pénible sacrifice et l'effort héroïque de volonté qui s'imposent pour arriver à une solution permettant de compter, à brève échéance, sur une situation financière normale. Cependant, nous avons de nouvelles allégations à produire pour préciser les bornes de ce futur problème. Si à cette nouvelle charge de 252 millions, on ajoute le déficit habituel du budget de l'Etat, on trouve qu'il s'agit de faire face, en dehors des lourdes allocations ordinaires, à une somme de 300 millions, somme à laquelle il faut subvenir, soit en réduisant les dépenses des services publics, soit en créant de nouvelles ressources, de façon à maintenir la juste proportion qui doit exister entre la dette publique et le produit des contributions ou autres prévisions permanentes du Trésor, le tout en mettant la plus grande somme possible d'équité dans la répartition, sur toutes les classes de la nation, des nouvelles charges à créer.

Il ne faut pas oublier que le fardeau dont nous venons d'écrire les chiffres effrayants, vient peser sur un budget qui se solde en déficit depuis 1850. L'Intervention générale de l'Etat en résumant les tableaux de notre statistique budgétaire, estimait naguère l'excédent des dépenses sur les recettes à 80 millions par an pour la période comprise entre 1850 et 1891. Depuis lors, la situation s'est améliorée, mais le déficit n'a pas disparu, comme on va le voir :

1° Budget ordinaire (dépenses)

1890-91	835.546.050 76	Déficit :	76.768.323 59
1891-92	832.273.934 67	—	74.729.566 47
1892-93	778.400.074 87	—	58.356.586 89
1893-94	707.621.423 39	Superavit :	14.331.114 89
1894-95	780.242.373 44	Déficit :	25.249.339 74
1895-96	803.448.751 47	—	37.425.879 73
1896-97	808.955.458 96	Superavit :	13.455.787 67
1897-98	849.402.225 64	Déficit :	45.455.321 24
1898-99	929.753.766 40	—	47.152.487 09

2° Budget extraordinaire (dépenses)

1890-91	22.717.971 77	Superavit :	12.282.020 23
1891-92	40.384.064 15	—	15.615.935 85
1892-93	48.994.231 »	—	1.005.769 »
1893-94	38.180.754 75	—	11.819.245 25
1894-95	13.554.633 09	Déficit :	13.554.633 09
1895-96	15.267.712 37	—	15.267.712 39
1896-97	69.393.235 01	—	3.621.778 78
1897-98	46.569.743 78	—	36.358.167 43
1898-99	46.679.658 38	—	36.294.378 54

3° Balance sur les deux budgets

1890-91	Déficit :	64.486.295 36
1891-92	—	59.113.630 62
1892-93	—	47.350.817 89
1893-94	Superavit :	26.150.360 14
1894-95	Déficit :	38.803.972 83
1895-96	—	52.693.592 12
1896-97	Superavit :	9.831.009 09
1897-98	Déficit :	101.813.488 69
1898-99	—	83.146.845 63

Pendant la seconde moitié de ce siècle on est arrivé à combler le déficit avec des ressources extraordinaires de tout genre, vente des biens de main-morte, aliénation des propriétés de l'Etat, emprunts, liquidations de caisses spéciales, et toutes les combinaisons imaginables d'opérations de crédit. Aujourd'hui, toutes ces ressources extraordinaires sont épuisées et on ne saurait demander d'en chercher de nouvelles à un ministre qui, fidèle à ses convictions économiques, se propose de résoudre le problème en posant résolument les bases d'une politique financière d'équilibre fondée sur l'augmentation du produit des impôts, au moyen d'une administration énergique et clairvoyante, ouvrant au besoin de nouvelles sources de revenus publics, afin de donner aux recettes l'élasticité féconde que rend nécessaire l'accroissement des obligations de l'Etat.

La tâche est difficile, mais elle n'est pas impossible, car ni le déficit du budget, ni la situation générale des finances ne procèdent de l'affaiblissement de la richesse publique dont le développement incessant forme un véritable contraste avec la pénurie du Trésor.

Si l'Espagne est inférieure en éléments de progrès matériel à d'autres nations, en raison du peu de densité de sa population, du manque de bras pour le travail, de son régime hydrologique, de la nature de la plus grande partie de son territoire, de la cherté des capitaux et des autres facteurs indispensables de la production industrielle et même de la production agricole, on ne saurait nier qu'elle possède dans son sol et surtout dans son sous-sol, dans le travail de ses habitants et dans sa richesse croissante, de grandes ressources qui peuvent, en peu de temps, modifier les conditions actuelles de son infériorité et l'amener à un état de prospérité enviable.

Il n'y a donc lieu ni de se décourager des malheurs récents, ni de désespérer de remédier aux maux de l'Etat, si on étudie la puissance de nos forces productives et si on demande à la richesse acquise de supporter la perte qui, en équité, y incombe dans les charges publiques. Aujourd'hui que la guerre, la perte de nos possessions coloniales, le déficit et la stagnation des revenus publics ont détruit la proportion qui doit exister entre les recettes et les dépenses budgétaires, la richesse publique et la richesse particulière, il faut rétablir ce double équilibre. Nous devons donc marcher à ce but d'un pas rapide et ferme, en assurant un ensemble de recettes annuelles suffisantes à couvrir tous les besoins du Trésor et susceptibles de s'accroître en proportion directe de l'accroissement de la richesse publique. Il est certain toutefois que l'on ne doit pas attendre l'équilibre cherché, uniquement du budget des recettes, étant donnée l'importance du déficit à combler. Il faut donc opérer sur les dépenses publiques de grandes réductions qui, comme l'opinion le réclame, doivent atteindre les intérêts de la dette publique. En modifiant ces obligations, afin d'en assurer l'accomplissement, les Cortès devront y mettre toute la prudence nécessaire, de même que le gouvernement a longuement étudié cette question délicate de façon à ne pas violer les principes d'équité, tout en faisant passer par dessus toute autre considération, l'intérêt suprême du Crédit public. On verra dans les exposés des motifs qui accompagnent chacun des projets de loi ci-joints, les moyens que le ministre se propose d'employer pour arriver à l'équilibre budgétaire et les raisons sur lesquelles il se fonde pour en espérer le succès.

On fera connaître maintenant les résultats de la liquidation définitive du budget de 1897-98, ceux de la liquidation probable du budget 1898-99, la situation des budgets extraordinaires, et le bilan de l'actif et du passif du Trésor.

LIQUIDATION DÉFINITIVE
du Budget 1897-98

Le compte général de l'exercice 1897-98, soumis à l'examen et au jugement des Cortès, est accompagné du certificat du Tribunal des Comptes. Cette formalité à laquelle il n'a pas été dérogé depuis 1893-94, n'a pas permis d'inclure dans le projet du Budget, la balance provisoire du dernier exercice. Voici d'abord les chiffres correspondant à la liquidation de l'année fiscale 1897-1898.

DÉPENSES

Crédits ouverts par le décret du 28 juin 1897, mettant en vigueur pour cette année le Budget de l'exercice 1896-97.P. 854.581.558 50

1° Ampliations prévues par les lois.

Dette publique.............	30.314.917 99
Pensions de retraites........	4.575.774 85
Ministère de Grâce et Justice.	476.043 34
Ministère de la Guerre.......	629.262 74
Ministère de la Marine.......	176.628 34
Ministère de Fomento	704.115 17
Ministère des Finances	7.182.103 93
Frais à l'occasion des impôts et revenus publics........	5.693.308 68
Total...............	49.752.655 06

2° Solde des crédits de l'exercice 1896-97 transférés à l'exercice 1897-1898.

Ministère de la Guerre.......	1.197.220 72
Ministère de la Marine.......	52.881 41
Ministère de l'Intérieur	60.980 29
Total...............	1.311.082 42

3° Crédits supplémentaires.

Ministère d'Etat............	60.000 00
Ministère de Grâce et Justice.	709.570 24
Ministère de la Guerre.......	10.400.981 »
Ministère de l'Intérieur.......	503.488 77
Ministère de Fomento.......	5.646.000 »
Recouvrement des impôts ...	1.689.515 »
Total........	19.009.555 01

4° *Crédits extraordinaires.*

Dette publique..............	15.337.556 25
Présidence du Conseil......	111.488 88
Ministère d'Etat............	258.559 66
Ministère de Grâce et Justice.	134.743 »
Ministère de l'Intérieur......	892.603 »
Ministère de Fomento.......	520.000 »
Ministère des Finances......	1.772.090 44
Total.............	19.027.041 23

5° *Exercices clos*

Maison royale	262.500 »
Dette publique............ .	12.256.065 36
Charges de Justice..........	51.197 47
Présidence du Conseil.......	8.475 75
Ministère d'Etat............	790.528 78
Ministère de Grâce et Justice.	660.219 74
Ministère de la Guerre... ..	2.193.032 54
Ministère de la Marine.......	1.657.580 95
Ministère de l'Intérieur	651.351 12
Ministère de Fomento	701.324 81
Ministère des Finances......	610.026 41
Frais de recouvrement des impôts..................	1.091.068 48
Total.............	20.933.371 41
Résumé des totaux partiels...	964.615.263 63
A déduire pour annulation de crédits.................	294.382 78
Montant net	964.320.880 85
Tantièmes communaux sur la contribution foncière et les patentes...............	29.394.727 53
Total général des dépenses du Budget 1897-98...........	993.715.608 38

RECETTES

Suivant le détail approuvé par le décret du 28 juin 1897.......... P.	869.437.280 24
Recettes Supplémentaires :	
Contributions des biens de l'Etat................	166.394 91
Droits de douane sur le matériel des travaux publics.	1.117.649 61
Impôt spécial sur la poudre.	74.488 03
10 0/0 sur les usages des forêts................	973.368 66
Remboursement des frais de garde rurale...........	466.043 45
Subventions des tribunaux supprimés qui ont été rétablis................	344.606 10
Part dans la vente des biens des corporations........	441.578 73
A *reporter*.......	873.021.409 73

Report..........	873.021.409 73
Vente d'édifices publics et soulte d'échanges.......	1.372 66
Vente d'édifices de la Guerre.............,.......	256.394 45
Vente d'édifices de la Marine................	96.531 63
Recouvrements de contributions arriérées...... ...	54.399.029 15
Tantièmes communaux sur les contributions foncières et les patentes.........	33.586.401 93
Total........	961.361.139 55

PRÉVISIONS LÉGISLATIVES EN FIN D'EXERCICE

Dépenses	993.715.608 38
Recettes................	961.361.139 55
Excédent des dépenses....	32.554.468 83

RÉSUMÉ
Dépenses

Crédits ouverts :

Exercice 1898-99..........	943.387.509 44
Exercices clos...........	20.933.371 41
Tantièmes communaux....	29.394.727 53
Total........	993.715.608 38
Obligations liquidées......	928.688.380 07
Payements réalisés...... .	897.473.290 53

Différences en moins :

Sur les obligations liquidées.................	65 027.228 31
Sur les payements réalisés.	96.242.317 85

Recettes
Prévisions Budgétaires

Exercice courant.........	873.375.708 47
Exercices clos...........	54.399.029 15
Tantièmes municipaux.....	33.586.401 93
Total........	961.361.139 55
Droits liquidés...........	906.675.972 89
Encaissements effectués...	832.140.974 55
Encaissements supérieurs aux prévisions.........	29.459.507 30
Différence entre certains encaissements et les prévisions correspondantes...	158.679.672 30

Quoique le produit des tantièmes communaux sur les contributions foncières et les patentes soit additionné avec le principal de ces contributions, ce produit constitue un véritable dépôt, puisque le Trésor en est en même temps débité au profit des communes ; il convient donc de considérer la situation budgétaire en dehors de cette non-valeur, ainsi que nous allons le faire :

Dépenses liquidées

Exercice 1897-98	878.360.281 13
Exercices clos	20.933.371 41
Total	899.293.652 54

Recettes liquidées

Exercice 1897-98	818.690.541 81
Exercices clos	54.399.029 15
Total	873.089.570 96
Différence en moins sur les recettes	26.204.081 58

Dépenses payées

Exercice 1897-98	848.468.854 23
Exercices clos	20.933.371 41
Total	869.402.225 64

Recettes effectuées

Exercice 1897-98	749.547.875 23
Exercices clos	54.399.029 15
Total	803.946.904 38
Différence en moins sur les payements effectués	65.455.321 16

Conclusion :

1° Les valeurs liquidées ont été inférieures aux droits reconnus, de ....P. 26.204.081 58

2° Les payements effectués pour l'exercice 1897-98 ont dépassé les recettes dudit exercice de ....P. 98.920.979 »

3° Pour les exercices clos, les recettes ont dépassé les payements, de ....P. 33.145.657 74

Déficit final de l'exercice 1897-1898 .... 65.455.321 26

LIQUIDATION PROBABLE
du Budget 1898-99

La loi du Budget du 28 juin 1898 a établi pour l'année 1898-99, les prévisions suivantes :

Dépenses ....P.	868.479.422 50
Recettes	865.816.890 »
Excédent de recettes	2.662.532 50

Il convient d'ajouter à cette somme les ampliations autorisées par la loi, ainsi que les crédits supplémentaires et extraordinaires déjà ouverts ou restant à ouvrir. La situation s'établit donc ainsi :

DÉPENSES

Loi de finances	868.479.422 50

AUGMENTATIONS

1° Ampliations.

Dette d'Etat	7.500.000 »
Dette du Trésor	3.000.000 »
Pensions de retraites	1.000.000 »
Ministère de la Guerre	520.100 35
— de Fomento	694.288 01
— des Finances	2.200.000 »
Frais à l'occasion des contributions	517.766 20

2° Crédits extraordinaires et supplémentaires déjà ouverts

Ministère d'Etat	231.137 16
— de Grâce et Justice	1.048.198 50
— de la Guerre	42.159.678 »
— de l'Intérieur	1.328.757 »
— de Fomento	811.850 »
— des Finances	301.676 33
Frais de recouvrements des impôts	1.704.000 »

3° Crédits de la même catégorie à ouvrir jusqu'à la fin de l'exercice.

Ministère d'Etat	408.276 40
— de Grâce et Justice	150.012 97
— de la Guerre	600.000 »
— de la Marine	2.905.465 »
— de l'Intérieur	175.500 »
— de Fomento	6.120.887 »
Frais à l'occasion des contributions	687.000 »

4° Solde de crédits permanents

Ministère de la Guerre	52.227 97
— de la Marine	177.509 77
— de l'Intérieur	99.782 39

5° Exercices clos.

Payements liquidés jusqu'au 31 mars	25.207.730 85
Payements à liquider	1.750.000 »
Total	969.831.266 40

RECETTES

Prévisions budgétaires	865.816.890 »

SUPPLÉMENTS

Contributions des biens de l'Etat	133.494 97
Droits de douane sur le matériel des travaux publics	517.766 20
10 0/0 sur les produits des forêts	989.592 53
A reporter	867.457.743 70

Report............	867.457.743 70
Remboursement des frais de garde rurale.............	471.796 67
Vente d'édifices et d'objets réformés du ministère de la Guerre.................	514.456 11
Ventes de même nature du ministère de la Marine.....	107.885 44
Produits des exercices clos au 31 mars............	46.895.220 18
Produits de cette catégorie à recevoir avant la fin de l'exercice...............	3.000.000 »
Total.............	918.447.102 10

Résultat des prévisions budgétaires

Dépenses............... .	969.831.266 40
Recettes................	918.447.102 10
Excédent des dépenses......	51.384.164 30

Résumé

Crédits ouverts par la loi du Budget.................	868.479.422 50
Ampliations dérivant de la loi ou autorisées par des lois spéciales................	15.761.674 69
Crédits supplémentaires et extraordinaires............	58.632.438 36
Total.............	942.873.535 55
Exercices clos.............	26.957.730 85
Total général......	969.831.266 41
Obligations probables de l'exercice..................	956.566.266 40
Excédents des crédits.......	13.245.000 »
Payements effectués pendant les neuf premiers mois de l'exercice............. .	598.264.241 75
Payements à effectuer pendant le dernier trimestre.......	331.489.524 65
Total des payements probables	929.753.766 40
Solde restant à payer en fin d'exercice...............	26.812.500 »

Recettes

Prévisions budgétaires......	865.816.890 »
Augmentations............	2.734.991 92
Total.............	868.551.881 92
Exercices clos.............	49.885.220 18
Total général......	918.447.102 10
Droits qui seront liquidés au cours de l'exercice........	952.453.779 31

Encaissements effectués pendant les neuf premiers mois	689.512.498 94
Encaissements à effectuer pendant le dernier trimestre..	193.088.780 37
Total.............	882.601.279 30
Sommes restant à toucher en fin d'exercice............	69.852.500 »

Nous n'avons pas compris dans cet état la perception des taxes de guerre qui s'est élevée à piécettes : 35.523.704 55, attendu que ces recettes ont été servies directement au ministère des Colonies.

Comparaison

PRÉVISIONS

Dépenses................	969.831.266 40
Recettes................	918.447.102 10
Excédent de dépenses.......	51.384.164 39

OBLIGATIONS ET DROITS RECONNUS

Dépenses................	956.566.266 40
Recettes................	952.453.771 31
Excédent de dépenses.......	4.112.487 09

Opérations effectives.

Dépenses............	929.753.766 40
Recettes................	881.601.279 31
Excédent des dépenses ou déficit...............	47.152.487 09

Opérations pendantes.

De recouvrements.........	69.852.500 »
De payements............	26.812.500 »
Excédent des recouvrements à effectuer sur les payements à faire..........	43.040.000 »

BUDGET EXTRAORDINAIRE
créé par la loi du 7 juillet 1888 et modifié par celle du 14 juillet 1891.

Il a été donné fréquemment dans les documents qui accompagnent chaque année le projet de budget, d'amples explications sur l'emploi des sommes dont le budget extraordinaire a été doté pour la construction de l'escadre par la loi du 7 juillet 1888, ainsi que sur la destination de ces ressources à d'autres obligations en vertu des lois des 14 juillet 1891, 30 juin 1892 et 5 août 1893 ; cependant, afin de faciliter l'étude de la question, nous allons rappeler ici ce qui, dans cette question, a quelque rapport avec le budget 1898-99 et avec celui du prochain exercice. En conformité avec la loi du 12 janvier 1887, celle du 7 janvier 1888 a accordé 171 millions de piécettes pour le matériel naval et on a consacré à cette dépense les 84 millions de l'avance consentie par la Compagnie fermière des Tabacs en vertu de la Convention approuvée par ordonnance royale du 27 avril 1888. Plus tard, la loi du 14 juillet 1891 a astreint la Banque d'Espagne à une avance de 150 millions. Sur cette somme, on a prélevé 87 millions pour le matériel naval, le reste ayant été absorbé par le matériel de la guerre, les subventions de chemins de fer et d'autres besoins du ministère de Fomento. Nous allons faire connaître à quelles années économiques ont correspondu ces opérations multiples :

MINISTÈRE DE LA MARINE

Versements de la Compagnie des Tabacs :

Exercice 1888-89	33.000.000	»
— 1889-90	10.000.000	»
— 1890-91	35.000.000	»
— 1891-92	6.000.000	»

Versements de la Banque d'Espagne :

Exercice 1891-92	25.000.000	»
— 1892-93	28.000.000	»
— 1893-1894	34.000.000	»
Total	171.000.000	»
A déduire en vertu de la loi du 30 juin 1892	991.768	»
Reste net	170.008.232	»

MINISTÈRE DE LA GUERRE

Versements de la Banque d'Espagne :

Exercice 1891-92	8.000.000	»
— 1892-93	6.000.000	»
— 1893-94	2.000.000	»
Total	16.000.000	»
A déduire en vertu de la loi du 30 juin 1892	6.017.418	»
Reste net	9.982.582	»

MINISTÈRE DE FOMENTO

Versements de la Banque :

Exercice 1891-92	17.000.000	»
— 1892-93	16.000.000	»
— 1893-94	14.000.000	»
Total	47.000.000	»
A déduire en vertu de la loi du 30 juin 1892	566.723	»
Reste	46.433.277	»
A déduire en vertu de la loi du 5 août 1893	12.608.849 56	
Reste net	33.824.427 44	

Récapitulation de la destination du crédit de 234 millions :

Ministère de la Marine	170.008.232	»
Ministère de la Guerre	9.982.582	.»
Ministère de Fomento	33.824.427	44
Prélèvements pour parfaire le payement des intérêts de la Dette à l'Etranger :		
Loi du 30 juin 1892	7.575.999	»
Loi du 5 août 1893	12.608.849	56
Total	234.000.000	»

EMPLOI

Payements effectués :

Marine	169.637.932	23
Guerre	9.973.423	66
Fomento	33.748.229	64
Dette publique	20.173.655	26

Soldes disponibles :

Marine	370.299	77
Guerre	9.158	40
Fomento	76.197	80
Dette publique	11.403	30
Total	234.000.000	»

BUDGET EXTRAORDINAIRE
créé par la loi du 30 août 1896.

La loi du 28 juin 1898 a augmenté de 18 millions le crédit de 72 millions, ainsi porté à 90, ouvert au ministère de la Marine dans le budget extraordinaire créé par la loi du 30 août 1896, modifiée par celle du 10 juin 1897 ; en même temps, la période budgétaire dans laquelle ce budget devait se mouvoir, était élevée de six à huit ans, et le montant en était fixé à 209 millions 423.917 piécettes, ainsi réparties :

Ministère de la Guerre	57.175.578	»
— de la Marine	90.000.000	»
Subventions de chemins de fer	62.248.239	»
Total	209.423.917	»

Pour couvrir cette dépense, on accumula les ressources suivantes :

Solde d'une avance consentie en vertu de la loi du 30 août 1896, par la Compagnie fermière des Tabacs, remboursée du prêt effectué antérieurement	31.070.232	»
Négociation de valeurs garanties par les produits des mines d'Almaden (loi du 28 juin 1898)	90.000.000	»
Produit de l'impôt provisoire sur le trafic créé par la loi du 30 août 1896	88.353.685	»
Total	209.423.917	»

Ces ressources sont les mêmes que celles qui avaient été créées par les lois de 1896 et de 1898 pour subvenir aux besoins des budgets des années ci-dessus, sauf certaines modifications dans la forme de l'opération de crédit projetée avec la garantie des mines d'Almaden. Pour des motifs que le gouvernement d'alors a fait connaître dans les projets de budgets de 1897-98 et de 1898-99, on n'a pas pu faire usage pendant les trois dernières années de l'autorisation précitée pour trouver des fonds sur la garantie des mines en question. Privé de cet élément, le budget extraordinaire n'a pu compter que sur ses deux autres assignations. Il a donc bénéficié de 31.070.232 piécettes reçues de la Compagnie fermière des Tabacs comme différence entre les 60 millions de l'avance faite en conformité de la loi du 30 août 1896 qui a prorogé son contrat, et les 28.929.768 piécettes formant alors le solde en sa faveur des 84 millions qu'elle avait fournis pour l'escadre en vertu de la loi du 7 juillet 1888. Quant au rendement de l'impôt provisoire sur le trafic du mouvement des voyageurs et des marchandises, lequel avait été évalué à 12 millions par an, il a perdu les 2 millions que le Ministère des Colonies devait verser chaque année. Cependant, comme les dépenses péremptoires du budget extraordinaire ne comportaient pas de remise, il y a été pourvu pour 1896-97 et 1897-98, aussi bien que pour 1898-99, au moyen des ressources de la dette flottante.

Les sommes remises aux services intéressés, ont été réparties comme suit :

Guerre.

1896-97	10.000.000	»
1897-98	24.500.000	»
1898-99	15.000.000	»

Marine.

1896-97	62.000.000	»
1897-98	10.000.000	»
1898-99	18.000.000	»

Chemins de fer.

1896-97	15.000.000	»
1897-98	15.000.000	»
1898-99	15.000.000	»
Total	184.500.000	»

Solde disponible.

Guerre	7.675.678	»
Chemins de fer	17.248.249	»
	209.423.917	»

On verra par l'état ci-dessous quels ont été les payements effectués de ce chef en 1896-97

et 1897-98, et pendant les neuf premiers mois de 1898-99, ainsi que l'importance des ressources dont on a disposé à cet effet :

DÉPENSES

1896-97

Compagnie des Tabacs, solde de l'avance de 1888	28.929.768	»
Ministère de la Guerre	2.701.062	80
— de la Marine	21.657.901	98
Subventions des chemins de fer	13.523.111	75
Total	68.811.844	53

1897-98

Guerre	11.210.097	52
Marine	26.448.784	71
Chemins de fer	8.167.117	61
Total	45.825.999	84

1898-99 (neuf mois)

Guerre	18.952.851	»
Marine	10.653.282	99
Chemins de fer	5.369.707	63
Total	34.975.841	62

Payements faits à l'étranger à régulariser :

Guerre	231.335	51
Marine	13.790.664	43
Total	14.021.999	94
Total général des totaux partiels	161.635.685	93

Détail par services :

Compagnie fermière des Tabacs	28.829.768	»
Guerre	33.095.346	83
Marine	72.550.634	11
Chemins de fer	27.059.936	99
Total	161.635.685	93

Si on compare les payements effectués aux crédits ouverts, on constate comme restés sans emploi :

Guerre	16.404.653	17
Marine	17.449.365	89
Chemins de fer	17.940.063	01
Total	51.794.082	07

RECETTES

1896-97

Prêt de la Compagnie des Tabacs	60.000.000	»
A reporter	60.000.000	»

Report............ 60.000.000 »
Impôt provisoire sur le trafic, y compris 240.000 piécettes, part contributive de Puerto-Rico dans dans les deux millions que devait verser le Ministère des Colonies..... 5.771.456 23

Total.......... 65.771.456 23

1897-1898

Impôt provisoire sur le trafic.................. 10.211.576 35

1898-99 (neuf mois)

Impôt provisoire sur le trafic................... 7.328.358 01

Total général...... 83.311.390 62

Comparaison

Dépenses................. 161.625.685 93
Recettes................. 83.311.390 62
Excédent des dépenses.. 78.324.295 31

Situation du Trésor au 31 mars 1899

ACTIF

Existences effectives :

Solde du compte du Trésor. 3.601.556 77
Espèces en province, à l'étranger, à la monnaie et dans les administrations de Loteries........ 14.634.661 13
Réserve à la Banque pour les intérêts de la dette.. 61.454.622 87
Réserve à la Banque par les obligations des Douanes. 17.637.419 21
Payements faits à l'étranger à régulariser.......... 49.970.658 74
Payements faits au Maroc à régulariser............ 1.247.431 83
Bons de différents Ministères pour droits de Douanes................. 2.612.652 10

Avances remboursables :

Aux provinces et aux communes................. 5.513.430 04
Aux victimes des inondations de 1861........ 266.272 69
Aux corporations civiles à compte sur les intérêts afférents aux inscriptions de rentes qui leur sont dues pour vente de leurs biens................. 5.988.382 30

A reporter....... 161.927.087 08

Report............ 161.927.087 08
Aux instituteurs pour le compte des communes... 1.493.295 73
Aux audiences pour frais de justice................ 218.125 01
Aux caisses de Cuba et de Santo-Domingo........ 42.766.542 53
Aux caisses de Puerto-Rico.................. 3.378.518 42
Aux caisses des Philippines................ 28.232.150 86
A divers comptes........ 6.824.167 92
Révolutions et détournements................. 6.335.333 »

Total.......... 255.175.220 60

Solde représentant les *déficits* antérieurs........ 471.355.713 83

Total général..... 726.530.934 43

PASSIF

Dette flottante :

Obligations du Trésor... 542.998.500 »
Billets du Trésor....... 29.216.706 87

Dépôts :

Députations provinciales et communes :
Intérêts de leurs inscriptions de rente.......... 7.534.759 74
Juntes des travaux des ports................. 1.855.819 89
Recours en Cassation...... 94.745 37
Masses des détenus....... 90.009 36
Dépôts judiciaires......... 254.685 83
Saisies................... 282.419 04
Mines................... 215.522 15
Payeurs................. 5.107.367 41
Corporations civiles....... 9.268.045 58
Dépôts administratifs pour solde de contributions... 2.699.914 96
Provisions pour les dépenses de l'instruction primaire............... 242.612 97
Consignations de frais de poursuite.............. 420.277 09
Consignations pour débits d'acheteurs de biens nationaux................ 458.471 81
Dépôts pour adjudications. 80.318 04
Dépôts en garantie de l'impôt sur les tombolas..... 39.949 11
Dépôts divers............ 6.277.989 69
Participants aux revenus publics................. 16.192.028 53
Caisse supprimée du Ministère de la Justice....... 143.612 89
Caisse des Dépôts, solde en sa faveur.............. 103.049.178 »

Total.......... 726.530.934 43

PROJET DE BUDGET
pour 1899-1900

Le calcul des dépenses publiques, variables suivant les époques et les circonstances, a forcément pour point de départ les chiffres de l'exercice antérieur, quand l'expérience en a démontré la convenance. Pour le moment, ce qui prévaut, c'est la nécessité de réduire les dépenses au strict nécessaire et le gouvernement, bien qu'il n'ait pas encore réalisé toutes les réductions que comporte la réorganisation des services publics, présente le budget du prochain exercice avec des économies considérables, masquées malheureusement souvent par d'indispensables accroissements de dépenses. Une autre règle pour évaluer exactement le montant des dépenses publiques, est la considération des crédits supplémentaires auxquels on a dû avoir recours par suite de l'insuffisance des crédits originaires. Si ces suppléments reviennent dans différents budgets, c'est évidemment que les estimations étaient insuffisantes.

Le gouvernement est persuadé qu'il doit à la nation la vérité sur ses obligations et il n'a pas hésité à en donner le chiffre sans aucune restriction. C'est à cette sincérité qu'il faut faire remonter la raison d'être des augmentations inscrites dans quelques-unes des sections du projet du budget de 1899-1900, augmentations qui couperont court aux crédits supplémentaires et par suite aux opérations qui altèrent l'économie de tous les calculs, et engendrent ou tout au moins accroissent le déficit.

Il a fallu tout d'abord accepter comme obligations budgétaires de l'Etat, toutes celles qui procèdent de services rendus à la nation dans nos ex-possessions coloniales, soit qu'elles se rapportent au personnel actif ou passif des services civils et militaires, soit qu'elles représentent des factures de transport ou toute autre nature de service.

C'est en s'inspirant de ces idées fondamentales, c'est-à-dire de l'urgence de faire des économies, de la loyauté des évaluations et de la nécessité inéluctable d'accepter les obligations nouvelles qui incombent au pays, que l'on a rédigé les budgets partiels des dépenses.

Obligations générales de l'Etat

Les sections 1 et 2, *Maison royale* et *Corps Colégislatifs* conservent les crédits fixés pour le chef de l'Etat, par la loi fondamentale et pour les Corps Colégislatifs par le budget 1898-99, sauf toutefois ce que les susdits Corps Colégislatifs en décideront.

Pour ce qui est de la troisième section, *dette publique*, le ministre soussigné s'en réfère à ce qu'il en dit dans l'exposé des motifs du projet de loi spécial qu'il soumet synchroniquement aux Cortès en vue de la liquidation de la dette. Comme on le verra, il résulte de ces arrangements une augmentation de 28.687.204 piécettes 36 centimes sur les crédits afférents à l'exercice 1898-99.

Les *charges de justice* qui forment la quatrième section sont, par rapport au budget antérieur, en augmentation de piécettes : 25.526 77, balance des extinctions et de l'inscription de 37.000 piécettes provenant du budget de Cuba et retombant sur celui de la Péninsule.

Enfin la section 5, — *classes passives*, — apparaît avec une augmentation de 9.926.159 piécettes, la perte des colonies laissant au budget de l'Etat la charge des pensions inscrites aux budgets coloniaux. Comme il s'agit d'anciens serviteurs de l'Etat, l'obligation de les payer ne saurait être discutée. Cependant le gouvernement a tenté de réduire cette grosse charge, et toutes les pensions dépassant 1.000 piécettes ont été diminuées de la bonification dont jouissaient les titulaires pour leur temps de service colonial, afin d'arriver à mettre ces derniers au même rang que les retraités péninsulaires de la même catégorie, conformément au décret royal du 4 avril dernier. Sur les piécettes : 16.829.225, montant de ce chapitre, on a ainsi obtenu une économie de P. 6.903.066,50 et le total du chapitre IV reste fixé à P. 71.675.889.

Obligations des départements ministériels

PREMIÈRE SECTION
Présidence du Conseil des Ministres

Le projet de budget que nous analysons, présente ici une différence en moins de 168,000 piécettes, obtenue en vertu du décret royal du 29 mars dernier, au moyen de la suppression de douze places de conseillers d'Etat, mesure adoptée par le gouvernement afin de réaliser toutes les économies compatibles avec la bonne marche des services jusqu'à ce qu'une loi spéciale ait réorganisé ce corps consultatif. Les appointements des places supprimées montent à 180,000 piécettes et les 12.000 qui forment un écart entre ce chiffre et l'économie réalisée, ont servi à doter des services qui l'étaient insuffisamment.

DEUXIÈME SECTION
Ministère d'Etat

Le budget des dépenses de ce département offre une nouvelle preuve de la volonté du gouvernement de faire des économies. En effet, le budget des Philippines contribuait pour 497.000 piécettes aux frais de la réprésentation diplomatique et consulaire de l'Espagne dans l'Extrême-Orient.

Quoique la perte des Philippines ait amoindri les exigences de ce service dans ces parages, il n'est pas possible d'y renoncer complètement avec des nations de l'importance politique et commerciale de la Chine et du Japon. Dans cet ordre d'i lée, il faut donc un crédit de 151.500 piécettes qui avec 138.850 nécessaires pour établir des consulats, dans nos anciennes colonies, font 290.350 piécettes qui viennent à nouveau grever le budget.

Malgré cela le projet du budget du ministère d'Etat se présente avec une économie de 181.629 p. 08, obtenue sur les cadres des ambassades, des consulats, et de l'interprétation des langues, avec quelque réduction corrélative sur divers chapitres du matériel, ainsi qu'il résulte du budget lui-même.

TROISIÈME SECTION
Ministère de Grâce et Justice

Le budget de ce ministère accuse une diminution de 294.731 p. 08, réalisée tout en dotant l'administration centrale des crédits nécessaires pour régulariser le service d'inspection des registres mercantiles, de la propriété et du notariat, pour rédiger la statistique de ces registres et former un nouvel *index* des testaments.

La réduction eût été plus grande si les derniers arrangements paroissiaux n'avaient pas empêché de réaliser les économies correspondantes, avec les vacances que se réservent les diocèses, conformément au Concordat, vacances dont le Trésor a désormais perdu le bénéfice.

QUATRIÈME SECTION
Ministère de la Guerre

Les crédits demandés pour l'exercice 1899-1900, dépassent de 28.400.017 piécettes ceux de 1898-99. Cette importante augmentation est rendue indispensable par la nécessité de payer la solde des généraux, chefs et officiers, provenant des colonies et par la convenance de procéder à quelques réformes dans l'organisation de l'armée. Durant l'exercice 1898-99, il a fallu afin de subvenir aux besoins des généraux, chefs et officiers rapatriés, ouvrir des crédits supplémentaires d'une valeur de 42.759.678 piécettes. Cette importante augmentation était donc prévue et il est impossible de s'y soustraire puisque la nation doit accepter toutes les charges auxquelles subvenaient autrefois les budgets respectifs de Cuba, de Puerto-Rico et des Philippines.

CINQUIÈME SECTION
Ministère de la Marine

Les obligations de ce département ministériel, comme pour celui de la Guerre, sont de celles qui se sont accrues par suite de la perte des colonies.

La solde du personnel qui prêtait ses services dans ces régions lointaines, les frais des navires qui y remplissaient leur mission et qui ont été rapatriés tels que la *Infanta Isabel, Isabel II,* le *Conde de Venadito, Alphonse XIII,* le *Nautilus,* la *Giralda* et autres, cette solde et ces frais, disons-nous, constituent des obligations qu'il n'est pas possible d'éluder.

Solde du personnel revenu d'outre-mer.......	3.009.790 »
Personnel et matériel des forces navales, payées sur les budgets coloniaux, retombées à la charge de celui de la Péninsule............	1.261.321 »
Total........	4.271.111 »
L'augmentation étant seulement de...........	3.151.073 67
Il y a une économie réelle de	1.120.037 33

Ce résultat est malheureusement dû à une cause bien triste, la perte des bâtiments qui composaient l'escadre de Santiago et aussi à l'absence de tout crédit pour *El Aragon,* la *Navarra,* et le *Gerona* qui vont être mis en vente.

SIXIÈME SECTION
Ministère de l'Intérieur

Le budget des dépenses de ce ministère accuse une diminution de 3.862.336 p. 57, par rapport à 1898-99. Il est certain que la subvention de la Compagnie Transatlantique qui y figurait et qui est reportée ailleurs, y laisse un vide, mais il faut aussi observer que l'on y a rétabli la direction de la Bienfaisance et de la Salubrité, dont les services ont été unanimement reconnus indispensables, — que l'on a augmenté les crédits de la Sûreté publique et de la Police, suivant les désirs généralement manifestés, — que l'on a doté avec plus d'ampleur les services télégraphiques et postaux, en vue de l'ouverture de nouvelles voies de communication et, enfin, que l'on a inscrit le premier terme du contrat des travaux de réfection de l'asile d'aliénés de Santa-Isabel à Leganès.

Ministère de Fomento

L'augmentation afférente au budget de ce ministère est de 7,309,533 p. 53, par rapport à l'exercice 1898-99.

Cette augmentation provient principalement d'une charge nouvelle pour le département de Fomento, que le Gouvernement a cru opportun d'y imposer sous forme de subvention commerciale à la Compagnie Transatlantique, assuré que cette mesure doit profiter à nos intérêts commerciaux et industriels, conserver aux produits espagnols les marchés de nos anciennes colonies et ouvrir de nouveaux horizons à l'activité nationale, particulièrement dans l'Amérique du Sud.

Le montant de cette subvention a été gradué sur celle que la Compagnie Transatlantique touchait sur les budgets de Cuba, de Puerto-Rico et des Philippines, conformément à la loi du 26 juin 1887 qui a sanctionné la décision du Conseil des Ministres du 17 novembre 1886, approuvant le contrat fait avec la susdite compagnie pour les services maritimes postaux, moyennant une subvention annuelle de P. 3 millions 829.410 27.

A cette augmentation viennent aussi contribuer, pour 377.000 piécettes, les appointements des ingénieurs agronomes et des experts agricoles attachés au Ministère des Finances pour les opérations cadastrales et qui retranchés de la neuvième section « *frais de recouvrement des contributions et revenus publics* », ressortiront désormais au Ministère de Fomento.

Ce dépassement de 3.103.093 p. 26, ne répond à aucun excès dans la dotation des services, et simplement à la résolution d'y pourvoir suffisamment. Si, en effet, on ajoute aux crédits de la loi de finances du 28 juin 1898, les ampliations sollicitées et accordées à divers titres, il résulte une économie relative de 2.202.414 p. 70, comme nous allons le démontrer :

Crédits alloués par la loi du 28 juin	80.728.570 73
Crédit extraordinaire pour l'Exposition de Paris	776.850 »
Crédit pour l'école de Commerce de Santander (loi du 29 juillet 1898	26.250 »
Crédit pour le payement des cliniques de Madrid (décret royal du 30 août 1898)	95.000 »
Crédits demandés pour divers services	5.970.887 »
A reporter	87.537.557 73

Report	87.537.557 73
Ingénieurs agronomes et experts agricoles provenant du Ministère des Finances	377.000 »
Subvention de la Compagnie Transatlantique	3.829.440 27
Total	91.743.998 »
A déduire :	
Mobilier du Ministère	50.000 »
Exposition des Beaux-Arts	150.000 »
Economie sur les exercices clos	1.103.479 04
Total	1.303.479 04
Montant comparatif du budget 1898-99	90.440.518 94
Budget 1899-900	88.038.104 26
Différence en moins	2.402.414 70

On doit tenir compte de l'intention du Gouvernement d'éviter, à l'avenir, toute ampliation de crédit qui ne serait pas motivée par des circonstances imprévues, extraordinaires et fortuites : c'est pour cela qu'il a fait connaître avec ingénuité et sans réserve, le montant des charges nouvelles dont il faut normalement assumer la responsabilité. On en verra une nouvelle preuve dans l'augmentation de 3.732.000 piécettes pour les travaux des routes en cours d'exécution et de 665.000 pour les travaux des ports, dont les crédits insuffisants exigeaient chaque année de nouveaux suppléments, qu'il s'agit d'éviter soigneusement, autant que faire se pourra.

Ministère des Finances

De la comparaison des crédits accordés en 1898-99 et de ceux demandés pour 1899-1900, résulte une différence en plus pour le prochain exercice de 492.551 p 57, causée par les modifications suivantes :

AUGMENTATIONS

Personnel de l'administration centrale	313.000 »
Matériel	60.048 »
Personnel de l'administration provinciale	549.000 »
Impressions et reliures	8.500 »
Frais divers	250.000 »
Total	1.150.548 »

DIMINUTIONS

Matériel de l'administration
provinciale.................   4.657 50
Frais communs à l'adminis-
tration centrale et à l'admi-
nistration provinciale .....   360.000 »
Mobilier ....   12.000 »
Loyers et entretien..........   26.000 »
Exercices clos..............   255.338 93

    Total.. ....   657.996 43

Balance en augmentation....   492 551 57

Tel est le résultat apparent de la comparaison des crédits afférents aux deux budgets, mais si on veut bien se rendre compte de la signification de l'écart que nous avons signalé, il faut tenir compte des considérations suivantes :

1° L'absorption par la Direction générale des contributions directes du secrétariat de la commission centrale de l'évaluation et du cadastre n'a pas fait augmenter la dotation du centre directeur : au contraire, on a rabattu 2.500 piécettes sur le personnel et on a augmenté le matériel de 24.000. Il y a une économie de 57.750 piécettes sur les frais actuels de ce secrétariat et l'on a supprimé les crédits de 56.250 et 30.000 piécettes qui, sous la rubrique de personnel administratif et autres, forment les chapitres 2 et 3 de la neuvième section,
ci........................P.   86.250   »

2° Sur les 10 0/0 du droit d'usage dans les forêts, on paye certaines dépenses telles que les appointements du personnel technique des forêts, attaché à la Direction générale des propriétés et des droits de l'Etat : ces crédits figurent sur les cadres de ce centre joints au projet de loi, sans que cette innovation implique aucun accroissement de dépenses, puisque ampliations et dépenses sont autorisées par la loi de finances en vigueur et qu'il n'y a eu de changement que dans la procédure afin de mettre en lumière la prévision de dépenses telle qu'elle résulte réellement, les crédits qui s'y rapportent lesquels ont leur compensation dans les recettes correspondantes montant à.................P.   103.500   »

3° On n'a pas fait entrer en fonction, pour établir l'écart existant entre les deux budgets, le montant des frais du personnel et du matériel de la Direction générale des affaires d'outre-mer et de la section temporaire adjointe au Tribunal des Comptes du Royaume, frais qui, par suite de la suppression du Ministère des Colonies, sont venus grever celui des Finances pour la somme de.........................P.   484.500   »

4° Les crédits affectés aux recherches relatives à l'impôt sur la consommation du gaz et de l'électricité, se trouvent dans des conditions identiques, ci...... ....P.   58.725   »

Les services ci-dessus mentionnés, qui restent actuellement sans être compris dans le Budget de 1898-99 et auxquels il est pourvu dans le Budget 1899 900, s'élèvent ensemble à.................P.   732.975   »
L'augmentation totale étant de..   492.551 58

Il en ressort une économie finale
de ....P.   240.423 43

L'économie atteint 540.423 p. 23, si on y comprend un crédit extraordinaire de 300.000 piécettes inscrit au budget ordinaire pour éviter les allocations additionnelles, et qui correspond au renouvellement des titres de la dette 4 0/0 extérieure et à la confection de ceux de la dette intérieure à émettre pour conversion.

Mais ce ne sont pas là toutes les économies réalisées dans les divers services qui s'y sont prêtés, il y en a d'autres plus importantes encore qui sont cachées par les augmentations, dont il a fallu gratifier des dépenses d'un caractère reproductif. — Ainsi 20.500 piécettes figurent pour le personnel du service technique des mines, adjoint à la Direction générale des contributions directes pour la gestion et le développement de l'impôt sur les mines ; — 181.500 piécettes sont affectées aux emplois techniques créés dans l'administration des Douanes pour la perception des droits sur le sucre et pour l'inspection des fabriques de sucre là où il n'existe pas de douane ; — 40.250 piécettes pour la commission spéciale créée par le décret royal du 4 mai dernier et chargée d'activer la marche des dossiers instruits en raison des fraudes fiscales commises dans certaines provinces ; — 532.000 piécettes pour le service d'investigation des finances, réorganisé sous ses deux aspects de sédentaire ou provincial, et d'ambulant ou régional, seul moyen de rendre ce service utile et fécond et d'en obtenir une augmentation des produits de l'impôt, — investigation qui comprendra désormais le contrôle, lequel n'a jamais été fait, des *droits réels* (enregistrement) et qui sera confiée aux fonctionnaires du corps des avocats de l'Etat.

NEUVIÈME SECTION

Frais des contributions et des revenus publics.

Le projet de budget pour l'exercice 1899-1900 présente sur ce chapitre une diminution de 4.609.509 p. 31, dont voici l'analyse :

Diminutions.

Service des contributions indirectes.............	4.856.856	»
Monopoles et exploitations de l'Etat....	86.000	»
Exercice clos............	629.177	27
Total........	5.572.033	27

Augmentations.

Service des contributions directes...............	812.380	»
Impression...............	119.250	»
Surveillance...............	30.893	96
Total.......	962.523	96
Balance des deux totaux...	4.609.509	31

L'institution projetée dans les provinces de *bureaux du registre fiscal de la propriété foncière*, appelés à remplir les fonctions des actuelles commissions d'évaluation de la richesse territoriale et celles qui rentrent aujourd'hui dans les attributions municipales, au fur et à mesure que les cadastres communaux seront terminés, cette institution, disons-nous, doit exercer une avantageuse influence sur les rendements de l'impôt et sur l'équitable répartition des charges qui en résulte, mais elle coûtera 1.575.750 piécettes — personnel, matériel et installation. Afin de limiter autant que possible le surcroît de dépenses qui doit en survenir, on a opéré une réduction de 171.750 piécettes sur le personnel des administrations provinciales et on a supprimé deux crédits : l'un de 105.120 piécettes pour auxiliaires employés à la confection des rôles de la *Richesse urbaine* et l'autre de 25.000 attribué au matériel des commissions d'évaluation. L'augmentation réelle se trouve ainsi ramenée à 973.800 piécettes, y compris l'allocation de 100.000 piécettes pour frais d'installation, qui ne sera pas renouvelée. Les contributions directes comportent également, dans l'augmentation qu'elles subissent, un crédit de 155.000 piécettes, correspondant à l'important service de l'investigation auquel il faut faire rendre tout ce dont il est susceptible, — et les frais de voyage et de laboratoire des ingénieurs des mines adjoints à la Direction des contributions pour la perception le l'impôt sur les mines.

La notable diminution que l'on observe dans le service des contributions directes provient de ce qu'on a fait disparaître la commission perçue par la Compagnie fermière des Tabacs sur la vente du papier timbré, commission portée au budget 1898-99 pour 5.150.000 piécettes. C'était une superfétation, car cette dépense fictive n'est qu'une atténuation du produit de la vente et il suffit pour en supprimer la fiction, de ne porter en recette que le produit net de la vente du papier timbré qui, seule, entre dans les caisses de l'Etat. C'est ce qui se fera dorénavant.

Il y a dans le service des contributions indirectes une augmentation de 292.142 piécettes, dont 250.000 correspondent à la commission due aux entreprises de transport pour la perception de l'impôt sur les voyageurs et les marchandises, commission qui figure pour la première fois au budget : le reste représente des frais afférents à la perception des droits sur le sucre et l'alcool et au service des primes à la construction des navires.

L'insuffisance des crédits habituels pour les imprimés nécessaires au service des contributions et des revenus publics, est corroborée périodiquement par l'ouverture systématique de crédits supplémentaires, et c'est pour obvier à cette fâcheuse pratique, que le Gouvernement est décidé à faire disparaître, que l'on a augmenté la dotation de ce service de 119.250 piécettes.

L'augmentation que l'on remarque dans les frais de surveillance pour 30.000 piécettes, correspond aux frais de transport des Carabiniers de la Douane, conformément à l'ordonnance royale du 29 janvier dernier; ce n'est, du reste, qu'un déplacement de crédit, car une somme égale a été retranchée du chapitre des *frais divers* du service des Douanes.

DIXIÈME SECTION
Colonie de Fernando-Poo.

Les crédits nécessaires pour les possessions espagnoles du golfe de Guinée pour le prochain exercice 1899-1900, sans y comprendre les dépenses de la Marine, auxquelles il est satisfait par le budget du département, montent à 699.851 p. 10, en diminution de 17.911 p. 20 sur 1898-99.

C'est sur les bases que nous venons d'esquisser qu'est édifié le budget des dépenses pour l'année économique 1899-1900, dépenses qui sont classées à continuation.

CRÉDITS INSCRITS AU PROJET DE BUDGET 1899-1900

SECTIONS
Obligations générales de l'Etat.

Maison royale...... . P.	9.250.000	»
Corps Colégislatifs........	1.638.085	»
Dette publique............	427.923.882	29
Charges de justice........	1.638.177	82
Classes passives.........	71.675.889	»
Total.......	512.126.034	11
A reporter.......	512.126.034	11

Report..........	512.126.034	11

Obligations des départements ministériels.

Présidence du Conseil des Ministres...............	812.883	32
Ministère d'Etat.....	4.754.289	93
Ministère de Grâce et Justice:		
Dépenses civiles........	13.598.736	37
— ecclésiastiques.	40.855.182	12
Ministère de la Guerre.....	174.329.539	05
— de la Marine.....	28.341.613	19
— de l'Intérieur	24.518.861	71
— de Fomento......	88.038.104	26
— des Finances.....	19.152.019	26
Frais des contributions et revenus...............	29.951.019	47
Colonie de Fernando-Poo ..	699.851	10
Total........	937.178.133	89

RECETTES

L'Etat et l'opinion éclairée réclament, et le contribuable attend comme unique moyen de régénération fiscale, employé par tous les peuples qui se sont trouvés dans une situation analogue, une augmentation d'impôts, soit par la création de taxes sur des signes et des formes de la richesse qui en ont été exempts jusqu'à présent, soit par l'accroissement de celles qui existent sans nuire à la matière imposable, soit par une recherche rigoureuse de la richesse occulte qui échappe encore au collecteur et qu'il s'agit de dégager au moyen d'un contrôle approprié.

Plein de ces considérations et convaincu de la nécessité suprême de réunir les ressources indispensables pour liquider les charges dont une guerre malheureuse nous oblige à supporter le poids écrasant, le Ministre soussigné a formé le budget des recettes de l'exercice 1899-1900 et il a foi dans ses résultats, parce qu'il s'est appliqué à y donner des bases équitables et à en formuler les chiffres en toute sincérité. Si par suite de la date à laquelle le budget sera appelé à fonctionner, ou pour toute autre raison, les résultats, pendant la prochaine année économique, ne répondaient pas à ces promesses, il est certain qu'il le fera largement les années suivantes, car le gouvernement s'est moins préoccupé d'imaginer des ressources en vue de besoins instantanés, que de créer des sources de revenus vivaces et fécondes qui assureront pour l'avenir la solvabilité de l'Etat et l'équilibre des budgets.

PREMIÈRE SECTION

Dons et contributions directes

S. M. la Reine Régente, au nom de la famille royale, a daigné réitérer sa volonté de contribuer aux dépenses publiques comme les années précédentes. Le gouvernement en en prenant acte, élève respectueusement au pied du trône le témoignage de sa profonde gratitude, s'empressant d'être l'interprète des sentiments de loyauté et d'amour pour la Monarchie que les Cortès partagent avec le pays tout entier.

Don du clergé et des religieuses

Nous attendons de la bienveillance du Saint-Siège, de pouvoir comprendre dans le budget des recettes de l'exercice prochain, une augmentation de 927.000 piécettes, sur le montant du don volontaire du clergé et des religieuses figurant au budget de 1898-99, pour 3.410.000 piécettes, ce qui fera un total de 4.337.000 piécettes. Le gouvernement a entamé, à cet effet, les négociations diplomatiques congruentes avec Sa Sainteté.

Contribution immobilière sur la culture et les troupeaux

Réduire le pourcentage de la contribution et en augmenter le produit absolu par la découverte de la richesse occulte et l'évaluation des nouvelles cultures, telle est l'idée fondamentale qui a présidé à la rédaction du projet de loi sur la formation d'un cadastre par masses de culture et sur la constitution du Registre de la propriété.

Cette indication suffit pour faire comprendre la nécessité et l'urgence de cette réforme. Le maintien du taux actuel de pourcentage, lequel ne s'explique que par l'énorme occultation de richesse imposable, est en opposition avec les lois de la justice et de l'équité fiscales et cause un notable préjudice aux contribuables de bonne foi.

Le montant de la répartition communale n'est jamais atteint, et c'est une autre cause de perturbation et d'injustice, car comme il faut répartir l'année suivante les cotes irrécouvrables, le contribuable, sincère et loyal dans ses déclarations, est obligé de suppléer aux défaillances des autres. C'est là le germe de l'immoralité fiscale qu'il faut extirper au moyen de la constatation exacte de la richesse imposable, et c'est ce qui démontre la nécessité d'un cadastre tout au moins par masses de culture, sans lequel il est impossible de jauger la véritable capacité contributive de l'individu, de la commune et de la province.

Si l'état de répartition était intégralement encaissé, l'Etat pourrait compter chaque année sur une somme fixe, mais loin d'en être ainsi, tous les ans le Trésor subit un déchet de 9 à 10 millions de piécettes, sans que cette différence soit couverte l'année suivante par la répartition supplémentaire que la loi prescrit, car l'approbation des instructions relatives aux cotes irrécouvrables n'arrive pas en temps opportun, de sorte que la loi n'est pas exécutée et qu'il ne faut pas compter sur la répartition supplémentaire des cotes tombées au rebut de l'année précédente. Le gouvernement se propose également, dans ce projet, de supprimer l'intervention que nos coutumes et nos lois accordent aux *ayuntamientos*, dans la formation d'un élément fiscal aussi important que la répartition de la contribution. C'est peut-être là le plus grave des vices qui existent dans la gestion de l'impôt foncier et une des causes qui empêchent ou tout au moins entravent la répartition équitable des charges publiques. Une fois l'administration des finances remise, de ce chef, en possession de son autonomie, on verra promptement les avantages qui en résulteront, car les recettes augmenteront comme c'est déjà arrivé dans les villes, et comme on l'a vu autrefois, alors que les fonctionnaires de l'administration des finances administraient directement, obtenant des résultats auxquels les *ayuntamientos* ne sont jamais parvenus.

Une fois la formation du cadastre de la richesse territoriale du royaume en train, et en préparation la statistique de cette ressource importante du Trésor, le Gouvernement se propose d'en faire autant pour les autres contributions, telles que les Droits réels (enregistrement), les patentes, les cédules (certificats d'identité) et autres dont l'importance justifie cette mesure, sans oublier celles qui sont administrées par d'autres départements et qui sont ainsi indûment soustraites au contrôle du Ministère des finances.

La nature même des opérations cadastrales et des travaux qu'elles comportent, implique une dépense de temps qui ne permet ni au Trésor ni aux contribuables, de jouir immédiatement des avantages dérivés de la formation du cadastre. Cependant, mettant en réquisition tous les moyens d'action qui sont à sa portée, l'administration des finances a pu en employer un qui, sans être très efficient, doit procurer quelque amélioration modeste, mais immédiate.

En procédant à la révision des concessions de colonies agricoles accordées en vertu de la loi du 3 juin 1868, on en a annulé 1158, ce qui augmente la richesse imposable de 964.034 piécettes : comme ce supplément de richesse ne modifie pas l'état de répartition, ce sont les contribuables qui en retirent les bénéfices par suite de l'abaissement du taux de la répartition.

Plus grands seront les bienfaits qui résulteront pour la propriété foncière de l'achèvement des opérations cadastrales et du fonctionnement du registre fiscal, car la contribution cessant d'être un impôt de répartition pour devenir proportionnelle, on verra disparaître spontanément les répartitions arbitraires et abusives, les actes iniques, en même temps que l'on s'acheminera à l'unification du taux de l'impôt, comme on y est déjà arrivé dans les villes en raison de l'organisation du registre des propriétés urbaines bâties et non bâties, qui y a abaissé au minimum le taux des charges contributives.

La richesse rurale et la pastorale participeront aux mêmes avantages dans toutes les communes, aussitôt que l'état des opérations cadastrales le permettra, car quoiqu'il ne sera pas possible de préciser rigoureusement la cote de chaque propriétaire, jusqu'à ce que les travaux soient terminés, la part correspondante à chaque localité sera répartie entre les détenteurs de la richesse aussitôt que la partie correspondant à chaque province et à chaque municipalité aura été dûment approuvée.

Pour ce qui est de l'exercice prochain, quoique les rôles montent à 165.629.937 piécettes, il n'y a pas lieu de compter sur le recouvrement de plus de 160.500.000 piécettes, ce qui sera déjà une plus-value de 500.000 piécettes sur l'exercice actuel.

Cette augmentation se fonde d'abord sur l'accroissement des recouvrements en 1897-98, accroissement qui s'accentuant considérablement cette année jusqu'au 31 mars, dépasse un million de piécettes, et ensuite sur ce fait que l'on a obtenu dans les Registres fiscaux déjà ouverts, une augmentation de richesse imposable montant à 2.112.263 piécettes et fournissant en cotes 369.643 piécettes.

Nous établissons deux décimes additionnels sur la richesse urbaine, que nous soulageons d'un tiers des surtaxes qu'elle supporte, surtaxes que nous abrogeons radicalement sur la richesse rurale et sur la richesse pastorale.

Les deux décimes sur la richesse urbaine montent à 9.850.000 piécettes.

Les mêmes raisons qui ont engagé le gouvernement à tout faire pour les contribuables ruraux, l'ont également mû à conserver les décimes additionnels sur la richesse urbaine, tant que dureront les circonstances exceptionnelles dans lesquelles se trouve le Trésor public.

Contribution industrielle et du commerce
(patentes)

La diminution des produits de cette contribution qui s'est accentuée d'une façon inquiétante pendant les neuf premiers mois de l'année économique 1898-99 (1) a dû appeler l'attention du Gouvernement et l'a engagé à adopter des mesures propres à contenir la baisse de cet impôt et même à en provoquer le relèvement. Le projet de loi, qui est présenté à part aux Cortès, n'a pas d'autre objet.

Considérant que la base de cette ressource du Trésor repose sur de bonnes matrices de la richesse industrielle et sur une judicieuse fixation du taux de l'impôt, et que le vrai moyen de développer cet impôt, c'est d'y donner une bonne organisation, le Gouvernement y a pourvu dans le projet en question. En ce qui touche l'investigation provinciale, le Gouvernement, pour la rendre plus efficace, se propose de créer un corps technique et administratif, de le rehausser et de le réorganiser, de façon à effacer les tares actuelles. Ce corps sera chargé de l'investigation régionale sous l'autorité immédiate de la direction générale des contributions directes. Le Gouvernement se propose, en outre, d'utiliser le concours des *Gremios* (groupes professionnels), soit en s'adressant à eux pour les affaires de faillites, de fraude, d'octroi et de radiations, soit en les chargeant du contrôle dans leurs industries respectives. Le Gouvernement se propose d'éviter l'abus si fréquent et si préjudiciable aux intérêts du Trésor, qui consiste à faire peser sur les insolvables les cotes les plus élevées, ce qui donne lieu, par suite des défaillances, à des répartitions supplémentaires qui ne sont pas toujours possibles. Enfin afin d'éviter les préjudices qui pourraient en résulter pour des gens qui se trouvent dans une situation illégale, moins par leur faute que par insuffisance de l'investigation, tous ceux qui viendront déclarer la vérité sur leur industrie seront libres, pour le passé, de toute responsabilité. Dans le Budget 1898-99, les prévisions de ce chef montent à 45 millions, tandis que dans le Budget 1899-1900, elles ne figurent que pour 36, soit pour 9 millions en moins; mais si l'on considère qu'une partie des énonciations qui figurent actuellement au tarif 2, passent à l'impôt sur les revenus mobiliers qui est présenté à part aux Cortès et y doivent produire 11 millions, il résulte, au contraire, une plus-value de 2 millions que l'on peut considérer comme certaine.

De même qu'il a fallu conserver deux décimes additionnels à la richesse urbaine, il y a lieu d'y soumettre la contribution industrielle et

du commerce, et on aura d'autant plus de raison que celle-ci est moins grevée. Ces deux décimes produiront 7.200.000 piécettes et font bénéficier les contribuables de cette catégorie d'une réduction de moitié sur les surtaxes en vigueur.

Impôt sur les produits de la richesse mobilière.

Le nouvel impôt sur les produits de la richesse mobilière, grève les revenus suivants :

1° Revenus provenant du travail;

2° Revenus provenant du capital;

3° Revenus provenant du capital et du travail;

4° Les autres revenus, en général, qui ne sont pas soumis aux contributions directes.

Le projet de loi auquel nous nous rapportons, ne tend, pour le moment, à soumettre au nouvel impôt que les revenus définis dans notre système fiscal, comprenant les intérêts de la dette publique et des actions et obligations émises par les Banques et Sociétés de tout genre, les députations provinciales et les municipalités, c'est-à-dire les valeurs mobilières. Tout le monde est d'accord sur le développement dont est susceptible un impôt destiné à bénéficier de toutes les manifestations de la richesse mobilière qui, jusqu'à présent, ont échappé à toute contribution ou n'ont contribué qu'en proportion réduite, privilège d'autant plus anormal que la richesse territoriale, la richesse industrielle et toutes les autres formes de la richesse sont lourdement grevées.

Le Gouvernement s'est borné à frapper les valeurs ci-dessus désignées, parce qu'il ne faut pas opérer de changement trop brusque dans un système fiscal, mais il n'ignore pas qu'il y a diverses formes de la richesse déjà grevée d'ailleurs, dont la place est marquée sur les rôles du nouvel impôt et qui y seront incorporées plus tard.

L'évaluation des recettes probables est fondée sur la statistique des entités qui sont distraites des matrices de la contribution industrielle, pour former le noyau du nouvel impôt, — celle des appointements et dotations, en tenant compte des cadres du personnel qui figure dans le projet de budget, — celle du recensement du personnel provincial et municipal des classes passives, sur la connaissance des honoraires des conservateurs des hypothèques, du capital des Banques et des Sociétés, des emprunts provinciaux et municipaux et, enfin, sur les états même de la dette de l'Etat.

C'est avec ces éléments que l'on a évalué les quatre bases générales du nouvel impôt :

---

(1) En 1897-98, les recouvrements sont restés de 1.113.602 piécettes au-dessous des prévisions et pour les neuf premiers mois de cette année, l'écart est de 1 311.366 piécettes. Ce résultat est dû en grande partie au poids des surtaxes.

Revenu du travail personnel.	37.000.000	»
Revenu du capital.........	69.000.000	»
Revenu du travail et du ca-		
pital.................	9.000.000	»
Autres revenus..........	250.000	»
Total..........	115.250.000	»

Le manque de renseignements statistiques ne permet pas de formuler exactement l'évaluation du produit de ce nouvel impôt. Les démarches faites auprès des Banques et des Sociétés, les recherches faites dans les Registres mercantiles et auprès des délégués du Ministère des finances, n'ont pas donné les résultats que l'on en attendait. Néanmoins, on peut affirmer que les produits que l'on retirera de cet impôt dépasseront les prévisions ci-dessus. Toutefois, on ne fait figurer cette ressource au budget que pour 110 millions, parce qu'aucun impôt nouveau n'atteint son plein fonctionnement la première année.

Impôt des droits réels et de la transmission des biens.

Afin que la réforme du système fiscal soit aussi large que le comporte la grandeur des obligations auxquelles il faut pourvoir pour normaliser le plus vite possible la situation des finances nationales, et afin que le commun sacrifice, requis pour la circonstance, reste conforme aux principes d'équité et de justice distributives, dont la stricte application doit en alléger le poids, le ministre soussigné ne pouvait pas omettre la modification de l'*impôt des droits réels et de la transmission de biens*, considéré dans les principaux pays d'Europe comme un des facteurs les plus considérables du budget des recettes.

Les actes que cet impôt frappe, sont les uns volontaires, quand ils contiennent des dispositions contractuelles; les autres nécessaires, quand ils proviennent de successions héréditaires, mais tous recèlent une richesse positive et un gain indéniable. Or, comme le moment où il y a lieu de payer l'impôt est précisément celui où ces actes s'exécutent au bénéfice d'une des parties, on ne peut méconnaître que ce sont là des conditions favorables pour la perception de la taxe. Mais si l'accroissement du rendement que l'on peut obtenir des droits réels, ne s'oppose en rien à l'évolution du mouvement de la richesse et au développement des transactions que l'on doit se promettre de la paix et du progrès économique, il faut avant tout examiner la nature de chaque espèce de contrat et l'importance des charges qui déjà les affectent comme impôt, attendu que pour quelques actes, soumis à des

droits modiques incompatibles avec la pénurie du Trésor, il est possible, et non seulement possible, mais juste d'en élever la tarification, — saisies, cautions, baux, transmission de cens et de biens de l'Etat ou des fondations religieuses, fondations, majorats et prêts, — tandis que d'autres, tels que les ventes et achats, les échanges, les cessions et adjudications de biens meubles et immeubles, non seulement ne doivent pas être assujettis à une tarification plus élevée que celle qui est en vigueur, mais doivent être dégrevés des surtaxes qu'ils supportent en ce moment. C'est en raison de ces considérations, dont on doit tenir compte, que l'on réduit de 2.80 à 2 0/0 les droits afférents aux transmissions de biens meubles, et de 4.20 à 4 ceux qui correspondent aux immeubles, quelque soit le motif de la transmission. Ces réductions doivent forcément amener une diminution dans les recouvrements ; aussi, pour la compenser, on élève de 0.10 à 0.25 et à 0.50 0/0 le tarif des inscriptions de saisies, cautionnements, baux, prêts, transmissions de biens et cens de l'Etat, et des biens des fondations religieuses, ainsi que des apports ou acquêts en cas de constitution ou de dissolution de la société matrimoniale.

En ce qui concerne les actes qui ne sont pas visés par les tarifs en vigueur, le projet de loi assujettit à l'impôt toutes les concessions administratives impliquant l'usage, l'exploitation ou l'utilisation des biens, droits et servitudes appartenant au domaine public, ou en restreignant le libre usage, qu'elles procèdent de l'Etat, des provinces ou des municipalités, car quoique tout ce qui peut contribuer au progrès des intérêts matériels du pays, ait droit à la protection de l'Etat, celle-ci ne peut pas aller jusqu'à faire jouir de la gratuité, des entreprises qui doivent produire des bénéfices à leurs titulaires.

Une autre des réformes abordées dans le susdit projet, a trait au taux des droits sur les successions héréditaires, question d'autant plus grave que la moitié des produits des droits réels provient de cette source. Sur ce point, il est ardu de fixer le taux du tarif, attendu que si l'on maintient le droit fixe et unique en vigueur aujourd'hui, en tenant exclusivement compte du degré de parenté entre l'héritier et son auteur, sans égard pour l'importance du capital hérité, et si l'on veut conserver les produits actuels, augmentés des surtaxes, le droit ressort à un type excessif pour les petites successions. Afin d'obvier à cet inconvénient, le ministre soussigné a gradué l'impôt suivant les deux facteurs qui lui ont paru les plus importants, le degré de parenté et la quotité de l'héritage. Sans vouloir admettre le principe de la progression en matière d'impôt, le ministre est convaincu que cette graduation modérée, régressive au besoin, a l'avantage de rendre plus supportables les sacrifices inévitables qui sont aujourd'hui nécessaires. Grâce à ce système, on atténue le taux afférent à la transmission des petites fortunes si péniblement gagnées, et bien que ce résultat, comme il est impossible de l'éviter, ne s'obtiendra qu'en élevant le tantième des gros héritages, il est indubitable que ceux qui en bénéficient se trouvent plus à même de supporter un fardeau qui, sans cela, serait réparti sur les bénéficiaires de minimes héritages. Mais, du fait de constituer un sacrifice considérable comme est grande la nécessité qui l'impose, la réforme des bases de l'impôt deviendrait vaine, si on ne la corroborait pas par des mesures de prévoyance qu'une administration vigilante et soigneuse doit préciser pour faire que le Trésor encaisse intégralement le montant des droits qui sont sa part légitime. Organiser la responsabilité subsidiaire de ceux qui ont en main les moyens d'aider l'action de l'État et dont on est en droit d'exiger le concours au profit des intérêts de la collectivité ; — châtier avec sévérité ceux qui considèrent, comme un péché véniel, la fraude en matière fiscale et l'occultation de la matière imposable et ne s'aperçoivent pas qu'en causant un préjudice à l'État, ils en causent un à leurs concitoyens sur lesquels ils font peser la compensation de la fraude ; — exiger, avec la plus grande rigueur, le strict accomplissement de l'obligation qui incombe à tous les fonctionnaires publics de coopérer à l'action fiscale ; — enfin, faciliter par tous les moyens possibles les recouvrements, moyennant un système de compensation des créances que l'État possède, dûment arrêtées et liquidées, contre les corporations provinciales et municipales, en évitant les frais connexes aux procédés exécutoires, souvent inefficaces ; — telles sont, en résumé, les réformes que le ministre soussigné croit nécessaire de proposer aux Cortès, réformes dont il attend, au même titre que des nouvelles contributions, des résultats assurant pour les droits réels et pour l'exercice 1899-900, une recette de 36 millions de piécettes qui, par l'effet de la marche des choses, s'élèvera bientôt à 43 millions.

Impôts sur la superficie des mines et sur le produit de l'exploitation de la richesse minière.

Le projet de loi présenté à part aux Cortès, sur les impôts miniers, tend à activer la production minière et à empêcher de soustraire à l'o-bligation tributaire, comme cela a lieu en ce moment, une grande partie du minerai exploité.

La statistique publiée par la *Junte supérieure facultative des Mines*, accuse des résultats si éloignés de ceux qui servent de base à l'impôt, que cette anomalie a appelé l'attention du Gouvernement, décidé à mettre fin aux abus dérivés de la législation actuelle. L'impôt de superficie ou *Canon*, tel qu'il est établi, constitue une véritable immobilisation de la propriété minière. Sur 500.000 hectares représentant la superficie des mines concédées, 300.000 sont improductifs, ce qui prouve bien que l'on accorde de nombreuses concessions, qui ne sont jamais exploitées, sans que le taux d'ailleurs réduit du *canon* de superficie, soit un obstacle suffisant pour arrêter l'initiative de ceux dont l'aspiration unique, en acquérant des *pertenencias*, est de les revendre.

Le résultat de cette spéculation est de décourager par des prétentions saugrenues, les capitaux qui s'intéresseraient volontiers dans ces plantureuses entreprises. Pour ce qui est de l'exploitation, il est inconcevable, et cependant il en est ainsi, que l'exportation des minerais et par conséquent l'exploitation, ayant augmenté depuis 1851 dans de telles proportions, qu'elle est passée de 50 mille tonnes à 8.277.000, les droits du Trésor sur les produits de l'exploitation n'aient pas varié d'une manière sensible. Le taux de la taxe est élevé de 2 à 3 0/0 et on établit en même temps, l'investigation technique qui n'a jamais été pratiquée, les mineurs ayant été laissés libres de déclarer à volonté, la quantité, la qualité et la valeur du minerai produit dans leurs exploitations respectives.

Malgré l'élévation du pourcentage, l'industrie minière payera moins que maintenant, car on supprime les deux surtaxes de 20 0/0 qui la grèvent aujourd'hui.

En raison des réformes proposées, on a calculé comme suit, le produit de ces impôts :

Canon...................	3.500.000	»
Richesse minière.........	2.100.000	»
Total.......	5.600.000	»
Prévision pour 1898-99...	4.000.000	»
Augmentation pour 1899-1900.................	1.600.000	»

Grandesses, titres, honneurs et décorations

Les droits de concession et de création de grandesse et de titres nobiliaires ayant seuls une rubrique au budget, attendu que les droits sur les décorations et les honneurs se payent en papier de payements à l'État, on a pensé qu'il fallait les mettre tous sur le même rang afin d'en connaître plus exactement le rendement réel et d'en diminuer les frais d'administration. On réforme les tarifs fiscaux de cette catégorie en augmentant les droits sur la grandesse, les titres et les décorations et en diminuant ceux des honneurs.

Si on compare les nouveaux tarifs à ceux qui sont en vigueur aujourd'hui avec les surtaxes, il y a bénéfice pour les assujettis.

On a tellement exagéré les droits afférents aux honneurs que, dans la plupart des cas, on ne les recouvre pas, en raison du taux élevé auquel ils ressortissent, taux qui au lieu de faire de cette concession une récompense, la convertit en un acte onéreux pour les employés modestement rétribués, auxquels on a l'habitude de conférer cette distinction.

On attend de cette réforme une plus-value de 900.000 piécettes.

En ordonnant qu'à l'avenir le montant des droits soit liquidé en espèces, on arrivera à connaître le total exact du produit des décorations et des honneurs, car les payements se faisant jusqu'à présent en papier, leur montant reste inconnu, confondu qu'il est avec les autres produits du Timbre.

Cédules personnelles

On réforme également cet impôt en créant neuf classes nouvelles de cédules destinées à ceux qui payent des contributions ou des loyers élevés, ou qui perçoivent des revenus ou des appointements élevés, et on a conservé sur les autres catégories de contribuables les onze classes actuelles.

Tablant sur le produit des neufs classes, de nouvelle création, et sur l'augmentation de population due au rapatriement des Espagnols de Cuba, de Puerto-Rico et des Philippines, on a pu présenter, comme probable, une prévision de 9 millions de piécettes, en augmentation de 1.400.000 sur l'exercice 1898-99.

Appointements et assignations.

Cet élément, qui figurait pour 26 millions, disparaît, absorbé qu'il est par l'impôt sur les revenus.

Payements faits par l'Etat, les provinces et les communes.

La suppression de l'impôt sur l'amortissement et les intérêts de la dette, réduit de 6 millions pour 1898-99, à 3 pour 1899-1900, la prévision de ce chapitre. Mais les 3 millions seront de facile réalisation.

Contributions des provinces basques et de la Navarre.

Le chiffre de 6.705.990 piécettes, consigné dans le projet de budget, est le même que pour 1898-1899 : c'est, en effet, le résultat de l'arrangement concerté avec ces provinces, y compris 105.180 piécettes du nouvel impôt sur la lumière, concerté récemment avec les provinces basques. Il y aura lieu à modifications en raison des augmentations qui résulteront du nouvel accord en projet.

Impôt de 1,25 0/0 sur les intérêts de la Dette intérieure et les valeurs mercantiles.

On rabat 2 millions sur le budget 1898-99 comme conséquence de la création de l'impôt sur les revenus.

DEUXIÈME SECTION

Contributions indirectes

Revenu des Douanes.

L'étude de la marche suivie par le revenu des Douanes pendant la dernière période décennale, a servi de base pour justifier le chiffre budgétaire de 144 millions que l'on espère atteindre au cours de l'exercice 1899-1900.

La moyenne obtenue pendant la période quinquennale de 1887-88 à 1891-92 a été de 125 millions 988.897 piécettes, contre 126.429.451 pendant la période 1892-93 à 1896-97, l'augmentation sur les autres produits et particulièrement sur les céréales ayant comblé le vide laissé par le passage à une autre rubrique des droits sur les eaux-de-vie, les sucres et les denrées coloniales. Les droits sur les céréales figurent dans ces moyennes pour 10.900.000 piécettes pendant la première période et pour 24.900.000 pendant la seconde. Déduisant ces deux termes de la perception totale, le produit obtenu sans les céréales, s'abaisse à 115 millions et 101.450.000 respectivement, restant pour la période décennale à 108.200.000 piécettes. Dans l'état présent du fonctionnement de cet impôt et étant donné l'arancel (tarif) en vigueur, il n'a pas paru probable d'élever le rendement que l'on peut atteindre durant l'exercice prochain, non seulement parce que la moyenne de la dernière période décennale n'a pas dépassé le chiffre de 101 millions 400.000 piécettes, mais parce que durant l'année économique 1897-98 on n'est arrivé qu'à 102.504.444 piécettes : pendant les dix premiers mois de l'exercice 1898-99, finissant le 30 avril dernier, on n'a même encaissé que 80.300.000 piécettes, malgré la reprise qui s'est manifestée au commencement du second semestre.

Si, en ce qui touche à *l'arancel* et aux résultats des recouvrements, règne l'impression que nous avons signalée, en ce qui concerne le cas concret des blés, article qui influe d'une façon capitale sur le rendement des Douanes, le calcul des probabilités, malgré les vicissitudes par lesquelles ce trafic a passé et malgré la perspective d'une récolte moyenne, le calcul des probabilités, disons-nous, ne fournit pas de motifs pour compter sur une augmentation pour l'exercice prochain, le rendement des droits étant subordonné aux existences, aux besoins de la consommation et aux résultats de la production, ainsi que le prouvent les chiffres respectifs de 35.100.000 piécettes et de 13.600.000 obtenus dans la seule période triennale de 1893-94 et de 1895-96.

Pour les motifs ci-dessus esquissés, on s'est décidé à fixer à 100 millions le produit probable des droits d'importation pour l'exercice économique 1899-1900, sans comprendre ni les articles coloniaux, ni les blés, et ce en supposant que l'on adoptera la révision des droits de douane dont il sera parlé ; quant aux produits des denrées coloniales, ils sont estimés à 12 millions sur les sucres et les esprits ; ceux des blés sont également évalués à 12 millions seulement, car si la moyenne de la période décennale est de 17 millions 900.000 piécettes, celle de la première période quinquennale n'est que de 10.900.000.

Augmentation fiscale des droits de douane.

Dans le chiffre budgétaire de 124 millions pour les droits d'importation, on comprend une augmentation de 12 millions que l'on espère obtenir en révisant la classification de certains numéros de *l'arancel* et les droits y afférents, le tout étant en contradiction avec les nécessités du Trésor et les convenances du trafic.

Ces articles ne sont pas de ceux qui affectent la production nationale : leur modification est rendue nécessaire pour les causes que nous avons indiquées et, en outre, par les progrès incessants de l'industrie, laquelle offre chaque jour de nouvelles marchandises qui, ne comportant pas encore de tarification spéciale, sont une cause de trouble et d'embarras. Les opérations de douane ne peuvent donc que gagner à cette réformation. Certains de ces articles, mais pas des plus importants, étant compris dans les traités de commerce avec les Pays-Bas et la Suisse, le gouvernement négocie avec les États contractants la révision des articles dont il s'agit et il rendra compte, en temps opportun, aux Cortès du résultat de sa gestion.

Exportation.

Un projet de loi spécial impose des droits d'exportation à des minerais qui, jusqu'à présent, étaient restés indemnes, assujettit à l'impôt des articles qui y avaient déjà été soumis et modifie les droits qui grèvent la sortie des galènes.

Le Ministre soussigné espère que ces taxes produiront 8 millions qui, avec le million que l'on en retire déjà, fourniront les 9 millions inscrits au budget.

Dans la nécessité de grever les bénéfices considérables que les étrangers retirent de notre richesse minière, le gouvernement a eu recours à ce moyen qui lui a paru le plus propre à atteindre le but qu'il se proposait. Ainsi, on concilie les intérêts du Trésor et ceux de la protection de l'industrie nationale, en favorisant le développement des usines métallurgiques qui trouveront plus de facilités pour lutter avec la concurrence étrangère, grâce à la prime à la métallurgie, résultant de la taxe d'exportation des minerais.

Transports

Dans le but de contribuer à l'expansion et au développement de l'industrie nationale, la loi du 30 juin 1896, a créé l'impôt du trafic, charge très lourde, grevant le transport des voyageurs et des marchandises.

La loi a voulu que cet impôt fut administré indépendamment de tous les autres et a institué à cet effet une *junte* spéciale de surveillance.

La junte a fonctionné avec activité et compétence et le recouvrement a bien marché, démontrant, une fois de plus, le patriotisme des contribuables.

La pénurie du Trésor ne permet pas de supprimer cet impôt et, pour cette raison, on le maintient dans le prochain budget, en lui conservant la valeur qu'il avait au budget extraordinaire.

Pour en régulariser le recouvrement et faire disparaître la complication qui résulte de la coexistence de trois impôts sur le transport des marchandises, perçus en douane sous trois noms différents et sur trois bases distinctes, on adapte les cotes à un seul tarif, en faisant disparaître les exemptions de droits dont jouissent certaines marchandises, sans que rien justifie ce privilège. On limite également les taxes additionnelles que peuvent imposer les juntes des ports, en dehors de l'impôt du trafic sur lequel elles n'ont aucune action. Enfin il est stipulé qu'à partir de 1902-1903, les tarifs seront graduellement abaissés de façon à être réduits de 50 0/0 en 1905-1906. On estime à 10 millions le produit de cet impôt pour l'exercice 1899-1900.

Sucres

L'impôt sur le sucre est l'objet d'un projet de loi spécial qui, s'il est adopté, produira, dans l'opinion du ministre soussigné, dès sa mise en pratique, un revenu de 20 millions qui s'accroîtra considérablement par la suite.

Le sucre de production nationale a été soumis pendant quelques années à un impôt de fabrication qui n'a produit que de faibles rentrées au Trésor, le chiffre de 1.700.000 piécettes n'ayant jamais été atteint pendant les 10 derniers exercices, malgré l'augmentation considérable de la production, et la construction successive de nouvelles fabriques pour le traitement de la betterave, avec grand profit pour l'industrie agricole.

La forme de l'impôt basé sur le rendement présumé des champs de cannes ou de betteraves et de la richesse saccharimétrique de ces deux plantes sucrières, et le système vicieux des abonnements avec les fabricants, ont été les causes de la stérilisation temporaire de cette branche de revenu.

Les sucres ont fourni à l'État des recettes considérables, parce que ceux qui venaient des colonies espagnoles, passant par les Douanes, y acquittaient les droits de consommation de 33 p. 50 par 100 kil. auxquels ils étaient tarifés; mais maintenant que nous avons perdu les colonies et que tout le sucre qui entre dans le pays, acquitte les droits de douane et de consommation montant à 102 p. 25 par 100 kilogrammes, même pour les nations jouissant du traitements conventionnel, l'importation a cessé, sans que l'on note sur le marché une disette de sucre, ce qui démontre que la production nationale suffit, à elle seule, aux besoins du pays.

L'intérêt de l'industrie sucrière nationale ne permet pas de réduire la protection dont celle-ci jouit, en abaissant les droits à l'importation étrangère dans l'intérêt des consommateurs.

Il est préférable dans l'intérêt général de conserver des tarifs élevés et d'en profiter pour exiger de la production nationale une forte contribution.

En agissant ainsi, on n'altérera pas le cours des prix actuels et si quelques produits qui emploient le sucre, devaient en éprouver une surcharge, il n'y a pas lieu de s'en occuper, parce qu'ils ne sont pas nécessaires à l'alimentation et qu'ils ne se consomment pas en assez grande quantité pour être sensibles à cette différence.

L'élévation du prix du sucre pourrait affecter l'industrie du chocolat, des confitures et des conserves de fruits, mais on peut obvier facilement à cet inconvénient et encourager même l'exportation, en remboursant aux exportateurs les droits afférents au sucre employé dans leurs préparations.

Il n'y a guère lieu d'espérer pour le moment que le sucre national pourra s'exporter pour concurrencer ceux d'autres provenances sur les marchés étrangers; cependant, dans le but d'encourager une louable initiative dans ce sens, on remboursera les droits acquittés sur les sucres exportés.

L'élévation des droits auxquels le sucre va être soumis, oblige à adopter des précautions rigoureuses pour prévenir la fraude : de là les mesures restrictives accumulées dans la loi pour empêcher que le sucre sorte des fabriques sans le visa de l'administration des finances, ou sous forme de miel et de mélasse, — qu'on l'introduise en contrebande, — qu'on le vende clandestinement — où qu'on sophistique avec d'autres substances celui qui est livré à la consommation.

Alcools

L'administration Espagnole a été peu heureuse dans ses tentatives d'établissement d'un impôt sur les alcools, les eaux-de-vie et les boissons spiritueuses, quoique le triple intérêt du Trésor, de la morale et de l'hygiène soient d'accord pour réclamer un impôt élevé sur la consommation, à l'instar de ce qui se passe dans tous les pays civilisés.

Les lois spéciales rédigées dans ce but depuis 1888, n'ont pas amené les résultats qu'on s'en était promis et l'État espagnol n'est parvenu à encaisser que 7 millions de piécettes pour l'impôt sur la consommation de l'alcool et 2 pour l'impôt spécial de fabrication. La plus grande partie de cette somme correspondait aux droits acquittés par les eaux-de-vie de canne de Cuba, et de Puerto-Rico, dont l'importation a cessé et qui seront remplacées dans la consommation par celles obtenues de la distillation des mélasses de canne et de betterave de production nationale, car l'élévation du tarif de douane ne permet pas aux alcools, eaux-de-vie et liqueurs de fabrication étrangère, d'entrer en concurrence.

Il est nécessaire de soumettre à l'impôt tous les produits de la même famille que l'on obtient en Espagne, où ils forment deux groupes distincts, composés, le premier, des alcools et des eaux-de-vie simples ou neutres et, le second, des eaux-de-vie préparées et transformées en liqueurs.

Les composants du premier groupe sont produits au moyen du vin, des marcs de vendanges, des mélasses de canne et de betterave et des substances farineuses ou autres de production nationale ou de provenance étrangère naturalisées par le payement des droits de douane.

La production des alcools et eaux-de-vie de vin et de marc est l'objet de privilèges spéciaux qui ne sont justifiables que si ces esprits sont destinés à bonifier et à fortifier les vins qui ne pourraient pas se vendre sans cette addition ; mais établir des exceptions pour les esprits destinés à la consommation directe, c'est diminuer la consommation du vin et causer un double préjudice à la viniculture nationale et au Trésor. C'est pour cela que dans le projet soumis aux Cortès, on n'exempte de l'impôt sur la production des eaux-de-vie, que celles produites par les propriétaires qui distillent leurs propres récoltes dans leurs chais pour viner leurs vins, et il n'est fait de réduction sur les droits afférents à l'eau-de-vie de vin que pour en équiparer le prix à celui des produits de la distillation d'autres substances.

On change la base de perception de l'impôt : au lieu de s'en tenir à la capacité des appareils distillatoires, les droits se payeront sur les quantités réellement fabriquées et on fait disparaître la distinction entre les eaux-de vie de vin et celles de marc qu'il est presque impossible de distinguer (?).

Quant à l'alcool de vin, il est traité comme les autres, car ce n'est pas un produit proprement dit de l'industrie agricole, mais bien un produit industriel placé sur le même rang que les similaires dérivés d'autres fermentations alcooliques. D'autre part, il est juste, pour en encourager la production, de faire bénéficier de quelques avantages particuliers l'alcool de mélasse ou de miel de canne et de betterave.

Par contre, on a réservé la taxation la plus élevée pour l'alcool industriel proprement dit, non seulement parce que c'est un article que l'on peut fabriquer à très bon marché, mais parce que c'est un article qui n'utilise pas des substances de production nationale. Les différences qui sont ainsi stipulées, équilibreront les prix de vente sur le marché.

La production des eaux-de-vie composées et des liqueurs est l'objet de surcharges spéciales, parce qu'elle est la base d'industries distinctes et parce que ces produits vont directement à la consommation.

Les alcools et les eaux-de-vie employés dans la pharmacie et dans l'industrie des produits chimiques, ne payeront l'impôt que comme alcools simples ou neutres et, pour éviter à ces industries la concurrence des produits similaires, il sera établi en douane des surtaxes proportionnelles au surcroît des frais de revient résultant pour l'industrie espagnole du nouvel impôt de fabrication.

Afin de ne pas entraver l'exportation des alcools, eaux-de-vie et liqueurs de production espagnole, à destination des marchés consommateurs, les droits de fabrication seront remboursés à l'exportation.

Pour que l'impôt soit réel et effectif, il faut l'administrer avec beaucoup de vigilance et de sévérité. A cet effet, on supprime le système de l'abonnement, comme toujours préjudiciable au Trésor, et celui, plus vicieux encore, du cubage de la capacité des appareils de distillation, en y supposant un certain nombre de jours de travail.

La base solide et infaillible de l'impôt, dans l'espèce, consiste à grever le produit fabriqué en exigeant des producteurs l'accomplissement de formalités qui, encore inusitées dans la procédure fiscale, paraîtront incommodes, mais qui cependant sont moins dures que celles en usage dans tous les pays où l'alcool donne des recettes considérables. Pour arriver à ce résultat, car, après tout, les obstacles que peut rencontrer l'établissement de cet impôt ne sauraient être plus grands que ceux qui lui ont été opposés dans d'autres pays, on propose une série de mesures rigoureuses tendant à déjouer la fraude en ce qui concerne la fabrication, le transport et la vente clandestine de l'alcool.

On ne saurait oublier dans tout cela les intérêts primordiaux de l'hygiène et de la morale publiques : il y a donc lieu de prohiber la circulation et la vente des alcools contenant des substances nuisibles à la santé, si on ne les a pas préalablement dénaturés, de façon à les rendre impropres à la consommation alimentaire, en y introduisant des matières dont le départ soit si difficile qu'on puisse le considérer comme impossible.

Le nouvel impôt ne touche en rien à celui des *consumos* (octroi) et ne prive pas les municipalités des recettes qu'elles en retirent pour équilibrer leurs budgets. Les deux impôts seront perçus indépendamment et constitueront deux branches distinctes de revenus pour l'Etat. Le produit pour 1899-900 est évalué à 10 millions de piécettes.

Chicorée.

Dans le but d'éviter des adultérations et des fraudes dans la vente et le débit de substances alimentaires importantes, plutôt que dans le but d'en faire une ressource fiscale, un projet de loi spécial crée un impôt sur la chicorée brûlée et sur les matières similaires qui peuvent être employées pour falsifier le café, le thé et le chocolat. Le chiffre infime de 600.000 piécettes auquel est évalué le rendement de cet impôt, prouve, par lui-même, que l'administration n'a d'autre but que de compenser les recettes qu'il faut demander à la Douane sur l'importation des produits en question.

L'impôt se percevra dans les fabriques ou établissements où on prépare la chicorée, ainsi que les produits analogues, et afin d'éviter l'usage en fraude de ces substances, non seulement on surveillera les locaux où on les fabrique, mais on obligera les fabricants à ne les faire circuler que sous leurs vrais noms, en paquets d'un poids déterminé et pourvus de bandes fournies par l'administration, lesquelles prouveront, d'une façon indubitable, que le produit est authentique et que les droits ont été acquittés.

Canaries.

Les modifications essentielles introduites dans la procédure administrative et dans la tarification des impôts, résultant des explications que nous venons de donner et des projets soumis à l'approbation des Cortès, rendent inévitable la révision du régime commercial qui unit la Péninsule et les Baléares à l'archipel des Canaries et aux possessions espagnoles.

La province des Canaries jouit de la franchise des droits de douane d'une façon presque absolue, en vertu du décret-loi du 11 juillet 1852, qui a accordé la franchise à tous ses ports, n'y conservant que les droits sur les céréales et sur le tabac.

Les impôts spéciaux sur certains articles déterminés créés dans la péninsule par suite des vicissitudes des temps et des besoins du Trésor, ont été étendus à la province des Canaries, où ils devraient être perçus au nom de l'égalité fiscale, comme dans le reste du pays.

Malheureusement les rentrées ne se font pas dans la proportion voulue et l'administration se trouve en présence du dilemme suivant : ou restreindre le régime des ports francs qui a eu une si heureuse influence sur la prospérité du pays en établissant une surveillance étroite, qui paralyserait les opérations commerciales, ou renoncer aux recettes sur lesquelles le Trésor est en droit de compter.

Le chiffre peu élevé de 500.000 piécettes inscrit au budget actuel et le produit très réduit de 421.197 piécettes obtenu en moyenne pendant la période quinquennale 1893-94 à 1896-98, prouvent, à n'en pas douter, que la fraude se pratique sur une grande échelle aux Canaries, sans qu'il soit possible de l'éviter, étant donnée l'organisation actuelle, et avec cette circonstance aggravante que cette fraude ferait encore des progrès si on y pratiquait la tarification proposée dans les projets ci-joints. La continuation du régime de la franchise est une nécessité pour les Canaries; en conséquence, le ministre soussigné a le plus vif désir de la respecter intégralement, comptant sur des réformes radicales pour y améliorer la perception des revenus publics.

Ces réformes consistent d'abord à abaisser autant que possible les tarifs à y appliquer et

ensuite à en confier la gestion à forfait soit aux corporations locales, soit à des fermiers.

On espère de ce système une augmentation de recettes qui permettra de libérer la production et le commerce des Canaries des surtaxes qu'ils supportent depuis 1852, mais il faudra abolir la franchise dont jouissent à l'importation dans la Péninsule et aux Baléares les produits des Canaries, seul moyen d'éviter la fraude dérivée de la difficulté d'établir l'origine des marchandises au moment de leur embarquement. Le produit de ces remaniements est évalué à un million de piécettes.

Droits consulaires.

Les états de perception de ces droits pendant les exercices antérieurs nous autorisent à augmenter de deux dixièmes les prévisions budgétaires de 1898-99, qui seront portées à 2.400.000 piécettes pour 1899-1900, d'accord avec le ministère d'Etat.

Impôt de consumos (octroi).

L'impôt de consumos est susceptible d'un rendement bien supérieur à celui de 86 millions inscrit au budget 1898-99.

Pour se convaincre de l'exactitude rigoureuse de cette assertion, il suffit de calculer la consommation du blé, du maïs, du seigle, de l'orge, du riz, des garbanzos (pois chiches), des haricots, des fèves, du vin et de l'huile d'olive, en la déduisant de la production des céréales, des légumes et des liquides, telle qu'elle résulte des renseignements fournis par la Junte consultative agronomique pour cinq années d'une récolte moyenne, en tenant compte de la semence et des déchets de l'importation et de l'exportation.

Il résulte de ces calculs que la consommation moyenne annuelle est, par tête d'habitant, de :

93 k. 555 g. de blé ;

115 k. 703 g. de maïs, de seigle et autres céréales ;

22 k. 709 g. de garbanzos, haricots et fèves ;

56 l. 203 de vin ;

13 l. 095 d'huile ;

12 k. 750 g. de viande.

Ce dernier chiffre ressort de la statistique d'ailleurs incomplète des animaux tués dans les abattoirs publics. Appliquant à ces unités imposables les termes moyens du tarif en vigueur, on obtiendrait immédiatement un produit de 117 millions de piécettes, quoiqu'on n'ait pas fait entrer en ligne de compte la consommation de diverses espèces de céréales et de légumes secs, les viandes provenant d'animaux tués hors des abattoirs publics, les graisses, les huiles minérales et toutes les huiles, sauf celle d'olive, le

poisson, les combustibles et toutes les autres espèces comprises dans le tarif 1 et 2, dont la taxe
accroîtrait d'un cinquième le total de 117 millions.

Il existe d'autres signes démontrant l'élasticité
dont est doué cet impôt et la possibilité d'augmenter le taux du rendement obligatoire.

En effet, les droits correspondant à la farine
des céréales de toute sorte employée à la fabrication du pain nécessaire à l'alimentation d'une
localité de la première catégorie (jusqu'à 1,000
habitants), pour laquelle le taux maximum a été
arrêté à 2 piécettes par habitant, suffisent avec
une consommation moyenne de 700 grammes
par jour de pain de froment, à produire 2 p. 76
par tête.

On observe, en outre, que le plus grand nombre des communes qui mettent la perception
des droits aux enchères, obtiennent dans les adjudications des augmentations relativement considérables, couvrant deux et trois fois la quote-
part fixée par l'administration des finances.
Pour l'année économique 1898-99, les plus-values obtenues montent à plus de 4 millions de
piécettes pour les localités de moins de 30,000
habitants, qui ne sont ni chefs-lieux de provinces, ni assimilées à des chefs-lieux. D'autres
municipalités retirent également des plus-values, des accommodements qu'elles concertent
avec les groupes professionnels, quoique cette
procédure ne suscite pas de compétition, et tous
les ans d'autres municipalités ou *juntes* de
contribuables, sollicitent l'autorisation de ne pas
percevoir l'intégralité des droits sur certains
articles ou même de les libérer complètement,
ce qui prouve qu'elles ne sont nullement gênées
par le montant qui leur est assigné.

Le manque de temps et de renseignements
suffisants pour se former un jugement exact au
sujet de tous les défauts inhérents à la contribution de *consumos*, ne permet pas pour le
moment de la répartir avec équité entre toutes
les communes, mais, dès à présent, on peut
tenir compte des considérations suivantes : plus-
values obtenues dans les enchères, au moyen
des abonnements ou en régie, — foires ou marchés périodiques importants, — établissements
balnéaires et nombre de personnes qui s'y rendent, — état plus ou moins prospère et local de
l'agriculture, de l'industrie et des mines, —
causes permanentes de décadence de certaines
régions, — facilités ou difficultés de perception
résultant des conditions de la localité, — et
toutes les autres circonstances qui peuvent in-
fluer sur la consommation, ainsi que sur les
frais de perception et de surveillance.

La nature de cet impôt, la convenance de ne

pas apporter de modifications radicales dans les
lois y relatives, la nécessité impérieuse d'accentuer son rendement, sans y apporter de perturbation et sans altérer les contrats d'abonnement
ou de fermage consentis par l'administration des
finances ou par les municipalités, — toutes ces
considérations sont des raisons qui engagent à
procéder avec une prudence et un tact exquis
dans les évolutions de la réforme projetée. Pour
le moment, on se bornera à détacher de la liste
des matières imposables, le sel dont l'administration des finances se réserve l'administration
directe, soit en régie, soit par abonnement ; —
on réunira en un seul article les droits de
consumos et les droits spéciaux sur les alcools,
eaux-de-vie et liqueurs ; — et, enfin, on relèvera
les rendements en augmentant la cote obligatoire des localités où la perception accuse une
plus-value et où l'impôt paraît doué d'élasticité.
Toutefois, en thèse générale, on respectera les
types en vigueur, sauf un faible pourcentage en
rapport avec les projets de réformation générale
des tarifs, dont l'application ne sera pas intégralement obligatoire, restant potestative pour
les cas où il sera indispensable de percevoir des
droits plus élevés, pour compenser le léger sacrifice que la nécessité de subvenir au payement
des besoins péremptoires de l'Etat, oblige d'imposer aux communes en ce qui touche la charge
fiscale des *consumos*, le tout de façon à ce qu'il
ne soit pas nécessaire de modifier les contrats
d'abonnement ou de fermage en vigueur, soit avec
l'administration des finances, soit avec les municipalités.

Afin de faciliter la fixation des nouveaux types
de *consumos* assignés à chaque localité et de les
ajuster aux considérations antérieures et à la
refonte en une seule des deux taxes partielles
des *consumos* et des *alcools*, il faut changer la
part aliquote correspondant à chaque habitant et
réunir, en un seul groupe, les deux catégories
admises actuellement, lesquelles distinguent les
localités ayant 1.000 habitants et au-dessous, et
celles de 1.001 à 5.000, car les droits étant les
mêmes pour toutes les localités ayant jusqu'à
5.000 habitants, il n'y a aucune raison pour conserver cette subdivision. Pour arriver à une
équitable répartition de l'impôt, il suffit que la
différence entre le taux minimum et le taux
maximum permette de graduer la taxe individuelle, suivant les circonstances ordinaires déterminées par la consommation plus ou moins
grande des articles compris dans le tarif : pour
cela il faut autoriser l'administration à dépasser
au besoin le maximum et le minimum, quand
dans des cas exceptionnels il sera reconnu que
l'échelle ordinaire n'est pas suffisante pour per-

mettre de graduer une répartition équitable de la contribution.

Comme règle générale, la graduation ci-dessous suffira pour les localités de moins de 30.000 habitants, qui ne soient ni chefs-lieux de province, ni assimilées à des chefs-lieux.

TAXE PAR HABITANT

Jusqu'à 5.000 habitants
Maximum : P. 4.75. — Minimum : 2
De 5.001 à 8.000 habitants
Maximum : P. 7.50. — Minimum : 5
De 8.001 à 12.000 habitants
Maximum : P. 10. — Minimum : 8
De 12.001 à 30.000 habitants
Maximum : P. 12. — Minimum : 10

Le minimum en vigueur aujourd'hui est de 1ᵖ 40 par habitant appliqué dans un très petit nombre de localités et le taux appliqué dans le plus grand nombre de localités de la première catégorie ayant moins de 1.000 habitants, est de 2 piécettes pour les *consumos* et de 0.25 pour les alcools potables.

En fixant le maximum, on a procédé avec tant de parcimonie que celui-ci n'est pas en rapport avec le produit réel de l'impôt dans beaucoup de localités : les 12 piécettes qui constituent le maximum, représentent approximativement le montant des droits de la troisième base de population du tarif nº 1 en vigueur aujourd'hui, c'est-à-dire une consommation par tête de 180 kilogrammes de pain, — 27 de viande, — 8 d'huile, — 30 de légumes secs, — 6 de savon, — 75 litres de vin et le combustible nécessaire pour les usages domestiques, c'est-à-dire en espèces et en quantité le strict nécessaire pour vivre.

Les taux individuels adoptés pour fixer la cote des abonnements sont proportionnels à ceux qui figurent dans l'échelle applicable aux localités astreintes à une totalisation obligatoire.

Les autres modifications apportées à la législation en vigueur pour les *consumos*, tendent à en alléger l'administration et consistent principalement : à laisser les cessionnaires de l'administration des finances en liberté de ne pas employer de mesures fiscales de perception et de diminuer le tarif sur les articles qu'il leur conviendra de favoriser ; — à réduire le rayon des zones fiscales ; — à interdire l'établissement des bureaux de payement dans l'intérieur des localités, là où cette circonstance pourrait entraver le trafic ; — à faciliter les abonnements concertés avec les groupes professionnels, ce qui est la façon la plus avantageuse de recouvrer l'impôt ; — à appliquer le tarif nº 2 dans les locali-

tés de plus de 12,000 habitants ; — à autoriser l'établissement de bureaux de perception dans les agglomérations suburbaines d'une certaine importance en y établissant des tarifs spéciaux, d'accord avec les municipalités et les *Juntes* de contribuables adjointes ; — à expliquer ce que l'on doit entendre par population disséminée aux effets du taux à y appliquer et, enfin, à punir sévèrement la récidive en matière de fautes graves commises par les propriétaires de dépôts domestiques. Les modifications projetées aux règles et au taux des *consumos* et les augmentations naturelles qui en sont la conséquence, ont permis de porter les évaluations à 95 millions 479,394 p. 38, ainsi réparties :

Villes de plus de 30.000 habitants, chefs-lieux de provinces et ports de Carthagènes, Gijon et Vigo, — déduction faite de l'impôt du sel........P. 37.308.269 53

8.372 localités ayant jusqu'à 5.000 habitants, à raison de P. 2.60 par tête dans les localités de moins de 1.000 habitants et de 3.75 pour les autres................P. 35.178.080 85

171 localités de 5.001 à 8.000 habitants, au taux moyen de P. 6 par tête............P. 7.803.480 »

70 localités de 8.001 à 12.000 habitants, au taux moyen de P. 8.50 par tête........P. 6.763.366 50

43 localités de 12.001 à 30.000 habitants, au taux moyen de de P. 10.50 par tête, — déduction faite dans tous les cas de l'impôt sur le sel..P. 8.426.197 50

Total.......... 95.479.394 38

Toutefois, par prudence, on n'a inscrit au budget que le chiffre de 90.000.000 de piécettes.

Impôt sur le transport des voyageurs et des marchandises par terre et par mer.

Le taux de l'impôt sur le transport des voyageurs et des marchandises par les voies terrestres et fluviales, sera plus élevé que celui de l'impôt supprimé sur les tarifs de voyageurs et l'enregistrement des marchandises, parce qu'ainsi le veut la nécessité de créer des ressources d'un caractère ordinaire pour subvenir aux dépenses publiques. L'impôt sera, du reste, plus élevé sur le prix des billets des voyageurs que sur le transport des marchandises, attendu que s'il est vrai que beaucoup voyagent par nécessité, le nombre de ceux qui voyagent par plaisir est aussi considérable.

Les voyageurs par terre payeront 20 0 /0 du prix de leurs billets et les expéditeurs ou destinataires de marchandises transportées par terre ou par les fleuves, devront acquitter 5 0/0 du montant du prix du transport.

On calcule qu'au moyen de ces plus-values, cet impôt produira la somme de 15.500.000 piécettes.

TIMBRE DE L'ÉTAT

La loi qui régit l'impôt du timbre avait besoin d'une révision mûrement combinée pour en faire disparaître les inégalités et les omissions que l'on y remarque : le ministre soussigné s'en est occupé avec une sollicitude toute spéciale, autant que le lui ont permis d'autres travaux non moins péremptoires et le peu de temps dont il a disposé : c'est le résultat de ces études qu'il a consigné dans le projet de loi ci-joint, qu'il a l'honneur de soumettre à l'approbation des Cortès et qui, dans son opinion, doit apporter un remède rapide et efficace aux défectuosités de la loi.

Dans ce projet, on rectifie les échelles du timbre proportionnel et graduel, chaque échelle comportant des timbres rigoureusement proportionnels à la dernière limite de la graduation à laquelle elle correspond, les taux fixés étant subordonnés à l'importance des documents ainsi grevés et même à la durée de leur efficacité légale.

Ainsi que cela se pratique dans d'autres pays, et afin de ne pas laisser subsister un privilège que rien ne justifie, on grève d'un droit modique annuel les valeurs industrielles et mercantiles, et les billets au porteur de la Banque d'Espagne, les premières en raison de leur négociation et les seconds en raison de leur circulation.

Le chèque, comme moyen de payement, continuera à être grevé d'un léger droit fixe, mais quand il est dénaturé et transformé en effet de commerce, il sera soumis au timbre proportionnel en usage pour les traites. Le droit proportionnel est également étendu, mais avec modération, aux récépissés de valeurs susceptibles d'être cotées, en raison des avantages dont les fait jouir le Code de commerce.

Pour les contrats de location, on abaisse le taux, afin d'en généraliser l'usage dans l'intérêt des locataires, des propriétaires et du Trésor, mais, en même temps, on y édicte les peines sévères que la justice réclame contre ceux qui tâchent d'éluder l'impôt, oubliant les devoirs que le patriotisme impose dans les circonstances actuelles.

Sans méconnaître la facilité et la commodité d'application qui ont été sans doute la cause déterminante de l'adoption du timbre fixe de 10 centimes pour les reçus de sommes supérieures à 25 piécettes, on rend ce droit en quelque sorte proportionnel ; en même temps, on abaisse l'exemption à 10 piécettes, à l'instar de beaucoup de pays, et on étend l'apposition du timbre à beaucoup de documents qui en sont exemptés aujourd'hui sans motif plausible. Pour les postes et télégraphes, on conserve les types en vigueur, y compris les surtaxes, mais on doit les considérer comme provisoires, jusqu'à ce que les nouveaux impôts aient donné les rendements que l'on est en droit d'en attendre.

Au moyen de ces réformes et d'autres de moindre importance indiquées dans le projet de loi, et visant toutes l'équité dans l'assiette de l'impôt, avec la facilité de le percevoir, le ministre soussigné, se fondant sur des renseignements qui garantissent ses calculs, croit pouvoir compter, en 1899-1900, sur un rendement net de 62 millions de piécettes.

Impôt sur la consommation du gaz et de l'électricité.

A la suite de l'augmentation des droits de *consumos*, la logique oblige à augmenter ceux qui grèvent le gaz et l'électricité destinés à l'éclairage, le premier de ces fluides étant à la rigueur compris dans les articles à manger, à boire et à brûler qui sont le lot des *consumos*, sans autre différence que de ne pas figurer dans les bases d'application, l'administration des finances s'en étant réservé la gestion, comme elle l'a fait pour les denrées dites coloniales, et pour les graisses et les huiles employées par les Compagnies de chemins de fer pour les besoins de leur industrie. Mais il convient de retrancher du groupe des espèces auxquelles se rapporte l'article 7 de la loi du 28 juin dernier, le pétrole et les autres huiles minérales comprises sous les numéros 8 et 9 du tarif des douanes, afin que la perception de tous les droits afférents à ces articles se fasse en une fois au moment de l'importation.

En outre, l'équité conseille de ne pas grever lourdement ces articles qui, outre les droits de douanes, supporteront ceux de *consumos*.

La moyenne de la taxe correspondant aux huiles de toute espèce équivaut à 16 0/0 de la valeur du prix le plus élevé de ces articles et, par conséquent, si on augmente jusqu'à 15 0/0 le taux de l'impôt sur le gaz et l'électricité, ces fluides seront encore mieux traités que les huiles.

Conformément au taux fixé à nouveau, l'impôt sur le gaz et l'électricité est susceptible de produire 4.500.000 piécettes. Il n'est pas présenté de calcul au sujet du carbure de calcium, attendu que la consommation de cet article n'a pas pris d'importance.

Impôt sur le sel.

Le sel qui, tant que l'Etat en a monopolisé la fabrication et la vente, a été pour le Trésor la source de recettes considérables, se trouve aujourd'hui compris dans le premier tarif annexé au règlement de la contribution de *consumos* et taxé à 0ᵖ 18 par kilogramme.

La consommation du sel pour l'alimentation peut être évaluée à 100 kilogrammes par tête : la consommation annuelle doit donc osciller entre 1 million et onze cents mille quintaux qui, à raison de 18 piécettes par quintal, représente 18 millions par an, c'est-à-dire plus du double de la somme portée dans les états d'évaluation locale des *consumos*, — d'où on est en droit de conclure que l'on ne perçoit pas en fait la totalité des droits correspondant à cet article, et que les intermédiaires subrogés à l'administration des finances réalisent un bénéfice supérieur au montant encaissé par le Trésor.

L'administration directe par l'administration des finances de l'impôt sur le sel, impliquant sa mise en fermage ou un accommodement avec les propriétaires de salines et de mines de sel, permettra d'obtenir un rendement supérieur dont les consommateurs profiteront, car on pourra ainsi réduire le droit de 18 à 12 piécettes par quintal métrique.

Le rétablissement du monopole de la fabrication et de la vente de cette substance, serait-ce qu'il y aurait de plus avantageux pour le Trésor avec le temps, mais il faudrait avancer des sommes considérables pour indemniser les exploitants actuels de salines, sources salines et mines de sel ; il faudrait aussi abroger de nombreux contrats en cours et la transition du passage de la liberté du sel au régime du monopole de l'Etat, causerait une perturbation profonde dans toutes les industries créées le long du littoral.

C'est pour cela que l'on a préféré établir sur le sel un impôt direct dont la perception sera faite par les propriétaires de salines à la charge d'en acquitter le montant au moment où la marchandise sort de leurs magasins.

L'incidence de l'impôt tombera uniquement sur le sel destiné à l'alimentation humaine. Celui qui est employé pour les usages de l'industrie, pour la salaison des viandes et du poisson, pour l'alimentation du bétail et dans l'agriculture, ne payera qu'une faible taxe, en équivalence des frais occasionnés par la dénaturation et aussi de la surveillance spéciale rendue nécessaire par le régime de la franchise partielle de l'impôt.

En thèse générale, il n'y a rien de plus profitable que l'administration directe par l'administration publique, des contributions, impôts et revenus de tout genre, mais comme il s'agit ici d'une taxe frappant un article dont la consommation n'est pas susceptible de développements, il n'y a pas à craindre qu'un tiers vienne priver le Trésor de la plus-value afférente au progrès de la consommation.

C'est pourquoi on se propose d'établir un concert avec les sauniers, afin que ceux-ci, sans qu'il puisse en résulter de préjudice pour les finances, se chargent de la perception de l'impôt, libres à cette condition des formalités et des entraves fiscales et pouvant continuer, comme par le passé, à fabriquer et à disposer de leurs produits, sans autre restriction que d'avoir à faire l'avance de la somme représentant le rendement probable de la taxe. Toutefois, pour le cas où cet accord ne pourrait pas se réaliser, l'administration est autorisée soit à affermer l'impôt, soit à en obtenir des municipalités, le montant respectif. Le choix des matières à employer pour la dénaturation a été l'objet de longues recherches, car pour que l'on n'abuse pas du régime de la franchise pour les sels destinés à des usages étrangers à l'alimentation, il faut forcément les dénaturer, sans que toutefois la dénaturation les rende impropres à l'emploi auquel on les destine.

On a taché de formuler les mesures fiscales correspondantes, de façon à n'entraver la circulation et le commerce du sel, qu'autant qu'il le faut pour assurer le recouvrement de l'impôt et éviter autant que possible la fraude ; mais si la perception reste à la charge des fabricants ou est l'objet d'un contrat de fermage, on pourra ne pas organiser le contrôle des salines et on ne mettra en pratique que les mesures dont les abonnés ou les fermiers demanderont l'application en vue de protéger leurs intérêts contre les fraudeurs.

En évaluant la consommation du sel pour l'alimentation à 1.040.000 quintaux métriques, on obtiendra de l'impôt 12.480.000 piécettes et, si on évalue à 1.500.000 ᵠˣ la consommation de cette substance pour les usages industriels, il faut ajouter 450.000 piécettes en représentation des frais de dénaturation et de surveillance ; on aura ainsi un total de 12.930.000 piécettes : toutefois on n'a inscrit au budget que le chiffre de 9 millions.

Troisième section

MONOPOLES ET SERVICES EXPLOITÉS PAR
L'ADMINISTRATION

Tabacs

Cette branche de revenus se trouve vraiment dans des circonstances exceptionnelles pour que l'on puisse en attendre d'importantes augmentations. D'une part, le tabac est un article de luxe dont la consommation est volontaire et, d'autre part, quelle que soit l'élévation du prix de cet article, il ne peut en résulter aucune perturbation dans l'industrie, car le tabac n'est susceptible d'aucune utilisation industrielle, et la fabrication, comme la vente, est l'objet d'un monopole. Aussi on peut en élever le prix sans se préoccuper d'autre chose que de savoir si celui-ci reste à la portée du consommateur.

Nos tabacs se vendent à des prix très réduits qui sont susceptibles d'un relèvement considérable, comme il est facile de le reconnaitre en les comparant à ceux que l'on pratique dans les autres pays pour les produits similaires.

Confiant dans ces considérations, le ministre soussigné croit qu'il n'y a pas lieu de redouter une diminution de la consommation, qui ne serait jamais que transitoire, et que l'on peut compter que la variation du prix, ne ralentira même pas la progression que l'on remarque dans la vente, si on augmente de 20 0/0 le tarif actuel. Tel est l'objet du projet de loi spécial déposé à cet effet.

Le produit probable de cette-surtaxe, qui a été l'objet d'une étude approfondie, peut être estimé à 27 millions. Cependant on s'est contenté de faire figurer les tabacs au budget pour la somme de 123 millions de piécettes.

Monopole de la fabrication et de la vente des allumettes phosphoriques, de la poudre et des substances explosives

Soucieux de procurer des recettes au Trésor, le ministre soussigné se propose également d'augmenter l'annuité correspondant au monopole de la fabrication et de la vente des allumettes, de la poudre et des explosifs, sans altérer les bases essentielles des contrats en vigueur : à cet effet il sollicite l'autorisation nécessaire pour réaliser les opérations projetées, dont l'ensemble doit procurer une recette de 1.250.000 piécettes. Cependant cette ressource ne figure pas au budget et le ministre ne présente pas de projet de loi à cet effet, parce qu'il n'a pas pu se mettre d'accord avec les intéressés.

Des autres articles de cette section, le seul qui mérite une mention spéciale est celui qui est relatif aux produits de l'*Hôtel des Monnaies*. Au cours de ces dernières années, et en raison des circonstances spéciales du marché, on a accru la frappe de l'argent au point de produire à l'État un bénéfice de 15.308.107 p. 40 en 1897-98 et de 47.159.959 p. 08 pendant les premiers mois de l'exercice 1898-99.

Les motifs qui ont justifié cette façon d'agir ayant disparu, le produit à obtenir de ce genre d'opérations ne dépassera pas le chiffre normal de trois millions inscrit au budget, chiffre que l'on pourra réaliser soit en refondant des monnaies, soit en frappant de la monnaie divisionnaire.

Pour ce qui est des autres articles de cette section, on s'en tient aux chiffres du budget de 1898-99, qui sont en harmonie avec les recouvrements effectués.

Quatrième section.

PROPRIÉTÉS ET DROITS DE L'ÉTAT

Revenus.

Pour établir dans cette section les différences que l'on observera entre les évaluations proposées pour 1899-1900 et celles qui ont été adoptées pour 1898-1899, on a tenu compte des recouvrements qui ont été effectués durant les précédents exercices : telle est, du moins, la règle générale.

Evaluations.

1898-1899.... .... P.	21.069.056	»
1899-1900..............	19.578.254	»
Différence en moins.......	1.490.802	»

Diminutions.

Mines d'Almaden ..... P.	2.000.0000	»
Rentes de propriétés utilisées par l'Etat.........	20.0000	»
Produit des sequestres	1.000	»
Consignations pour archives et bibliothèques........	75.000	»
Remboursement des frais de dépôt en Douane.......	12.000	»
Intérêts sur payements en retard..............	25.000	»
Revenus des Instituts d'enseignement secondaire...	98.500	»
Frais des bibliothèques et d'archives à la charge du Budget des Colonies....	51.100	»
Total.......	2.282.600	»

Augmentations.

Revenus des biens de l'Etat.............. P.	30.000	»
Navigation sur les canaux et les fleuves............	74.000	»
Produits des forêts........	3.000	»
— de l'ex-patrimoine royal..............	10.000	»
10 0/0 sur le droit d'usage dans les forêts.........	202.298	»
A reporter	319.298	»

Report............	319.298	»
Inspection des chemins de fer (Cies)...............	16.000	»
Enseignement (provinces)...	93.000	»
10 0/0 sur les revenus en participation............	40.000	»
10 0/0 sur les poids et mesures................	20.000	»
5 0/0 sur les tantièmes municipaux.................	300.000	»
Écoles des Beaux-Arts.....	3.500	»
Total........	791.798	»

Ventes.

Dans cette seconde partie de la quatrième section du Budget des recettes il y a une diminution de 1.698.000 piécettes, différence entre 3.718.000 figurant au budget 1898-99, et 2.020.000 auxquelles on évalue la recette du prochain exercice, pour les produits de la vente ou de la rédemption des biens de main-morte. Cette diminution est basée sur le résultat des recouvrements pendant les derniers exercices, ce genre d'opérations et de biens devenant de plus en plus rares.

Cinquième section.

RESSOURCES DU TRÉSOR

L'article le plus important de cette section est celui du produit de la rédemption du service militaire. Dans le budget antérieur, on avait porté la somme de 12.400.000 piécettes, quoiqu'en 1897-98 ces recouvrements eussent atteint 42.103.500 piécettes.

Comme ces résultats étaient la conséquence de l'état de guerre dans lequel nous nous trouvions, le ministre soussigné a cru prudent de réduire encore le chiffre adopté l'an dernier. Pour faire une évaluation exacte, il faut se reporter aux exercices antérieurs et tenir compte de ce fait que la crainte du service d'outre-mer augmentait encore les rendements de ce chapitre. La moyenne de la période quinquennale 1890-91 à 1894-95, a été de 9.295.000 piécettes, mais en raison de la cessation du service d'outre-mer on n'a inscrit au budget que la somme de 5 millions. On peut appliquer le même raisonnement à l'évaluation du produit de la rédemption du service naval, quoiqu'en réalité la guerre ait eu peu d'influence sur les recouvrements dont la moyenne a été, pendant la période quinquennale 1890-91 à 1894-95, de 232.446 piécettes : on a inscrit de ce chef au budget 200.000 piécettes.

En ce qui concerne les autres articles de cette section, on a pris pour règle les recouvrements réellement effectués. Au total, les prévisions de 1899-1900, accusent une augmentation de 55.000 piécettes pour 1898-99.

Diminutions.

Intérêts de 6 0/0 sur les fonds détournés de leur légitime inversion.......	50.000	»
Détournements..........	375.000	»
Arriéré antérieur à 1850....	30.000	»
Total........	455.000	»

Augmentations.

Publications officielles.....	10.000	»
Produits éventuels........	500.000	»
Total........	510.000	»

La somme inscrite au budget est de 7.445.000 piécettes.

Colonie de Fernando-Poo.

De même que l'on a consacré une section spéciale aux dépenses de cette colonie, on en a fait autant pour les produits, qui se résument ainsi :

Impôts et revenus.........	50.000	»
Timbre et droits éventuels .	34.147	»
	84.147	»

Avec les modifications que nous avons énumérées et commentées, le projet de budget des recettes pour l'année économique 1899-1900 a pu être dressé comme suit, par sections :

Contributions directes.....	391.342.990	»
— indirectes ...	359.000.000	»
Monopoles et services exploités par l'administration..............	156.150.024	»
Revenus de l'État.........	19.578.251	»
Ventes de biens..	2.020.000	»
Ressources du Trésor	9.755.000	»
Colonie de Fernando-Poo...	84.147	»
Total........	937.930.415	»

Comparaisons.

Budget des recettes.......	937.930.415	»
— des dépenses..... .	937.178.133	89
Excédent des recettes	752.281	11

Comme conclusion du mémoire qui précède, le ministre soussigné, autorisé par S. M. et d'accord avec le Conseil des ministres, a l'honneur de soumettre à l'approbation des Cortès le suivant

PROJET DE LOI

Article premier. — Il est accordé pour les dépenses de l'État durant l'année économique

1899-1900, des crédits s'élevant à la somme de 937.178.133 p. 89, distribuées suivant l'état A ci-joint.

Les recettes pour la même année économique sont évaluées à 937.930.415 piécettes, suivant le détail contenu à l'état B ci-joint, sans qu'il soit porté atteinte au droit de l'Etat de percevoir le montant de la contribution sur les immeubles, la culture et les troupeaux et celui de la contribution de *consumos*.

Art. 2. — On considère comme compris dans l'état A, les crédits nécessaires pour satisfaire les obligations reconnues et liquidées au cours de l'exercice, pour les motifs suivants :

a) Intérêts en équivalence des biens de mainmorte aliénés en vertu des articles 17 et 18 de la loi du 11 juillet 1856.

b) Intérêts des inscriptions intransférables de la dette intérieure, délivrée en faveur du clergé en échange de ses biens, en vertu de la convention avec le Saint-Siège du 25 août 1859.

c) Amortissement des crédits échus de la dette du 4 0/0 amortissable, capital et intérêts de ces crédits.

d) Amortissement des premiers décimes de l'emprunt de 175 millions de piécettes.

e) Indemnités des droits de douane sur le matériel des travaux publics.

f) Achat, construction et réparation d'édifices pour les services de l'Etat, conformément à la loi du 21 décembre 1876.

g) Tantièmes municipaux, additionnels à la contribution sur les immeubles, la culture et les troupeaux et à la contribution des patentes.

h) Montant des contributions sur les biens de l'Etat, sans qu'il y ait véritablement un mouvement de fonds pour cela, dans les caisses publiques.

Art. 3. — On considèrera comme accrus d'une somme égale au montant des obligations reconnues et liquidées, les crédits compris dans l'état A et ci-après dénommés :

a) Dans la section 3, « obligations générales de l'Etat », les crédits correspondant aux intérêts de la dette 4 0/0 intérieure, en tant que ce soit nécessaire pour acquitter les intérêts courants ou arriérés de la dette qui pourra être émise après la formation de ce budget et pendant l'exercice dont il s'agit, aussi bien pour la reconnaissance et la liquidation de crédits que pour la conversion d'autres dettes ou de charges de Justice, les crédits consignés à cet effet demeurant annulés au moment où la conversion aura été faite ; — le crédit nécessaire pour formaliser le paiement intégral des intérêts des obligations des douanes, et figurant simultanément le remboursement du montant de ceux afférents aux

obligations qui, n'ayant pas été négociées, n'ont pas été mises en circulation ; — le crédit nécessaire pour le paiement des intérêts de la dette 4 0/0 intérieure, dont l'émission a été autorisée par les décrets royaux des 31 mai et 24 novembre 1898, rendus en vertu de l'autorisation contenue dans la loi du 19 mai 1898 ; — le crédit des intérêts des billets hypothécaires de l'île de Cuba, émission de 1886, pour la somme nécessaire au paiement de la dette à émettre pour des crédits reconnus et liquidés, ou pour conversion des dettes créées par la loi du 7 juillet 1882 ; — le crédit du chapitre 10 pour subvenir « à la perte au change sur la remise de fonds à l'étranger pour le paiement des intérêts de la dette extérieure » ; — le crédit du chapitre 11, « provision pour les intérêts de la nouvelle dette 5 0/0 » ; — celui du chapitre 14 de l'article 2, « pour le soutien de la dette flottante », — et celui du chapitre 16, « intérêts pour dépôts nécessaires en espèces ».

b) Dans la section 5 des susdites « obligations générales », le crédit du chapitre unique, articles 1 à 12, « classes passives ».

c) Dans les sections 4, 5 et 6 « Ministères de la Guerre, de la Marine et de l'Intérieur » les crédits des chapitres et articles auxquels correspondent les obligations pour fournitures faites par les municipalités, quand il y a dispense pour la présentation des pièces à l'appui, les primes de service et de réengagement, les croix pensionnées, les secours, la solde par suite de sentence absolutoire et les premières mises d'habillement, le tout correspondant à des exercices antérieurs reconnus et liquidés au cours de celui-ci, quand ces crédits seront dans des conditions réglementaires et n'auront pas été atteints par la prescription ou la caducité.

d) Dans la section 7, ministère de Fomento, le crédit de l'article 3, chapitre 23, « reboisement et amélioration des forêts de l'Etat », pour une somme égale à la différence entre les 156.000 piécettes servies comme produit du 10 0/0 prélevé sur les usagers des forêts, conformément à la loi du 11 juillet 1897, — et le produit obtenu des forêts exceptées de la vente pour cause d'utilité publique, dont la gestion est confiée au département.

e) Dans la section 8, « Ministère des Finances », les crédits du chapitre 8, « frais de mouvement des fonds », article 1er, « traites et remises du Trésor », et article 2, « charge et commission sur les payements faits à l'étranger pour le compte de divers ministères » ; — le crédit du chapitre 12, article 3, « conservation, amélioration ou vente des forêts aliénables ou exceptées de la vente pour des motifs qui ne sont pas d'utilité publique », pour une somme égale à la différence entre les 256.875 piécettes consignées comme recettes, en équivalence des frais que ce ministère supporte sur ces crédits pour l'inspection technique des forêts, attachée à la Direction générale des propriétés et droits de l'Etat, — et le montant des recouvrements au compte de l'impôt de 10 0/0 sur les usages forestiers.

f) Dans la section 9, « frais des contributions et des revenus publics », les crédits du chapitre 1er, articles 1 et 2, « commission de recouvrement de la contribution des immeubles, cultures et troupeaux » et « frais de rectification des rôles, réclamations, contrôle de la richesse territoriale et autres » ; — les crédits du chapitre 6, articles 1 et 2, « commission de recouvrement de la contribution industrielle et du commerce » et « frais de formation des matrices et autres » ; — le crédit du chapitre 7, article unique, « commission de recouvrement sur l'impôt des mines » ; — le crédit du chapitre 8, article 3, « commission de recouvrement des cédules personnelles » ; — les crédits du chapitre 10, article 1er, « frais de fabrication des effets timbrés » et article 4 « gratification aux ayants droit à une part dans les amendes payées en papier d'Etat » ; — le crédit du chapitre 16, article 1er « commissions et indemnisations aux administrateurs des loteries » ; — le crédit du chapitre 18, article unique, « commission à la Compagnie fermière des Tabacs pour le service des mandats du Trésor, intérieurs et internationaux, spécialement pour la presse périodique et autres frais occasionnés par ce service » ; — le crédit du chapitre 21, article unique, « commissions de vente et d'investigation des biens de main-morte, frais généraux de vente, publication de bulletins officiels, droits des experts, bornage des propriétés », et le crédit du chapitre 22, article unique, « commission sur le montant des billets des acheteurs de biens nationaux recouvrés par la Banque hypothécaire ».

Art. 4. — Dès qu'il aura été procédé à l'émission de la nouvelle dette 5 0/0, on considèrera comme transférés au chapitre 11 de la section 3, « Dette publique », le solde à cette date des crédits des chapitres 14, 15 et 17 destinés au paiement des intérêts de la Dette flottante du Trésor, des obligations des Douanes et des billets provenant d'outre-mer pour la partie comprise dans la conversion et pour parfaire, avec le montant de ces transferts, la somme nécessaire jusqu'à la fin de l'exercice et on concède avec le caractère de préventif ou de provision, le crédit de 20 millions de piécettes visé au susdit chapitre 11.

Art. 5. — L'impôt de 5 0/0 établi par l'article 30 de la loi de finances du 5 août 1893 sera étendu aux contributions que perçoivent ou doivent percevoir les municipalités, conformément à la loi sur l'extension des zones cubaines.

Art. 6. — S'il était nécessaire d'administrer pour le compte de l'administration des finances l'impôt des consumos et celui du sel dans quelques localités, on considérerait comme autorisés implicitement « chapitres et articles additionnels des sections 8 et 9, » les crédits nécessaires pour payer les frais du personnel administratif, d'inspection, de matériel et de surveillance.

Art. 7. — Les ministres de la guerre et de la marine sont autorisés à procéder, sans les formalités prévues par le décret royal du 27 février 1852, à la vente ou à l'échange du matériel hors d'usage et à la vente des terrains et édifices sans destination, pour en appliquer le produit à l'achat ou à la fabrication d'armes perfectionnées, de poudre et de munitions, — à la construction et à la réparation des fortifications et autres édifices militaires et à d'autres besoins matériels, avec inclusion dans le nombre des édifices à construire, d'une école de guerre qui serait établie à Madrid.

Les recettes de cette nature obtenues au cours de l'exercice et restées sans emploi, se considèreront comme transférées à l'exercice suivant, si c'est nécessaire.

Art. 8. — Continuera à rester en vigueur l'exemption des droits de douane, accordée par la loi du 31 mai 1894, en faveur des machines, outils, munitions et matières premières achetées à l'étranger par le Ministère de la Guerre, tant que l'on n'en fabriquera pas en Espagne.

Art. 9. — Le ministre des finances est autorisé à traiter par voie de concours public du service du recouvrement dans toutes les provinces des contributions suivantes : contribution sur la richesse rurale, pastorale, urbaine, industrielle et du commerce ; — impôts sur les voitures de luxe, — de la superficie des mines, — et des cédules personnelles, y compris les surtaxes établies ou qui pourraient l'être à l'avenir ; — toute contribution qui se crée dans l'avenir, directe ou indirecte, payable en vertu d'un reçu à souche, avec les surtaxes qui pourraient y être adjointes ; — créances du Trésoir ou de l'administration des finances, avec procédure exécutoire. Le fermier pourra être pourvu du droit d'investigation et de recherche pour prévenir la fraude. La durée du contrat est fixée à un maximum de 15 ans. Le ministre des finances rendra compte aux Cortès de l'usage qu'il fera de cette autorisation.

Art. 10. — Le ministère des finances est autorisé à pacter directement ou par voie de concours public, la vente à la commission du mercure produit par les mines d'Almaden, à partir de l'échéance du contrat en vigueur avec MM. de Rothschild et fils, de Londres, et Rothschild frères, de Paris, pour le temps que le Gouvernement jugera convenable, moyennant la commission et la participation que le Gouvernement déterminera, à la condition toutefois que la participation ne dépasse pas 25 0/0 de l'augmentation du prix jusqu'à une livre par bouteille sur les prix du marché de Londres le 30 mai dernier, et 15 0/0 au-dessus de ce taux. Le ministre rendra compte aux Cortès plus tard, de l'usage qu'il fera de cette autorisation.

Art. 11. — Le Gouvernement est autorisé à réaliser des réductions organiques dans les services des départements ministériels et leurs dépendances centrales et provinciales, quand bien même ces services seraient organisés par des lois, à la condition que ces modifications produisent des économies importantes sur les crédits y afférents.

Art. 12. — Le Gouvernement se mettra d'accord avec les provinces basques et la Navarre pour l'établissement des nouveaux impôts créés par les projets de loi présentés aux Cortès pour grossir le budget des recettes, et il est également autorisé pour traiter des augmentations que comportent les contributions payées par ces provinces, en raison des conventions antérieures et encore en vigueur.

Art. 13. — Le montant de la dette flottante que le Gouvernement pourra contracter pendant l'exercice 1899-900 est fixé au quart du total du budget des dépenses.

Seulement en cas de guerre ou de grave conflit d'ordre public, il sera permis au Gouvernement de dépasser cette limite.

ETAT A

DÉSIGNATION DES DÉPENSES

OBLIGATIONS GÉNÉRALES DE L'ÉTAT

Première Section

Maison royale............ P. 9.250.000 »

Deuxième Section

Corps colégislatifs........ 1.020.800 »

Troisième Section

DETTE PUBLIQUE

Première partie. — Dette de l'Etat

Intérêts de la dette 5 0/0 reconnue aux États-Unis...	150.000	»
Intérêts de la dette 4 0/0 extérieure..............	77.502.740	»
A reporter......	77.652.740	»

Report............	77.652.740	»
Intérêts de la dette 4 0/0 intérieure...............	94.993.549	»
Résidus à amortir de la dette consolidée........	1.000	»
Intérêts du 4 0/0 amortissable..................	67.961.302	»
Commission à la Banque d'Espagne	849.553	18
Actions des travaux publics, intérêts et amortissement.	100.021	»
Actions des routes, intérêts et amortissement.......	58.870	50
Amortissement de la dette du personnel.,.........	10.000	»
Change pour le service du 4 0/0 extérieure........	9.000.000	»
Provision pour les intérêts du nouveau 5 0/0..........	20.000.000	»
Total..........	270.630.036	28

Seconde partie. — Dette du Trésor

Annuité du prêt sur la vente du mercure...........	3.750.000	»
Annuité du prêt de la Société fermière des Tabacs.....	3.000.000	»
Service de la dette flottante.	33.899.925	»
Intérêts des obligations des douanes	17.933.400	»
Commission à la Banque d'Espagne............	89.669	»
Intérêts des dépôts obligatoires.................	3.500.000	»
Opérations faites par le ministère des colonies.....	40.428.927	46
Exercices clos...........	10.050	»
Total..........	102.611.969	46

Troisième partie. — Dette des colonies

Intérêts des billets cubains de 1886...............	28.116.000	»
Intérêts des billets cubains de 1890..............	15.662.320	»
Intérêts des obligations des Philippines............	10.095.450	»
Commission à la Banque Hispano-Coloniale.......	808.106	55
Total.......	54.681.886	55

Quatrième section

Charges de justice : courantes......	1.459.053	50
Charges de justice : arriérées	142.124	32
Charges de justice de Cuba.	37.000	»
Total........	1.638.177	82

Cinquième section

Classes passives.......... 71.675.889

OBLIGATIONS
des Départements ministériels

Première section
PRÉSIDENCE DU CONSEIL DES MINISTRES

Présidence...............	200.250	»
Conseil d'Etat............	612.633	32
Total........	812.883	32

Deuxième section
MINISTÈRE D'ÉTAT

Administration centrale....	450.667	»
Corps diplomatique et consu-laire.................	2.605.800	»
Tribunal de Rote	150.000	»
Frais divers.............	939.220	»
Œuvre pie de Jérusalem...	195.200	»
Services des missionnaires.	403.000	»
Exercices clos...........	10.402	93
Total........	4.754.289	93

Troisième section
MINISTÈRE DE GRACE ET JUSTICE

Administration centrale....	693.900	»
Administration judiciaire (personnel).............	7.883.616	32
Matériel de la Justice......	402.150	»
Frais communs à l'administration centrale et aux tribunaux...............	1.725.000	»
Frais divers.............	75.500	»
Etablissements pénitentiaires.................	2.674.573	»
Police judiciaire..........	125.000	»
Exercices clos...........	18.997	05
Total.....	13.598.736	37
Obligations ecclésiastiques (personnel et matériel)...	40.885.182	12

Quatrième section.
Ministère de la Guerre.

Service général..........	151.705.270	51
Gendarmerie.............	21.280.746	54
Exercices clos..........	1.339.522	»
Services additionnels......	4.000	»
Total......	174.329.539	05

Cinquième section.
Ministère de la Marine.

Administration centrale....	701.075	»
Forces navales : personnel.	15.358.166	»
— matériel ..	8.479.508	»
Etablissements scientifiques.	468.060	»
Services divers...........	789.750	»
Garde-côtes.............	1.084.167	»
Forces navales d'outre-mer.	1.261.321	»
Exercices clos...........	199.566	19
Total......	18.341.613	19

Sixième section.
Ministère de l'Intérieur.

Administration centrale....	1.043.640	»
— provinciale.	1.640.894	»
Sûreté publique..........	4.474.279	»
Bienfaisance.............	986.532	28
Salubrité...............	107.250	»
Ports et Lazarets.........	571.412	»
Postes et télégraphes.....	14.886.436	11
Exercices clos...........	296.438	32
Obligations diverses.......	512.000	»
Total......	21.518.861	71

Septième section.
Ministère de Fomento.

Service général..........	865.200	»
Instruction publique.......	13.152.549	30
Constructions civiles......	2.843.500	»
Agriculture, industrie, commerce................	5.889.086	»
Travaux publics..........	59.898.938	50
Géographie, statistique, poids et mesures........	1.919.595	»
Services postaux maritimes.	3.829.440	27
Exercices clos...........	139.495	19
Total......	88.038.104	26

Huitième section.
Ministère des Finances.

Administration centrale....	4.972.900	»
— provinciale.	9.780.955	50
Etablissements au service des finances............	385.425	»
Frais généraux communs à l'administration centrale et à l'administration provinciale...............	3.987.255	»
Exercices clos...........	25.483	76
Total......	19.152.019	26

Neuvième section.

FRAIS DES CONTRIBUTIONS ET REVENUS PUBLICS

Contributions directes.....	6.363.050	»
Contributions indirectes...	1.193.820	»
Loteries	3.110.205	»
Monnaies...............	659.500	»
Services des mandats (Commission à la Compagnie des tabacs).............	250.000	»
Propriétés et droits de l'Etat...................	1.787.500	»
Impressions..............	219.250	»
Surveillance (douaniers)...	15.972.210	96
Exercices clos...........	395.483	51
Total......	29.951.019	47

Dixième section.

Colonie de Fernando-Poo.

Personnel................	301.770	»
Matériel	126.917	50
Frais divers..............	250.500	»
Exercices clos...........	20.663	60
Total.......	699.851	10

RÉSUMÉ GÉNÉRAL

Maison royale............	9.250.000	»
Corps colégislatifs........	1.638.085	»
Dette publique...........	427.923.882	20
Charges de justice........	1.638.177	82
Classes passives..........	71.075.889	»
Présidence du Conseil des ministres	812.883	32
Ministère d'Etat	4.754.289	93
— de Grâce et Justice :		
Obligations civiles........	13.598.736	37
Obligations ecclésiastiques.	40.855.182	12
Ministère de la Guerre.....	174.329.539	05
— de la Marine.....	28.341.613	19
— de l'Intérieur....	24.518.861	71
— de Fomento	88.038.104	26
— des Finances....	19.152.019	26
Frais des contributions et revenus publics..........	29.951.019	47
Colonie de Fernando-Poo..	699.851	10
Total.......	937.178.133	89

ETAT B
BUDGET DES RECETTES

DÉSIGNATION DES ARTICLES
Première section.
Dons et Contributions directes.

Don de S. M. la Reine au nom de la famille royale.	1.000.000	»
A reporter........	1.000.000	»

Report..........	1.000.000	»
Don du clergé et des religieuses...............	4.337.000	»
Contributions foncières :		
Richesse rurale et pastorale	111.250.000	»
Richesse urbaine : principal.................	49.250.000	»
Richesse urbaine : double décime	9.850.000	»
Contribution industrielle et du commerce :		
Principal	36.000.000	»
Double décime..........	7.200.000	»
Impôt sur les revenus de la richesse mobilière	110.000.000	»
Droits réels et transmission de biens..........	36.000.000	»
Mines : Droit de superficie.	3.500.000	»
— Redevance sur l'exploitation...	2.100.000	»
Impôt sur la grandesse et les titres..............	1.500.000	»
Cédules personnelles......	9.000.000	»
Impôt sur les payements faits par l'Etat, les provinces et les communes........	3.000.000	»
Impôt sur les voitures de luxe..................	650.000	»
Contribution de la Navarre.	2.000.000	»
— de l'Alava.....	602.684	»
— de Guipuzcoa..	1.486.293	»
— de Vizcaya....	2.617.013	»
Total....	391.342.990	»

Deuxième section.

Contributions indirectes.

Douanes :		
Importation	124.000.000	»
Exportation.............	9.000.000	»
Transport par mer et sorties par terre..........	10.000.000	»
Menus droits.............	900.000	»
Quarantaines et lazarets....	100.000	»
Droits sur le sucre........	20.000.000	»
— sur la fabrication de l'alcool...............	10.000.000	»
Droits sur la chicorée......	600.000	»
— sur les ports francs des Canaries	1.000.000	»
Droits consulaires :		
Principal	2.000.000	»
Double décime..........	400.000	»
Droits de *Consumos*.......	90.000.000	»
A Reporter........	268.000.000	»

Report............	268.000.000	»
Impôt sur les voyageurs et lès marchandises........	15.500.000	»
Timbres-poste et du télégraphe................	24.500.000	»
Papier timbré et timbres...	37.500.000	»
Gaz, électricité et carbure de calcium............	4.500.000	»
Sel....................	9.000.000	»
Total......	359.000.000	»

Troisième section.

Monopoles et services exploités par l'Administration.

Tabacs.................	123.000.000	»
Allumettes..............	4.250.000	»
Loteries (produit net).....	23.000.000	»
Monnaie.................	1.000.000	»
Service des mandats......	450.000	»
Produit de la Gazette......	500.000	»
Produits divers de la poste.	200.000	»
— du télégraphe et du téléphone..........	650.000	»
Produits des prisons......	100.000	»
— de la fabrication et de la vente des explosifs.	3.000.024	»
Total......	156.150.024	»

Quatrième section.

Propriétés et droits de l'Etat.

Revenus :

Salines de Torrevieja......	630.004	»
Mines d'Almaden..........	6.000.000	»
— de Linarès.........	1.200.000	»
Biens de l'Etat...........	190.000	»
Ex-patrimoine royal.......	50.000	»
Canaux et fleuves........	1.200.000	»
Forêts de l'Etat..........	275.000	»
Produit des biens à vendre du clergé.............	100.000	»
Produit net de la Bulle de la Cruzada (dispenses pour le Carême).............	2.670.000	»
Produits des séquestres....	1.000	»
20 0/0 du revenu des communaux...............	500.000	»
10 0/0 sur les usages forestiers.................	412.875	»
Archives et Bibliothèques (consignation).........	25.000	»
Payement par les chemins de fer des frais d'inspection.................	1.341.000	»
A Reporter......	14.594.879	»

Report...........	14.594.879	»
Recouvrement des frais de dépôt en douane........	35.000	»
Intérêts sur payements arriérés.................	75.000	»
Contribution des députations provinciales pour l'instruction publique.......	2.033.000	»
Revenus des biens des instituts de l'enseignement secondaire............	200.000	»
10 0/0 sur l'administration des biens à partie.......	110.000	»
10 0/0 sur la taxe des poids et mesures............	300.000	»
5 0/0 sur la perception des tantièmes municipaux....	1.800.000	»
Honoraires des avocats de l'Etat remboursés dans les procès gagnés.......	10.000	»
Remboursement du contrôle des tabacs............	140.000	»
Contribution des députations pour les écoles provinciales des Beaux-Arts......	280.375	»
Ventes de biens de mainmorte................	2.000.000	»
Recettes extraordinaires...	20.000	»
Total......	21.598.254	»

Cinquième section.

Ressources du Trésor.

Rédemption du service militaire et naval :		
Armée.................	5.000.000	»
Marine................	200.000	»
Produits des exercices clos.	2.250.000	»
Droits de garde dans les dépôts...................	100.000	»
Publications officielles.....	20.000	»
Produits éventuels........	1.000.000	»
Intérêts sur fonds détournés.	50.000	»
Recouvrements de détournements.................	125.000	»
Arriéré antérieur à 1849...	10.000	»
Total......	9.755.000	»

Sixième section.

Colonie de Fernando-Poo.

Inscription des contrats de travail avec les Kroumans.................	10.000	»
A Reporter......	10.000	»

Report............	10.000	»
Ventes de terrains à Santa-Isabel, Cens, Importation et Exportation	40.000	»
Timbres et cédules	12.500	»
Journées d'hôpital.........	4.000	»
Vente de médicaments.....	1.000	»
Retenues sur les traitements et pensions.............	1.647	»
Versement annuel des factoreries : John-Holt, Halton-Conkson et Wevinau à Elobey..............	15.000	»
Total......	84.147	»

Résumé.

Dons et contributions indirectes...............	391.342.990	»
Contributions indirectes....	359.000.000	»
Monopoles et services exploités par l'administration.................	156.150.024	»
Propriétés et droits de l'Etat....................	21.598.254	»
Ressources du Trésor	9.755.000	»
Colonie de Fernando-Poo..	84.147	»
Total......	937.930.415	»

BUDGET
de l'année économique 1899-1900

Désignation des services qui, par leur nature, peuvent exiger des ampliations de crédits, dans les limites de la faculté concédée au Gouvernement par la loi sur la comptabilité publique pour accorder des suppléments de crédit, en l'absence des Cortès, conformément à l'article 4 de la loi du 25 juin 1880.

Nota. — *Tous les ministères et tous les services figurent sur cet état que nous nous abstenons de reproduire. Du reste, le Gouvernement espagnol peut tout faire constitutionnellement avec la rubrique : « Il en sera rendu compte aux Cortès en temps opportun ».*

II

PROJET DE LOI

Sur la liquidation des obligations de l'Etat provenant d'outre-mer, la réorganisation de quelques services de la dette publique et la conversion de dettes et de débits du Trésor.

AUX CORTÈS

La partie la plus difficile de l'œuvre ardue que les Cortès actuelles ont à réaliser dans l'ordre économique, est, sans aucun doute, celle qui se rapporte à la dette publique. Les besoins des guerres coloniales et de la guerre étrangère, en accumulant des créances contre le Trésor, — les conditions de la paix qui, au moins pour le moment, ont laissé à la charge de l'Etat les dettes d'outre-mer en raison de l'aval qu'il y avait donné lors de l'émission, — toutes ces circonstances devaient naturellement élever les obligations de notre budget à un total hors de proportion avec nos ressources et grever le Trésor public de frais et de sacrifices impliquant un régime anormal de désordre financier et de déficit croissant auquel il faut à tout prix mettre un terme.

Telle est l'importance des nouvelles charges, qu'il serait téméraire de prétendre les faire peser uniquement sur l'impôt, dont le rendement était déjà insuffisant à couvrir les dépenses ordinaires de l'Etat, avant l'immense aggravation des dépenses extraordinaires de la guerre. Sur ce point, tout le monde est d'accord en Espagne et à l'Etranger.

L'organisation actuelle de notre dette publique doit donc être modifiée pour contribuer à résoudre le difficile problème de la liquidation : mais toute innovation dans une matière aussi grave doit s'inspirer rigoureusement de deux principes essentiels : le souci du crédit public et la justice distributive entre les créanciers de l'Etat.

Comme première mesure réclamée par l'opinion générale et suggérée par les conseils de tous ceux qui, connaissant les difficultés de notre situation, ont étudié les moyens d'y porter remède, apparaît la suspension ou la suppression des amortissements onéreux qui absorbent une partie considérable du budget de la dette. L'amortissement, pour l'Etat comme pour les particuliers, est une mesure de bonne administration financière, mais à la condition qu'on l'opère avec des ressources propres et ordinaires, avec de véritables excédents des revenus annuels, ou tout au moins avec des ressources qui ne soient pas aussi coûteuses que la dette qu'elles servent à rembourser. Si, pour se faire des ressources, il faut contracter de nouvelles dettes de plus en plus onéreuses, l'amortissement, loin d'être un acte de bonne et prévoyante administration, devient une cause de ruine et de déficit. Tel serait le cas de notre budget si nous persistions à y maintenir le chiffre disproportionné d'amortissement qui l'écrase présentement.

Mais en bonne justice, on ne peut ni supprimer, ni même suspendre ce droit des créanciers sans leur fournir une compensation, car, autrement, se serait imposer, sans aucune raison probante, aux porteurs de la dette amortissable, un sacrifice supérieur à celui que les créanciers de la dette perpétuelle auraient à supporter.

La question de la suspension ou de la suppression de l'amortissement pour nos deux grandes valeurs amortissables, le 4 0/0 et les obligations des Douanes, a été l'objet d'une sérieuse controverse. La simple suspension de l'amortissement eût été plus commode pour l'établissement du budget, car elle supposait une compensation moindre, surtout si la suspension n'avait pas été de longue durée. Mais le Ministre soussigné n'a vu là qu'un moyen d'ajourner la difficulté et non une solution définitive, comme il faut en prendre une pour résoudre d'ores et déjà tous les problèmes que comporte la liquidation, si l'on veut déblayer le terrain et suivre en droiture le chemin qui doit nous conduire à un prompt et solide relèvement de notre crédit.

D'autre part, ni la suffisante et considérable compensation offerte aux porteurs du 4 0/0 amortissable, ni le caractère définitif de la libération dont profite le Trésor, n'enlèvent à la solution dont il s'agit, la souplesse que le Ministre a prétendu donner à toutes les combinaisons qu'il a l'honneur de soumettre à la compétence éclairée des Cortès.

Cette flexibilité tient principalement dans l'espèce, à la façon d'indemniser les intéressés. Le Ministre qui a l'honneur de parler aux Cortès a étudié toutes les formes possibles de compensation qu'il a pu concevoir et il va expliquer, en peu de mots, les motifs qui lui ont fait adopter celle qu'il vient proposer. On pouvait ou capitaliser la prime d'amortissement et en remettre l'équivalence en titres de rente 4 0/0 perpétuelle, ou élever dans la même proportion l'intérêt de l'amortissable, ou enfin chercher la compensation dans la différence du taux de l'impôt sur les revenus mobiliers qui doit grever la dette de l'Etat. Le Ministre soussigné a étudié avec attention les trois procédés ci-dessus en les accompagnant de calculs spéciaux correspondant à leur mise en pratique respective. Le premier, outre qu'il exigeait une émission en quelque sorte anormale de dette publique, rendait irrévocable une mesure à laquelle il faut donner le caractère large et solide d'une solution définitive, tout en se réservant la possibilité de modifier ses effets, une fois que l'on aura assuré, sous une forme ou sous une autre, la dotation des obligations dont il est question. Le second procédé a l'inconvénient d'altérer l'expression nominale de l'intérêt qui, sur le marché, sert en même temps de titre distinctif à cette catégorie de rente. Le troisième, enfin, impliquerait une diversité de taux de contribution étrangère à la nature de la contribution elle-même, en quelque sorte parasitique. Voilà pourquoi on a adopté un autre système plus simple et plus propre à concilier la condition de la compensation actuelle avec la possibilité d'une conversion future, lequel consiste à bonifier les coupons d'un pourcentage que l'on additionnera facilement au principal, en faisant la liquidation des factures de recouvrement.

Il ne reste plus qu'à justifier le quantum de la compensation. Pour la dette amortissable 4 0/0, qui a encore une assez longue période d'existence, on doit apprécier en *intérêts* le montant de la prime d'amortissement.

Le problème se pose en ces termes : quelle somme le Trésor doit-il verser chaque trimestre en qualité d'intérêts, pour que ce capital placé à 1 0/0 par trimestre, c'est-à-dire dans des conditions identiques à celles de l'emprunt, puisse, au bout de 90 trimestres, fournir aux créanciers la somme de 150.363.500 piécettes qu'ils ont droit de percevoir comme prime d'amortissement ?

La formule mathématique correspondante a donné un chiffre qu'il a fallu rectifier pour ne pas laisser la prime d'amortissement aux prises avec l'impôt sur la richesse mobilière, et le résultat a été d'élever l'intérêt supplémentaire à 13 0/0 de l'intérêt principal.

Le ministre soussigné a tenu compte de ce fait que la Banque d'Espagne détient ces valeurs en portefeuille pour la somme de 441.213.000 piécettes. Il n'y a aucune difficulté qui s'oppose à ce que cet établissement les conserve dans les mêmes conditions qu'aujourd'hui, suppléant à l'amortissement par l'ouverture d'un compte dans lequel on portera au crédit et au débit respectivement la prime d'amortissement et la bonification trimestrielle encaissée de ce chef.

C'est sous une autre forme qu'il faut offrir une compensation aux porteurs des obligations des Douanes, si on tient compte de la réalité et du principe suivant lequel on doit apprécier la prime d'amortissement d'une façon distincte suivant qu'il s'agit d'une dette à long terme ou d'une dette à courte échéance. La valeur que la cote de la bourse donne à la prime d'amortissement, croit sur la première d'une façon lente et uniforme, tandis que pour la seconde, elle suit un mouvement accéléré. A cette diversité de capitalisation sur le marché, correspondent deux procédés également différents de compensation : l'un consiste à calculer l'accroissement équivalent de l'intérêt et l'autre à capitaliser la prime d'amortissement, quoique la compensation vienne ensuite se convertir en un supplément de rente.

Il ne faut pas oublier non plus que les obligations des Douanes doivent être converties lors du premier emprunt de liquidation. On assigne donc équitablement 23 0/0 de plus-value au coupon, ce qui élève l'intérêt de 5 0/0 qui en est le type nominal, à 6.15, — fixation qui n'a rien d'arbitraire, car elle synthétise le rôle provisoire que ces valeurs jouent dans la mécanique de notre crédit.

Les dettes d'outre-mer renferment d'autres problèmes. Le Président de la *Commission espagnole de la Paix* en rendant compte au Gouvernement, dans une dépêche du 11 décembre 1898, des négociations suivies dans la Conférence de Paris pour obtenir que les dettes et autres obligations contractées par la métropole au bénéfice et à la charge des colonies, fussent considérées comme suivant la souveraineté et transmises, — avec le Président de la Commission de la paix, disons-nous, dans la susdite dépêche déclare que nos plénipotentiaires après avoir épuisé, en faveur de leur thèse, les raisonnement génériques qui ne laissent aucun doute, demandèrent en présence de l'*ultimatum* de la commission américaine et obtinrent, d'accord avec celle-ci, que les négociations relatives au traité suivraient leur cours, sans qu'il fût de ce fait porté atteinte au droit qui assiste l'Espagne, dans la conviction de ses commissaires, pour exiger qu'avec la propriété des colonies qu'elle cède ou abandonne, passent aussi les obligations afférentes à ces colonies.

« La Commission espagnole, dit ce document, a discuté avec opiniâtreté dans le sein de la Conférence, la question relative à la validité et à l'efficacité du caractère hypothécaire d'une partie de la dette cubaine. Les commissaires américains se sont refusés à reconnaître l'efficacité de cette hypothèque. Les Espagnols, de leur côté, ont fait constater, à diverses reprises, avec toute la solennité nécessaire, que jamais l'Espagne ni ne consentirait à ce qu'une puissance étrangère discutât la légitimité et la solidité d'un acte intérieur de son Gouvernement, ni ne se prêterait à méconnaître, voire même à atténuer, la légalité ou l'efficacité des droits des porteurs de ces valeurs qui, aux termes même de la rédaction de leurs titres, ont acquis un titre réel d'hypothèque sur le produit des impôts directs et indirects de l'île de Cuba, sur ceux des douanes de cette île et sur les rendements des douanes des Philippines. Cette importante question de l'endossement des obligations coloniales n'a pas été tranchée dans la Conférence et n'est pas résolue dans le traité. Les Etats-Unis, il est vrai, ne se sont pas prêtés à prendre ni sur eux, ni sur l'île de Cuba, les dettes coloniales, mais, d'un autre côté, l'Espagne n'a voulu reconnaître ni directement, ni indirectement que ces dettes ne suivaient pas le sort des colonies, et l'attitude irréductible des commissions des deux pays a naturellement suggéré l'idée de ne

faire dans le traité aucune mention de ces dettes. Les choses restent donc sur point, en ce qui concerne l'Espagne, dans le même état qu'avant l'ouverture des négociations à Paris : l'Espagne continue à être grevée des obligations directes et principales qu'elle a contractées en créant une partie de ces dettes; mais, en ce qui concerne la question hypothécaire, elle se trouve dans la même situation qu'avant de signer le traité, c'est-à-dire obligée subsidiairement à la reconnaissance et au payement de la dette, ou, à ce qui revient au même, pour le cas où l'hypothèque, qui est la première garantie des porteurs de ce papier, résulterait insuffisante. »

En effet, le traité ne dit rien au sujet des dettes coloniales, mais le Gouvernement de S. M. entend que la garantie générale de la nation qui y a été accordée lors de l'émission et qui est gravée sur les titres mêmes, impose à l'Etat le devoir de les comprendre dans ses obligations, sauf à négocier en temps opportun pour que cette responsabilité suive, en fin de compte, comme cela est juste, les territoires cédés que l'Espagne avait hypothéqués à leur garantie dans le légitime usage de sa souveraineté.

Les dettes, ainsi que les autres obligations provenant des budgets d'outre-mer, doivent donc être payées en Espagne et assimilées aux services analogues de la métropole.

Il est de toute évidence pour les raisons ci-dessus exposées et par suite de l'onéreuse liquidation de trois guerres, qu'il n'y a pas lieu de maintenir l'amortissement. Même en tenant compte de la compensation, comme on le fait pour les autres dettes amortissables, les coupons des billets hypothécaires de Cuba et des obligations également hypothécaires du Trésor des Philippines, doivent subir une réduction équivalente à ce que représentait le supplément d'intérêt colonial dont ont bénéficié leur émission et leur négociation. Une fois assimilées au type normal qui est le 4 0/0 perpétuel, et privées de la compensation pour raison d'amortissement, ces dettes sont soumises, comme suite à ces deux opérations, à une réduction au profit du Trésor, représentant 20 0/0 des intérêts ainsi calculés pour les billets hypothécaires de Cuba des deux séries et de 15 0/0 pour les obligations du Trésor des Philippines. Si on faisait autrement, on accorderait un meilleur traitement au capital employé en dette coloniale qu'à celui qui est représenté par des valeurs nationales.

Sur l'intérêt net correspondant à ces valeurs à la suite de ces modifications, frappera ensuite la taxe uniforme de 20 0/0 de l'impôt sur les produits de la richesse mobilière.

Tous les titres de notre dette jouiront ainsi,

eu égard au cours auquel ils ont été cotés pendant les derniers mois d'un intérêt supérieur à 5 0/0, rémunération avantageuse que les réformes proposées dans le budget des recettes et une politique sévère d'équilibre financier doivent leur assurer.

La liquidation des découverts du Trésor, ainsi que de ceux d'outre-mer, s'obtiendra, pour la plus grande partie, au moyen d'un emprunt 5 0/0, pour convertir les obligations des Douanes, les obligations de la Dette flottante, les *pagarès* d'outre-mer endossés à différentes banques et à divers banquiers, et une somme à valoir sur les valeurs de cette catégorie que détient la Banque d'Espagne : le reste servira à solder le compte de liquidation et à payer les frais de mise en dépense du pays, conformément aux plans, devis et crédits approuvés en temps opportun.

Pour subvenir, en attendant, au payement des obligations provenant d'outre-mer qui constituent un découvert et qui sont pendantes de liquidations ou de vérification, on autorise la création d'une dette flottante spéciale qui permettra de satisfaire les réclamations au fur et à mesure de la liquidation des droits.

On a ajourné la consolidation de la créance de la Banque d'Espagne pour *pagarès* du Ministère des Colonies, pour la partie dont elle n'a pas encore été remboursée et qui ne sera pas convertie lors de l'emprunt : cet établissement de crédit, qui a déjà rendu tant de services efficaces au Trésor et au pays pendant la guerre, — comme toujours quand il y a eu des crises — contribuera, en ce qui le concerne, à faciliter la liquidation et le rétablissement de l'équilibre budgétaire, en réduisant les intérêts des avances considérables représentées par ces valeurs.

D'autre part, il devient absolument nécessaire de régulariser la situation extraordinaire créée par la loi des Ressources du 17 mai 1898 et le décret royal du 9 août de la même année pour traverser, comme on l'a fait effectivement avec tact et succès, les difficiles circonstances où on se trouvait.

C'est seulement sous la pression des événements que le digne prédécesseur du ministre soussigné s'est décidé à faire usage de l'autorisation que cette loi avait donnée au Gouvernement, à l'effet d'élever jusqu'à 2.500 millions de billets la faculté d'émission de la Banque d'Espagne. Etant donnée la difficulté de faire un emprunt aussi bien à l'intérieur qu'à l'extérieur, il considérait nécessaire de mettre la Banque à même de prêter à l'Etat un concours patriotique.

« Les inconvénients, disait-il dans un notable exposé de motifs, les inconvénients de cette mesure n'échappent certes pas au soussigné : il vaudrait mieux sinon restreindre, tout au moins contenir, dans les limites actuelles, la circulation fiduciaire : on ne peut nier que cette résolution a un caractère anormal que, seules, peuvent excuser les circonstances critiques par lesquelles passe la nation. » Il déclarait ensuite, qu'une fois la guerre finie et quand on en connaîtrait les effets dans la partie financière, ce serait le moment de prendre une marche ferme et décidée pour reconstituer nos finances et régulariser, en même temps, la situation du Trésor et la circulation fiduciaire.

Si, en présence des anxiétés de l'heure, le Gouvernement avait recours à l'expédient que lui offrait la circulation fiduciaire, en mettant à cet effet la Banque dans des conditions légales, il manifestait textuellement, dans l'exposé des motifs du décret royal précité, que cette situation transitoire ne pouvait pas se prolonger longtemps et qu'elle serait suivie d'une époque de reconstitution et de tendances normales, raison pour laquelle, au lieu d'accepter des conditions qui eussent pu paraître momentanément plus avantageuses, mais qui n'eussent pu être obtenues qu'en modifiant l'état légal de la Banque, le Gouvernement préféra conserver à cette mesure de salut, c'est-à-dire à l'augmentation de l'émission, le caractère de concession faite par l'Etat, caractère qui résulte d'ailleurs de lui-même, sans y rien ajouter.

La qualité d'extraordinaire et de transitoire de la concession faite à la Banque d'Espagne par le décret royal du 9 août 1898, étant notoire et patente, le moment est venu d'en limiter les effets, conformément aux considérants qui la justifiaient, au but et à l'esprit même de la loi dont elle était issue et dérivée. Mais si le ministre soussigné s'occupe avec une sollicitude toute particulière et une préférence marquée de contenir la circulation fiduciaire et s'il s'en occupera sans cesser, d'accord avec la Banque d'Espagne, il est hors de doute que cet établissement de crédit a besoin d'une marge légale plus large que celle résultant de l'état de droit auquel le gouvernement n'a voulu rien changer en août dernier, et qui est défini par la loi du 11 juillet 1891. En vue de cette nécessité péremptoire, on demande aux Cortès l'autorisation de faire avec la Banque une convention à l'effet d'étendre son privilège d'émission à 500 millions, à valoir sur les 1500 autorisés par la loi du 17 mai 1898.

Si les Cortès approuvent la loi qui leur est soumise, on laissera subsister l'état légal dans lequel se trouve la dette extérieure : les coupons seront payés aux étrangers en unités monétaires telles qu'il est dit sur les titres, au choix des porteurs, et aux Espagnols en monnaie nationale. On conserve également à ces derniers le droit de convertir leurs titres en dette extérieure, avec la bonification présentement en usage.

Le 28 juin 1882 il a été signé, à Londres, entre le Président du Comité des porteurs de valeurs étrangères et le Ministre plénipotentiaire d'Espagne, dûment autorisé par ordonnance royale en date du 21 du même mois, délibérée en Conseil des Ministres, un acte dans lequel il a été déclaré que la loi du 21 juillet 1876, dont l'article 4 exempte de tout impôt les titres de la dette extérieure espagnole, étant toujours en vigueur, les prescriptions de cet article étaient applicables aux nouveaux titres de 4 0/0 que l'on allait émettre, en échange de l'ancien 3 0/0 espagnol, et que, par conséquent, les coupons du susdit 4 0/0 extérieur espagnol, étaient libres de tout impôt. Il est donc nécessaire pour appliquer celui qui est établi sur les revenus des valeurs mobilières, aux coupons de la dette extérieure, possédés par les étrangers, de modifier cette convention par une autre avec les représentants des mêmes porteurs de titres, étrangers, et ce aux seuls effets de leur acquiescement à cette innovation.

Quoique les créanciers étrangers perçoivent avec ponctualité, il n'y a pas à craindre qu'ils restent sourds à la voix de l'équité et qu'ils refusent d'aider l'Espagne dans ses efforts, pour suffire aux charges énormes que le malheur fait peser sur elle.

Bien que le montant des autres dettes procédant de Cuba qui n'ont pas encore été converties en billets hypothécaires, comme provenant du 3 0/0 et des annuités, soit peu considérable, il y a lieu de régulariser la situation, et on les comprend dans la liquidation à titre de conversion. Il y a, par cela en portefeuille, une réserve de 588.000 piécettes en billets cubains de 1886; mais si ceux-ci ne suffisaient pas, on aurait recours, pour le solde, aux billets cubains de 1890 qui sont en portefeuille.

En vue des motifs ci-dessus, le ministre soussigné, d'accord avec le Conseil des Ministres, a l'honneur de soumettre à la délibération et au vote des Cortès, le suivant

PROJET DE LOI

Article premier. — L'amortissement de la dette de l'Etat à 4 0/0 amortissable et celui des obligations du Trésor sur les Douanes sont supprimés. En équivalence de l'amortissement, et à partir des échéances des 1er juillet et 15 août de cette année inclusivement, on liquidera et on payera une bonification trimestrielle sur les inté-

rêts de ces dettes, de 13 0/0 du montant des coupons présentés à l'encaissement par les porteurs du 4 0/0 amortissable et de 23 0/0 des coupons des obligations des Douanes. Les titres de la Dette de l'Etat à 4 0/0 amortissable, que la Banque d'Espagne conserve en portefeuille, continueront à être considérés comme compris dans les valeurs énumérées à l'article 5 de la loi du 14 juillet 1891.

Art. 2. — L'amortissement des Billets hypothécaires de l'île de Cuba émis en 1886 et 1890, continuera à être suspendu.

Sans préjuger les négociations ultérieures pour obtenir la reconnaissance, la garantie, la restitution et le remboursement des intérêts et de l'amortissement des deux séries de billets hypothécaires de Cuba à la charge des revenus publics de cette île, affectés à la garantie de ces payements, l'Etat comprendra désormais dans un chapitre de la troisième section du budget des « obligations générales », sous la dénomination de « dettes provenant des colonies », le crédit législatif nécessaire pour payer les intérêts des susdits billets hypothécaires, en déduisant 20 0/0 du montant des coupons présentés à l'encaissement, pour égaliser les conditions de cette dette coloniale avec celles de la dette du Royaume.

Art. 3. — Dans un article à part du même chapitre des Obligations générales de l'Etat, on consignera le crédit législatif nécessaire pour le payement des intérêts des obligations hypothécaires du Trésor des Philippines, moyennant une réduction de 15 0/0 sur le montant des coupons présentés à l'encaissement, comme soulte entre l'équivalence de leur amortissement et l'escompte de l'intérêt colonial. L'amortissement de cette dette demeure supprimé.

Art. 4. — Le Gouvernement de S. M. est autorisé à émettre et à négocier, dans la forme qui lui paraîtra la plus sûre, la plus économique et la plus convenable aux intérêts de l'Etat, un ou plusieurs emprunts de liquidation et de consolidation pour les sommes nécessaires, afin de se procurer, au taux fixé par le Conseil des Ministres, un maximum de 1.300 millions de piécettes effectives.

Au moyen de cette opération de crédit, on convertira en valeurs du nouveau type que l'on va émettre, si le Gouvernement en dispose ainsi et quand il le jugera convenable, les dettes et débits du Trésor énumérés à la suite : Obligations des Douanes, obligations du Trésor, Pagarès du Ministère des Colonies endossés à la Banque hypothécaire d'Espagne ou à d'autres Banques, Banquiers et Sociétés de crédit, et enfin la partie des *Pagarès* d'outre-mer détenue par la Banque d'Espagne, que le Gouvernement jugera à propos de convertir. On pourra aussi destiner le produit de cette émission, — à solder des obligations pendantes de payement émises pour les frais des guerres coloniales ou pour les budgets d'outre-mer, — à payer la Banque d'Espagne des soldes de son compte de crédit ou à éteindre d'autres dettes du Trésor, — enfin à subvenir aux frais de défense des côtes et des frontières du pays, conformément aux plans, projets et devis approuvés par le Conseil des Ministres, et après obtention des crédits législatifs que le Gouvernement demandera aux Cortès.

Art. 5. — L'émission ou les émissions autorisées par l'article antérieur se feront en dette perpétuelle ou amortissable dans un délai qui ne sera pas de moins de cinquante ans, à l'intérêt annuel, dans les deux cas, de 5 0/0, avec la garantie du rendement des douanes et des tabacs, dont les produits seront remis intégralement, au fur et à mesure des recouvrements, à la Banque d'Espagne, laquelle restera chargée de les appliquer au payement des intérêts et de l'amortissement de la nouvelle dette, moyennant la commission qui sera déterminée. Le payement des intérêts et de l'amortissement aura lieu en piécettes à Madrid et dans les villes du royaume que le Gouvernement désignera.

Art. 6. — Le Ministre des Finances est autorisé à contracter, comme provenant d'outre-mer, la dette flottante nécessaire pour le payement immédiat des obligations à découvert, émises pour les besoins des guerres coloniales, ou comme conséquence des budgets de Cuba, de Puerto-Rico et des Philippines. Il pourra disposer en garantie, du solde des valeurs émises en vertu de l'autorisation accordée par la loi du 17 mai 1898. Cette dette ne sera pas cumulée avec celle dont la création est prévue par la loi du budget, dans les limites y-prévues : les deux dettes auront leur compte à part dans l'administration des finances.

Art. 7. — Il est dérogé au paragraphe 2 de l'article unique de la loi du 17 mai 1898, autorisant le Gouvernement à augmenter jusqu'à 2.500 millions de piécettes la faculté d'émettre des billets au porteur, concédée à la Banque d'Espagne. Les effets du décret royal du 9 août dernier, autorisant la Banque d'Espagne pour procéder à cette opération, sont arrêtés.

Le Gouvernement est autorisé par la présente loi à porter avec la Banque d'Espagne l'extension de son privilège unique d'émission fiduciaire, à 500 millions de piécettes au-dessus du maximum fixé par la loi du 14 juillet 1891, soit à deux mille millions de piécettes avec les mêmes garanties, c'est-à-dire avec une réserve en or ou en argent, dont un quart forcément en or, égale à la moitié de l'excédent de circulation qui en résultera.

En compensation de la faculté qui lui est accordée, la Banque réduira à un taux qui ne pourra pas dépasser 3 0/0 par an, l'intérêt sur les *pagarès* d'outre-mer qu'elle conserve en portefeuille, et elle ouvrira au Trésor un compte de crédit avec la garantie et l'intérêt qui seront déterminés, afin de pourvoir au service de la dette flottante spéciale dont il est question à l'article antérieur.

Dans la même convention on fixera la façon et les délais dont la Banque usera pour la réalisation du 4 0/0 amortissable de son portefeuille.

Les opérations de la Banque avec le Trésor seront l'objet de conventions spéciales conformes aux statuts de cet établissement et aux lois, mais dont les conditions pourront être distinctes de celles en vigueur dans les contrats avec les particuliers.

Art. 8. — Le Gouvernement continue à être autorisé à convertir, quand il le jugera convenable aux intérêts de l'Etat, les titres de la dette extérieure en intérieure, avec le bénéfice qu'il déterminera, sans que cette plus-value puisse dépasser 10 piécettes d'augmentation pour chaque cent piécettes de valeur nominale. On ne payera à l'Etranger d'autres coupons de la dette extérieure que ceux des titres estampillés et inscrits, comme étant la propriété d'étrangers, sur les registres des Délégations des finances et des Consulats d'Espagne, à la condition que ces titres se présentent à chaque échéance et que l'on prouve qu'ils continuent à être la propriété d'étrangers, suivant les formalités déterminées par un règlement.

Les coupons des autres titres de la dette extérieure continueront à être payés en piécettes.

Art. 9. — Le Gouvernement fera une convention avec le Comité des porteurs de valeurs étrangères de Londres pour modifier la déclaration du 28 juin 1882, afin que les coupons de la dette extérieure, qui sont la propriété des étrangers, soient grevés de l'impôt de 20 0/0 sur les revenus de la richesse mobilière.

Art. 10. — Les porteurs de la dette 3 0/0, avec 1 0/0 d'amortissement, créée en vertu de la loi du 7 juillet 1882, pour convertir les bons du Trésor de l'île de Cuba émis en 1873, et les crédits du personnel et du matériel de la même île antérieurs au 1er juillet 1878, ainsi que ceux de la dette en annuités créée par la même loi pour la conversion des billets du Trésor de 1874, et d'autres crédits de cette île qui n'ont pas été présentés à la conversion en billets hypothécaires de 1886, conformément aux prescriptions du décret royal du 19 septembre de l'année précitée, seront satisfaits des intérêts dus jusqu'au 30 juin 1899 dans la même forme que jusqu'à ce jour. A partir du 1er juillet de cette année, la conversion de cette dette en billets hypothécaires de l'émission de 1886, sera obligatoire aux conditions consignées dans le décret royal ci-dessus mentionné, à raison de 1.374 piécettes de la dette 3 0/0 avec 1 0/0 d'amortissement et de 1.409.375 des annuités pour chaque billet de l'émission 1886. Ces billets seront pourvus du coupon correspondant au trimestre pendant lequel se fera l'échange.

Les crédits pendants de reconnaissance et de visa qui devaient être payés au moyen de ces valeurs (3 0/0 et annuités) seront liquidés comme s'il devait en être ainsi, mais ils seront immédiatement réglés en billets hypothécaires de 1886, aux conditions ci-dessus indiquées. Dans le cas où il n'y aurait pas assez de billets de l'émission de 1886 pour satisfaire aux réclamations, on prendra des billets hypothécaires de l'émission de 1890, qui seront réduits à la computation au change de 1.145 piécettes 833 millièmes en 3 0/0, avec 1 0/0 d'amortissement et de 1.174.479 en annuités.

Art. 11. — Le Gouvernement de S. M. rendra compte aux Cortès de l'usage qu'il aura fait des autorisations que la loi lui concède.

———

III

PROJET DE LOI

Prorogeant pour un an, c'est-à-dire jusqu'au 30 juin 1900, la convention faite avec la Banque d'Espagne pour le service de Trésorerie de l'Etat, en vertu de la loi du 26 juin 1894, et ordonnant l'émission d'obligations du Trésor pour recueillir celles qui sont en circulation et payer à la Banque d'Espagne le solde qui pourra résulter en sa faveur de son compte de Trésorerie à la fin de l'année économique 1899-1900.

———

AUX CORTÈS

La convention faite avec la Banque d'Espagne pour le service de la dette flottante du Trésor de la Trésorerie de l'Etat expire le 30 juin 1899 et, le même jour, arriveront à échéance les obligations du Trésor, remises à la Banque annuellement en payement du solde de ce compte depuis l'origine, obligations montant à la somme de 542.998.500 piécettes. La dette flottante du Trésor, représentée par ces titres, pourra être consolidée ou convertie en une valeur de l'Etat,

ainsi qu'on le propose dans un projet séparé; mais, comme il est matériellement impossible que la transformation ait lieu pour la date de l'échéance, et comme, en outre, les opérations de cette nature ont besoin d'une certaine préparation, jusqu'à ce que le moment opportun de les réaliser soit arrivé, il faut absolument prendre des dispositions légalisant la situation de ces valeurs, jusqu'à ce que le moment soit venu d'effectuer la conversion projetée.

Non seulement la Banque se conforme à la prorogation de son contrat pour la prochaine année économique, mais elle accepte en échange des actuelles obligations, et en payement de solde de son compte pour l'exercice 1898-99, d'autres obligations du Trésor à six mois, avec le même intérêt et aux mêmes conditions que par le passé. La question étant ainsi heureusement résolue, autorisée par S. M., d'accord avec le Conseil des Ministres, le soussigné a l'honneur de soumettre à l'approbation des Cortès le suivant

PROJET DE LOI

Article premier. — Le traité passé entre le Ministre des Finances et la Banque d'Espagne pour les services de la Dette flottante, du Trésor et de la Trésorerie de l'Etat, approuvé par la loi du 26 juin 1894, est prorogé pour un an, soit jusqu'au 30 juin 1900.

Art. 2. — En équivalence des obligations du Trésor, échéant le 30 juin 1899, pour valeur de 542.998.500 piécettes et en payement du solde que présente le compte de Trésorerie en faveur de la Banque d'Espagne, il sera remis à cet établissement de nouvelles obligations à six mois de date, renouvelables pour une autre période de six mois au même intérêt de 5 0/0 par an et aux mêmes conditions que les obligations antérieures.

———

IV

PROJET DE LOI

Sur la formation du cadastre de la richesse territoriale et l'établissement du Registre fiscal de la propriété.

———

AUX CORTÈS

L'administration des finances a toujours désiré avoir un inventaire de la richesse imposable pouvant servir de base à l'assiette de chaque contribution et de régulateur fiscal de la cote que chaque contribuable doit payer proportionnellement à ce qu'il possède. Depuis la réforme de 1845, on a diverses fois intenté de former des registres des propriétés rurales et urbaines, ainsi que de la richesse pastorale ; mais, ces tentati-

ves n'ont jamais reçu les développements nécessaires, faute sans doute de ressources et de personnel idoine.

Elles se sont donc bornées, en 1851, aux déce-
vantes opérations de *l'amillaramiento* (état de
répartition au millième) rectifiées en 1862 et
dont les défectuosités ont provoqué le règlement de 1878 et les lois de 1885 et de 1888.

Nonobstant ces réformes, l'occultation de la richesse a continué son œuvre d'immoralité, et,
comme le montant des rôles de chaque commune
n'est jamais atteint, il en résulte un fâcheux
antagonisme entre le fraudeur et le contribuable de bonne foi, au grand préjudice de ce dernier.

Tout en représentant une réforme plus pratique que les précédentes, le décret royal de
1893 s'est borné à prescrire la formation du
registre fiscal des édifices et des emplacements
à bâtir. Cette innovation a été complétée par la
loi du 24 août 1896, qui a donné de l'impulsion
à la statistique territoriale, comme élément indispensable pour l'inventaire de la richesse rurale
et même de la richesse pastorale.

Si l'administration de ces dernières années est
en droit de se féliciter de ces deux réformes, il
faut cependant reconnaître que l'on ne peut en
attendre aucun résultat immédiat, ni pour la richesse rurale, ni pour la richesse pastorale, ni
même pour la richesse urbaine, si on ne change
pas de procédure et de procédés, car il se pas-
sera de longues années avant que l'administration et le contribuable de bonne foi, voient la
réalisation de leur idéal qui est de posséder un
cadastre, mettant en évidence la véritable richesse imposable et à néant les germes de l'occultation, sous l'égide de la justice et de l'égalité devant le fisc.

Le projet de loi ci-joint tend à la réalisation
de ce *desideratum*. La bonne organisation administrative exige une symétrie qui fasse rentrer dans l'ordre ceux qui, dans l'état actuel des
procédés administratifs, parviennent à se soustraire à leurs obligations de contribuable.

Si, comme le projet dont il s'agit se le propose, grâce à la formation au préalable du cadastre
de la richesse territoriale, on arrive à faire de
cet impôt de répartition un impôt de quotité,
on fondera sur de solides bases le régime d'é-
quité et de justice que demande le contribuable
de bonne foi, appelé à combler l'année suivante
les défaillances des autres et les erreurs de l'administration elle-même.

Les *amillaramientos* (terriers) de 1860 qui n'ont
pas été rectifiés, renferment les erreurs qui les
ont toujours caractérisés, et ne reflètent pas la
véritable richesse du pays : ainsi ni leurs rensei-
guements, ni les répartitions annuelles ne sauraient échapper, ni aux conséquences de l'inexac-
titude des données statistiques sur lesquelles ils
sont édifiés, ni à l'influence des passions locales. Aussi ces documents qui sont l'unique base
de l'assiette de l'impôt, fourmillent des défauts
inhérents à tout ce qui est fondé sur l'erreur.

C'est seulement ainsi que l'on s'explique, que
l'on n'ait jamais pu réaliser le total matriciel
de la contribution et que l'on comprend que
tous les ans le Trésor y perde 10 millions de
piécettes, de sorte que le taux auquel la richesse
est imposée, prend les proportions exagérées
que tout le monde connaît. Il y a là évidemment une preuve à la fois de l'occultation de la
richesse et des vices de l'assiette de cette branche importante des revenus publics, par suite de
l'ignorance de la matière imposable. Cette anomalie s'aggrave encore de la diversité des an-
gles d'incidence que le projet tend à unifier, en
commençant par la richesse urbaine dont le
Registre doit être terminé dans deux ans.

Les travaux du Registre fiscal des édifices et
des emplacements à bâtir, ainsi que les opérations topographiques et agronomiques réalisées
par les soins des dignes prédécesseurs du ministre
soussigné, sont des garanties du succès assuré
de ce projet.

On a déjà approuvé le Registre fiscal de
12 capitales de provinces, — dont trois seulement,
Barcelone, Burgos et Valence, — sont des localités importantes, et celui de 2.100 communes.
Ces registres accusent une plus-value moyenne
des droits de l'Etat de 28,436 piécettes dans les
capitales et de 508 dans les autres communes.
En prenant pour base ce terme moyen et en
observant qu'il manque encore 33 capitales et
6.575 communes, on obtient les résultats suivants :

Résultats connus

Dans les capitales.........	P. 341.230	»
Dans les communes.......	1.065.913	»

Augmentations probables

Dans les capitales.........	938.388	»
Dans les communes.......	3.340.100	»
Total........	5.685.631	»

Non seulement l'augmentation connue est positive, mais il y a un bénéfice pour les contribuables qui ne payent plus que le minimum de
17.50 0/0 sur le revenu net imposable.

La richesse rurale et pastorale jouira des
mêmes avantages dans chaque commune, car
bien qu'il ne sera pas possible de fixer la quotité
contributive jusqu'à ce que les opérations cadas-

trales soient terminées dans tout le royaume, la part correspondant à chaque municipalité sera répartie sur la richesse vérifiée, aussitôt après l'approbation des opérations particulières à chaque localité et à chaque province.

A cet avantage patent pour le contribuable, il convient d'en ajouter un autre provenant du mode de rédaction des rôles d'évaluation de la richesse agricole et pastorale, car on a pris la valeur des produits sur les lieux de production au moment de la récolte, tandis que jusqu'à présent on a pris pour règle, le prix auquel ceux-ci étaient cotés plus tard.

En exécutant ces travaux, on a rencontré des difficultés que la nouvelle loi fera sûrement disparaître. En premier lieu, il faut signaler l'état d'incertitude et de litige dans lequel sont beaucoup de communes au sujet de leurs limites respectives. Cet état, tout au moins pour ce qui concerne la possession de fait, doit disparaître, car il est inadmissible qu'aucune parcelle cesse d'être imposée dans l'une ou l'autre des juridictions municipales en procès. D'ailleurs, le bornage préalable des territoires communaux facilite de telle façon la planimétrie cadastrale, que fût-il considéré comme provisoire, il doit être ordonné en termes précis par la loi. Ainsi le bornage se fera dans les provinces que le Gouvernement désignera, sous la réserve des droits des municipalités respectives, si elles ne se mettent pas d'accord, et on prendra comme ligne provisoire celle qui résulte de la possession de fait. Quoique les travaux concernant la richesse rurale ne soient pas aussi avancés que ceux de la richesse urbaine, ils le sont assez pour que l'on puisse apprécier les résultats si avantageux, pour le Trésor et pour les contribuables, qui doivent résulter des opérations cadastrales.

Ces travaux qui ne s'étendent qu'aux provinces de Cadix, Cordoue, Grenade, Malaga et Séville, donnent les résultats suivants :

Communes terminées 496
Richesse imposable suivant les
documents officiels. . . . . P. 85.917.317
Richesse imposable suivant la
vérification 141.110.584
Balance de la plus-value . . . . . P. 55.193.267
Communes en augmentation 410
Communes en diminution. 86

Ainsi qu'on le voit par l'état ci-dessus, il n'y a pas accroissement partout. Dans quelques localités, par suite de l'insuccès de quelques riches cultures, il y a diminution de la matière imposable. C'est un argument de plus en faveur de la révision cadastrale et de la définition exacte de la matière imposable, afin que le Trésor perçoive et que le contribuable paye proportionnellement à la richesse contributive réelle, de sorte que si les localités où ressortira une richesse supérieure à celle de l'index (*amillaramiento*) payeront plus, celles où apparaîtront des exagérations dans les terriers, payeront moins; ainsi le contribuable sera à l'abri des risques et surcharges, qu'il subit par suite de l'occultation de la richesse et corrélativement par le caractère d'impôt de répartition de la contribution territoriale.

Au moyen du cadastre de la richesse rurale et pastorale, on verra disparaître les types divers d'incidence, les procédés vicieux et les cotes iniques : en même temps que le contribuable jouira de ces avantages, le Trésor obtiendra une augmentation considérable des droits qu'il possède, quoique le ministre soussigné se préoccupe plus en ceci de la découverte de la richesse, de l'ordre et de la régularité des procédés administratifs que du rendement même de l'impôt.

Toutes ces raisons et la nécessité pour le pays et le Trésor public d'obtenir le plus tôt possible les avantages qui doivent en provenir, conseillent de donner aux travaux topographiques et agronomiques une grande impulsion, sans augmenter toutefois excessivement les dépenses.

Quoique cette augmentation soit indispensable, elle n'aura pas des proportions exagérées, d'abord parce que la situation des finances ne le permet pas, et ensuite parce que l'on peut utiliser pour cela les éléments considérables que fournissent les corps des topographes et des ingénieurs agronomes, dont les chefs, au moins pour ce qui est des derniers, seront chargés dans leurs provinces respectives, de la direction des travaux agronomiques, avec le concours du personnel technique-subalterne du Ministère de Fomento.

Quant au personnel topographique, depuis qu'on a confié ce service au Ministère de Fomento, les crédits y afférents sont annulés tous les ans faute d'emploi : ils pourraient donc être destinés aux opérations cadastrales, ce qui diminuerait d'autant les augmentations qu'il est inévitable de demander.

De toutes façons, le sacrifice, contenu dans de prudentes limites, que l'on va imposer au Trésor, ne sera pas de longue durée : car, une fois les opérations de la confection du Cadastre et du Registre terminées, le personnel sera réduit au strict nécessaire, et les commissions d'évaluation qui opèrent dans les capitales et à Jerez de la Frontéra, cesseront leurs fonctions, ainsi qu'une grande partie du personnel des Finances, sans compter l'économie résultant pour les municipalités de la dépense des états de répartition et de recouvrement.

L'expérience avait déjà indiqué que pour atteindre le but équitable que le projet a en vue, il est indispensable que les municipalités restent étrangères à l'établissement des rôles d'assiette et de répartition et que l'administration des finances revendique les attributions dont on n'aurait jamais dû la dépouiller, dans l'intérêt des contribuables et du Trésor, parce que les premiers payent moins et que le second touche plus, et surtout parce que le contribuable ne paye que ce qu'il doit réellement.

Il est facile d'apprécier l'importance transcendentale de cette indépendance administrative qui soustrait à l'influence capricieuse des municipalités, la formation correcte du plus important des documents fiscaux et qui permettra d'alléger bientôt les budgets municipaux au profit du pays tout entier. Pour apprécier la différence, il suffit de considérer les plus-values obtenues dans les communes où l'administration s'est chargée de la rédaction des états de répartition : c'était, du reste, le cas des anciennes *Dépositaireries-Caisses de payement,* dans lesquelles seuls les fonctionnaires de l'Etat confectionnaient ces documents sans l'intervention des municipalités. Une fois cet important service organisé, comme il a été dit, et l'administration en possession de l'état de la véritable richesse territoriale, on pourra satisfaire un des grands besoins de l'administration, en composant une statistique territoriale.

En ce qui concerne la statistique des autres sources de revenus, le gouvernement, qui considère la statistique financière comme une nécessité indispensable aussi bien pour la gestion administrative que pour le contrôle du Parlement, se propose également de l'organiser, car l'important labeur de l'établissement du budget est rendu plus pénible pour les Cortès et pour le gouvernement par le manque de renseignements statistiques, dont la réunion systématique et symétrique devrait précéder la rédaction et la discussion des lois de finance. Les Cortès et le gouvernement ont besoin de connaître, non pas en gros, comme jusqu'à présent, par le résultat des liquidations et des comptes, mais en détail, par article et par province, les progrès ou les *déficiences* de l'administration des ressources du Trésor, afin de remédier rapidement, au besoin, aux défectuosités dûment constatées.

Le gouvernement se propose de faire faire la statistique de toutes les natures de recettes dont l'importance le requiert, sans oublier les services qui, productifs pour le Trésor, ressortissent à divers départements ministériels, lesquels les administrent directement. Nombreux et quelques-uns très importants, ces services seront, au moyen de la statistique, soumis au contrôle du Ministère des finances, auquel ils ont échappé jusqu'à présent, ainsi qu'il en est notamment des droits consulaires, des pêcheries de thon, et des produits des canaux, de la *Gaceta de Madrid,* des fermes modèles et autres sur lesquels doit s'étendre l'intervention vigilante du ministère auquel incombe l'administration de la fortune publique.

Sur la base d'une bonne statistique formée en temps opportun, les éléments dont l'administration dispose, pourront être utilement employés à l'investigation des revenus, dont le gouvernement propose la réorganisation dans un projet séparé.

Des motifs d'un puissant intérêt pour l'Etat, de convenance pour les contribuables, d'ordre et de régularité administrative à la fois, ont engagé le gouvernement à présenter aux Cortès le projet esquissé ci-dessus dans ces grandes lignes, persuadé que les mêmes raisons suffisent à démontrer l'urgence d'entreprendre immédiatement ces réformes, soit à partir du 1er juillet de cette année, si c'est possible.

En raison des considérations qui précèdent, le ministre soussigné, avec l'autorisation de S. M. et d'accord avec le Conseil des Ministres, a l'honneur de soumettre à l'approbation des Cortès le suivant

PROJET DE LOI

Article premier. — Dans toutes les capitales de provinces, exception faite de celles des provinces basques et de la Navarre, il est établi un *Registre fiscal de la propriété* qui sera chargé d'inscrire les propriétés rurales, les édifices, les terrains à bâtir et les troupeaux existant dans chaque juridiction municipale, — et de conserver ou modifier le cadastre des cultures. Le Registre sera établi sur les travaux topographiques et agronomiques ordonnés par les articles 2 et 3 de cette loi et sur les déclarations assermentées des propriétaires.

Art. 2. — Il sera procédé à l'évaluation de la richesse urbaine, rurale et pastorale et, à cet effet, on formera :

1° Le cadastre par masses de culture et nature de terrain ;

2° Les rôles d'évaluation de la richesse rurale et pastorale ;

3° Le Registre fiscal des propriétés urbaines et rurales et des troupeaux.

Art. 3. — Il sera procédé dans chaque province à l'abornement des lignes limitant le territoire de chaque district municipal, de façon à ce qu'il ne reste rien en dehors, même dans les parties en litige entre les municipalités limitrophes ; en ce cas, les bornes seront placées sur la ligne marquant la possession de fait, sans tenir compte des prétentions des parties.

La ligne de possession de fait sera provisoire et respectée jusqu'à ce que l'autorité compétente ayant résolu le litige ou les réclamations pendantes entre les municipalités intéressées, il y ait lieu à faire l'abonnement définitif. La ligne provisoire ne préjugera rien des droits des parties.

Il sera dressé un procès-verbal de l'établissement de chaque limite de deux districts municipaux en présence de leurs représentants, dûment avisés, ainsi que l'acte en fera mention. Dans ce document, on décrira la forme, les dimensions et la position des repères du bornage, ainsi que les matériaux dont ils se composent et on définira clairement la ligne-limite.

Le gouvernement désignera successivement les provinces où s'exécuteront les prescriptions ci-dessus et fixera les délais congruents.

Art. 4. — Le cadastre par masse de cultures et par nature de terrain de chaque district municipal, sera composé d'un plan géométrique adéquat dans lequel seront indiquées les lignes et limites juridictionnelles, le cours des rivières, canaux de navigation et d'irrigation et ruisseaux, les barrages, abreuvoirs, lagunes, puits, etc., les voies de communication, chemins de fer, tramways, routes ou chemins vicinaux ; le périmètre des villages, hameaux et édifices isolés ; les colonies et exploitations agricoles et enfin, les lignes de séparation des masses de culture et des natures de terrains.

Les rôles d'évaluation exprimeront en piécettes la richesse imposable par hectare pour chaque espèce de culture, chaque espèce de terrain et chaque unité pastorale qui aura été adoptée.

Les comptes des produits et des frais des industries agricoles et pastorales, se feront en prenant le prix moyen des six dernières années au moment de la récolte.

Aussi bien pour la formation des comptes que pour la classification des terrains et autres détails, les municipalités pourront désigner des experts chargés de fournir aux employés du cadastre les renseignements que ceux-ci jugeront bon de leur demander.

Le Registre fiscal des édifices et terrains à bâtir comprendra l'inscription de chacun de ces articles en suivant rigoureusement leur ordre de situation dans les rues, les places et autres voies publiques, avec détermination de l'usage auxquels ils sont appliqués et de leur valeur locative et rurale et la fixation du produit brut et du produit net imposable qui y correspondent.

Toutes les administrations et dépendances de l'Etat fourniront à la direction générale des contributions directes, tous les plans, itinéraires, études et antécédents qu'elles possèdent.

Art. 5. — Aux effets de l'article 2, les propriétaires des édifices et terrains à bâtir présenteront, au Registre fiscal de la province, des états jurés de ceux qu'ils possèdent, dans la forme marquée par le règlement et c'est sur ces documents qu'il sera procédé à la formation du registre, sauf à contrôler techniquement et administrativement les occultations que l'on pourrait soupçonner.

Les déclarations correspondant à la propriété rurale et pastorale se présenteront au fur et à mesure que l'on aura terminé les travaux topographiques et agronomiques afférents à chaque district municipal.

Les feuilles de déclarations seront réparties et recueillies dans la forme déterminée par le règlement, lequel réprimera également les infractions qui y seraient commises.

Si les propriétaires laissaient passer les délais qui leur sont impartis, sans remettre leurs déclarations jurées, ou s'ils célaient quoi que ce soit de la superficie et de la nature de leurs propriétés, ils seraient passibles des peines prévues par le règlement.

Art. 6. — Le registre une fois terminé et approuvé dans un district municipal, soit pour la richesse urbaine, soit pour la richesse rurale, soit pour la richesse pastorale, la municipalité et la commission d'évaluation, là où il y en a, cesseront de faire la répartition de la contribution et le Registre fiscal de la province restera chargé de ce service.

Aussitôt que le Registre fonctionnera pour une richesse au point de vue fiscal, on supprimera les états de la répartition et les bureaux du Registre les remplaceront par des rôles de recouvrement qui dureront deux ans, à moins qu'un acte législatif ne modifie le taux de l'impôt et qui ne contiendront d'autres variations que celles que comportent le mouvement et les modifications de la propriété.

Art. 7. — Au fur et mesure que l'on terminera le Registre fiscal dans une commune pour l'une des trois richesses imposées, on déclarera la quotité de contribution qui y correspond, considérant comme irrécouvrables les cotes que l'on ne pourraient pas encaisser par les procédés exécutifs actuels en vigueur ou qui seraient imaginés ; l'Etat entrera en possession des propriétés correspondant à ces cotes.

Jusqu'à ce que tous les registres de la propriété rurale et pastorale aient été approuvés, l'Etat continuera à percevoir suivant les états de répartition; mais dans les communes où les opérations seront terminées, le recouvrement se fera sur les contribuables proportionnellement à la richesse reconnue et déclarée.

Quand les opérations seront terminées dans une province, la répartition se fera par quotité comme ci-dessus.

Le Registre fiscal des édifices et terrains à bâtir une fois approuvé dans une commune, les contribuables jouiront dès l'année suivante, des avantages que leur accorde l'article 29 de la loi du 5 août 1893.

Le gouvernement formera et publiera annuellement dans le *Bulletin officiel* de chaque province, une note comprenant : les localités dont les registres ont été approuvés pour l'une ou l'autre des richesses durant l'année antérieure, — le montant de la richesse qui y a été trouvée et le taux qui en résulte pour la richesse individuelle.

Art. 8. — Dans tout contrat ou acte authentique concernant les propriétés comprises ou devant être comprises dans le Registre, on constatera que la propriété s'y trouve inscrite, ainsi que le produit net imposable qui y est attribué, en vue des certificats délivrés par les bureaux du Registre compétent. Les notaires seront tenus, sous les peines prévues par le règlement, d'exiger des parties l'exhibition de ces documents, mentionnant cette circonstance dans l'acte. Dans le cas où le document ne serait pas présenté, il en sera donné connaissance au Registre correspondant et aux effets de la loi.

Les conservateurs des hypothèques, les juges et les tribunaux porteront à la connaissance du Registre fiscal les noms des intéressés dans les documents présentés à l'inscription ou présentés dans les procès pendants devant leur juridiction, quand il n'y sera pas fait la mention obligatoire du certificat du Registre fiscal.

Toute infraction à ce précepte sera punie conformément au règlement.

Art. 9. — La direction des travaux pour la formation et la conservation du cadastre des cultures et du Registre fiscal de la propriété, sera confiée à la Direction générale des contributions directes, à la Direction des travaux topographiques et à celle de l'Institut géographique et statistique.

Les travaux agronomiques du cadastre seront confiées au corps national des ingénieurs agronomes et les fonctionnaires destinés à ce service relèveront du Ministère des finances pour tout ce qui s'y rapportera.

Art. 10. — Le gouvernement est autorisé à constituer par voie de concours, le corps officiel du Registre fiscal de la propriété avec un personnel administratif réunissant les conditions exigées par la loi du 21 juillet 1896 et les autres que le règlement fera connaître.

L'admission aura lieu après examen préalable sur les matières prévues par le règlement.

Sur trois vacances, il sera accordé deux places à l'ancienneté et une au choix en raison des services rendus.

L'avancement au choix sera accordé par le ministre des finances sur la proposition d'une junte, formée sous la présidence du directeur général, par les chefs d'administration de la Direction des contributions directes et le chef du Registre fiscal de la province de Madrid. Les propositions seront unipersonnelles et accompagnées des états de service du fonctionnaire, dont la nomination, avec mention de ses mérites, sera publiée dans la *Gazette de Madrid* et dans le *Bulletin de la province* où l'intéressé remplira son emploi.

La suspension ou la destitution des individus de ce corps aura lieu sur la proposition de la *Junte* et sans recours ultérieur.

Art. 11. — Les Bureaux des administrations centrales et provinciales des finances et les fonctionnaires des divers ministères qui administrent des impôts, des droits ou des propriétés de l'Etat, fourniront mensuellement des statistiques de chacun de leurs services.

Les Directions dont dépendent les bureaux qui feront ces statistiques, les résumeront, les compareront aux résultats de l'année antérieure et les publieront dans les six mois qui suivront la clôture du budget avec les notes explicatives qu'ils jugeront bon d'y ajouter.

Dispositions transitoires.

1° Les commissions d'évaluation des capitales fusionneront avec le bureau des douanes du Registre fiscal, sous la présidence du chef du Registre. Ces commissions demeureront supprimées, aussitôt que les sections du Registre correspondant aux capitales auront été constituées.

2° Les commissions d'évaluation des capitales, les municipalités et les *Juntes* partielles cesseront de s'occuper de la formation du Registre fiscal, des édifices et terrains à bâtir, et remettront au Registre fiscal de la province, les registres terminés, ceux qui seront en cours d'exécution et tous les documents en leur pouvoir, en rapport avec ce service.

3° Les soldes des crédits consignés dans le budget du ministère de Fomento pour le service topographique, seront considérés comme applicables aux dépenses du Cadastre et du Registre fiscal.

Disposition finale.

Est abrogée la loi du 24 août 1896 et toute disposition contraire à celle-ci.

Le ministre des finances prendra les dispositions nécessaires pour l'exécution de cette loi.

V

PROJET DE LOI

*réformant la contribution industrielle
et du commerce.*

AUX CORTÈS

L'idiosyncrasie de l'industrie et du commerce, les variations qui font partie de leur nature même, et la difficulté que l'on éprouve à y chercher une base claire et nette de contributions, ont justement appelé l'attention du gouvernement et provoqué les réformes dans les contributions industrielle et du commerce, mises en pratique dans ces derniers temps par le règlement provisoire des 22 septembre 1892, 11 avril 1893 et 20 mai 1896 actuellement en vigueur.

Au cours de ce travail incessant qui a eu pour résultat le remaniement constant des tarifs et des règlements, on a entendu aussi souvent que cela a été nécessaire et on a pris en considération le plus souvent en ce qu'elles avaient de fondées, les opinions des sociétés et des administrations que l'on doit estimer les plus compétentes.

Il est logique de supposer que tant de réformes rationnelles, corroborées par les connaissances pratiques de l'administration et par le concours de ceux que l'on doit supposer intéressés à faire disparaître les imperfections des tarifs et des règlements, ont fait régner dans ce service fiscal l'ordre qui est la conséquence d'une organisation bien étudiée et dûment réglementée. Loin de là : les défectuosités signalées dans la gestion de cette taxe, les réclamations que sa perception suscite et les préjudices qui en résultent pour l'État et pour les contribuables, sont si graves, que cette seule considération suffirait à justifier la nécessité d'étudier à nouveau cette source de revenus, si le nouvel impôt sur les bénéfices mobiliers embrassant des articles figurant dans les tarifs de la contribution industrielle d'où il faut les éliminer, il n'y avait pas là un motif qui rend nécessaire la confection d'un nouveau tarif.

En se décidant à aborder cette œuvre si nécessaire aux intérêts de l'État et des contribuables, le gouvernement n'a pas méconnu les difficultés qui font obstacle à ses désirs de justice et d'équité, difficultés issues du caractère même de cette contribution, voluble et variable comme les éléments sur lesquels elle repose, hétérogènes, distincts, soumis pour des causes multiples à des variations et à des modifications amenées par le progrès scientifique qui atteint même leur manière d'être, et avec elle, la matière imposable. Cette difficulté n'est pas moindre, d'ailleurs, que celle qui dérive de l'ignorance de la base d'imposition, dans laquelle l'administration se trouve le plus souvent : cependant, la première peut être tournée en suivant pas à pas les développements des procédés industriels ou leurs évolutions et en modifiant les tarifs en conséquence, mais il n'est pas si facile d'arriver à la fixation équitable d'une cote, adaptée à une chose secrète et occulte pour l'administration, telle que le bénéfice de l'industriel et du commerçant.

C'est contre cette difficulté qu'il faut lutter dans l'intérêt du Trésor et des contribuables, peut-être même plutôt dans l'intérêt de ces derniers, quoique les louables efforts que l'on a déjà faits dans ce but, n'aient donné que des résultats insignifiants.

Les statistiques de cet impôt publiées jusqu'à ce jour, fournissent des renseignements si tristes que l'on ne peut pas se résigner à une situation que l'on devrait réputer invraisemblable, si elle n'était pas consignée dans des chiffres officiels.

Pendant les trente années que les statistiques embrassent, les cotes encaissées accusent des augmentations d'une importance relative, quoique l'on puisse affirmer à priori qu'elles ne répondent pas à l'immense développement de l'industrie et du commerce durant cette période. Par contre, le nombre des contribuables a diminué, comme on va le voir.

Cotes encaissées.

Industrie.

1863 .... P.	5.572.264 50
1879	6.185.296 06
1889	8.418.581 14
1893	9.797.157 53

Commerce.

1863	7.266.546 »
1879	13.046.485 48
1889	22.008.165 77
1893	21.760.045 21

Professions.

1863	1.326.216 50
1879	2.523.276 44
1889	3.821.681 45
1893	4.154.687 32

Arts et Métiers

1863...............	1.661.309 75
1897...............	2.252.403 31
1889...............	2.627.612 45
1393...............	3.110.640 13

Fabrication.

1663...............	2.556.225 25
1879...............	3.615.809 26
1889...............	4.723.243 97
1893...............	7.346.924 03

Nombre de Contribuables.

Industrie.

1863...............	162.468 »
1879...............	121.175 »
1889...............	109.659 »
1893...............	128.030 »

Commerce.

1863...............	118.900 »
1879...............	97.272 »
1889...............	107.376 »
1893·...............	236.735 »

Professions.

1863...............	34.286 »
1879...............	37.592 »
1889...............	43.230 »
1893...............	36.882 »

Arts et Métiers.

1863...............	94.847 »
1879...............	93.407 »
1889...............	70.521 »
1893...............	86.098 »

Fabrication

1863...............	70.768 »
1879...............	64.519 »
1889...............	55.928 »
1893...............	65.365 »

Totaux

1863...............	481.269 »
1879...............	413.955 »
1889...............	386.714 »
1893...............	463.110 »

Le grand progrès est pour les Banques et Sociétés de crédit dont voici les cotes encaissées :

1863...............	343.202 »
1879...............	2.797.823 »
1889...............	9.473.015 »
1093...............	7.319.827 »

Pour ce qui est des autres branches d'industrie, de commerce, de professions, d'arts et métiers et de fabrication, s'il y a augmentation elle est due à celle de la cote, et non pas au progrès même de l'industrie, du commerce et des autres espèces : la preuve en est dans la diminution du nombre des contribuables.

Ce phénomène ne peut pas s'expliquer comme dans une époque antérieure et, en moindre proportion, par la substitution de la grande à la petite industrie. Ce n'est même pas vraisemblable. La réduction du nombre des contribuables qui s'observe depuis 1863, n'implique pas celle du nombre des industriels : c'est le résultat de l'occultation et de la fraude.

C'est là une autre des grandes difficultés que l'administration doit vaincre pour assurer le développement normal de ce service.

Il y a lieu de déplorer qu'une contribution si juste et si nécessaire, se trouve dans un état précaire comme pourrait l'être un impôt de création récente, sans racine dans nos traditions économiques. Une partie de la responsabilité de cet état de choses insuffisant et défectueux, est imputable aux contribuables, mais l'origine et la cause du mal sont dans les agissements de l'administration publique elle-même.

Il est évident que c'est l'administration qui donne l'impulsion aux services financiers qu'elle exploite et que les produits qu'elle en tire, sont en raison directe de l'honnêteté, du zèle et de l'intelligence qu'elle y déploie. Il est aussi avéré que certaines branches de l'administration fiscale exigent plus de soins que d'autres, parce que l'occultation y est plus facile et qu'il est plus difficile de déterminer les bénéfices de l'industrie, de l'art, de la profession et du commerce que de distinguer d'autres signes plus apparents de la richesse imposable. L'administration doit donc consacrer plus de contention d'esprit aux impôts de la nature de celui dont nous nous occupons ici.

Il en est où, quand le moment opportun semble passé, on est encore à temps de constater la fraude et où même on est toujours à temps de le faire. Dans celle-ci, le moment opportun une fois passé, la base fiscale s'évanouit et la fraude est irréparable pour le Trésor.

Que signifient ces 34.000 industriels et ces 5.400 fabricants que la statistique de 1893 a perdus par rapport à 1863? peu de chose, voire même rien. Ce qui représente beaucoup, ce qui dénote une situation incompatible avec les droits du Trésor, avec l'ordre et le prestige de l'administration de l'Etat et ce à quoi le Gouvernement se propose de mettre un terme, c'est que, tandis que toutes les statistiques de la production et de la consommation révèlent un progrès énorme, réellement extraordinaire dans notre vie commerciale, industrielle et mercantile, surtout depuis quelques années, seule la statistique de la contribution industrielle, au lieu de montrer une progression en rapport avec ce progrès, offre, en ce qui concerne la perception des droits du Trésor, ou des augmentations qui dénotent les souffrances du contribuable de bonne foi ou des diminutions qui accusent les vices invétérés de l'administration publique. L'organisme qui a mission de veiller pour les intérêts de nos finances, — l'Intervention dont il sera parlé plus loin, — répondrait difficilement à cet argument.

Le ministre soussigné convaincu que la base de l'organisation de l'impôt est dans la connaissance exacte des éléments sur lesquels il doit porter, se propose de former un cadastre industriel qui réponde à la nécessité de posséder la jauge de la matière imposable. Pour cela, revenant aux anciens systèmes plus pratiques sans être plus coûteux, il entend fonder l'inventaire de la richesse industrielle et commerciale du Royaume, sur la déclaration jurée du contribuable qui sera exempt de toute responsabilité dans le passé, si, dans sa déclaration, il dit la vérité. On se propose par ce moyen de faire comprendre au contribuable l'intérêt qu'il a à régulariser sa situation avec l'administration, pour pouvoir loyalement, correctement et sans souci, exercer son industrie et sa profession avec la tranquillité propre de l'homme qui, étant dans la légalité, est protégé par elle. C'est, en même temps, l'avertir du danger qu'il court si, cédant à des inspirations contraires à ses intérêts, il essayait de frauder l'administration par des déclarations fausses ou s'il se refusait à déclarer, auquel cas il faudrait mettre rapidement à la raison ceux qui, sourds à la voix de leur propre intérêt, persisteraient à rester en dehors de la légalité.

Mais, en même temps que le Gouvernement se propose d'exiger l'exécution rigoureuse de la loi de la part de ceux qui prétendent se soustraire à leurs devoirs de contribuables, il veut aussi protéger le contribuable de bonne foi, en le débarrassant des cotes iniques et des surtaxes exagérées : pour ce faire, il faut faire subir aux tarifs actuels une scrupuleuse révision, faire le départ entre le juste et l'injuste, et analyser la véritable importance de l'industrie et des professions pour y ajuster le taux des cotes, former des groupes d'industrie homogènes, les unifier et les organiser avec un profond sentiment de l'équité et de la justice.

Pour que ces principes, inséparables de toute bonne administration, reçoivent les garanties nécessaires, non seulement pour ce qui intéresse l'Etat, mais pour ce qui est des contribuables, le ministre soussigné propose d'élargir la participation que le règlement en vigueur accorde aux contribuables eux-mêmes dans certains actes qui affectent le régime de l'impôt. Il compte ainsi établir des rapports intimes entre l'administration et les contribuables, en écoutant l'avis des groupes professionnels dans les affaires de fraude, de faillites, d'inscriptions et de radiation, et en leur donnant les moyens d'exercer des fonctions investigatrices, de sorte que l'industriel lui-même, représenté par le *gremio* dont il fait partie, se constitue en auxiliaire de l'administration, et la considère comme son alliée et sa meilleure amie en tout ce qui se rapporte aux intérêts de l'industrie et du commerce en harmonie avec ceux de l'Etat. Rien, en effet, ne peut amener un résultat plus avantageux pour les uns et les autres que la fusion dans une même aspiration des représentants des deux intérêts, qui sont sacrés au même titre pour l'Etat et que celui-ci est dans l'obligation de protéger et d'encourager.

On évite, dans le projet, le grand préjudice causé au développement de cet impôt par la faculté laissée aux *gremios* dans la répartition des cotes, de les quadrupler ou de les réduire au quart. Ce droit, en effet, n'a pas toujours été exercé avec rectitude et justice : au contraire, la pratique a démontré que dans beaucoup de cas, l'élévation de la cote au maximum frappe des contribuables illusoires, d'insolvabilité notoire, et disposés à se faire aussitôt rayer de la matricule pour cessation de leur industrie. Afin d'éviter ce genre de fraude, le projet répartit la différence sur le groupe quand les moins-values, pour cessation d'industrie ou pour faillite, sont supérieures à la cote du tarif, et la leur bonifie en cas contraire.

L'altération de la base de la population comme régulateur de l'impôt, est toujours dangereuse pour les intérêts des particuliers comme pour ceux de l'Etat. Cependant, dans les petites localités de 500 habitants et au-dessous, on ne doit pas oublier que l'industrie se présente, d'une façon normale, dans des établissements où on exerce diverses industries soumises à des cotes distinctes. Afin de faciliter le payement de la contribution industrielle et d'adoucir les rapports entre ces petits contribuables et l'administration, on propose une patente augmentée de 21 0/0 de la cote correspondante des diverses industries exercées dans le même local.

Les modifications énumérées ci-dessus doivent contribuer efficacement à régulariser la contribution dont il s'agit, mais toutes les mesures que l'on propose, comme toutes celles que l'on pourrait imaginer, resteraient stériles sans le puissant secours que l'Investigation des Finances, complément naturel de la réforme proposée, est appelée à prêter à toutes les contributions et à tous les impôts et particulièrement à la contribution industrielle et du commerce.

Quoique souvent réorganisé, il est constant que ce service a et a toujours eu des défauts qu'il faut extirper pour conserver à l'administration son bon renom. Afin d'obtenir ce résultat, il faut commencer par *dignifier* ce service, faire perdre au contribuable l'impression que lui cause la visite de l'investigateur, tour à tour tentateur ou épouvantail, et faire de ce fonctionnaire le protecteur plutôt que l'adversaire des contribuables, en donnant à sa mission le prestige et la considération dont jouissent ceux qui la remplissent dans d'autres pays.

Mais si l'investigation des finances publiques exige une action constante et ininterrompue pour tout ce qui se rapporte à la recherche de la richesse publique, cette action doit être soumise à une forte et étroite surveillance, qui en garantisse la correction et oblige les investigateurs à veiller pour les intérêts qui leur sont confiés, intérêts qui ne se limitent pas à ceux du Trésor et qui sont aussi bien ceux des contribuables. La mission de ces fonctionnaires est, en effet, de faire régner l'harmonie entre les uns et les autres : ils ne doivent ni se laisser aveugler par le désir immodéré d'avoir une part dans l'amende, ni voir dans tout industriel un fraudeur. Au contraire, il faut y voir un homme de bonne foi qui, s'il n'est pas dûment immatriculé, n'a pas pour cela une intention de fraude. Avant de sévir, il y a lieu d'aviser, et la fraude ne doit être déclarée que comme dernière ressource. Telle est la mission que remplira la nouvelle investigation et tel est l'esprit élevé dont elle doit se montrer animée.

Pour compléter l'organisation de l'investigation, on impose aux alcades et aux secrétaires des municipalités, l'obligation de contrôler les inscriptions et les radiations, et de tenir les bureaux de la province au courant du mouvement de l'ouverture et de la fermeture des établissements, sous les peines établies par le règlement, ce qui assure une bonne gestion de la part de ces fonctionnaires qui sont, dans les petites localités, les véritables représentants de l'administration.

Pour arriver à ce résultat, il faut une complète réorganisation du service, établir l'investigation sédentaire dans les provinces, mieux dotée que pour le moment, chargée de découvrir la richesse occulte et d'exercer une action directe sur le contribuable, et l'investigation ambulante et mobile comprenant une vaste extension de territoire, s'étendant sur plusieurs provinces, avec résidence dans la métropole de la région, chargée de contrôler l'investigation sédentaire et de faire, par elle-même, la recherche de la richesse, partout où il sera nécessaire, le tout sous la dépendance immédiate de la Direction générale des contributions directes, laquelle a à sa charge les services sur lesquels doit s'exercer le nouvel organisme, sans préjudice de confier à l'investigation sédentaire et à l'investigation mobile, la police de tous autres impôts et contributions.

Les frais occasionnés par cette réorganisation sont essentiellement reproductifs : cependant le ministre soussigné a borné son projet à ce qui est purement indispensable, étant données les circonstances du moment et la nécessité de ne faire peser sur le Trésor que les obligations inéluctables. Sans cette préoccupation et, en raison des avantages incontestables qui doivent en sortir, le projet aurait donné plus d'ampleur à cette réorganisation, dans la certitude que les résultats devant être, en raison directe de la forme de cette réorganisation, on n'eût économisé ni les crédits, ni les encouragements de tout genre, en vue de la compensation que l'on aurait trouvée dans la plus-value des recouvrements.

Ainsi qu'il est facile de le déduire de ce qui précède, le projet ci-joint a un caractère essentiellement organique et s'inspire d'une idée d'ordre et de justice, mêlée d'un sens essentiellement pratique. Le ministre soussigné a plus de foi dans cette réforme que dans les grandes transformations, dont la conséquence immédiate est toujours une perturbation. Si, parallèlement à la révision des tarifs, dont le fin mot doit être de diminuer les cotes excessives et d'augmenter celles qui ne sont pas en rapport avec les industries qu'elles visent, si, comme cela doit être, il s'établit entre le contribuable et l'administration des relations intimes dans l'intérêt des deux parties, et si, enfin, après avoir obtenu la formation d'un inventaire donnant une notice exacte de la richesse imposable, on parvient à constituer un corps d'investigation actif, intelligent et honnête qui inspire la confiance et qui élève les rendements de l'impôt au chiffre qu'ils doivent atteindre, on aura à la fois donné satisfaction à l'opinion et organisé une des ressources les plus fécondes du Trésor.

S'appuyant sur ces considérations, le ministre soussigné, avec l'autorisation de Sa Majesté et d'accord avec le Conseil des Ministres, a l'honneur de soumettre aux Cortès le suivant

PROJET DE LOI

Article premier. — La contribution industrielle et de commerce, se composera :

1° De la quotité du Trésor en vertu du tarif ;
2° De la taxe municipale additionnelle jusqu'au maximum de 15 0/0.

Les 6 0/0 additionnels perçus en vertu de l'article 5 du règlement du 28 mai 1896, pour formation des matrices, non-valeurs, commission de recouvrements et encouragements seront compris dans le principal de la taxe.

Art. 2 — Le Gouvernement revisera les tarifs de la contribution industrielle et du commerce et fixera les nouvelles cotes suivant les progrès ou la décadence des industries et des professions qu'elle frappe. Sont dorénavant éliminées de ces tarifs les entités soumises à l'impôt des valeurs mobilières.

Art. 3. — Les industries comprises dans les tarifs 1, 2 et 4 et dans la première section du tarif 5, payeront, quand elles seront exercées dans des localités de 500 habitants et au-dessous, des patentes qui ne seront valides que dans le seul district municipal du patenté.

Quand dans les localités sus-visées on exercera dans un même local diverses industries du tarif 1, il ne sera perçu que la patente la plus élevée, mais quand il s'agira d'industries comprises dans plusieurs tarifs, on percevra la patente la plus élevée, augmentée de 23 0/0 de la cote assignée aux autres industries exercées ensemble.

Art. 4. — L'administration formera, dans les six premiers mois de l'année économique 1899-1900, un recensement général des industries exercées dans chaque localité.

Ce rôle comprendra corrélativement, un par un et dans l'ordre de leur situation dans les rues et places, tous les édifices, constructions et autres locaux destinés à l'industrie et au commerce, avec indication de l'étage où l'assujetti est établi, les prénoms et noms des industriels, et la nature de leur industrie, profession ou commerce.

Le rôle se formera avec des feuilles déclaratoires jurées, réparties et recueillies en temps utile, conformes au modèle déterminé par le règlement et signées par les intéressés. La distribution et la *recollection* de ces imprimés, ainsi que les travaux de bureau seront confiés aux fonctionnaires de l'administration économique de l'Etat, des gouvernements civils, des *Juntes* d'agriculture, industrie et commerce, des députations provinciales, des municipalités et à tous ceux qui perçoivent des traitements sur les fonds de l'Etat, des provinces ou des municipalités, exception faite des chefs de service et des fonctionnaires de l'ordre ecclésiastique, judiciaire, militaire ou naval.

Art. 5. — Pendant les trois mois postérieurs au jour où commencera le recensement, on suspendra le cours de toutes les procédures pour fraude instruites par les agents de l'investigation ou en vertu de l'action publique, et on considèrera comme relevés de toute responsabilité ceux qui, durant ce délai légal, légaliseront leur situation avec l'administration des finances, en déclarant spontanément le commerce ou l'industrie qu'ils exercent.

Art. 6. — Avant le 1er juillet de chaque année économique, les *gremios* nommeront avec caractère permanent une commission de leur sein qui, pendant un an, en représentera les intérêts et sera consultée dans les questions d'inscription, de radiation, de fraude et de non-valeurs. Ces commissions auront le droit de procéder, dans leurs groupes respectifs, à l'investigation avec les mêmes prérogatives que les investigateurs de l'Etat.

Quand les non-valeurs, pour cessation d'industrie ou par suite de faillite, seront supérieures à la cote ordinaire du tarif, le montant sera compris dans la répartition de l'année suivante ; en cas contraire, la non-valeur sera prise en charge.

Art. 7. — Les alcades et secrétaires des localités qui ne sont pas chefs-lieux de provinces seront obligés de contrôler les inscriptions et les radiations présentées par les industriels, et d'en remettre un état hebdomadaire à l'administration, sous les peines déterminées par le règlement.

Art. 8. — Le gouvernement constituera, par voie de concours, le corps de l'investigation avec le personnel technique affecté aujourd'hui à ce service et avec le personnel administratif et technique réunissant les conditions exigées par la loi du 21 juillet 1876 et autres que le règlement déterminera.

Au moment de la constitution du corps, le personnel technique pourra passer dans la classe immédiatement supérieure, pour tous les effets légaux, par ordre d'ancienneté dans le service des finances.

L'admission du personnel technique aura lieu par concours et les employés débuteront dans la seconde classe des officiers d'administration ; l'admission du personnel administratif aura lieu par examen dans la forme déterminée par le règlement.

Sur trois vacances, deux seront données à l'ancienneté et une au choix pour mérites spéciaux. L'avancement, au choix, sera accordé par le Ministre des finances sur la proposition d'une

Junte formée par le Directeur général des contributions directes et les chefs d'administration de la Direction. La proposition sera accompagnée de la mention certifiée des mérites du candidat, qui sera publiée avec sa nomination dans la *Gaceta de Madrid* et dans le *Bulletin officiel* de la province où l'intéressé remplit ses fonctions.

La suspension ou la destitution des employés de ce corps aura lieu sur la proposition de la *Junte* et sans recours ultérieur.

Art. 9. — Le susdit corps dépendra de la Direction générale des contributions et aura à sa charge l'investigation et la surveillance de cette contribution ou de toute autre que lui confiera le Ministre des finances.

Pour le cas où on lui confierait l'investigation d'autres contributions et impôts, il dépendra pour cela de la Direction qui aura ce service dans ses attributions.

L'investigation sera régionale et provinciale. La première aura pour attribution principale l'inspection de la seconde, sauf à pratiquer, au besoin, des inspections périodiques ou spéciales. Elle aura pour siège habituel la capitale de la Région et sera placée directement sous les ordres de la Direction générale des contributions directes. L'investigation provinciale aura pour objectif l'investigation de la richesse occulte et sera placée sous les ordres immédiats de l'administrateur des finances.

VI

PROJET DE LOI

Etablissant une contribution sur les produits
de la richesse mobilière

AUX CORTÈS

Ce n'est pas sans une consciencieuse étude et un examen prolongé de ce qu'est et de ce que représente l'impôt sur les produits de la richesse mobilière dans les pays mêmes qui sont parvenus au plus haut degré de culture économique et administrative, que le Gouvernement de S. M. s'est décidé à présenter aux Cortès ce projet de loi, même en le réduisant à de modestes et prudentes limites.

Le Gouvernement ne saurait méconnaître les risques que présente un changement radical de système dans tous les ordres et dans toutes les sphères de la vie de l'Etat, surtout quand le changement ou la transformation s'opère d'une façon brusque et inopinée dans la manière d'être du système fiscal.

Telle est la prédomination que le nouvel impôt tend à prendre sur toutes les sources et origines de contribution directe qu'établi dans la forme que son nom indique et appliqué à la richesse immobilière, en même temps qu'à la richesse mobilière, il viendrait réaliser la théorie utopique de l'impôt unique.

Cependant, malgré les multiples essais dont il a été l'objet dans beaucoup de pays et même en Angleterre où il a pris le plus d'importance, s'il a pu devenir une des ressources importantes de l'Etat, il n'est pas arrivé à être considéré comme la principale colonne du Budget.

C'est que dans tous les pays, même dans ceux où l'administration des contributions et revenus publics offre le plus de facilités pour la création, l'organisation et la perception de cet impôt dans toute sa portée, sa mise en pratique rencontre des obstacles insurmontables, car, étant basé sur la déclaration jurée et ne pouvant pas rechercher les produits mobiliers, il en laisse échapper beaucoup.

C'est sans doute pour cela que l'impôt sur les revenus se borne, chez beaucoup de peuples européens, à combler les insuffisances de quelques impôts directs et indirects, et plus particulièrement de ces derniers qui pèsent plus lourdement sur le pauvre : ce système de compensation met à contribution des signes de la richesse qui n'étaient pas encore grevés et complète d'autres impôts insuffisants, dans le but d'atteindre des valeurs qui auraient esquivé sans cela la taille fiscale.

Le Gouvernement est, avant tout, préoccupé de l'immense cauchemar du déficit auquel est voué le budget de l'Etat par suite de la nécessité de payer les frais de la guerre et de subvenir au payement des dettes de Cuba, des Philippines et d'autres obligations de même origine non moins urgentes, mais non moins sacrées.

Au moment de se procurer les ressources nécessaires, le Gouvernement se trouve en présence d'une série d'impôts déjà surchargés, — d'une richesse imposable épuisée par l'élévation des cotes autorisées par les lois de finance des deux dernières années, — des supplications de toutes les forces vives du pays qui demandent la suppression ou la réduction de ces charges, — des réclamations de tout genre, et, en même temps, — pourquoi ne pas le dire? — d'une occultation énorme qui prive tous les ans le Trésor d'une partie considérable de ses droits.

Le Gouvernement, dans ces conjonctures, ne pouvant pas oublier que si la richesse territoriale et même la richesse industrielle, dans quelques-unes de ses multiples manifestations, plie sous le poids de surcharges nécessaires, mais dures à supporter, d'autres produits mobiliers, qui ont acquis une grande importance dans la seconde moitié de ce siècle, contribuent à peine aux dépenses publiques.

Le Gouvervement sait que son projet est d'une considérable envergure, mais il s'est dit que les convenances conseillent d'en restreindre l'action, tout au moins à l'heure où on va l'implanter pour la première fois.

Le Ministre soussigné est extrêmement convaincu qu'il existe, dès à présent, de nombreuses formes de la richesse imposable qui trouveraient là l'incidence fiscale, il sait aussi que beaucoup d'entre elles ne sont atteintes que d'une façon insuffisante ; mais, outre la considération des inconvénients et des risques inhérents, en général, à tout changement radical dans l'assiette de l'impôt, il est certain qu'il existe un ordre établi et qu'en altérer la symétrie d'une façon trop violente, c'est provoquer des conflits funestes aux intérêts des finances publiques.

On a donc réduit le projet à de sages et prudentes limites, en vue d'une statistique que les Cortès peuvent examiner, si elles le jugent à propos, et de laquelle il résulte que beaucoup d'articles importants, quoique soumis par les lois et les règlements à la contribution, ou s'y sont entièrement soustraits, ou ont contribué en proportion si infime, que l'on peut qualifier de nuls ou à peu près, les bénéfices que le Trésor en a obtenus. Comme conséquence de cette statistique et de son examen, on est parvenu à faire ressortir ces articles, à évaluer leur capacité imposable avec le plus d'exactitude possible et étant donnés leur nature et leur caractère, ainsi que ceux du nouvel impôt, on les a distraits du tableau des contributions où ils figuraient, on peut dire nominalement, au tarif, et on les a amenés au nouveau budget, sans augmenter sensiblement leur quotité, mais dans des conditions telles qu'ils ne seront plus illusoires ou presque illusoires, ainsi qu'ils l'ont été jusqu'à présent dans leurs rendements.

Le moment viendra de donner à cet impôt plus d'expansion et de refondre dans son action des revenus d'autre origine, ainsi que de réduire les différente types de taxation et de les unifier tout au moins pour chacun des tarifs.

Le Gouvernement a préféré maintenir les inégalités actuelles issues de causes historiques, dérivées des développements distincts des tributs divers grevant les espèces groupées aujourd'hui dans les tarifs de la nouvelle contribution.

Pour cette fois, cependant, on a tenu compte des tendances à l'égalité fiscale, en diminuant les lourdes surtaxes imposées aux types ordinaires par les surcharges transitoires de guerre, et si en ce qui concerne les nouveaux articles très importants mis à contribution, tels que les

valeurs de l'Etat et celles émises par les corporations provinciales et municipales et par les Sociétés de tout genre, le taux de l'imposition est relativement élevé, c'est uniquement dans le but de couvrir les besoins du Trésor. On doit attendre, pour l'avenir, des progrès de tous les impôts et de ceux de celui-ci même, des résultats qui permettront d'alléger les articles les plus lourdement frappés, appointements ou dotations de l'Etat, intérêts de la dette intérieure et extérieure, perpétuelle et amortissable, actions des travaux publics et des routes, obligations des douanes, billets hypothécaires de Cuba et obligations du Trésor des Philippines.

La dette du Trésor ne sera pas soumise à l'impôt dont seront, à ce titre, exemptés les obligations de la Dette flottante, les annuités du prêt de MM. de Rothschild et de la Compagnie fermière des Tabacs, ainsi que les dépôts obligatoires en espèces.

L'impôt ne sera pas non plus perçu sur les coupons de la dette perpétuelle extérieure payables à l'étranger, jusqu'à ce que d'accord avec le Comité anglais des porteurs de rente on ait modifié la déclaration du 28 juin 1882.

Le montant de l'impôt sur la richesse mobilière sera retenu sur les intérêts nets, bons à payer, après liquidation des déductions ou des bonifications prévues par les lois.

Le Gouvernement ne doute pas du résultat du nouvel impôt : l'opinion est, en effet, imprégnée de la nécessité de faire affluer au Trésor les ressources nécessaires pour satisfaire des engagements dont l'oubli affecterait profondément le crédit national, et parce que, dans l'esprit de tous, domine la préoccupation d'amener à contribuer des éléments et des manifestations de la richesse qui, jusqu'à présent, ont échappé au percepteur ou qui n'ont pas été grevés en proportion de leur entité.

Malgré tout, le ministre soussigné, considérant que la bonne organisation du service et la simplification du mécanisme fiscal sont les moyens les plus efficaces d'augmenter les revenus de l'Etat, aurait de bon gré renoncé aux nouvelles gabelles que renferme ce projet et ceux qui le suivent, pour consacrer toute son activité et toute son initiative à améliorer l'organisation de son département ; mais ces résultats sont lents et exigent un temps qui fait défaut, tandis que les obligations auxquelles il faut pourvoir, n'admettent pas de retard.

Toutefois, sur tous ces plans de réforme, plane le désir de réorganiser les plus importants services fiscaux, et la preuve en est dans les projets présentés avec celui-ci à la considération des Cortès et que le Gouvernement croit liés aux développements et aux progrès des finances nationales.

En se fondant sur les principes rationnels qui sont la base de cette contribution, on a classé les valeurs qu'elle atteint en trois sections principales : revenu provenant seulement du capital, revenu provenant du capital et du travail et revenu produit par le seul effort de l'individu. Sur ces trois divisions fondamentales, on a établi les catégories qui constitueront l'impôt proprement dit, et, comme il est facile de s'en convaincre, chacune d'elles se prête à des développements successifs.

On s'est spécialement préoccupé de déterminer, d'abord un à un et ensuite en termes généraux, les revenus ou bénéfices que l'on doit frapper, et on a obvié, autant que possible, aux difficultés considérables en qualité et en quantité qui entravent le recouvrement de cet impôt.

On établit la retenue directe ou indirecte chaque fois qu'on pourra y avoir recours, et on n'accepte la liquidation, fondée sur la déclaration individuelle, affirmée sous serment, que quand il n'y a pas moyen de faire autrement.

S'appuyant sur les considérations antérieures, le ministre soussigné, avec l'autorisation de S. M. et d'accord avec le Conseil des Ministres, a l'honneur de soumettre aux Cortès le suivant

PROJET DE LOI

Article premier. — A partir du 1ᵉʳ juillet 1899, il est établi une contribution sur les produits de la richesse mobilière, qui grèvera les espèces suivantes :

1° Les produits obtenus, sans le concours du capital, en récompense de services ou de travaux personnels ;

2° Les intérêts, dividendes, bénéfices, primes et tous autres produits quelconques du capital employé, sous quelque forme que ce soit de contrat civil et mercantile ;

3° Les bénéfices que le travail de l'homme, avec le concours du capital, produit dans les industries qui ne sont pas autrement imposées et que la loi détermine ;

4° Et tout bénéfice, en général, qui ne supporte pas une autre contribution directe.

Art. 2. — Est soumise au payement de cette contribution toute personne, naturelle ou juridique, nationale ou étrangère, en raison des bénéfices obtenus en territoire espagnol, ou payés, en Espagne ou ailleurs, par des personnes ou des entités domiciliées et résidant dans le pays, ou payées en territoire espagnol, quoique le débiteur ne soit pas sous la juridiction espagnole.

Art. 3. — Pour le recouvrement de la contribution qui grève les quatre articles énumérés à l'article premier, on établit, pour le moment, les quatre tarifs suivants :

PREMIER TARIF

Produits provenant du travail personnel

Payeront :

1° 10 0/0 des soldes, vacations, assignations, rétributions ou gratifications dont ils jouissent :

A. Les directeurs, gérants, conseillers, administrateurs, agents, délégués ou représentants des Banques, Compagnies, Sociétés, Monts-de-Piété, Caisses d'épargne et corporations de toute classe.

B. Les administrateurs, à quelque titre que ce soit, des propriétés, cens, redevances ou autres rentes appartenant à quelques personnes ou corporations que ce soit, leurs émoluments, s'il n'est pas prouvé qu'ils sont plus élevés, devant être évalués à 5 0/0 du montant de leur perception.

C. Les administrateurs du clergé.

D. Les payeurs ou fondés de pouvoir des classes qui perçoivent une paye de l'Etat, sauf quand ce sont des employés actifs *habilités* à cette fin.

2° 5 0/0 des soldes, vacations, assignations, rétributions ou gratifications dont jouissent :

A. Les agents des Compagnies d'assurances nationales ou étrangères pour les assurances déjà effectuées par eux ou qu'ils effectueront à l'avenir.

B. Les artistes dramatiques ou lyriques.

C. Ceux qui dans les cirques, théâtres, places de taureaux, jeux de balle ou salons, exécutent des travaux gymnastiques, acrobatiques, équestres, de prestidigitation ou autres analogues.

4° Les classes passives de l'Etat contribueront, conformément à l'échelle suivante :

Jusqu'à 2.500 piécettes de pension.	16 0/0
de 2.501 à 5.000................	18 0/0
de 5.001 et au-dessus...........	20 0/0

5° Les soldes, gratifications et frais de représentation des classes actives, civiles et militaires, en activité de services, contribueront dans la proportion suivante :

Jusqu'à 1499 piécettes.....		10 0/0
De 1.500 à 2.500 piécettes.		12 0/0
De 2.501 à 5.000	—	14 0/0
De 5.001 à 7.500	—	16 0/0
De 7.501 à 12.500	—	18 0/0
De 12.501 et au-dessus		20 0/0

Les gratifications, soldes d'employés temporaires, primes et indemnités contribueront pour 12 0/0 du montant de la somme perçue.

6° Les soldes et gratifications des militaires en service actif et les armes à la main, contribueront suivant l'échelle suivante :
Commandants, lieutenants-colonels et colonels, 6 0/0 ;
Premiers et seconds lieutenants et capitaines, 3 0/0.

7° Les soldes, droits et assignations des employés des députations provinciales et des municipalités, contribueront dans la proportion fixée dans l'échelle suivante :

Jusqu'à 1.000 piécettes.....   6 0/0
De 1.001 à 5.000   —   12 0/0
De 5.001 et au-dessus.....   16 0/0

8° Les conservateurs des hypothèques payeront 16 0/0 des deux tiers du montant de leurs honoraires.

SECOND TARIF

Produits provenant du Capital.

Payeront :

1° 20 0/0, les intérêts de la dette de l'Etat ;

2° 5 0/0, les dividendes, actions des banques d'émission et d'escompte. opérant soit sur les biens immeubles, soit sur les valeurs mobilières ;

3° 3 0/0, les actions des sociétés de toutes classes, y compris les Compagnies minières, celles de chemins de fer, ou celles qui exploitent des tramways et autres concessions reversibles ou non à l'Etat ou aux municipalités, et les actions des sociétés de navigation ;

4° 5 0/0, les intérêts annuels des emprunts et obligations des députations provinciales et des municipalités, des banques, sociétés, compagnies et entreprises de toutes classes ;

5° 3 0/0, les intérêts, produits et bénéfices annuels des comptes en participation et des commandites des sociétés, compagnies, entreprises et commerçants ;

6° 3 0/0, les intérêts des cédules et prêts hypothécaires, en prenant pour base de leur computation l'intérêt légal, quand il n'y aura pas de pacte ;

7° 3 0/0, les intérêts des prêts sur hypothèques, consignés dans des documents authentiques ou sous seing-privé, effectués par des prêteurs qui ont fait l'opération accidentellement, sans exercer la profession de prêteur, comprise à l'article 71 du tarif 2 de la contribution industrielle, et prenant pour base l'intérêt légal quand il n'y en aura pas d'apparemment pacté ;

TROISIÈME TARIF

Produits du travail et du capital réunis.

Payeront :

1° 15 0/0, les bénéfices obtenus par les Banques d'émission et d'escompte, soient qu'elles opèrent sur des immeubles ou sur des valeurs immobilières ;

2• 12 0/0 :

A. Les bénéfices des sociétés par actions, excepté les sociétés minières ;

B. Les bénéfices des sociétés anonymes qui exploitent des tramways ou d'autres concessions qui ne soient pas de chemins de fer, reversibles ou non à l'Etat ou aux communes.

3° 7 0/0, les bénéfices des Compagnies de chemins de fer et de navigation ;

4° 6 0/0 :

A. Les bénéfices des sociétés de production et de consommation, déduction faite de la cote qui leur aura été assignée du chef de la contribution industrielle, pour et à cause de leurs établissements ;

B. Les bénéfices nets annuels des sociétés coopératives de crédit ;

5° 2 0/0 du montant des primes d'assurances effectuées ou qui seront effectuées en Espagne par les compagnies d'assurances contre l'incendie, nationales ou étrangères, et par toutes celles qui ont pour objet la réparation ou l'indemnisation des sinistres arrivés aux choses ou aux propriétés, quel que soit leur mode d'organisation ;

6° 0.50 0/0 des primes d'assurances, conformément aux contrats anciens ou nouveaux effectués en Espagne par les compagnies d'assurances sur la vie et contre les accidents, les sociétés coopératives d'assurances, les sociétés d'assurances maritimes et de transport, quel que soit leur mode d'organisation.

QUATRIÈME TARIF

Les autres bénéfices.

Payeront :

1° 5 0/0, les autres gains en général, à l'exception de ceux qui proviennent directement de la propriété rurale, urbaine ou pastorale, grevés déjà par d'autres contributions directes ;

2° Cependant les bénéficiaires des charges de justice payeront 20 0/0 de ce qu'ils perçoivent.

Art. 4. — La contribution établie par cette loi sera recouvrée au moyen d'une retenue directe ou indirecte, ou par perception basée sur la déclaration du contribuable.

Art. 5. — Le recouvrement sera fait directement par l'Etat et par voie de retenue :

1° Sur les intérêts de la dette de l'Etat ;

2° Sur les soldes, vacations, pensions, assignations, indemnisations ou charges de justice figurant au budget de l'Etat ;

3° Sur les rentes, loyers, cens, redevances payés par l'Etat, dont le vingtième (5 0/0) sera toujours considéré comme la rétribution de l'administrateur, quelque nom qu'on lui donne, qui fera l'encaissement, à moins que ce ne soit le propriétaire en personne.

Art. 6. — On percevra par retenue indirecte, opérée sur leurs propres créanciers par les corporations, compagnies ou débiteurs privés, les droits :

1° Sur les dividendes et intérêts des actions et obligations de tout genre ;

2° Sur les intérêts, produits et bénéfices annuels des comptes en participation et en commandites ;

3° Sur les intérêts des cédules, des prêts hypothécaires et de ceux qui sont consignés dans des actes authentiques ou sous seing privé, quand ces prêts sont faits par des personnes qui n'exercent pas la profession de prêteurs :

4° Sur les soldes, vacations, assignations et rétributions, ordinaires et extraordinaires, des employés des députations, municipalités, compagnies ou particuliers ;

5° Sur les soldes, assignations, rétributions ou gratifications que, suivant leurs contrats, feuilles de paye ou autres documents qu'ils devront produire, les entrepreneurs payent, par quinzaine, aux acteurs dramatiques et lyriques et aux autres acteurs en général.

Art. 7. — La retenue directe, au profit de l'Etat, par les entités ou les personnes dénommées à l'article précédent, s'entendra comme opérée le jour même où le dividende, l'intérêt, le bénéfice ou la rémunération sont exigibles de la part des ayants droit respectifs. Ces entités ou personnes seront constituées, dès lors, en dépositaires de la part aliquote de dividende, intérêt, bénéfice ou rémunération revenant à l'Etat comme contribution, et si ces dépositaires n'en faisaient pas le versement au Trésor dans le délai de trente jours, il y aurait lieu de procéder criminellement contre les directeurs ou gérants de sociétés, compagnies ou entreprises, ensemble contre les présidents des députations provinciales et les alcades, et contre les particuliers pour le délit de malversation des fonds publics, défini et prévu par les articles 409 et 410 du Code Pénal, sans préjudice de la responsabilité administrative qui pourra être poursuivie par voie exécutive.

Art. 8. — Les directeurs ou gérants des Sociétés, Compagnies ou entreprises seront obligés de remettre à l'administrateur des finances de la province où ils sont domiciliés, ou de celle où réside la représentation en Espagne des Sociétés domiciliées à l'étranger, un extrait certifié des procès-verbaux des assemblées dans lesquelles ont été fixés les dividendes des actions ou le montant des bénéfices des comptes en participation et des commandites. Ils devront également présenter une déclaration jurée du montant des bénéfices nets, justifiée par une copie authentique du bilan et du compte rendu annuel, et de tous les autres documents que l'administration considèrera comme propres à corroborer l'exactitude de la déclaration.

Le manque de présentation de ces pièces dans les trente jours, immédiatement postérieurs à la date des assemblées, donnera lieu à une amende de 50 à 500 piécettes, et toute altération de la vérité sera punie comme faux en documents officiels, conformément à l'article 315 du Code Pénal.

Les commerçants, qui auront reçu des fonds en participation ou en commandite, seront tenus, sous les mêmes peines, à fournir à l'administration des déclarations certifiées des bénéfices qu'ils versent à leurs co-participants ou commanditaires, dans les quinze jours de la date à laquelle ils doivent présenter le règlement de compte à leurs associés.

Art. 9. — L'Etat aura la considération de créancier du tantième de dividende, intérêt, bénéfice ou revenu qui, suivant les tarifs de cette contribution, lui correspond aux échéances respectives avec tous les droits que contre l'entité ou la personnalité débitrice, le droit commun, civil et communal, reconnaît aux actionnaires, obligataires, associés en participation, commanditaires et créanciers pour prêts, et avec le privilège de recouvrement qui appartient au Trésor, suivant la législation en vigueur. Quand il y aura hypothèque, celle-ci garantira le droit de l'Etat dans les mêmes conditions de durée, de rang et d'extension qu'elle garantit le prêt en lui-même, sans que ce droit puisse être amoindri ou modifié par désistement, transaction ou tout autre acte postérieur des créanciers.

Art. 10. — L'exercice des actions que l'administration des finances peut avoir à entamer devant les tribunaux, est de la compétence des avocats de l'Etat.

Art. 11. — La gestion de cette contribution rentre aussi dans les attributions des avocats de l'Etat, lorsque les produits imposables résultent d'actes ou de contrats consignés dans les écritures ou dans tous autres documents soumis à l'impôt des droits réels.

En conséquence, en liquidant les droits, ces avocats consigneront dans des livres spéciaux tous les renseignements de nature à faire connaître le montant de l'impôt et son échéance.

Les conservateurs des hypothèques, chargés de la liquidation des droits réels, contractent la même obligation.

Art. 12. — Les greffiers actuaires (huissiers), notifieront, sous leur responsabilité personnelle et directe, aux avocats de l'État, les sentences de vente dictées dans les jugements exécutifs, en vertu de reconnaissance judiciaire du débiteur ou de pièces ne portant pas mention de la liquidation des droits réels, afin que l'*avocatie* prenne les renseignements nécessaires sur la contribution applicable dans l'espèce et en intente le recouvrement en intervenant dans la procédure pendante ou autrement.

Art. 13. — Les Banques et Sociétés nationales ou étrangères ayant des représentants en Espagne ou une succursale, et les banquiers qui escomptent ou payent en Espagne, pour leur compte ou pour le compte de tiers, des dividendes, primes, bénéfices ou coupons d'actions, obligations ou titres d'emprunts — quelle que soit leur désignation — de sociétés, compagnies, entreprises, corporations, municipalités, provinces ou États étrangers, sont obligés sous la peine que le règlement déterminera :

1° A retenir et conserver en leur pouvoir le montant de la contribution, conformément aux tarifs de l'article 3 de cette loi, sous déduction de 1 0/0 qui leur est alloué comme commission de recouvrement;

2° A fournir, dans les quinze jours postérieurs à la fin de chaque trimestre de l'année naturelle, à l'administrateur des finances de la province, une déclaration jurée, constatant les sommes qu'ils ont payées durant le trimestre, et le montant de la contribution y afférent ;

3° A verser la somme retenue, moins le 1 0/0 ci-dessus, dans la seconde quinzaine du mois postérieur au dernier du trimestre.

Toutes les corporations, les sociétés nationales et les sociétés étrangères représentées en Espagne sont, en outre, obligées de remettre, dans le mois qui suivra la promulgation de la loi, une déclaration jurée exprimant :

A. Le capital émis en actions en circulation au 1er juillet de cette année ;

B. Le capital émis en obligations à la même date;

C. Le tantième de l'intérêt des obligations.

Art. 14. — Les directeurs ou gérants de sociétés, compagnies ou entreprises et les parti-

culiers présenteront aussi des déclarations jurées trimestrielles ou plus rapprochées à la volonté de l'administration des finances, exprimant le montant des traitements, vacations, assignations et rétributions ordinaires et extraordinaires que, pendant le trimestre ou dans le laps de temps plus court compris dans la déclaration jurée, ils ont payé aux employés ou artistes occupés dans leurs bureaux, maisons ou ntreprises de tous genres. Quand l'administration n'aura pas reçu l'état correspondant au trimestre, elle fera la liquidation sur celle du trimestre antérieur.

Les personnes ou entités ci-dessus jouiront également de la prime de recouvrement de 1 0/0 et verseront le montant des retenues dans le délai déterminé à l'article précédent.

Art. 15. — La députation provinciale et les municipalités sont tenues de remettre aux bureaux de l'administration des finances de leur province, au cours du premier mois de l'année économique, une copie littérale certifiée de leur budget des dépenses, en ce qui concerne les droits, traitements, assignations, primes et commissions de leurs employés actifs ou passifs.

Les susdites corporations seront également obligées de faire connaître immédiatement, sous forme de communication certifiée, les changements survenus dans le payement de leur personnel par suite de vacances ou autrement.

La présentation des reçus de l'administration des finances pour les sommes dues de ce chef par les députations et les munipalités, seront des pièces nécessaires pour l'approbation des comptes de gestion annuels de ces corporations.

Art. 16. — Les conservateurs des hypothèques présenteront des déclarations jurées des honoraires acquis dans chaque trimestre, et, à défaut de la présentation opportune de ce document, l'administration pourra faire la liquidation sur celle du trimestre précédent.

Art. 17. — Ce sera également une obligation de présenter une déclaration jurée pour toute personne naturelle ou juridique qui aura obtenu quelque bénéfice soumis à cette contribution, quand le débiteur n'est pas astreint, d'autre part, à la retenue.

Faute de ce faire dans le délai de quinze jours, le contribuable encourra une amende égale au quart du bénéfice obtenu.

Art. 18. — Sans préjudice de la pénalité correspondant au défaut de présentation des déclarations jurées dans le temps et dans la forme prévus par la loi, quand un particulier ou une personne collective, dûment requis, ne remettra pas à l'administration des finances les documents nécessaires pour procéder à la liqui dation, celle-ci pourra passer outre en se servant des renseignements qu'elle aura pu se procurer.

Art. 19. — Les cotes de la contribution sur les revenus ne seront passibles d'aucune addition provinciale ou municipale.

Art. 20. — Le Ministre des finances est autorisé à compléter, amplifier et modifier les épigraphes des tarifs compris dans l'article 3, en y incluant les bénéfices qui n'y sont pas désignés, mais qui se trouvent englobés dans une des définitions données à l'article premier.

Art. 21. — Le Ministre des finances fera le règlement nécessaire pour l'exécution de cette loi

VI

PROJET DE LOI

Sur la réforme des droits réels et des droits sur la transmission des biens

AUX CORTÈS

En présence de l'inéluctable nécessité dans laquelle se trouve le Gouvernement de se procurer des ressources pour subvenir au payement des énormes obligations que de récentes calamités ont accumulées sur le Trésor, le devoir du ministre soussigné était d'étudier, avec le plus grand soin, les dispositions législatives réglant la perception des tributs divers qui alimentent le budget des recettes, non seulement pour connaître les réformes dont ils sont susceptibles, en vue de la distribution la plus équitable des charges et de l'amélioration du rendement au profit de l'Etat, mais pour dégager clairement la capacité des diverses classes de richesses qui constituent la matière imposable, afin de déterminer celles qui peuvent être surtaxées et quel fardeau supplémentaire on peut y imposer afin d'arriver, dans le délai le plus bref possible, à normaliser la situation économique du Trésor, comme facteur indispensable pour inaugurer l'ère de renaissance, de tranquillité et de bien-être, qui favorisant les progrès de notre industrie et de notre commerce, doit nous permettre de recueillir le fruit d'une paix obtenue au prix d'énormes sacrifices.

Au cours de cette étude, l'attention devait se porter sur l'impôt des « droits réels et de la transmission des biens » qui, dans les principaux pays de l'Europe constitue une des plus abondantes ressources pour le Trésor et auxquels contribuent soit ceux qui, volontairement, font des contrats dans lesquels on doit supposer des avantages réciproques et, ceux qui, par suite de circonstances indépendantes de la volonté humaine, deviennent possesseurs de fortunes accumulées par le travail et les efforts de leurs auteurs. Ce n'est pas le moment de discuter, sur le terrain des principes scientifiques, jusqu'où va le droit que l'Etat possède et que la loi fondamentale lui reconnaît, de prendre à même du bien de ceux qui vivent sous sa protection, la quote-part indispensable pour réaliser l'œuvre sociale qui constitue sa mission. Etant donnée la nécessité dont les circonstances font une loi, il n'y a plus qu'à se demander si les sacrifices qu'il y a lieu de faire, sont en rapport avec ce que l'on peut équitablement exiger. C'est dans cet esprit que s'est inspiré le Ministre soussigné pour rédiger le projet qu'il a l'honneur de soumettre à la délibération des Cortès, cherchant à rendre le sacrifice le moins sensible qu'il a pu, soit en restreignant l'incidence de l'impôt dans les actes qui doivent être encouragés en vue de l'intérêt général, soit en demandant à une certaine gradation les moyens de faire bénéficier d'une importante réduction la succession héréditaire pour les petites fortunes.

Les actes assujettis au payement de l'impôt des droits réels et de la transmission de biens, se divisent en deux catégories : ceux émanant de contrats entre-vifs et les successions. Il est indispensable, pour les premiers, d'alléger la charge énorme représentée par l'impôt transitoire de guerre qui paralyse les transactions, parce que c'est seulement en les encourageant, c'est-à-dire en évitant de les grever outre mesure, que l'on peut espérer, pour l'avenir, l'augmentation du bien-être général et, dans l'ordre économique, le relèvement des finances de l'Etat. Cependant ce n'était pas le moment de revenir au taux de la loi de 1892, accru des deux surtaxes de 20 0/0 établies par la loi du Budget 1898-99, qui ont élevé à 4.20 0/0 les droits acquittés sur les ventes et achats, les cessions, les adjudications et autres actes d'un caractère analogue ; mais on a fait un grand pas dans la voie des dégrèvements, dans laquelle le Gouvernement continuera à marcher si la Réforme donne les résultats qu'il en attend.

Il est évident que l'on ne pouvait risquer l'importante diminution des recettes, inséparable de la réduction du taux des taxes qui affectent ces contrats, sans s'exposer à affaiblir le budget, à moins de chercher une compensation, en affectant de cotes modiques, des articles restés jusqu'à présent indemnes. Dans cet ordre d'idées, on a grevé d'un droit modéré de 0.50 0/0 les concessions administratives des travaux publics et les utilisations du domaine dont l'Etat cède gratuitement l'usage, même quand ces concessions doivent faire retour à l'Etat ou aux corporations, car il ne serait pas juste que les concessionnaires à titre gratuit, en tirent un profit sans même payer un impôt ; on a élevé à 0.50 0/0 les droits auxquels sont soumis les baux, les séquestres, les ventes de mobiliers, les inscriptions de saisies, les oppositions à la vente, les émissions de cédules, titres ou obligations de sociétés, les prêts personnels, les contrats de travaux, la transmission des colonies agricoles, les acquisitions de terrains pour agrandir les voies publiques, les aliénations directes de biens nationaux, les rachats de cens provenant des biens nationaux, la constitution et la radiation des hypothèques en garantie du privilège du vendeur et adjudications de biens ou paiements d'acquêts, toutes opérations qui peuvent supporter cette augmentation. Enfin, on a établi pour les successions une échelle graduée, proportionnelle à l'importance des capitaux transmis par partage ou par disposition testamentaire, de façon à pouvoir réduire le taux de contribution des petites successions qui, pour la plus grande partie, échappaient à la taxe en raison des frais considérables de la régularisation des droits réels, du coût du papier timbré et de l'élévation des tarifs notariaux.

Mais, quoique cet article soit celui dont le Ministre soussigné espère les plus forts rendements, on observera que ce résultat ne s'obtient pas en élevant la cote actuelle. Par le tarif adjoint au projet et par la comparaison du taux en vigueur, y compris la surtaxe de 40 0/0, on verra qu'on est loin d'y atteindre : c'est, malgré cela, par la gradation basée sur l'importance des legs ou des successions, que l'on en obtient un accroissement de produit pour le Trésor, aux dépens des plus grosses fortunes, mieux à même de supporter les plus lourds sacrifices, ce qui est, d'ailleurs, conforme aux principes d'équité et de justice distributives, suivant lesquels on doit abaisser les droits sur les petits capitaux pour faciliter la perception. Si on fait un rapprochement analogue entre les types de la nouvelle échelle et ceux des droits en vigueur chez les principales nations de l'Europe, — Angleterre, France et Italie, — où le droit s'élève à 8 0/0 sur les successions en ligne directe et à 18.50 sur les successions collatérales, on se convaincra qu'en dépit de la créance vulgaire suivant laquelle l'Espagne se fait remarquer par l'élévation de ses impôts, nous restons bien au-dessous de ce que l'on perçoit ailleurs, sans l'excuse de la nécessité et en pleine prospérité économique.

Sans donc affirmer, d'une façon absolue, les avantages du nouveau système, quoiqu'il ait pour lui l'appui des législations étrangères, — car, en matière d'impôt il faut tenir compte de l'idiosyncrasie de chaque pays, — les us et coutumes et la perfection de l'éducation administrative que dénote la soumission docile aux ordres de l'autorité, influant beaucoup sur la mise en pratique des innovations et des réformes, cependant on ne saurait nier que, dans les circonstances où nous sommes, quand il faut épuiser toute la capacité imposable du pays, une contribution dans laquelle on a pu combiner l'importance des biens en cause et le degré de parenté existant entre l'héritier et son auteur, ne soit de celles qui ont le plus d'opportunité.

Le Ministre soussigné a moins de foi, pour la réussite, dans la modération du tarif que dans les mesures qu'il se propose de prendre pour empêcher que, suivant la coutume traditionnelle, la résistance systématique des contribuables et la faiblesse des fonctionnaires n'empêchent la taxation de sortir son effet. Il a donc cru convenable d'ériger en prétextes légaux les règles ou dispositions qui tendent, au moyen de la responsabilité subsidiaire de ceux qui doivent coopérer à l'action adminisrative, à assurer le recouvrement des cotes, — à faire disparaître les obstacles qui pourraient s'opposer à l'investigation des actes occultes et au contrôle de la valeur des biens transmis, — à éviter de laisser subsister, au détriment du Trésor, des exemptions que rien ne justifie et indûment tolérées ; — à faciliter, au moyen de compensations, la liquidation des comptes des députations provinciales, municipalités et établissements connexes avec lesquels la procédure exécutive est particulièrement onéreuse, parce qu'ils n'ont pas de ressources dans leurs budgets pour acquitter les frais, — et, enfin, à établir des sanctions fiscales, manquant dans le règlement, pour punir plus sévèrement ceux qui, sans cacher l'acte soumis à l'impôt, altèrent la vérité en déclarant les successions, ainsi que les fonctionnaires qui, chargés de fournir à l'administration des index, des états, des copies de documents et des renseignements en raison de leur charge, ne le font pas, encourageant ainsi les particuliers à persister dans la fraude.

Se fondant sur les considérations qui précèdent, le Ministre soussigné a l'honneur de soumettre aux Cortès le suivant projet de loi et de tarif qui doivent régir l'impôt de transmission des biens et des droits réels.

PROJET DE LOI

Article premier. — L'impôt des Droits réels et de la transmission des biens se régira dans le Royaume et dans les possessions espagnoles conformément aux préceptes de la présente loi, à partir de sa promulgation dans la *Gaceta de Madrid*.

Dans les provinces de Vizcaya, Alava, Guipuzcoa et Navarre, la convention qui y régit la manière de payer tribut, continuera à être en vigueur en ce qui concerne cet impôt, conformément à la loi du budget de 1893-94, au décret royal du 1er février 1894 et aux dispositions complémentaires de la loi du budget de 1898-99, sans préjudice de ce qui pourra être décidé plus tard.

Art. 2. — Sont sujets à l'impôt des droits réels et de la transmission de biens :

A. La transmission du domaine à quelque titre que se soit, à perpétuité ou à temps, de biens immeubles.

B. La constitution, reconnaissance, subrogation, transmission, extinction à quelque titre que ce soit, de droits réels sur des biens immeubles ou d'autres droits réels, cens, redevances, sous-redevances, quelle que soit la dénomination qu'on y donne, et toute espèce de servitudes réelles et personnelles.

C. Les translations de domaine, de biens meubles, de subventions et de biens *semovientes* (se mouvant, les bestiaux), quelque soit le caractère ou le titre en vertu duquel elles s'opèrent, excepté dans les cas expressément énumérés à l'article 3 de cette loi.

D. Les contrats de louage de biens, de droits, de produits, pactés par écritures publiques ou contenus dans un document judiciaire ou administratif, quelqu'en soit le montant et la durée et quand bien même ils ne seraient pas de nature à être transcrits aux hypothèques.

Les sous-locations et les subrogations, les cessions et rétrocessions de tous les contrats de louage soumis à l'impôt par leur nature.

E. Les contrats de prêts personnels ou avec garantie, les reconnaissances de dettes, arrêtés de comptes et dépôts onéreux consignés dans un document fait par devant notaire, ou tout autre fonctionnaire de l'ordre judiciaire ou administratif, quelque soit son montant ou la nature de l'obligation dont il procède, et les renouvellements totaux ou partiels ainsi que les prorogations expresses de tous les contrats de cette catégorie.

Les prêts hypothécaires ne paieront que comme hypothèque.

F. La constatation, transmission et extinction des pensions en général, opérées par testament ou par contrat, viagères ou temporaires, ainsi que les pensions, gratifications, jubilations et dotations d'orphelins, octroyées par les associations, banques, sociétés et compagnies à la condition qu'elles dépassent 1.000 piécettes par an et quand même les paiements se feront en une fois.

G. Les inscriptions de saisies, séquestres et et oppositions à vente, sur biens immeubles, qui doivent être pratiquées par les conservateurs des hypothèques, sur mandats judiciaires ou administratifs, en matière civile ou criminelle ou à la suite de conventions et de contrats.

H. La constitution et la main-levée de caution, volontaire, judiciaire ou administrative, avec gage ou personnelle, quelque soit son objet, la nature de l'obligation et la classe de documents dont il s'agisse, et l'antichrèse.

I. Les actes de transfert, cession ou aliénation de chemins de fer, tramways, canaux d'irrigation, mines et de toute autre concession administrative ou du droit à son exploitation, représentés par des actions ou non.

J. Les contrats d'exécution des travaux de toute classe faits pour l'Etat et les corporations officielles ou particulières, quand bien même ils ne seraient pas consignés par écriture publique, à la condition qu'ils dépassent mille piécettes et quoique la fourniture des matériaux soit ou ne soit pas au compte de l'entrepreneur.

K. Les contrats de fourniture de vivres, matériaux et effets de toute nature, d'eau et autres analogues.

L. Les concessions administratives de mines, pâturages, bois, eaux, canaux, réservoirs, chemins de fer, tramways, lignes télégraphiques ou téléphoniques ou pour le transport de l'électricité et toute espèce de jouissance de biens immeubles, octroyée par l'Etat, les provinces ou les municipalités.

M. La constitution, la reconnaissance, la modification, la prorogation expresse, la subrogation et l'extinction des droits d'hypothèques, garantissant la gestion des fonctionnaires publics, des contrats d'entreprise avec l'Etat, des termes de vente en retard ou toutes autres obligations analogues.

L'extinction ou radiation seulement des hypothèques garantissant les fermages ou contrats de recouvrement des contributions, impôts ou revenus de l'Etat, ainsi que de celles données en garantie de l'ajournement de termes échus pour l'achat de biens nationaux, cens et autres droits transmis par l'Etat, ainsi que des rachats de cens opérés en vertu des lois sur la vente des biens de main-morte.

N. Les transmissions de bien, actions et droits de toute classe à titre de donation, héritage ou leg, quelle que soit la nationalité de l'auteur ou de l'héritier, quand bien même on n'aurait fait ni inventaire, ni partage en due forme, pourvu qu'il n'y ait pas de doute sur l'acte en vertu duquel la transmission a lieu.

O. Les informations possessoires ou domaniales, quelque soit le titre de possession que l'on y allègue.

P. Les rémérés qui se liquident dans le délai stipulé au contrat, quelle que soit la retrocession, de nue propriété, de propriété entière ou de tout droit réel.

Q. Les apports de toute espèce de biens et de droits effectués par les contractants en fondant les sociétés, les prorogations, modifications et transformations des sociétés, ainsi que les diminutions et augmentations de capital par conversion et actes analogues, et les adjudications de l'actif social faites au profit des associés ou de tierces personnes, lors de la dissolution de la société.

L'émission des actions et obligations et la transformation, l'amortissement et l'annulation de ces titres, faits par des particuliers ou par des sociétés, ainsi que la transmission par écriture publique, par document judiciaire ou administratif ou par succession héréditaire, des titres dont il s'agit.

R. Les apports directs faits par les époux à la société matrimoniale et les adjudications qui peuvent en être faites, en remboursement de ces apports ou des acquêts, lors de la dissolution de l'association conjugale, et les apports faits par des tiers à la susdite société, à condition qu'ils soient consignés dans des actes authentiques.

S. La transmission de créances, droits ou actions au moyen desquels on se propose d'acquérir d'autres biens déterminés et susceptibles d'évaluation.

Art. 3. — Sont déclarés exempts du payement de l'impôt des droits réels et de la transmission de biens :

1° Les actes et contrats de toute classe réalisés en faveur de l'Etat, sauf les cas expressément indiqués dans la loi, pour lesquels l'impôt court à la charge de celui qui contracte avec l'Etat. Dans ceux où, en vertu de l'article 956 du Code civil, à défaut de parents, l'héritage revient à l'Etat avec obligation d'en faire bénéficier les établissements d'instruction publique et de bienfaisance, la transmission sera considérée comme étant en faveur de ceux ci et ne bénéficiera pas de l'exemption ;

2° Les acquisitions de biens faites par les gouvernements étrangers, exclusivement pour la demeure ou résidence de leurs agents diplomatiques, à la condition que le gouvernement jouisse de la réciprocité dans le même pays ;

3° Les actes et contrats relatifs à la transmission de biens immobiliers ou de droits réels situés à l'étranger ou en territoire exempt de l'impôt ;

Pour la même raison, ne jouiront pas de cette exemption les transmissions ou acquisitions faites au profit d'Espagnols ou d'étrangers naturalisés, de biens meubles, créances ou actions, ainsi que des titres de la dette publique nationale ou étrangère, actions, obligations ou valeurs industrielles ou de sociétés étrangères, ou de sociétés constituées en territoire exempt, quand même ces valeurs seraient déposées dans des établissements y domiciliés, attendu que par leur caractère de biens meubles, on doit les considérer comme toujours situés dans le pays de la nationalité de l'acquéreur pour tout ce qui est relatif à la transmission par contrat, et dans le pays de la nationalité de l'auteur dans les successions ;

4° Les contrats de fourniture de gaz et d'électricité tant que subsisteront les impôts spéciaux sur la consommation de ces fluides ;

5° Les négociations d'effets publics ou de valeurs industrielles et mercantiles réalisées dans les Bourses de commerce, suivant contrat par ministère d'agent de change ou de courtier de commerce ;

6° La translation de propriété de marchandises faite dans les établissements destinés à la vente, en vertu de contrat privé ;

7° L'extinction des baux de tout genre, quoique leur constitution soit sujette à l'impôt ;

8° La constitution de prêts personnels ou gagés et de contrats de dépôt privé à titre onéreux, consignée dans un document privé et les opérations de même nature faites avec garantie d'effets publics ou de valeurs industrielles réalisées par des Banques ou des Sociétés ou par l'intervention des agents de change ou des courtiers de commerce ;

9° L'extinction de toute espèce de prêts personnels ou gagés et de contrats de dépôt à titre onéreux, de garantie, de reconnaissance de dette et d'arrêté de comptes ;

10° Les emprunts de caractère personnel ou gagés réalisés dans les Monts-de-Piété ou dans les maisons de prêts sur gages ;

11° L'extinction des pensions, gratifications, jubilations et dotations d'orphelins, faites par les Associations, Banques, Sociétés ou Compagnies, et la constitution ou versement unique des mêmes entités ne dépassant pas 1,000 piécettes ;

12° L'extinction des pensions, quand leur constitution a eu lieu, en échange d'une cession de biens, sans préjudice de ce que le cessionnaire doit payer, si de la valeur des biens on déduit le capital de la pension ;

13° Les contrats de travaux qui ne dépassent pas 1,000 piécettes;

14° Les fermages ou contrats de recouvrement de contributions, impôts ou rentes faits directement par l'Etat, et la constitution d'hypothèques en garantie des termes de payement ajournés dans les aliénations de biens, de cens et de droits transmis par l'Etat ou dans les rédemptions de cens vérifiées en vertu des lois sur la vente des biens de mainmorte ;

15° Les échanges d'immeubles situés dans les territoires exempts de l'impôt ou à l'étranger ;

16° La radiation des hypothèques quand le créancier hypothécaire acquiert l'immeuble et son extinction dans les cas où l'insuffisance de la valeur de l'immeuble laisserait impayés des crédits inscrits pour les sommes tombées ainsi en caducité ;

17° La reconnaissance du cens, quand le censualiste prouve qu'il a payé l'impôt d'adjudication et qu'il se propose uniquement de faire constater l'existence ou la réhabilitation de l'exercice de son droit ;

18° Les acquisitions de biens ou de droits réels vérifiés en vertu de retrait légal, quand l'acheteur ou acquéreur contre lequel s'exerce ce droit, a déjà payé l'impôt ;

19° Les versements en espèces représentant le payement de biens, meubles, immeubles et droits réels ou de services personnels;

20° L'extinction des pensions constituées par testament, sauf à l'héritier à payer ce qu'il doit pour le capital précédemment déduit.

En aucun cas, et sous prétexte de doute, on ne pourra déclarer exempts, d'autres actes ou contrats que ceux nommément désignés ci-dessus, en réservant toutefois aux intéressés le droit d'intenter un recours contre la liquidation de l'impôt.

Art. 4. — L'impôt, en règle générale, sera payé par celui qui acquiert ou récupère les biens ou droits grevés, ou par celui en faveur duquel sont reconnus, transmis, déclarés ou adjugés les biens, créances ou droits, quelles que soient les stipulations contraires des contractants, excepté dans les cas suivants :

a) Contrats faits avec l'Etat ou actes en faveur de l'Etat expressément grevés au tarif et dont l'impôt devra être acquitté par la personne ou l'entité traitant avec l'Etat ;

b) Les successions dont les biens seront adjugés à l'Etat, faute de parents habiles à succéder, conformément à l'article 936 du Code civil, auquel cas les droits seront acquittés par les établissements de Bienfaisance ou d'Instruction auxquels les biens seront attribués ;

c) Les contrats d'exécution de travaux et ceux de fournitures d'effets, vivres, matériaux, eau, éclairage et autres analogues, dans lesquels l'entrepreneur payera les droits, bien que les personnes ou corporations contractantes restent subsidiairement responsables du montant d'iceux, si elles venaient à remettre la totalité ou partie du prix stipulé pour le travail ou la fourniture, sans s'assurer que l'entrepreneur a payé l'impôt qui lui incombe ;

d) Dans les baux, le fermier, colon, ou locataire, payera l'impôt, mais les propriétaires bailleurs en seront subsidiairement responsables s'ils en ont touché le premier terme, sans s'assurer que le preneur a dûment payé sa cote ;

e) Dans les prêts qui ne sont pas garantis par une hypothèque, l'emprunteur payera les droits, mais le prêteur serait subsidiairement responsable s'il percevait la totalité ou une partie des intérêts ou du capital sans avoir exigé la justification du payement de l'impôt ;

f) Dans les émissions d'actions et d'obligations, et pour l'amortissement de ces valeurs, l'impôt sera payé par la Société, Compagnie ou corporation qui fera l'émission, avec la faculté de s'en rembourser sur les actionnaires et obligataires qui n'auront que la responsabilité subsidiaire ;

g) Dans la constitution de sociétés, celles-ci payeront les droits, et, en cas de dissolution ceux-ci seront acquittés par les sociétaires ou tiers auxquels l'actif social sera adjugé. Mais, dans les deux cas, les directeurs, gérants ou administrateurs seront subsidiairement responsables, s'ils avaient fait la remise des biens sans exiger la justification du payement des droits ;

h) Dans les legs en espèces, effets publics, meubles, bijoux, créances, on liquidera l'impôt à la charge du légataire et le montant sera exigible directement des héritiers, représentants ou administrateurs de la succession, qui sont autorisés à le déduire du legs lui-même au moment de le délivrer à l'intéressé;

i) Dans les remises faites soit aux héritiers ès noms, soit aux bénéficiaires des polices, par les Compagnies d'assurances, l'impôt sera liquidé au nom des ayants droit, mais les Compagnies seront subsidiairement responsables si elles n'avaient pas exigé la justification préalable du payement de l'impôt. La même responsabilité pèsera sur les Banques et les Sociétés mercantiles qui rendront des dépôts ou solderont des comptes courants au profit d'héritiers, sans s'être assurées du payement des droits ;

j) Pour les pensions, gratifications, jubilations, dotations d'orphelins, l'impôt sera payé par celui qui bénéficiera de l'acte, mais les personnes ou corporations qui s'obligent à payer, seront subsidiairement responsables, si elles n'exigent pas la preuve du payement de l'impôt avant de se libérer.

Art. 5. — Dans le but de recouvrer les créances liquides à la charge des députations provinciales, des municipalités ou d'autres corporations ou établissements dépendant des deux premières si, requis à cet effet, ils ne s'exécutaient pas, les délégués des finances pourront, sur la proposition du bureau chargé de la liquidation et après l'avoir ainsi notifié à la corporation intéressée, appliquer à l'extinction de ces débits, au moyen d'une opportune compensation sans recourir à la procédure exécutive, les surtaxes additionnelles perçues à leur profit par le Trésor ou les intérêts des inscriptions de rente correspondant à leurs titres intransférables.

Art. 6. — L'impôt frappe la valeur réelle que les biens ou droits avaient le jour de la signature du contrat ou de l'acte assujetti à la taxe, déduction faite des charges qui en diminuent la valeur, en observant les règles suivantes :

1º Dans les transmissions à titre lucratif, on prendra pour base le capital correspondant à chaque partie prenante. Dans les transmissions à titre onéreux ou adjudications publiques, la base de liquidation sera la mise à prix ou la baisse de mise à prix, quelque soit le prix auquel les biens soient adjugés à l'acheteur ou aux créanciers ;

2º Dans tous les autres actes ou transmissions, l'impôt sera liquidé sur la valeur du prix déclaré par les intéressés, ou sur celui que l'administration fixera, en vertu de la vérification qu'elle pratiquera si le second était supérieur au premier ;

3º Dans les transmissions d'effets publics, valeurs commerciales et industrielles, on prendra pour base la valeur effective résultant de la cote de la Bourse le jour où aura eu lieu l'acquisition légale et, à son défaut, s'il n'y avait pas de cours ce jour-là, le dernier qui eût été pratiqué. S'il s'agissait de valeurs qui ne sont pas cotées, on fera la liquidation sur la valeur résultant d'une certification du secrétaire de la corporation, société ou entreprise à laquelle la valeur correspond, revêtue du visa du Président, certification qui sera réclamée d'office par le bureau chargé de la liquidation ;

4º Dans les prêts hypothécaires, on prendra la valeur de l'obligation ou capital garanti, comprenant les sommes assurées comme intérêts, l'indemnité en cas de non-exécution du contrat, et si le montant du capital garanti n'était pas bien déterminé, on prendrait la somme prêtée augmentée de trois années d'intérêts ;

Dans les prêts personnels ou gagés, dans les contrats de dépôt rétribués et dans les arrêtés de compte, le capital de l'obligation et, pour les deux derniers cas, le capital réellement utilisé par l'emprunteur ;

5º Dans la constitution, reconnaissance, modification, rédemption ou extinction de droits réels, on prendra pour base le capital que les parties indiquent, s'il est égal ou supérieur à celui qui résulterait de la capitalisation à 5 0/0 de la rente ou pension annuelle, et ce dernier, si le premier était inférieur au résultat de la capitalisation ;

6º La valeur du droit d'usufruit et celle de la nue-propriété seront estimées à 50 0/0 de celle des biens qui en sont frappés ;

7º La valeur du droit d'usage et celle du droit d'habitation seront estimées à 25 0/0 de la valeur des biens sur lesquels ils reposent ;

8º Dans les autres servitudes de nature réelle ou d'usage personnel, la liquidation se fera sur la valeur expressément déclarée d'un commun accord par les propriétaires des biens au profit desquels ou sur lesquels repose la servitude, dans un document officiel, et, à défaut de cette pièce, à dire d'experts, aux frais des intéressés ;

9º Pour les créances liquides sans être exigibles pour le moment, on prendra la valeur qui y est donnée dans les documents dont elles résultent, et pour les créances qui ne seront pas liquides, on ajournera la liquidation des droits pour le moment où elles auront été liquidées, en le constatant par une mention spéciale ;

10º Dans les baux, on prendra pour base la somme totale à payer pendant la durée du contrat, et si celle-ci n'est pas indiquée, le montant de trois années ;

Les baux gratuits seront considérés comme cession et liquidés sur la cinquième partie de la valeur résultant de la capitalisation du produit net imposable pour lequel la propriété est inscrite au rôle ;

11º Pour les pensions, on prendra comme base le capital déclaré par les intéressés, s'il est égal ou supérieur à celui que produirait la capitalisation de la pension à 5 0/0, à moins que la libération ne se fît en une fois, au quel cas on liquidera sur le capital déclaré ;

12º Pour les sociétés, on prendra comme base le capital résultant de leur constitution, modification ou transformation, qu'il soit représenté ou non par des actions, et quoiqu'il ne soit pas déboursé pour le moment : à la dissolution, on se réglera sur la répartition faite entre les associés ;

Pour l'émission et l'amortissement des obligations, on prendra le capital garanti, si celles-ci sont hypothécaires et, si elles ne le sont pas, leur valeur nominale ;

13° Dans les transactions sur procès, on prendra pour base la valeur des biens acquis, dûment appréciée ;

14° Dans les concessions administratives, on prendra pour base le montant du devis des travaux de l'entreprise qu'il s'agit de réaliser, si elles sont de cette catégorie, et, s'il n'y a pas de devis, on estimera le coût à 100.000 piécettes par kilomètre pour les chemins de fer, — 25.000 pour les canaux d'irrigation, — 16.000 pour les tramways, — 2.000 pour les lignes télégraphiques et téléphoniques, — et 100 par mètre cube de contenance pour les *pantanos* (réservoirs).

Dans les concessions de mines, on prendra pour base la capitalisation à 3 0/0 du *canon* de superficie correspondant à chaque pertenence minière avec les excédents y adjoints.

Sur les concessions d'usage d'eaux, la base sera la capitalisation à 3 0/0 de la redevance s'il y en a une, et, à son défaut, la valeur assignée, à dire d'experts, à la dérivation concédée ;

Dans les concessions de culture ou de tout autre projet, y compris les jouissances forestières, on prendra pour base la valeur qui y est donnée, la redevance, ou, à défaut de ces renseignements, le cinquième du revenu net imposable assigné sur le rôle de la commune aux biens dont il s'agit, capitalisé à 5 0/0, et, au besoin, on aura recours à l'expertise ;

15° Pour la transmission du droit de réméré à titre onéreux, on s'en tiendra au prix déclaré, et si l'opération est à titre lucratif, on prendra pour base le tiers de la valeur des biens ;

16° Pour les cautions, inscriptions de saisies, séquestres, défenses d'aliéner et antichrèses, on prendra pour base la valeur de l'obligation qu'il s'agit de garantir ;

17° Dans les contrats d'exécution de travaux, on prendra pour base le prix stipulé ou calculé conformément au devis ;

18° Dans les contrats de fournitures de vivres, effets, matériaux, eaux et autres analogues, on prendra pour base le prix stipulé pour la totalité du contrat, et si dans les clauses de cet instrument paraissait compris le louage ou l'obligation d'un service personnel, sans ventilation du prix des objets du contrat, on déduira un tiers pour la valeur du service personnel, et la liquidation de la transmission de biens se fera sur les deux tiers restants.

Art. 7. — L'administration peut toujours procéder à la vérification de la valeur des biens, objet de la transmission, et elle le fera obligatoirement dans les transmissions à titre lucratif, ainsi que dans les ventes à réméré, dans la forme que le règlement déterminera.

Si la valeur fixée par l'administration était la même que celle résultant de la capitalisation du produit net imposable inscrit au rôle, cette capitalisation servira forcément de base à la liquidation de l'impôt, sans qu'on puisse y opposer une expertise, laquelle sera admissible comme recours extraordinaire, uniquement dans le cas où les intéressés prouveraient qu'ils se sont pourvus contre l'inscription au rôle, comme excessive. Si le résultat de l'expertise en son cas était inférieur à la déclaration des intéressés, c'est à celle-ci que l'on s'ajustera.

L'action administrative pour le contrôle des valeurs déclarées se prescrit par deux ans à partir de la présentation des documents en liquidation.

La vérification des valeurs pourra, à instance du contribuable, et par des motifs plausibles, se suspendre pendant un an, moyennant une liquidation provisoire basée sur la valeur déclarée, le contribuable demeurant obligé à payer, pendant l'ajournement, l'intérêt à 6 0/0 par an de la somme dont il peut être reconnu débiteur lors de la liquidation ultérieure.

Les documents présentés à la liquidation et reconnus indemnes de tout droit, pourront, pendant cinq ans, être révisés sur l'ordre des Délégués des finances et de la Direction générale des contributions directes ; dans le cas où à la suite de cette formalité, l'impôt serait déclaré exigible, le fonctionnaire qui aurait déclaré l'exemption en serait subsidiairement responsable, et directement responsable des amendes et intérêts consécutifs.

Art. 8. — Les délais impartis pour la présentation de documents à la liquidation, sans encourir de responsabilités, seront les suivants :

Trente jours *habiles* (non fériés) à partir de la date de leur passation, signature ou entrée en vigueur pour tous les contrats publics ou privés, informations possessoires ou domaniales, extraits ou certifications de sentences exécutoires judiciaires ou administratives.

Trente jours *habiles*, à compter de celui où est devenue ferme la sentence approuvant la liquidation de comptes en faveur des acheteurs et des créanciers demeurés adjudicataires des biens exécutés et vendus aux enchères.

Quatre mois à partir du décès du testateur, pour les actes et documents relatifs aux héritages et aux legs, que la liquidation de la succession ait été faite ou non et quelle que soit leur date.

Ces délais seront de soixante jours *habiles* et de huit mois respectivement pour les actes et documents passés ou causés à l'étranger.

Les délais relatifs aux successions héréditaires seront doubles, à la demande des héritiers, exécuteurs testamentaires ou liquidateurs de la succession, notifiée à l'administrateur des finances, soit de la province où le décès a eu lieu, soit de celle où le décédé avait son domicile, soit de celle où se trouvent les biens, et accompagnée d'une copie du testament ou d'une déclaration judiciaire d'envoi en possession et de l'indication des lieux où les biens sont situés, ainsi que du domicile des héritiers.

Le Ministre des Finances peut, pour une cause légitime et justifiée, accorder une prorogation extraordinaire pour un délai identique à celui de la prorogation ordinaire, pour la présentation des documents relatifs aux héritages et aux legs.

La concession de toute prorogation implique l'obligation de payer l'intérêt à 6 0/0, du retard à partir du jour où a fini le délai ordinaire de présentation.

Art. 9. — Quand les documents relatifs aux héritages et aux legs, n'auront pas été présentés dans les délais impartis à l'article précédent, les intéressés seront obligés de solliciter, avant leur expiration, la liquidation provisoire, en présentant les renseignements et documents prescrits par le règlement.

Le délai pour procéder à la liquidation définitive sera d'un an à partir de la liquidation provisoire, mais les héritiers seront passibles de l'intérêt à 6 0/0 des sommes dont ils pourraient être redevables en sus du montant de la liquidation provisoire.

Art. 10. — Le délai pour effectuer le payement sera de quinze jours à partir de la date de la présentation des documents, quand il n'y aura pas lieu à contrôler les valeurs, et, dans ce cas, à partir du jour où on aura notifié aux intéressés le résultat de la liquidation. Le payement ne pourra pas être différé, même sous prétexte de réclamation, et les liquidateurs dans leurs districts, les divers comptables et les trésoriers dans les capitales de provinces seront responsables de l'intérêt du retard des payements, s'ils ne prouvent pas que dans les termes légaux ils ont remis à l'autorité, ou aux fonctionnaires compétents, les pièces nécessaires pour procéder par voie exécutive contre les retardataires.

Le Ministre des Finances pourra ajourner pour six mois le payement des débits, s'il y a pour cela des motifs extraordinaires dûment justifiés, et s'il est démontré qu'il n'existe dans l'inventaire de la succession ni espèces ni valeurs de facile réalisation.

Quand l'ajournement visera des liquidations pour nue-propriété, on pourra le prolonger jusqu'à la réunion de l'usufruit à la nue-propriété.

Il suffira pour cela que l'intéressé le sollicite dans le délai imparti pour le payement, qu'il prouve, au moyen d'une information qui doit avoir lieu dans le délai de deux mois, qu'il manque de toute espèce de biens et qu'il donne caution pour le montant de la contribution territoriale.

Si le nu-propriétaire aliène ses droits, l'ajournement se considérera comme annulé et la cote liquidée sera immédiatement exigible.

Pour les pensions alimentaires constituées en faveur de personnes manquant de toute espèce de biens, dans le cas où une enquête administrative justifierait cette assertion, et ne figurant au rôle d'aucune contribution, on pourra ajourner le payement de la totalité des droits, à la condition de percevoir annuellement en compte et à compte, le quart de ce que le débiteur percevra en raison de la pension dont il s'agit.

Art. 11. — Les biens et droits transmis sont affectés à la responsabilité des droits afférents à leur transmission, quel que soit leur possesseur, et que la liquidation ait été faite ou non, obligation que les notaires constateront au moyen de la mention qu'ils en feront sur les documents, avec celle du délai dans lequel on devra en faire la liquidation aux fins ci-dessus.

L'action de l'administration pour exiger l'impôt, que la liquidation ait été faite ou non, se prescrit par quinze ans, comptés à partir de la date de la passation de l'acte ou de la réalisation de l'acte donnant ouverture aux droits.

Art. 12. — Le manque de présentation des documents dans le délai réglementaire, sera puni d'une amende de 20 0/0 de la quotité liquide, si le retard ne dépasse pas la durée même du délai légal, et de 30 0/0 s'il la dépasse, outre l'intérêt annuel de 6 0/0 sur le montant des droits en retard.

Le défaut de payement de l'impôt dans le délai imparti sera puni d'une amende de 10 0/0 de la quotité liquidée, outre l'intérêt du retard à raison de 6 0/0 l'an.

L'occultation de valeurs dans les déclarations, quand elle résultera de la vérification, sera punie d'une amende de 20 0/0 de la quotité correspondant à la différence, c'est-à-dire à l'excédent de valeur résultant de la vérification.

L'occultation de biens qui, une fois terminée la liquidation des actes relatifs aux successions héréditaires, serait mise en évidence, soit par l'investigation officielle, soit par une dénonciation particulière, sera punie d'une amende égale au montant des droits à percevoir sur cet excédent.

Les amendes se considéreront comme imposées

de fait, par la seule expiration des délais légaux : leur montant sera, par conséquent, immédiatement exigible par les liquidateurs, sauf à en rendre compte, pour leur approbation, aux Délégués des Finances, sans rien préjuger toutefois du recours que les intéressés pourront intenter. Le payement des amendes aura lieu en même temps que celui des droits liquidés, sauf pour celles qui dépasseraient mille piécettes.

Le payement des amendes dépassant cette somme, pourra être suspendu si les débiteurs en sollicitent la remise.

Le Ministre des Finances, dans le cas où il n'y aurait pas de dénonciateur, pourra, pour des motifs dûment justifiés, faire remise des deux tiers de l'amende imposée pour non présentation des documents ou non payement de la quotité liquidée, mais l'autre tiers ne pourra jamais faire l'objet d'une remise.

Art. 13. — La liquidation de l'impôt des droits réels sera à la charge des avocats de l'Etat dans les capitales de province, — excepté à Séville, tant qu'il existera l'actuel receveur des hypothèques, — et des conservateurs des hypothèques dans les districts judiciaires, ces fonctionnaires dépendant directement, pour tout ce qui est relatif à la gestion de l'impôt, des Délégués des Finances, de la Direction générale des contributions directes et du Ministère des Finances.

Les liquidateurs de l'impôt ont non seulement le droit, mais le devoir de provoquer les investigations y relatives, et peuvent, à cet effet, directement ceux des districts, et par l'intermédiaire du *Délégué des finances*, ceux des capitales de provinces, réclamer tous les documents et renseignements nécessaires que devront leur fournir, conformément aux prescriptions réglementaires, les autorités et fonctionnaires de tout ordre : ils donneront connaissance à leurs supérieurs des cas où ils ne trouveraient pas le concours auquel ils ont droit.

Art. 14.—Les liquidateurs de l'impôt recevront pour ce service les honoraires résultant du tarif suivant :

1° Pour l'examen de tout document, contenant jusqu'à 20 folios, sujet ou non à l'impôt et pour l'annotation y relative, 1 piécette ; — 2° pour chaque folio au delà de 20, 0.05 ; — 3° pour l'étude des pièces et le certificat relatif à l'impôt, délivré à la demande de la partie ou par mandat de justice, 2 ; — 4° si le certificat remplit plus d'un folio de 25 lignes de 20 syllabes, pour chaque folio en plus, rempli ou non, 1 ; — 5° pour la liquidation, et s'il y a lieu le recouvrement de l'impôt, 2 0/0 du montant de la quotité.

Si, par un effet de la volonté du contribua-

ble, on faisait plus d'une liquidation (partielle, provisoire ou totale), les honoraires seront exigibles suivant les nᵒˢ 1 et 2 du tarif, et ceux du n° 5 pour la différence de quotité entre les diverses liquidations.

Les honoraires attribués aux avocats de l'Etat comme liquidateurs, seront encaissés comme ressources du Trésor et feront partie du produit de l'impôt.

Les liquidateurs de l'impôt dans les districts percevront aussi le tiers des amendes imposées, quand le payement en sera effectué.

Art. 15. — L'administration peut exiger par la voie exécutive, la présentation des documents ou déclarations de valeurs, lorsque le délai légal pour le faire sera expiré. Quand il s'agira d'un acte authentique, l'administration pourra en réclamer copie au notaire ou fonctionnaire public qui l'aura autorisé et le contraindre par voie exécutive à la donner, s'il ne l'avait point fait dans le délai de trente jours, à partir de la réquisition qui lui en aura été faite.

En vue de cette copie, il sera passé à la liquidation, et après en avoir notifié le résultat au contribuable, il sera procédé contre lui par voie exécutive pour en réaliser la quotité, augmentée des honoraires correspondant au fonctionnaire qui a délivré la copie et à ses vacations, s'il y a lieu.

Art. 16. — L'action pour dénoncer les actes sujets à l'impôt est publique : les dénonciateurs auront droit à percevoir la totalité de l'amende, lorsqu'ils procureront à l'administration tous les documents nécessaires pour pratiquer la liquidation, et seulement le tiers quand ils se borneront à signaler le document sujet à l'impôt, le nom du contribuable et les biens soumis à la taxe.

Art. 17. — Les notaires sont tenus de remettre tous les trois mois, aux liquidateurs des districts judiciaires et aux Délégués des Finances dans les capitales des provinces, l'état ou index des actes passés devant eux pendant le trimestre et donnant lieu à perception.

Toute infraction à ce précepte sera passible d'une amende de 50 à 250 piécettes, qui sera imposée par le Délégué des Finances, sans autre formalité que d'entendre les auteurs de l'infraction, et exigible sans préjudice du recours que les délinquants pourront intenter.

Les Délégués des Finances sont responsables de la non imposition et du non recouvrement des amendes, s'ils laissaient passer trois mois après que les liquidateurs leur auront donné connaissance de la contravention ; cette déclaration de responsabilité sera faite par le Ministre des

Finances sur la proposition de la Direction générale des contributions directes.

Art. 18. — Les autorités et fonctionnaires tenus, suivant le règlement, à remettre à l'administration des renseignements, états ou documents relatifs à la gestion de l'impôt, encourront, s'ils y manquent, une amende de 50 à 250 piécettes qui leur sera imposée par la Direction générale des contributions directes, sur la proposition du Délégué de l'administration des Finances de la province.

Art. 19. — Ne seront pas admis et ne sortiront aucun effet dans les administrations ni dans les tribunaux quels qu'ils soient et ne pourront être inscrits ni au registre de la propriété ni à celui du commerce, les documents dans lequel il est fait mention de l'obligation d'acquitter l'impôt, s'ils ne portent pas la note corrélative du liquidateur attestant qu'ils l'ont payé ou qu'ils en sont exempts. Les autorités ou fonctionnaires qui les admettraient ou y donneraient cours sans cette formalité, encourraient une amende de 50 à 500 piécettes qui sera imposée par le Ministre des Finances sur la proposition du Directeur général des contributions directes.

Art. 20. — A partir de la promulgation de la loi dans la *Gaceta de Madrid*, l'impôt sera perçu conformément au taux consigné dans le tarif ci-joint, étant et demeurant abrogées toutes les dispositions de caractère législatif qui sont contraires à ce tarif, aux préceptes de cette loi et aux dispositions du règlement que le Ministre des Finances formulera pour l'exécution de la susdite loi.

Article transitoire

Les actes ou contrats qui, signés ou causés avant la promulgation de cette loi, se présenteront à la liquidation dans les délais réglementaires et même après, dans un nouveau et définitif délai de trois mois, à partir de cette date, seront liquidés au tarif en vigueur à l'époque où ils ont été passés ou causés, s'il y a avantage pour le contribuable. Une fois ce délai expiré, toutes les liquidations, sans exception, seront faites en vertu de la présente loi.

Tarif général pour la perception de l'impôt sur les Droits réels et la transmission de biens.

ARTICLES

1. ADJUDICATIONS d'immeubles pour payement de dettes .... 4 » 0/0
2. ADJUDICATIONS de biens meubles *ut supra* .... 2 » »
3. ADJUDICATIONS de biens meubles temporairement .... 1 » 0/0
4. MEUBLES et effets à usage, héritage ou donation *mortis causa*... » 50 »
5. INSCRIPTION de saisies, séquestres et défenses d'aliéner.......... » 50 »
6. ANTICHRÈSE.................... » 50 »
7. BAUX...................... » 50 »
8. ACTES des établissements publics de bienfaisance ou d'instruction.............................. » 25 »
9. ACTES des établissements de bienfaisance ou d'instruction de fondation particulière .... 2 » »
10. ACHATS de biens et de cens de l'Etat........................ » 50 »
11. BIENS des fondations religieuses et charges ecclésiastiques.. » 50 »
12. CÉDULES hypothécaires, titres ou obligations hypothécaires, au porteur ou nominatives, émises par les particuliers, les sociétés et les corporations provinciales ou municipales .... » 50 »

Les titres qui ne sont pas réellement hypothécaires, payeront comme prêts.

13. CENS .... 4 » »

La transmission *mortis causa* sera taxée suivant le degré de parenté.

14. CESSIONS d'immeubles et droits réels à titre onéreux........ 4 » »

Les cessions à titre lucratif, payement comme donations *mortis causa*, et les cessions de biens meubles suivant le n° 90.

15. COLONIES AGRICOLES. — Première transmission.............. 0 50 »
16. VENTES ET ACHATS d'immeubles avec ou sans réméré .... 4 » »
17. CONCESSIONS ADMINISTRATIVES à perpétuité ou non reversibles..... 0 50 »
18. CONCESSIONS ADMINISTRATIVES, temporaires ou reversibles........ 0 25 »
19. CONTRATS DE TRAVAUX....... 0 50 »
20. CONTRATS DE FOURNITURES.... 2 » »
21. DROITS RÉELS.............. 4 » »

La transmission *mortis causa* sera réglée suivant la parenté.

21 *bis*. DONATIONS. — Les donations *inter vivos* payeront comme héritages pour les immeubles et les droits réels, ainsi que pour les meubles quand l'acte a lieu entre ascendants et descendants, les donations de meubles, dans les autres cas,

étant comptées comme transmissions. Les donations *mortis causa* sont réputées héritages et les constitutions de dots sont assimilées aux donations entre-vifs.

22. ACHATS DE TERRAINS pour voies publiques...................... 0 50 0/0

23. EXPROPRIATIONS pour utilité publique...................... 0 25 »

24. EXPROPRIATIONS pour des entreprises non reversibles .... 1 » »

25. CAUTIONS.................. 0 50 »

26. FIDÉICOMMIS quand l'héritier n'est pas connu............... 9 » »

Quand le fidéicommissaire aura la jouissance, il payera comme usufruitier.

HÉRITAGES

Entre ascendants et descendants légitimes et légitimés par mariage subséquent

27. Jusqu'à 10.000 piécettes.... 1 » 0/0
28. De 10.001 à 30.000........ 1 25 »
29. De 30.001 à 50.000....... 1 75 »
30. De 50.001 à 150.000....... 2 » »
31. De 150.001 et au-dessus.... 2 50 »

Entre ascendants et descendants naturels et légitimés par rescript et enfants adoptés

32. Jusqu'à 10.000 piécettes.... 2 » 0/0
33. De 10.001 à 30.000........ 2 50 »
34. De 30.001 à 50.000........ 3 » »
35. De 50.001 à 150.000....... 3 50 »
36. De 150.001 et au-dessus.... 4 » »

Entre époux pour la portion ou quotité légale usufruitière

37. Jusqu'à 10.000 piécettes.... 1 » 0/0
38. De 10.001 à 30.000....... 1 50 »
39. De 30.001 à 50.000....... 2 » »
40. De 50.001 à 150.000...... 2 50 »
41. De 150.001 et au-dessus.... 3 » »

Entre époux pour la portion libre

42. Jusqu'à 10.000 piécettes.... 3 » 0/0
43. De 10.001 à 30.000........ 3 50 »
44. De 30.001 à 50.000........ 4 » »
45. De 50.001 à 150.000....... 4 50 »
46. De 150.001 et au-dessus.... 5 » »

Entre collatéraux du deuxième degré

47. Jusqu'à 10.000 piécettes.... 3 50 0/0
48. De 10.001 à 30.000....... 4 » »
49. De 30.001 à 50.000...... 4 50 »
50. De 50.001 à 150,000...... 5 » »
51. De 150.001 et au-dessus... 5 50 »

Entre collatéraux du troisième degré

52. Jusqu'à 10.000 piécettes.... 4 50 0/0
53. De 10.001 à 30.000....... 5 » »
54. De 30.001 à 50.000....... 5 50 »
55. De 50.001 à 150.000...... 6 » »
56. De 150.001 et au-dessus.... 6 50 »

Entre collatéraux du quatrième degré

57. Jusqu'à 10.000 piécettes... 5 50 0/0
58. De 10.001 à 30.000....... 6 » »
59. De 30.001 à 50.000....... 6 50 »
60. De 50.001 à 150.000...... 7 » »
61. De 150.001 et au-dessus.... 7 50

Entre collatéraux du cinquième degré

62. Jusqu'à 10.000 piécettes.... 6 50 0/0
63. De 10.001 à 30.000...... 7 » »
64. De 30.001 à 50.000...... 7 50 »
65. De 50.001 à 150.000...... 8 » »
66. De 150.001 et au-dessus.... 8 50 »

Entre collatéraux du sixième degré

67. Jusqu'à 10.000 piécettes.... 7 50 0/0
68. De 10.001 à 30.000....... 8 » »
69. De 30.001 à 50.000....... 8 50 »
70. de 50.001 à 150.000....... 9 » »
71. de 150.001 et au-dessus.... 9 50 »

Entre collatéraux au-dessus du sixième degré et légataires sans parenté avec le testateur.

72. Jusqu'à 10.000 piécettes.... 11 0/0
73. De 10.001 à 30.000........ 11 50 »
74. De 30.001 à 50.000........ 12 » »
75. De 50.001 à 150.000........ 12 50 »
76. De 150.001 et au-dessus.... 13 » »

Legs en faveur de l'âme du testateur

77. Jusqu'à 10.000 piécettes..... 3 0/0
78. De 10.001 à 30.000........ 3 50 »
79. De 30.001 à 50.000....... 4 » »
80. De 50.001 à 150.000....... 4 50 »
81. De 150.001 et au-dessus.... 5 » »

Les legs en faveur de l'âme d'un tiers, payeront suivant le degré de parenté entre celui-ci et le testateur.

82. HYPOTHÈQUES. — En garantie de prêts..................... 1 » »

83. HYPOTHÈQUES. — Cautionnements de fonctionnaires et d'entrepreneurs...................... 0 50 »

84. HYPOTHÈQUES.—Fermages de contributions.................... 0 50 »

85. HYPOTHÈQUES. — Garantie d'un prix de vente............ 0 50 »

86. HYPOTHÈQUES.—Garantie d'opérations d'achats de biens de l'Etat. 0 50 »

87. INFORMATIONS POSSESSOIRES. — Justification d'héritage.......... 2 50 0/0
88. INFORMATIONS POSSESSOIRES diverses......................... 4 » »
89. MINES..................... 3 » »

Mortis causa comme tout héritage

90. BIENS MEUBLES. — Transmission........................... 2 » 0/0
91. BIENS MEUBLES. — Transmission temporaire.................. 1 » »
92. PENSIONS viagères.......... 3 » »

Pensions Temporaires

93. Jusqu'à 5 ans.............. 0 50 0/0
94. De plus de 5 à 10 ans....... 1 » »
95. De plus de 10 à 15 ans...... 1 50 »
96. De plus de 15 à 20 ans...... 2 » »
97. De plus de 20 à 25 ans...... 2 50 »
98. De plus de 25 ans.......... 3 » »
99. PENSIONS des Monts-de-Piété, associations, compagnies et sociétés au-dessus de 1.000 piécettes....... 1 » »
100. ECHANGE de propriétés..... 2 » »
101. SOULTE D'ÉCHANGE.......... 4 » »
102. id. sur propriétés de moins de 125 piécettes de valeur............................ 0 25 »
103. PRÊTS au-dessus de 1.000 piécettes...................... 0 50 »
104. PRÊTS jusqu'à 1.000 piécettes.......................... 0 25 »

Les prêts hypothécaires payent comme hypothèques.

105. VENTES A RÉMÉRÉ.......... 2 » »
106. SERVITUDES............... 0 50 »
107. SOCIÉTÉS. — Apports et capital...... .... 0 50 »
108. SOCIÉTÉS. — Dissolution. — Liquidation..................... 0 50 »
109. SOCIÉTÉS.—Dissolution, sans liquidation tangible............... 1 » »

(Perception sur le capital)

110. SOCIÉTÉS. — Emission et amortissement d'obligations....... 1 » »
111. SOCIÉTÉ MATRIMONIALE. — Apports..................... 0 25 »
112. SOCIÉTÉ MATRIMONIALE. — Attribution d'acquêts............... 0 50 »
113. TEMPLES. — Transmission, contrats de construction et legs en faveur des églises.............. 0 25 »

TRANSACTIONS SUR PROCÈS. — Payement suivant la catégorie de l'objet du litige.

114. MAJORATS, immobilisations, fondations et patronats religieux non compris dans la convention avec Sa Sainteté................... 3 » »

VIII

PROJET DE LOI

Réformant l'impôt sur la superficie des mines et sur les produits de la Richesse minière

AUX CORTÈS

La comparaison des chiffres résultant de la statistique de l'exploitation et de l'exportation des minerais avec ceux de la perception des impôts sur les mines, prouve que, par suite de leur organisation, ces taxes ne procurent pas au Trésor les rendements qu'elles devraient fournir. La facilité avec laquelle on accorde aujourd'hui les concessions de mines, ainsi que le taux infime du droit de superficie en vigueur, sont évidemment l'origine du grand nombre de concessions improductives.

Suivant la statistique minière de 1897, la dernière qui ait été publiée, il y avait, au 31 décembre de cette année, 15.260 concessions de mines, s'étendant sur une superficie de 564.097 hectares. Sur ce total, il y a 13.446 mines improductives, avec 314.779 hectares, et seulement 1.814 mines productives avec 249.318 hectares de superficie, dont 196.908 correspondent aux mines de l'Etat d'Almaden et d'Arrayanès, d'où il résulte que si on en excepte celles-ci, il n'y a pas 10 0/0 des mines concédées qui soient productives et que l'on ne doit à l'initiative privée que l'exploitation de 52.410 hectares.

Il faut aussi noter l'insignifiance du mouvement des nouvelles concessions et des déclarations de caducité, de sorte que l'on peut affirmer qu'il y a plus de 13.000 mines improductives pour 1.400 en produit.

Ce n'est pas seulement au point de vue des intérêts du Trésor, mais aussi à celui des intérêts généraux du pays qu'il convient de mettre une limite au nombre exagéré des concessions minières que l'on accorde, non seulement sans savoir si ce que l'on concède est exploitable, mais si le but visé par les concessionnaires est tout autre que l'immédiate exploitation de leurs concessions.

Laisser, comme on l'a fait jusqu'à présent, à la libre volonté des concessionnaires, l'exploitation ou l'abandon de leurs mines, c'est évidemment coopérer à l'immobilisation stérile d'un des plus puissants éléments de la richesse générale du pays. Tenant en compte cette considération et en même temps la convenance de ne pas restreindre excessivement le nombre des concessions, on a cherché un moyen de concilier la facilité de l'obtention des concessions avec la convenance notoire de les faire mettre le plus tôt possible en exploitation.

A cet effet, dans le projet de loi ci-joint, on augmente le taux très réduit du droit de superficie ou *canon*, — exception faite des mines de combustibles, en raison des conditions spéciales dans lesquelles elles se trouvent, — et pour les concessions nouvelles on fixe un délai de trois ans pour que le concessionnaire commence l'exploitation avec surtaxe du *canon* de 10 0/0 la seconde année, et de 20 0/0 la troisième, s'il ne remplit pas cette condition, déclarant, en outre, la concession caduque à la fin de la troisième année. De cette façon, sans que l'impôt soit exagéré, car il reste très réduit, on obtient l'avantage d'engager le mineur à exploiter la mine, ce qui est l'objet même de la concession.

L'impôt sur les produits de la richesse minière se prête à d'autres considérations.

Il suffit de considérer les résultats de la statistique de l'exportation des minerais, et ceux de la perception des produits que le Trésor en retire, pour comprendre que ceux-ci ne répondent ni à l'importance de ce commerce ni à celle de l'exploitation.

Cette statistique fait ressortir la tenace résistance que l'on a toujours rencontrée dans cette branche de revenus publics, malgré les variations survenues depuis 1851 dans le taux des taxes. Jusqu'en 1859, le produit des mines était grevé de 5 0/0 et l'exportation ayant atteint, en 1851, 13.407.695 piécettes, le Trésor avait perçu 1.034.914 piécettes. L'exportation augmenta considérablement les années suivantes, et elle atteignit, en 1859, époque où on changea le taux de la contribution, 37.875.586 piécettes : cependant les produits de l'impôt ne dépassèrent pas 1.427.016 piécettes. En 1860, le taux fut réduit à 3 0/0 de la valeur du minerai et on nota aussitôt la baisse matérielle du rendement, sans que l'augmentation de l'exportation, qui se fit sentir plus tard, arrivât à la compenser. On continue ainsi, à travers les modifications introduites en 1873, 1876, 1881, 1883 et 1892, sans que le rendement de l'impôt accuse de grandes différences, ni à la suite de la variation du taux de la taxe, ni par suite du développement de l'exploitation, que font ressortir d'une façon éloquente les chiffres de l'exportation, surtout depuis 1870. A cette époque, l'exportation atteignait 552.410 tonnes de 1.000 kilogrammes, avec une valeur de 51.901.171 piécettes. On passa ensuite successivement de 3 millions de tonnes, en 1880, à 4, 5, 6, 7, et enfin 8 millions de tonnes en 1897, avec une valeur de 187 millions de piécettes.

Ces chiffres si extraordinaires n'ont pas leur répercussion au Trésor. Au contraire, l'impôt reste insensible à l'augmentation croissante de l'exportation et de la consommation intérieure, au point que l'année de la plus forte exportation, en 1897, alors qu'il est sorti du royaume 8.277.274 tonnes de minerai, l'impôt n'aura produit que 1.426.288, soit une somme sensiblement égale à celle qu'il produisait en 1851 pour une exportation de 50.000 tonnes.

La statistique publiée par la *Junte* technique supérieure des mines, ne décèle pas moins d'anomalies. D'après les chiffres qu'elle fournit, l'exploitation des mines aurait produit une valeur de 101.394.361 piécettes, dont les 2 0/0 montent à 2.027.887 piécettes. Or, comme la préception n'accuse que 1.426.288 piécettes, il y a, de ce chef, une perte pour le Trésor de 601.599 piécettes, sans y comprendre la fraude sur la teneur du minerai.

Rien ne saurait prouver plus clairement la nécessité de réformer cet impôt, mais comme si ce que nous avons dit, ne suffisait pas et pour mieux faire comprendre les contradictions de de l'état actuel des choses, nous allons donner, en ce qui concerne la production, l'exportation et la perception, les résultats comparatifs de 1887 et 1897 :

Concessions productives

1887 . . . . Nombre   1.374
1897 . . . .   —   1.814

Concessions improductives

1887 . . . . Nombre   13.796
1897 . . . .   —   13.446

Minerai extrait

Poids

1887 . . . . Tonnes   11.953.594
1897 . . . .   —   29.011.834

Valeur

1887 . . . . Piécettes   120.626.181
1897 . . . .   —   101.394.361

Exportation

Poids

1887 . . . . Tonnes   6.197.901
1897 . . . .   —   8.297.274

Valeur

1887 . . . . Piécettes   145.536.093
1897 . . . .   —   187.860.275

Perception

1887 . . . . Piécettes   1.567.932
1897 . . . .   —   1.426.288

Afin d'éviter l'occultation en quantité et en valeur, le projet ci-joint établit l'inspection minière confiée aux seuls fonctionnaires qui peuvent l'exercer utilement, les ingénieurs des Mines, dont la compétence veillera à la fois sur l'usage que les mineurs font de leurs concessions, et examinera la quantité et la qualité du minerai exploité, le tout sous le contrôle supérieur de la Direction de cette contribution qui aura désormais un bureau technique chargé de tout ce qui concerne les impôts miniers, la contribution industrielle des usines métallurgiques, la formation et la publication de la statistique minero-métallurgique et l'inspection des fabriques de poudre et matières explosives.

Cette inspection n'existe pas dans l'actualité, car quoique les mineurs soient obligés de déclarer l'espèce, la qualité et la quantité des substances minérales qu'ils exploitent, l'ingénieur auquel on ne paye ni ses frais de déplacement, ni ses diètes, n'exerce pas régulièment son contrôle. Le présent projet remédie à cet inconvénient.

Le taux de 2 0/0 imposé aux produits de l'exploitation par la loi du 30 juin 1892, est si infime que sans aucune crainte de léser les contribuables, on peut l'élever à 3 0/0.

Tenant compte des considérations précédentes et de la nécessité d'accroître les recettes du Trésor, et espérant cet accroissement moins encore de l'élévation du taux de l'impôt que de la bonne organisation du service, le Ministre soussigné, autorisé par S. M. et d'accord avec le Conseil des Ministres, a l'honneur de soumettre aux Cortès le suivant

PROJET DE LOI

Article premier. — Les titres de propriété des registres de mines qui seront demandés à partir du 1er juillet 1899 seront délivrés dans le délai de quatre mois comptés à partir du jour où le gouverneur civil de la province aura décrété la démarcation, s'il n'y a pas d'opposition à l'expédition de l'affaire.

Art. 2. — Le *canon* annuel de superficie pour les concessions de mines sera de 15 piécettes par hectare à partir du 1er juillet 1899.

Sont exceptées les mines comprises dans la seconde section établie par l'article 5 du décret du 22 décembre 1868, qui payeront 6 piécettes par hectare et les mines de combustible qui continueront à payer 4 piécettes.

Pour que les mines, dorénavant concédées, puissent être classées parmi les mines de fer et de combustibles, il faudra que l'ingénieur en chef des mines du district déclare dans un rapport joint au dossier, qu'il y a lieu d'y donner cette qualification.

Les concessions de mines accordées postérieurement à la promulgation de cette loi seront

soumises à une surtaxe de 10 0/0 sur le *canon*, si à la fin de l'année qui suivra la date de la concession définitive, on n'y avait pas commencé les travaux d'exploitation dans l'extension et dans la forme déterminées par le règlement, et de 20 0/0 si ces travaux n'avaient pas été inaugurés à la fin de la seconde année. La surtaxe cessera de sortir son effet dans le trimestre même où les travaux commenceront.

Si à la fin de la troisième année, les travaux n'avaient pas commencé, la concession sera déclarée caduque et le terrain libre et franc pour une autre concession.

Art. 3. — La richesse minière payera 3 0/0 sur le produit brut. On entend par produit brut la valeur intégrale du minerai tel qu'il se trouve dans les dépôts ou magasins de l'établissement, en état d'être vendu pour être traité ou exporté.

Art. 4. — Les ingénieurs des mines, attachés aux districts miniers, inspecteront la richesse minéro-métallurgique aux effets de l'administration et de la perception des impôts et fixeront la valeur des diverses espèces de substances minérales produites dans les exploitations minières.

Si la valeur assignée par l'ingénieur aux produits d'une exploitation, dépasse pour moins de 15 0/0 la déclaration de l'exploitation, le délégué des finances pratiquera la liquidation suivant la déclaration de l'ingénieur.

Si la différence atteint ou dépasse 15 0/0, il sera procédé à une vérification technique et la fraude une fois établie, il sera ouvert une instruction qui sera résolue par la *Junte* administrative dont fera partie l'ingénieur en chef du district.

Chaque fois que les ingénieurs devront abandonner leur résidence officielle pour exécuter les dispositions de cette loi, ils jouiront des indemnités réglementaires conformément à l'instruction du 17 juin 1893.

Art. 5. — Il est établi à la Direction générale des contributions directes un bureau technique, occupé par les ingénieurs du corps des mines, qui s'intitulera : Bureau des impôts miniers et de statistique, et qui aura à sa charge tout ce qui concerne les impôts miniers, la contribution industrielle des usines métallurgiques, la formation et la publication annuelle de la statistique minéro-métallurgique et l'inspection des fabriques de poudre et de matières explosives.

Art. 6. — Il ne sera fait ni accord, ni fermage, ni pour la perception du *canon* de superficie, ni pour l'impôt sur les produits bruts de l'exploitation, mais on respectera les traités en vigueur, en les modifiant conformément aux nouveaux taux établis par cette loi.

Art. 7. — A partir du 1er juillet 1899, est et demeure supprimée la surtaxe de 30 0/0 sur le *canon* de superficie créée par la loi du 30 juin 1892.

Art. 8. — Le Ministre des finances publiera un règlement contenant toutes les dispositions nécessaires pour l'exécution de la loi.

IX

PROJET DE LOI

réformant l'impôt sur la grandesse, les titres de Castille, les honneurs et les décorations

AUX CORTÈS

L'obligation imposée à ceux qui jouissent de la grandesse et de titres de noblesses, de contribuer, en raison de leurs dignités, aux dépenses publiques, est d'une origine très ancienne. Cette obligation traduite en fait sous diverses formes, suivant l'esprit et les nécessités des temps, est aujourd'hui réduite au payement d'un impôt spécial qui, depuis le 1er janvier 1847, a remplacé celui dit du « service des lances » et le droit des demi-annuités, de même que ceux-ci avaient remplacé d'autres obligations de la noblesse, passées à l'état de superfétation en raison des modifications survenues dans la vie politique et sociale du pays.

Sous cette forme définitive, cet impôt figure au budget des recettes de l'Etat sans autre variation que d'y avoir compris et d'en avoir exclu, tour à tour, celui que l'on paye également sur la concession des « honneurs et des décorations », avec lequel il a une certaine analogie au point de vue fiscal, mais dont il s'éloigne beaucoup, si l'on considère le caractère de la grâce et la qualité des personnes qui en profitent.

Le taux de l'impôt a subi diverses modifications et en exige de nouvelles aujourd'hui.

Les types de perception ont été tellement élevés par les lois des 30 juin 1892 et 28 juin 1898, qu'ils constituent une charge véritablement exagérée.

En vue de cette considération et avec l'idée que l'attrait d'une réduction sur les taxes actuelles, pourra augmenter les recettes à cause du grand nombre de titres dont on demandera la réhabilitation, on a rédigé le tarif ci-joint.

Pour ce qui est du tarif des droits perçus sur la concession des décorations civiles, ainsi que sur celles du mérite militaire et du mérite naval, on y note certaines anomalies que l'on a tenté de faire disparaitre, dans le but également d'en accroître les recettes.

Il n'y a aucun fondement rationnel dans le fait de soumettre à un moindre déboursé la concession d'une croix du mérite militaire ou naval que celle de toute autre analogue d'ordre civil à des individus de cette classe, quand la catégorie de la croix confère la même considération sociale et quand ces ordres sont même d'une distinction plus élevée, parce qu'ils rappellent les mérites extraordinaires d'un individu de l'ordre civil dans des services en rapport avec la défense de la patrie. Au lieu des trois tarifs actuels, on en propose donc un seul, uniforme pour tous les ordres.

En ce qui concerne les honneurs de chef d'administration, on a tâché, en diminuant le tarif, d'augmenter les revenus publics et de maintenir ce stimulant d'honneur entre les serviteurs de l'Etat, car on a observé que par suite du coût exagéré des droits, les intéressés ne les payent pas et laissent caduquer l'octroi qui leur a été fait. Enfin, il a paru bon que le recouvrement se fasse en espèces, car dans la pratique le payement en papier d'Etat rend difficile le contrôle des recettes.

PROJET DE LOI

Article premier. — A partir du 1er juillet 1899 commenceront à régir les tarifs ci-joints pour la perception de l'impôt sur la grandesse, les titres, les honneurs et les décorations, tarifs exempts de toute surtaxe.

Art. 2. — Le payement des cotes de cet impôt se fera expressément en espèces, et sera porté à un chapitre du budget intitulé : « Impôt sur la grandesse, les titres, les honneurs et les décorations » ; les reçus de cet impôt serviront à en justifier le payement, lequel résulte aujourd'hui de la présentation du papier des payements à l'Etat.

Art. 3. — Les ministères respectifs donneront connaissance à celui des finances, de toutes les concessions de grandesse, titres, honneurs et décorations civiles et militaires sujettes à l'impôt, et le Ministre des finances prononcera la caducité de celles qui n'auront pas acquitté les droits en temps utile.

Art. 4. — Restent en vigueur le décret-loi du 28 décembre 1846, la base, lettre D de la loi du 29 juin 1867, l'article 21 de la loi du 11 juillet 1867 et autres dispositions sur la grandesse, les titres, les honneurs et les décorations, en ce qu'elles n'ont pas de contraire à la présente loi.

TARIF N° 1

GRANDESSE ET TITRES

Succession en ligne directe

Grandesse avec titre de duc, marquis ou comte..............P.	16.000	»
Grandesse avec titre de vicomte...	14.000	»
— avec titre de baron ou seigneur.....................	12.000	»
Grandesse sans titre............	10.000	»
— honoraire : marquis ou ou comte....................	11.000	»
Grandesse honoraire : vicomte....	9.000	»
— — baron ou seigneur.....................	8.000	»
Grandesse honoraire sans titre.....	5.000	»
Titre sans grandesse, de marquis ou comte.............	6.000	»
Titre sans grandesse, de vicomte..	5.000	»
Titre sans grandesse, de baron ou seigneur.....................	3.000	»

Successions transversales, créations de titres et autorisations de porter en Espagne les titres étrangers.

Grandesse avec titre de duc, marquis ou comte..............P.	32.000	»
Grandesse avec titre de vicomte...	28.000	»
Grandesse avec titre de baron ou seigneur.....................	24.000	»
Grandesse sans titre............	20.000	»
Grandesse honoraire : marquis ou comte.....................	22.000	»
Grandesse honoraire : vicomte....	18.000	»
Grandesse honoraire : baron ou seigneur.........................	16.000	»
Grandesse honoraire sans titre.....	10.000	»
Titre sans grandesse :		
Marquis ou Comte	12.000	»
Vicomte.....................	10.000	»
Baron ou Seigneur..............	6.000	»

TARIF N° 2

DÉCORATIONS CIVILES ET MILITAIRES CONCÉDÉES
A DES PERSONNES DE LA CLASSE CIVILE

Colliers.................. .....P.	2.000	»
Grand'Croix et Cordon d'ordre civil, du Mérite militaire ou naval	1.500	»
Commandeur de numéro (nombre limité) ou Croix de 3° classe du Mérite militaire ou naval........	1.000	»
Commandeur ordinaire ou Croix de 2° classe.....................	750	»
Chevalier ou Croix de 1º classe....	500	»

Libres de frais

Colliers......................	700	»
Grand'Croix, etc.	500	»
Commandeur de numéro, etc......	350	»
Commandeur ordinaire..........	250	»
Chevalier.....................	150	»

TARIF N° 3

HONNEURS

Chef supérieur d'Administration civile.....	1.500	»
Chef d'Administration civile.......	750	»

Libres de frais

Chef supérieur d'Administration civile.....	500	»
Chef d'Administration civile.,.....	150	»

X

PROJET DE LOI

Réformant l'impôt des cédules personnelles (cartes d'identité).

L'établissement de l'impôt sur les produits mobiliers modifie essentiellement la contribution industrielle et l'impôt sur les traitements, car beaucoup des articles de la contribution passent dans la nouvelle taxe qui absorbe complètement l'impôt sur les traitements. Ce point, une fois élucidé, il en résulte la nécessité de modifier l'impôt des cédules personnelles, basé actuellement sur la contribution payée au Trésor pour les soldes ou traitements des assujettis ou pour les loyers des locaux qui ne sont destinés ni à l'industrie, ni au commerce. Il faut, en effet, en effacer certaines énonciations pour les remplacer par d'autres, en harmonie avec le nouvel impôt sur les produits mobiliers qui doit être aussi une base du taux des cédules personnelles.

Les tarifs n'ont pas reçu jusqu'à présent toute l'extension dont ils sont susceptibles, car avec toutes les bases qui y servent de règle, en arrivant à 100 piécettes, on y comprend toutes les cotes qui atteignent 5.000 piécettes et tous les traitements qui atteignent ou dépassent 30.000 piécettes. Le tarif des loyers dénote la même insuffisance, car le type maximum est de 7.500 piécettes, et à Madrid seulement.

Rien n'explique d'une façon satisfaisante cet arrêt de l'échelle aux types ci-dessus, ni les raisons qui s'opposent à la continuation de la progression, en classifiant dans une prudente limite, des modifications distinctes de la richesse, aujourd'hui confondues en un seul groupe et grevées de la même cote. Au contraire, l'équité et la justice exigent l'établissement d'un type plus élevé de contributions, revenus et loyers, dépassant le maximum actuel, suivant une échelle qui s'ajuste à leur réciproque importance.

Outre cette modification, on a remplacé le tarif des traitements par celui des revenus et gains soumis à l'impôt, comprenant les traitements et assignations payés par l'Etat, les corporations, les entreprises et les particuliers, ainsi que les revenus provenant du capital mobilier, en établissant une échelle qui, partant d'un traitement ou d'un revenu de 750 piécettes et au-dessous, s'élève à 46.000 piécettes et au-dessus.

En vue de ces considérations, le Gouvernement propose d'établir une nouvelle échelle des cotes de 0.50 à 500 piécettes, en 20 classes, ce qui revient à ajouter 9 classes à celles qui existent aujourd'hui, au-dessus de 100 piécettes et en marche ascendante jusqu'à 500. En outre, les cotes actuelles ont été augmentées de 25 0/0 au tarif 1, de la première classe jusqu'à la neuvième classe, — de 20 0/0, au tarif 2 jusqu'à la neuvième, sans que l'on ait rien changé ni à la dixième ni à la onzième.

Ce serait, en effet, une anomalie si cet impôt restait immuable au milieu des surtaxes que la situation du Trésor oblige d'imposer à tous les contribuables. Cependant, les augmentations que l'on propose dans chaque classe sont tellement réduites, que la cote la plus grevée, celle de la première classe, ne l'est que de 25 0/0, soit la moitié de la taxe de guerre en vigueur, en vertu de la loi du Budget du 28 juin 1898. Beaucoup d'autres y gagnent non seulement par suite de l'abrogation de la taxe de guerre, mais parce que l'on abaisse de 50 à 30 0/0 les surcharges additionnelles que peuvent imposer les municipalités, sans qu'il en résulte de préjudice pour elles, en raison de la création des neuf nouvelles classes ascendantes et de l'augmentation que les autres subissent; mais ce qu'il faut noter, c'est l'avantage dont jouissent la 10e et la 11e classe, auxquelles on ne touche pas, attendu qu'elles grèvent les plus humbles manifestations de la richesse, les journaliers, les femmes et les enfants.

Enfin, on soumet à l'impôt les mineurs qui payent contribution, tous ceux qui acquittent le nouvel impôt sur la richesse mobilière, ainsi que les militaires et assimilés, même avec les armes à la main, tout en leur assignant des cotes réduites.

Au moyen de cette réforme qui s'adapte de la façon la plus équitable aux conditions de l'impôt et à la manière d'être de la matière imposable, le Ministre soussigné se propose d'augmenter les ressources du budget sans avoir recours à des taux excessivement onéreux.

Tenant compte de ces considérations, le Ministre soussigné avec l'autorisation de S. M. et d'accord avec leConseil des Ministres, a l'honneur de soumettre aux Cortès le suivant

PROJET DE LOI

Article premier. — Sont soumis au payement de l'impôt des cédules personnelles tous les Espagnols et étrangers des deux sexes, âgés de plus de 14 ans, domiciliés en Espagne et dans les îles adjacentes.

Y sont également soumis ceux qui, sans avoir 14 ans accomplis, possèdent des biens assujettis au payement de la contribution, — payent la contribution industrielle ou la taxe des voitures de luxe, — perçoivent directement ou par l'intermédiaire de tuteurs ou curateurs, des pensions ou revenus provenant de biens ou d'industries sur lesquels ils ne payent pas de contribution, des intérêts d'actions ou d'obligations et de tous autres titres de sociétés, compagnies, entreprises ou corporations provinciales ou municipales et de la Dette publique ou du Trésor, — ou accomplissent un des actes dans lesquels la présentation de la cédule est obligatoire.

Art. 2. — Sont exceptés de l'article antérieur :

1° Les pauvres de solennité;

2° Les religieuses cloîtrées ;

3° Les individus de la classe de troupe;

4° Les prisonniers pendant leur détention ;

5° Les aliénés pendant leur réclusion dans les maisons de fous ou de santé;

6° Les Espagnols résidant à l'étranger, pourvus de la cédule d'immatriculation sur le Registre de leurs consulats respectifs.

Si les individus compris aux numéros 4 et 5, possèdent des biens, perçoivent des rentes ou pensions, ou touchent des intérêts sur des titres de tout ordre, actions ou obligations, ils devront se munir de la cédule correspondante.

Art. 3. — Pour déterminer la cédule correspondante à chacun, on prendra pour base les contributions sur les immeubles, la culture et les troupeaux, la contribution industrielle, la contribution sur les voitures de luxe, les soldes, traitements ou avoir personnel, les revenus et intérêts provenant de biens et d'industries, d'actions, d'obligations et de toute espèce de titres de la Dette, et enfin les loyers des propriétés qui ne sont destinées ni au commerce ni à l'industrie.

La perception de l'impôt se fera à partir du 1er juillet 1899, conformément aux tarifs ci-joints nos 1 et 2.

Art. 4. — Les militaires et assimilés, excepté ceux qui sont les armes à la main, payeront des cédules de la classe qui leur correspond en raison des soldes, gratifications et autres émoluments dont ils jouissent, sans surtaxe municipale, à moins que pour quelque motif que ce soit, ils ne doivent acquérir une cédule d'une classe supérieure, auquel cas ils ne seront pas exemptés de la surtaxe.

Les militaires qui seront les armes à la main, devront payer comme suit :

Les colonels, lieutenants-colonels et commandants, cédule de la classe 17.

Les capitaines, seconds et premiers lieutenants, cédule de la classe 18, avec exemption de la surtaxe municipale.

Art. 5. — Les municipalités peuvent imposer sur les cédules une taxe additionnelle de 30 0/0.

Art. 6. — Pour la bonne administration de l'impôt, on observera les règles suivantes :

1° Les municipalités des localités qui ne sont pas capitales de provinces, formeront, dans les 15 premiers jours de l'année économique, un rôle spécial et nominal de tous les habitants tenus à se pourvoir d'une cédule, motif pour lequel ils sont appelés à payer l'impôt, montant et surtaxe de la cédule : ce rôle sera remis à l'administration des finances dans la seconde quinzaine d'août avec les états de recouvrement ;

2° Dans les capitales de provinces, les administrations des finances formeront les rôles dans le même délai en prenant pour base — dans les deux cas — les feuilles déclaratoires présentées et signées par les intéressés, vérifiées et conformes aux répartitions, matricules et autres renseignements possédés par l'administration.

Art. 7. — Pour la formation du rôle et des états de recouvrement, il sera bonifié aux municipalités et aux administrations des finances, 1 0/0 des sommes encaissées : les municipalités abandonneront à l'État 10 0/0 des surtaxes à leur profit, à titre de frais de recouvrement et autres d'administration des surtaxes précitées.

Art. 8. — La commission de recouvrement de cet impôt sera fixée par le Ministre des finances, en vue des conditions et circonstances de chaque localité, sans que dans aucun cas elle puisse dépasser 10 0/0.

Art. 9. — Les chefs de famille sont responsables des cédules des personnes de leur famille, domestiques et employés.

Art. 10. — Sont applicables à la perception de cet impôt, l'instruction du 12 mai 1888 et autres dispositions relatives aux contributions directes, sans autres modifications que de fixer à 100 0/0 du montant de la cédule, la surtaxe imposée pour retard dans le payement ou pour tentative de fraude commise par le contribuable poursuivi pour le recouvrement.

Art. 11. — Le recouvrement volontaire de cet impôt commencera dans toutes les localités du royaume le 1er octobre de chaque année et se terminera le 31 décembre. Passé ce délai, il sera procédé au recouvrement par la voie exécutive avec la surcharge sus-indiquée.

Art. 12. — Cet impôt ne sera pas affermé; mais les contrats en cours à cet effet seront respectés, en les ajustant toutefois aux nouveaux types créés par cette loi, à moins que les fermiers ne préfèrent les résilier.

Art. 13. — Le Ministre des finances prendra les mesures nécessaires pour l'exécution de cette loi.

TARIF I

SUR CONTRIBUTIONS, REVENUS ET TRAITEMENTS

A

Contribuables payant pour contributions territoriale, industrielle et pour impôt sur les voitures de luxe.

1re classe.		30.001 et au-dessus...P.	500	»
2e	—	28.001 à 30.000.......	450	»
3e	—	24.001 à 28.000.......	400	»
4e	—	20.001 à 24.000.......	350	»
5e	—	16.001 à 20.000.......	300	»
6e	—	14.001 à 16.000.......	250	»
7e	—	12.001 à 14.000.......	225	»
8e	—	10.001 à 12.000.......	200	»
9e	—	8.001 à 10.000.......	175	»
10e	—	5.001 à 8.000.......	125	»
11e	—	3.001 à 5.000.......	85	»
12e	—	2.501 à 3.000.......	60	»
13e	—	2.001 à 2.500.......	30	»
14e	—	1.501 à 2.000.......	25	»
15e	—	1.001 à 1.500.......	18	»
16e	—	501 à 1.000..... .	12	»
17e	—	301 à 500.......	6	»
18e	—	25 à 300.......	3	»
19e	—	moins de 25..........	1	»
20e	—	journaliers, femmes, enfants	0 50	

B

Contribuables ayant des revenus mobiliers soumis à l'impôt pour

1re classe.		46.001 et plus ....P.	500	»
2e	—	44.001 à 46.000.......	450	»
3e	—	42.001 à 44.000.......	400	»
4e	—	40.001 à 42.000.......	350	»
5e	—	38.001 à 40.000.......	300	»

6e classe.	36.001 à 38.000.......	250	»
7e —	34.001 à 36.000......	225	»
8e —	32.001 à 34.000.......	200	»
9e —	30.001 à 32.000.......	175	»
10e —	15.001 à 30.000.......	125	»
11e —	12.501 à 15.000.......	85	»
12e —	10.001 à 12.500.......	60	»
13e —	6.501 à 10.000.......	30	»
14e —	4.001 à 6.500......	25	»
15e —	3.501 à 4.000.......	18	»
16e —	2.501 à 3.500.......	12	»
17e —	1.251 à 2.500.......	6	»
18e —	750 à 1.250.......	3	»
19e —	moins de 750..........	1	»
20e —	journaliers, femmes, enfants..............	0 50	

TARIF II

SUR LES LOYERS

Madrid

A

1re classe.	13.001 ou plus.......P.	500	»
2e —	12.501 à 13.000.......	450	»
3e —	12.001 à 12.500.......	400	»
4e —	11.001 à 12.000.......	350	»
5e —	10.001 à 11.000.......	300	»
6e —	9.001 à 10.000.......	250	»
7e —	8.001 à 9.000.......	225	»
8e —	7.001 à 8.000.......	200	»
9e —	6.001 à 7.000.......	175	»
10e —	5.001 à 6.000.......	125	»
11e —	4.001 à 5.000.......	85	»
12e —	3.001 à 4.000.......	60	»
13e —	2.501 à 3.000.......	30	»
14e —	2.001 à 2.500.......	25	»
15e —	1.501 à 2.000.......	18	»
16e —	1.001 à 1.500.......	12	»
17e —	751 à 1.000.......	6	»
18e —	501 à 750.......	3	»
19e —	251 à 500.......	1	»
20e —	250 et au-dessous....	0 50	

B

Capitales de provinces de première classe

1re classe.	6.500 ou plus.......P.	500	»
2e —	6.001 à 6.500.......	450	»
3e —	5.501 à 6.000.......	400	»
4e —	5.001 à 5.500.......	350	»
5e —	4.501 à 5.000.......	300	»
6e —	4.001 à 4.500.......	250	»
7e —	3.501 à 4.000.......	225	»
8e —	3.001 à 3.500.......	200	»
9e —	2.501 à 3.000.......	175	»
10e —	2.001 à 2.500.......	125	»

11e —	1.501 à 2.000........	85	»
12e —	1.201 à 1.500.......	60	»
13e —	1.001 à 1.200.......	30	»
14e —	801 à 1.000.......	25	»
15e —	601 à 800.......	18	»
16e —	401 à 600.......	12	»
17e —	301 à 400.......	6	»
18e —	251 à 300.......	3	»
19e —	126 à 250.......	1	»
20e —	125 et au-dessous...	0 50	

C

Localités de plus de 20.000 habitants

1re classe.	4.501 et au-dessus...P.	500	»
2e —	4.001 à 4.500........	450	»
3e —	3.801 à 4.000........	400	»
4e —	3.401 à 3.800........	350	»
5e —	3.001 à 3.400.......	300	»
6e —	2.501 à 3.000......	250	»
7e —	2.301 à 2.500.......	225	»
8e —	2.001 à 2.300........	200	»
9e —	1.701 à 2.000.......	175	»
10e —	1.501 à 1.700......	125	»
11e —	1.301 à 1.500.......	85	»
12e —	1.001 à 1.300........	60	»
13e —	761 à 1.000........	30	»
14e —	551 à 750.......	25	»
15e —	401 à 450.......	18	»
16e —	251 à 400.......	12	»
17e —	201 à 250.......	6	»
18e —	151 à 200........	3	»
19e —	101 à 150........	1	»
20e —	100 et au-dessous....	0 50	

D

Localités de 5.000 à 20.000 habitants

1re classe.	3.251 et au-dessus...P.	500	»
2e —	3.001 à 3.250.	450	»
3e —	2.751 à 3.000........	400	»
4e —	2.501 à 2.750.	350	»
5e —	2.251 à 2.500........	300	»
6e —	2.001 à 2.250........	250	»
7e —	1.751 à 2.000........	225	»
8e —	1.501 à 1.750........	220	»
9e —	1.251 à 1.500........	175	»
10e —	1.001 à 1.250........	125	»
11e —	751 à 1.000........	85	»
12e —	551 à 750........	60	»
13e —	451 à 550........	30	»
14e —	351 à 450........	25	»
15e —	251 à 350........	18	»
16e —	151 à 250........	12	»
17e —	126 à 150........	6	»
18e —	101 à 125........	3	»
19e —	76 à 100........	1	»
20e —	75 et au-dessous....	0 50	

E

Localités de moins de 5.000 habitants

1re classe.	3.001 et au-dessus...P.	500	»
2e —	2.501 à 3.000........	450	»
3e —	2.301 à 2.500........	400	»
4° —	2.001 à 2.300........	350	»
5e —	1.901 à 2.000........	300	»
6° —	1.501 à 1.900........	250	»
7e —	1.301 à 1.500........	225	»
8e —	1.151 à 1.300........	200	»
9e —	1.001 à 1.150........	175	»
10e —	851 à 1.000........	126	»
11e —	701 à 850.........	85	»
12e —	551 à 700........	60	»
13e —	451 à 550........	30	»
14e —	351 à 450........	25	»
15e —	251 à 350........	18	»
16e —	151 à 250........	12	»
17e —	101 à 150........	6	»
18e —	76 à 100........	3	»
19e —	51 à 75........	1	»
20e —	50 et au-dessous...	0	50

XI

PROJET DE LOI

autorisant le Gouvernement à modifier la classification et les droits de quelques articles du tarif des Douanes (Arancel) à l'importation.

AUX CORTÈS

La nécessité de renforcer le produit de tous les impôts afin de suffire aux obligations qui pèsent sur le Trésor, accrues considérablement dans ces derniers temps par des causes que tout le monde connaît, contraignent le Ministre soussigné à demander l'autorisation de modifier les droits du tarif d'importation de quelques articles, jusqu'à ce que soit venu le moment d'une révision générale préparée avec toute l'attention et la maturité que comporte une question si complexement et si étroitement liée aux grands intérêts du commerce et de la production nationale.

L'autorisation que l'on demande n'a pas pour but de faire une réforme proprement dite du tarif des Douanes : il ne s'agit que d'un certain nombre d'articles dont les droits sont trop faibles aujourd'hui en raison de leur valeur, — qui, sans porter préjudice à aucun intérêt national, peuvent fournir au Trésor un produit supérieur, — ou dont les divers paragraphes peuvent être subdivisés, parce que quelques-unes des espèces auxquelles ils se rapportent, diffèrent de valeur

ou ont pris à l'importation des développements imprévus.

On aura lieu de toucher à quelques articles visés dans les traités et conventions de commerce, mais il est bien entendu que ces marchandises continueront à jouir du traitement convenu, tant que les traités et conventions seront en vigueur.

En conformité avec ce que stipulent les projets relatifs aux impôts sur la fabrication des sucres et des alcools, il faut introduire dans le tarif, en remplacement des articles qui se réfèrent à ces substances, des dispositions nouvelles. En outre, en vertu du même principe, il faut faire disparaître du tarif les avantages et facilités stipulés pour l'importation de certains produits des Canaries et autres possessions espagnoles, et enfin il y a lieu d'adopter, au sujet des articles considérés comme de rendement, des restrictions propres à rendre plus efficace le contrôle de l'importation.

En raison de ce qu'il a ci-dessus exposé, le Ministre soussigné, d'accord avec le Conseil des Ministres et dûment autorisé par S. M., a l'honneur de soumettre à l'approbation des Cortès le suivant

PROJET DE LOI

Article premier. — Le Ministre des finances est autorisé à modifier les droits de douane à l'importation et à varier la classification des articles qui n'affectent pas la production nationale.

Art. 2. — Le Gouvernement est autorisé à réviser les dispositions et clauses du tarif actuel des douanes, afin de les mettre en harmonie avec les nouveaux droits imposés à certaines espèces et avec la création de nouveaux impôts.

XII

PROJET DE LOI

établissant des droits d'exportation sur les minerais de fer et de cuivre et modifiant d'autres articles du tarif.

AUX CORTÈS

Le Ministre soussigné n'est pas guidé en ce moment par un désir passionné, excusable après tout, de procurer, à tout prix, de nouvelles recettes au Trésor, dans l'âpre chemin de la rigueur fiscale dans lequel les circonstances l'obligent à marcher. Il se propose de trouver les moyens de satisfaire les obligations sacrées de l'Etat, en associant la nécessité à l'équité et en restant fidèle à sa ferme résolution d'éviter tout ce qui pourrait paraître s'inspirer uniquement de la mégalomanie financière. Mais, en même temps, il a le devoir qu'il remplira loyalement, autant que ses forces le lui permettront, de n'omettre aucune mesure propre à faire que la richesse générale de la nation vienne contribuer avec l'uniformité compatible aux éléments hétérogènes qui la composent, au soutien des charges publiques, lesquelles réclament de grands et patriotiques efforts, si nous devons entrer bientôt dans la période de reconstitution et de relèvement à laquelle nous devons aspirer, après celle de lutte et de désordre que nous venons de traverser. Partout l'industrie, qui est la vie des nations, est une source féconde de prospérité et de force. Aussi, et depuis longtemps, notre tarif d'exportation s'est inspiré de ces idées, et ce n'est que d'une façon exceptionnelle que l'on a vu figurer entre ses articles, de rares dispositions de nature à gêner quelque peu la pleine et absolue liberté des transactions sur la généralité de nos produits.

Cependant le moment est venu de réfléchir et de se demander si, en ce qui concerne certains cas déterminés, l'observation constante et systématique de ce principe ne peut pas arriver, par un effet de la loi inflexible des extrêmes, à constituer un privilège plutôt qu'une protection méritée. Le résultat de l'étude de cette question transcendante, en contrebalançant par l'équité les efforts contraires, doit produire et produira nécessairement l'équilibre indispensable à l'intérêt général. Dans ce cas, se trouvent quelques-unes de nos industries extractives. Les minerais de fer et de cuivre que la nature a mis si abondamment dans le sol de l'Espagne, ont toujours été l'objet d'une importante exploitation, constituant aujourd'hui un des principaux facteurs de notre exportation et, par conséquent, un vaste élément de spéculation mercantile, aussi plantureux que connu.

Ce qui justifie et corrobore l'idée mère de cette étude, c'est, en outre, cette considération que ces industries n'ont pas toujours joui d'une franchise absolue. La loi douanière de 1841 défendait l'exportation des minerais de fer ; il en fut ainsi jusqu'en 1849, et le 10 février 1852 on mit sur les minerais de fer de Viscaya un droit de sortie de 5 p. 40 à 6 p. 50 par tonne de 1.000 kil., suivant le pavillon. Le minerai de cuivre ou le cuivre mélangé de fer à l'état de première fusion, comme le classifiait le tarif de 1841, fut soumis à l'exportation à un droit qui, en 1882, équivalait à 30 piéc. 75 et 36.33, suivant le pavillon, par tonne de 1.000 kilogrammes. (*Le Ministre confond : le droit visait la* CASCARILLA, *cuivre métallique déposé sur les lingots de fonte par le procédé de la cémentation en usage à Rio-Tinto*).

Ces droits ont disparu du tarif de 1869, mais ceux qui frappent d'autres minerais ont persisté et ont continué à être perçus jusqu'à présent.

C'est ce qui arrive pour les galènes ou sulfures de plomb qui, taxés à l'exportation à 4 réaux par quintal au tarif de 1841, furent divisés en 1849 en non argentifères, et en argentifères, dont l'exportation, en ce qui concerne celles-ci, était prohibée. Cette restriction demeura en vigueur jusqu'à ce que l'on mit en pratique, en 1861, l'article 83 de la loi du 6 juillet 1859, aux termes duquel tous les minerais pouvaient être exportés moyennant le payement des droits portés au tarif. On fixa, quoique d'une façon provisoire, le droit d'exportation sur les galènes argentifères au taux des galènes non argentifères, c'est-à-dire à P. 17.50 par tonne métrique, sous pavillon national. Ce taux fut réduit à 12 p. 50 en 1869, et c'est celui qui, après diverses péripéties, est encore perçu aujourd'hui. Des mesures analogues ont été prises avec les litharges, soumises à un droit de 15 piécettes par tonne quand elles contiennent plus de 30 grammes d'argent par 100 kilogrammes. Enfin le plomb argentifère en barre a été prohibé à la sortie ou imposé, suivant sa teneur en argent, de 1841 à 1852. En 1869, les plombs argentifères ont de nouveau été tarifés à 10 piécettes par 1.000 kilogrammes, droit qu'ils acquittent encore.

Cet examen de notre tarif d'exportation démontre que tantôt, afin de conserver dans le pays les existences de minerais nécessaires pour alimenter la fonderie nationale, et tantôt pour protéger l'industrie de la *désargentation*, il a toujours existé et il existe encore sur le minerai de plomb et sur le plomb en barre, des droits qui, au bout du compte, sont une source de recettes pour le Trésor, sans que l'on découvre les raisons sur lesquelles on s'est fondé pour supprimer les droits analogues qui frappaient le minerai de fer et le cuivre de première fusion à leur sortie pour l'étranger.

Au moment de réviser cette partie du tarif d'exportation, apparaît l'opportunité de refondre en un seul article les deux dispositions visant les galènes et les litharges argentifères, en généralisant l'application de la cote à tous les autres minerais de plomb, ce qui est juste et à l'avantage de simplifier à la fois la classification douanière et les opérations administratives.

Se fondant sur les considérations qui précèdent, le Ministre soussigné, d'accord avec le Conseil des Ministres, et dûment autorisé par

S. M., a l'honneur de soumettre à l'approbation des Cortès, le suivant

PROJET DE LOI

Article premier. — On ajoutera au tarif d'exportation en vigueur les articles suivants :

N° 5. Minerai de fer, par 100 kil... P. » 08
N° 6. Minerai de cuivre — » 40
N° 7. Mattes de cuivre — 2 »

Art. 2. — L'article 5 du tarif actuel sera refondu dans le troisième dont le texte sera modifié ainsi qu'il suit :

N° 3. Galènes et litharges de toute espèce et les autres minerais de plomb, par 100 k. 1 50

Art. 3. — La présente loi entrera en vigueur le 1er juillet 1899.

XIII

PROJET DE LOI

Créant un impôt de transport sur les voyageurs et les marchandises par voies maritimes, fluviales et terrestres.

AUX CORTES

Dans le but respectable d'accroître la marine nationale de guerre, la loi du 30 août 1896 a créé, sous le nom d'impôt provisoire du trafic, une taxe qui doit être perçue pendant quinze ans sur le mouvement des voyageurs et des marchandises.

La loi a déterminé que du produit total de cet impôt pendant toute sa durée, on prélèverait un minimum de 80 millions de piécettes, qui seraient employées à la construction de bâtiments de guerre et de matériel naval dans les arsenaux de l'Etat, et dans les chantiers et fabriques nationales, ainsi qu'à l'achat à l'étranger de bâtiments de guerre, si des causes urgentes le justifiaient et si l'occasion s'en présentait.

La même loi a voulu que le Gouvernement prît les dispositions les plus propres à encourager la construction navale et le commerce maritime, après avoir consulté les associations et les entités les plus intéressées dans ces manifestations de l'activité nationale. La loi a aussi confié l'administration et le contrôle de l'impôt à une *Junte* composée principalement d'armateurs et de marins de la flotte et du commerce. Cette corporation a fonctionné avec beaucoup de zèle et d'assiduité et elle a obtenu, depuis sa création jusqu'au 1er mai dernier, une recette totale de 23.500.000 piécettes, répondant à une recette annuelle de 10 millions environ. Pour lever cette somme importante, la même loi a fixé les tarifs de l'impôt, mais, comme ceux-ci ne produisaient pas le résultat que l'on s'en promettait, il a fallu les réviser par décret royal du 30 juin 1897, conformément à l'article 4 de la loi du Budget du 10 du même mois.

Ces tarifs ont dû être forcément très élevés. On trouve une singulière contradiction entre ces taux onéreux et les franchises, réductions ou tolérances dont jouissent certaines marchandises pour lesquelles rien ne justifie un traitement de faveur au regard de l'impôt.

D'après la forme et la rédaction des tarifs, l'application est à la charge du propriétaire de la marchandise et porte sur les voyageurs. En dépit de cette circonstance, et bien que les transports maritimes et terrestres soient grevés d'autres impôts, celui du trafic a été payé par les contribuables avec un patriotisme que l'on ne saurait trop louer.

Si les nécessités du Trésor le permettaient, il faudrait réduire, dès à présent, cette taxe sur le chargement et le déchargement des marchandises, et sur les places des voyageurs ; mais comme il est indispensable dans les circonstances présentes, d'accumuler toutes les ressources possibles pour faire face aux besoins du Trésor, il faut différer cette désirable réduction.

Il est nécessaire toutefois de définir rigoureusement la portée de cet impôt et d'indiquer les limites dans lesquelles on devra le confiner à l'avenir.

L'Etat perçoit, sur le mouvement des voyageurs et des marchandises, trois impôts distincts : celui du trafic dont nous venons de parler ; celui de chargement et de déchargement, qui est réglementé par les ordonnances de douane et qui a remplacé les anciens impôts de navigation et de phares abolis par le décret du 22 novembre 1868 ; et enfin celui des tarifs de voyageurs et de marchandises. Ces trois impôts sont régis par des tarifs dissemblables, et leur liquidation compliquée, outre qu'elle implique des lenteurs, a l'inconvénient de ne pas offrir aux expéditeurs et consignataires, des résultats clairs et nets, de sorte que ne pouvant se rendre un compte exact de la cote du Trésor, ceux-ci ne peuvent pas non plus connaître exactement d'avance le vrai coût du transport.

Il faut donc unifier ces impôts, fixer une seule cote à chaque groupe de marchandises, restreindre les exemptions aux cas expressément justifiés et signaler les réductions dont ces taxes peuvent être l'objet dans l'avenir, afin de combiner les intérêts du Trésor avec le sacrifice imposé aux contribuables.

Ce sacrifice ne doit cependant être maintenu que pour un temps limité, lequel ne dépassera pas trois ans.

Une fois ce délai passé, on pourra commencer à réduire l'impôt, particulièrement en ce qui concerne les transports maritimes, en le faisant dans des proportions telles qu'il n'en résulte pas de baisse brusque dans les produits, et en s'y prenant de telle façon que les augmentations perçues sur les autres manifestations de la richesse fournissent une ample compensation.

L'unification de ces impôts et la destination que l'on donne à leurs produits, obligent à modifier quelques-unes des règles auxquelles s'adapte leur administration. Tout d'abord, et comme conséquence de l'élimination de l'impôt du trafic, la *Junte* demeure supprimée et ses attributions passent à l'Administration centrale des Finances. Il n'y a aucune difficulté qui puisse surgir de cette transformation, puisque l'Administration générale des Finances, étant représentée à cette fin par les directions des Douanes et des Contributions indirectes, peut, sans aucun effort, réaliser la perception de l'impôt avec ses propres éléments, en y mettant la ponctualité nécessaire.

Il faudra aussi, puisque les nécessités pressantes du Trésor obligent à exiger du commerce et de la navigation une lourde surcharge, que celle-ci ne soit pas encore alourdie par les droits locaux qui sont en usage dans beaucoup de ports en vue des travaux d'amélioration que l'on y exécute. L'intérêt local peut quelquefois être en antagonisme avec celui de la nation, parce que les marchandises qui abordent dans un port, ne sont pas toujours destinées à y être consommées, et il n'est pas juste que le pays entier paye des améliorations qui ne profitent qu'à une seule localité. Dans le but d'harmoniser tous les intérêts, il est indispensable de limiter les surtaxes perçues pour les travaux des ports, sans se relâcher du soin de surveiller l'emploi qui est fait de ces ressources.

La nécessité, si universellement sentie l'an dernier, d'améliorer notre marine de guerre, a fait que l'on y a consacré les recettes de toute nature dont le Trésor disposait : on a donc dépensé pour cela, en peu de temps, des sommes supérieures à ce que l'impôt du trafic a produit, et même à ce qu'il aurait pu produire pendant sa durée présumée. Malgré cela, le Gouvernement n'a pu oublier, en proposant la réforme dont il s'agit, qu'elles ont été l'idée mère et la fin primordiale de l'impôt du trafic. Afin de tenir compte de ces particularités, on attribuera au budget extraordinaire créé pour l'amélioration de la marine par la loi du 30 août 1896, les 10 millions de piécettes annuelles qui ont formé l'évaluation du produit de l'impôt du trafic lors de sa création. Cette somme sera déduite du total des encaissements. En conséquence, et comme suite à ce qu'il vient d'exposer, le Ministre soussigné, d'accord avec le Conseil des Ministres et dûment autorisé par S. M., a l'honneur de soumettre à l'approbation des Cortès, le projet de loi suivant :

PROJET DE LOI

Article premier. — A partir du 1er juillet 1899, demeureront supprimés :

1° L'impôt provisoire du trafic sur le mouvement des passagers et des marchandises créé par la loi du 30 août 1896 ;

2° Les impôts de chargement et de déchargement, embarquement et désembarquement des voyageurs auxquels se rapporte le titre V des ordonnances des Douanes ;

3° Les impôts sur les tarifs des voyageurs et le transport des marchandises, réformés par les articles 10 et 15 de la loi du Budget du 28 juin 1898.

Art. 2. — On considérera comme dérogées les dispositions, tarifs, conventions et accommodements faits pour la perception des impôts mentionnés dans l'article antérieur, exception faite des conventions et traités en vigueur, tant que leur durée bi-latérale ne sera pas expirée.

Art. 3. — Il est créé un impôt intitulé : *impôt des transports*, auquel seront assujettis :

1° Les passagers par mer pour les navigations de première, de seconde et de troisième classe, les espèces et les marchandises pour les navigations ci-dessus, à l'importation et à l'exportation par les Douanes terrestres ;

2° Les voyageurs, les espèces et les marchandises de toute classe qui circulent dans l'intérieur du royaume, sur terre et sur les rivières.

Art. 4. — L'impôt des transports sera perçu, pour les articles visés par le paragraphe 1er du précédent article, conformément aux tarifs annexés à la présente loi et pour les articles visés par le paragraphe 2, on s'en tiendra aux cotes suivantes :

20 0/0 du prix des billets ou des places des voyageurs, quel que soit le mode de locomotion terrestre ou fluvial, proportion qui sur les chemins de fer s'abaissera à 10 0/0, chaque fois que les Compagnies réduiront de 25 0/0 ou plus le prix ordinaire des billets, en donnant de la publicité à cette réduction et en fixant, dans les annonces, le montant du billet à prix réduit et celui de l'impôt;

5 0/0 du prix des transports des marchandises, des espèces, des articles de messagerie, transports funèbres, excédents de bagages, le

tout par les mêmes moyens de locomotion terrestre et fluviale.

Art. 5. — Le Gouvernement pourra faire des accords pour le payement de l'impôt des transports en ce qui concerne le paragraphe 2 de l'article 3 :

1° Avec les entreprises de tramways, Rippert et autres analogues, ayant un parcours fixe et ne percevant pas plus de 0 p. 50 pour le parcours total ;

2° Avec les entreprises de diligences et autres de locomotion par moteur animal, qui transportent des voyageurs par les routes ordinaires.

Dans le cas où ces entreprises refuseraient de se concerter, le Ministre des Finances fixera la somme qu'elles doivent payer et le recouvrement en se'a fait sur elles au moyen de reçus spéciaux.

Dans les *concerts* avec les propriétaires de tramways, diligences et autres moyens de locomotion par moteur animal, il pourra être fait une bonification de 50 0/0 sur le nombre total des voyageurs contenant dans les voitures.

Art. 6. — L'impôt correspondant aux voitures à 2 et à 4 roues ne faisant pas sur routes ordinaires plus de 35 kilomètres, continuera à être perçu au moyen de patentes, dont le Ministre des Finances fixera le prix, entre le minimun de 75 piécettes et le maximum de 250.

Art. 7. — A partir du 1er juillet 1899, la *Junte* d'administration de l'impôt provisoire du trafic, établie par l'article 10 de la loi du 30 août 1896, demeurera supprimée.

L'administration de l'impôt sera à la charge de la Direction générale des Douanes pour le paragraphe 1er de l'article 3 et dépendra de la Direction des Contributions indirectes pour le paragraphe 2 du même article.

Art. 8. — L'impôt des transports sera perçu sur tous les voyageurs, les espèces et les marchandises, conformément aux taux fixés dans l'article 4, avec les exceptions suivantes :

1° Individus appartenant aux corps et instituts armés voyageant en commissions de service ou par ordre de leurs supérieurs ;

2° Employés du Gouvernement ayant le droit de voyager gratis et voyageant en commissions de service ;

3° Employés des compagnies de chemins de fer voyageant sur les lignes auxquelles ils appartiennent, sauf à justifier des fonctions qu'ils y remplissent ;

4° Enfants de moins de 3 ans ;

5° Naufragés, mendiants ou condamnés voyageant par ordre ou sous le contrôle des autorités espagnoles ;

6° Correspondance publique, espèces, tabac, papier timbré, timbres, matériel de guerre et autres effets transportés pour le compte du Gouvernement ;

7° Voyageurs, espèces et marchandises transportés d'un côté d'une baie à l'autre ;

8° Emballages vides de tout genre, y compris les wagons-citernes pour le transport des liquides ;

9° Voyageurs, espèces et marchandises transbordés sans arrêt dans les ports ou chargés et déchargés par suite d'avaries aux navires ou tout autre motif ;

10° Vivres et approvisionnements pour la consommation des navires où on les embarque ;

11° Bagages des voyageurs transportés avec eux par mer, ou entrant ou sortant par les frontières de terre ;

12° Bagages et marchandises destinés au corps diplomatique ;

13° Espèces et marchandises étrangères passant en transit par territoire espagnol et espèces et marchandises espagnoles transitant par territoire étranger pour revenir en Espagne ;

14° Voitures, chevaux et bestiaux étrangers jouissant de l'admission temporaire dans la Péninsule et les Baléares, conformément aux ordonnances de Douanes, et les voitures, chevaux et bestiaux espagnols allant à l'étranger dans les mêmes conditions ;

15° Voyageurs et marchandises exemptés de tout droits en vertu de traités de commerce ou de contrats faits avec l'Etat.

Art. 9. — C'est aux voyageurs et aux expéditeurs et destinataires des espèces et des marchandises à acquitter eux-mêmes l'impôt, mais, pour en faciliter la perception, l'administration le percevra des capitaines et consignataires des navires et des Agences de transports.

Les Compagnies de transport et les propriétaires des véhicules de tout genre, qui se livrent au transport des voyageurs par terre ou sur les rivières, seront tenus de percevoir l'impôt en même temps que le prix du billet ou de la place des voyageurs ou du transport de la marchandise, et d'en verser le montant dans les caisses du Trésor. Le réglement sur l'impôt fixera la commission de recouvrement qui pourra leur être allouée.

Art. 10. — A partir de l'année économique 1902-3, on commencera à abaisser les cotes de l'impôt sur les transports maritimes, jusqu'à le laisser réduit en 1905-6, de 50 0/0 sur le taux actuel.

La réduction se fera comme suit :

20 0/0 des cotes en 1902-3
20 0/0   —   en 1903-4
10 0/0   —   en 1904-5

Art. 11. — Les voyageurs, les espèces et les marchandises allant des ports de la Péninsule et des îles Baléares, aux Canaries ou dans les autres possessions espagnoles, ou venant de ces pays à destination de la Péninsule ou des Baléares, seront taxés suivant le tarif en usage pour les ports de la Péninsule et des Baléares.

Art. 12. — Les surtaxes établies par les *Juntes* des travaux des ports et celles qu'elles pourraient établir dans l'avenir, ne dépasseront jamais 25 0/0 du montant de l'impôt des transports.

Art. 13. — En équivalence du produit de l'impôt provisoire du trafic, créé par la loi du 30 août 1896 et destiné à la marine de guerre, il sera attribué au budget extraordinaire crée par une autre loi du même jour, modifiée par celle du 10 juin 1897 et amplifiée par celle du 28 juin 1898, les dix millions de piécettes, composant l'évaluation du rendement de cet impôt, moins les 2 millions que devaient verser les budgets de Cuba, de Puerto-Rico et des Philippines. A cet effet, les dix millions en question seront retranchés du produit de l'impôt sur les transports, remanié.

Art. 14. — Le Ministre des finances formera le règlement et adoptera les mesures nécessaires pour l'exécution de cette loi.

TARIFS

Pour la perception de l'impôt des transports pour les cas auxquels se rapporte le paragraphe premier de l'article 4 de la loi qui l'a créé.

PASSAGERS

Passagers allant d'un port à l'autre de la Péninsule et des îles Baléares, ou s'y embarquant pour les Canaries ou les ports espagnols de la côte d'Afrique, et *vice versa*, 10 0/0 du montant du prix du billet ou prix du passage ;

Passagers à destination ou provenant d'un port étranger, 20 0/0 ;

PAR TONNE DE 1.000 KILOGRAMMES

Navigation de première classe

1° Minerais, de toute classe, charbon de terre, coke, engrais, chaux, ciments, briques, et tuiles ordinaires, 0 p. 25 au désembarquement et au débarquement;

2° Sel commun, 0.75 au désembarquement et 0.50 à l'embarquement ;

3° Emballages vides, libres ;

4° Toutes les autres marchandises et les espèces, 1 piécette dans les deux cas.

Navigation de seconde classe

1° Minerais, scories et pyrites de fer, 1 piécette au désembarquement et 0 p. 20 à l'embarquement ;

2° Les autres minerais métalliques, 2 piécettes au désembarquement et 1 piécette à l'embarquement ;

3° Charbon minéral et coke, 1 piécette dans les deux cas ;

4° Engrais, chaux, ciments, pavés, briques et tuiles ordinaires, 0 p. 50 dans les deux cas ;

5° Zinc et fer, 3 piécettes au désembarquement et 1 piécette à l'embarquement ;

6° Plomb en barre et mattes cuivreuses, 3 piécettes et 2 comme ci-dessus ;

7° Sel commun, 3 piécettes et 0.50, comme ci-dessus ;

8° Céréales et vin, 4 piécettes et 2, comme ci-dessus ;

9° Emballages vides, libres ;

10° Les autres marchandises et les espèces, 5 piécettes au désembarquement et 3 au débarquement.

Navigation de troisième classe

1° Minerais, scories et pyrites de fer, 2 piécettes au désembarquement et 0.50 au débarquement ;

2° Les autres minerais métalliques, 3 piécettes et 2, comme ci-dessus ;

3° Charbon minéral et coke, 3 piécette et 1, comme ci-dessus ;

4° Engrais, chaux, ciments, pavés, briques et tuiles ordinaires, 0 p. 50 dans les deux cas ;

5° Lingot de fer, 3 piécettes au désembarquement et 1 à l'embarquement ;

6° Plomb en barre et mattes de cuivre, 4 piécettes et 2, comme ci-dessus ;

7° Sel commun, 3 piécettes et 0.50, comme ci-dessus ;

8° Emballages vides, libres ;

9° Autres marchandises et les espèces, 8 piécettes au désembarquement et 6 à l'embarquement.

Nota. — Pour la perception de ces impôts, on considérera la navigation comme divisée en trois classes : la première, celle du cabotage, proprement dit, soit celle qui se fait entre les ports espagnols de la Péninsule, des Baléares et des Canaries entre eux et les ports des possessions espagnoles de la côte d'Afrique ; — la seconde, la navigation qui se fait entre les susdits ports et ceux des nations européennes, y compris, dans la Méditerranée, ceux d'Asie et d'Afrique, et, dans l'Atlantique, ceux d'Afrique jusqu'au cap Bojador; — la troisième classe comprend la navigation qui se fait entre les ports espagnols et ceux des autres pays du globe qui ne sont pas mentionnés au paragraphe précédent.

XIV

PROJET DE LOI

établissant un impôt sur le sucre élaboré dans la Péninsule et les îles Baléares

AUX CORTÈS

La fabrication du sucre est une industrie essentiellement espagnole, que les Arabes ont trouvée établie sur notre sol quand ils l'ont envahi, industrie qu'ils ont développée et perfectionnée en ce qui a rapport à la canne à sucre.

Des riches plaines de Motril, Salobrena, Almunecar, Velez et Malaga, la culture s'étendait à celles d'Adra et d'Almeria et remontait la côte du Levant, de sorte que dans l'ancien marquisat de Denia, dans les plaines de Gandia, jusqu'à Castellon et même près de Tortosa et à Majorque, on trouve des traces de la culture de la canne et de la fabrication du sucre.

Cette industrie était prospère et florissante, lors de la conquête du royaume de Grenade et de la découverte de l'Amérique. Mais la culture de la canne ne tarda pas à être acclimatée dans les régions privilégiées du Nouveau-Monde où elle rencontra de meilleures conditions atmosphériques et une intelligente protection, tandis que l'agriculture nationale entrait en décadence par suite de l'expulsion des Maures et des juifs; la production du sucre décrut si rapidement dans la Péninsule qu'au milieu du dix-huitième siècle la production était tombée à 3 millions de kilogrammes. La décadence continua à s'accentuer jusqu'à une époque très avancée dans notre siècle, la concurrence avec la production américaine étant rendue chaque jour plus difficile par les excellentes conditions de rendement sous ce climat fécond, par le bon marché de la main-d'œuvre sous le régime de l'esclavage et par tous les avantages que l'Espagne a toujours prodigués à ses colonies d'une main généreuse.

Il y eut cependant des hommes éclairés et perspicaces, soucieux de la richesse et de l'industrie nationales, qui, devinant l'avenir réservé à la sucrerie péninsulaire, ont consacré à la res-tauration de cet élément de prospérité, leur activité, leurs travaux et leurs capitaux.

A partir de 1845, on a entrepris des travaux importants pour augmenter la culture de la canne, on a relevé les anciennes fabriques et, après avoir surmonté d'énormes obstacles, on est arrivé, en 1858, à une production de 918.120 kilogrammes de sucre national, constatés à l'embarquement par les douanes d'Almeria, Grenade et Malaga.

En 1868, les sorties relevées étaient déjà de 7.655.200 kilogrammes.

La réforme douanière de 1869 favorisa la production nationale au point que l'on put, dès lors, penser à en faire la base d'un impôt.

La loi du 28 décembre 1872, qui fixa les recettes budgétaires pour l'année 1872-73, étendit aux sucres de production nationale l'impôt transitoire qui grevait les sucres coloniaux ; toutefois, les mesures prises pour l'exécution de la loi accordèrent aux sucres nationaux un traitement de faveur, car on adopta avec les fabricants un système de concert, de sorte que ceux-ci furent loin d'acquitter leur cote intégralement, comme le faisaient les sucres d'outre-mer en passant par la douane.

Dès lors, il s'établit un véritable antagonisme entre la sucrerie péninsulaire et celle des Antilles, dont l'immense développement commençait à avoir à lutter avec l'abolition de l'esclavage et avec la concurrence sur tous les marchés du monde du sucre de betterave.

La fabrication de ce dernier article, qui a pris de gigantesques proportions en Allemagne, en Autriche-Hongrie, en France et en Russie, ne s'est implantée dans la Péninsule qu'en 1882, époque où on installa à Cordoue une fabrique, suivie de plusieurs autres à Grenade et dans diverses provinces, au point qu'il y en a dix-sept qui ont fonctionné pendant la dernière campagne, auxquelles on peut en ajouter huit qui pourront fonctionner cette année.

La production du sucre national continue à payer l'impôt transitoire et ses additions, au même taux que les coloniaux et on est arrivé à en retirer, en 1878-79, un rendement réel de 2.618.110 piécettes.

Ce chiffre de recette cependant ne s'est pas soutenu, car le décret royal du 5 octobre 1884 ayant ordonné que le sucre péninsulaire payerait 50 0/0 de moins que celui des colonies, et la loi du budget du 29 juin 1887 ayant réduit la cote à 20 0/0 de son type légal, la recette ne dépassa que d'une façon insignifiante le chiffre de 400.000 piécettes de 1886-87 à 1889-90.

Ces vicissitudes prouvent que la lutte entre la production coloniale et la production péninsulaire se faisait chaque jour plus vive, sans qu'il y eut possibilité de concilier des intérêts si opposés. La loi du 30 juin 1892 essaya vainement d'y parvenir en restreignant si bien l'importation des sucres étrangers, que ceux-ci ont fini par n'être plus qu'une quantité négligeable dans les transactions commerciales.

La lutte des intérêts s'est trouvée circonscrite entre le sucre des Antilles et celui de la Péninsule, celui des Philippines ayant disparu du marché, attendu que, traité en douane comme celui de Cuba, il ne pouvait pas supporter la différence du fret. La loi de 1892 a établi un écart de 13 p. 80 par 100 kil. entre les droits afférents au sucre colonial et ceux que paye le sucre péninsulaire, assignant au premier un droit de 33 p. 50 et au second un droit de 20 piécettes. Mais cette législation ne fut pas assez prévoyante pour asusrer la rentrée de l'impôt, car au lieu de baser la perception sur le chiffre réel de la production, elle la basa sur la quantité de canne ou de betterave mise en œuvre, supposant à ces matières premières une richesse saccharimétrique de 5 0/0, taux de rendement actuellement inférieur à la réalité. La loi autorisait, également, des abonnements avec les fabricants, sur cette base saccharimétrique, en calculant, en outre, que chaque hectare de terrain planté en canne ou en betterave, en produisait 25.000 kilogrammes, — quantité encore notablement inférieure à la réalité.

On ne fit rien pour vérifier ces deux rendements qui n'avaient point été contrôlés, ni pour s'assurer, avec le moindre degré de certitude, de la superficie réelle des champs cultivés en canne ou en betterave. C'est sur des données si vagues et si incertaines que se pratiquèrent les accords qui ne pouvaient manquer de léser les droits de l'administration.

Toutefois, ces erreurs ne passèrent pas inaperçues, ainsi qu'il résulte de l'article 71 de la loi du budget du 5 août 1893, lequel stipule que les accords avec les fabricants de glucose auraient pour base un rendement équivalant à celui qui existe entre la teneur de 5 0/0 que la loi attribue à la canne et à la betterave et celui que fournissent réellement ces matières saccharines. Enfin, l'article 5 de la loi du 30 août 1896 autorisa le Ministre des finances à faire de nouvelles conventions en augmentant de 20 0/0 le nombre d'hectares qui avaient servi de fondement aux conventions antérieures.

Ni ces préceptes, ni le texte impératif de l'article 57 de la loi du budget du 5 août 1893, lequel ordonnait la révision de fait des contrats d'abonnement entachés de fraude ou d'occultation, ne firent que l'industrie sucrière nationale acquittât les droits que la législation avait voulu y imposer et que la justice et la nécessité en attendent.

Les renseignements contenus dans l'état n° 1 démontrent que l'impôt sur le sucre national ne produit que 1.600.000 piécettes, soit un peu plus de la moitié de ce qu'il est arrivé à produire il y a vingt ans, alors qu'il n'y avait aucune fabrique de sucre de betterave et que celles de canne n'avaient pas pris les développements qu'elles ont atteints.

Ce rendement, à raison de 20 piécettes par 100 kil., correspond à une production de 8.000.000 de kilogrammes, et cependant les quantités de sucre embarquées par le cabotage et celles chargées dans les stations de chemins de fer desservant certaines fabriques, accusent, à elles seules, une production de plus de 55.000.000 de kilogrammes, ainsi qu'il résulte des états 2 et 3.

Ces renseignements sont encore loin de la réalité, car il y manque les quantités consommées dans les localités où se trouvent les fabriques et celles transportées par les routes de terre : le chiffre de la production est donc nécessairement plus élevé, et ce n'est pas se risquer que de l'évaluer de 60 à 65 millions de kilogrammes.

Ces calculs sont corroborés par les existences de sucre national au pouvoir des fabricants et des négociants à la date du 1er avril, ainsi qu'il résulte de l'état n° 4 dressé sur déclarations jurées, conformément au décret royal du 14 mars précédent. On y a joint, en en indiquant la provenance originaire, coloniale ou étrangère, le chiffre des importations depuis 1850 (état n° 5). Le calcul probable de la consommation par tête, assigne à l'Espagne une part de 4 k. 28 pour 1896-97.

Les malheurs de la Patrie ont donné à la question sucrière un aspect nouveau et une importance exceptionnelle. L'effet immédiat de la perte de nos colonies a été une hausse anormale des prix du sucre et l'annulation de l'importation coloniale, les caisses dépêchées en douane depuis lors, étant celles qui étaient en magasin de dépôt.

Malgré cette circonstance, ni on n'importe rien de l'étranger, ni les existences dans les magasins et les boutiques ne sont insuffisantes, ce qui prouve bien que la production péninsulaire égale déjà la consommation du pays, et que si la culture de la betterave continue à se développer, elle aura incessamment des excédents à exporter.

Il est donc urgent d'adopter des procédés tels que tout en continuant à l'industrie du sucre national la protection qu'elle mérite, on en exige la contribution proportionnelle à ses produits, qu'elle aurait dû toujours payer, et qu'il est devenu indispensable qu'elle paye pour alléger les charges du Trésor.

La seule limite que comporte la fixation de l'impôt à en percevoir, est la crainte de restreindre la consommation et de paralyser la production. Le sucre est aujourd'hui, pour ainsi dire, un article de première nécessité, mais, malgré ce caractère, il peut supporter, surtout dans notre pays, une taxation élevée. Il y est soumis dans les autres pays et, par conséquent, les procédés qu'on y emploie, pourront nous servir de guide et d'enseignement.

Il faut cependant tenir compte de la crise que traverse en ce moment l'industrie sucrière dans le monde et des procédés employés chez les principaux peuples pour la protéger et la soutenir. Les nations européennes ont fait de grands efforts pour développer la production du sucre de betterave, qui a été longtemps inférieure à celle du sucre de canne. Mais depuis 12 ans, il en est autrement et le sucre de betterave a pris les devants.

La production générale a été en 1887-88 :

De 2.541.000 tonnes métriques de sucre de canne.
et de 2.407.000   —   —   betterave.

Total. 4.948.020 tonnes métriques.

Et en 1897-98, on a relevé :

2.527.000 tonnes de canne.
4.700.000   —   de betteraves.

Total. 7.227.000 tonnes métriques.

La consommation a absorbé ces énormes quantités, ainsi qu'il résulte des calculs suivants pour la dernière période triennale :

1894-95....... 7.282.000 tonnes
1895-96....... 7.014.000 —
1896-97....... 7.282.000 —

C'est seulement en perfectionnant les procédés que l'on a pu maintenir la production en Europe: sélection judicieuse des graines, amélioration dans la culture, perfectionnements dans la fabrication et encouragements à la concurrence sur les marchés consommateurs, principalement sur celui de la Grande-Bretagne, encouragements consistant en primes d'exportations plus ou moins dissimulées, tels sont les moyens mis en œuvre.

De toute façon, on est arrivé à une limite de prix au-dessous de laquelle il ne parait pas possible de descendre, aussi exception faite de la Russie qui est toujours en notable progrès, la production recule en Allemagne et en Belgique et elle reste stationnaire en France et en Autriche-Hongrie.

La situation de l'industrie sucrière européenne est si grave que c'est pour y remédier que s'est réuni, à Bruxelles, le Congrès des sucres au mois de juin 1898, sans que l'on ait pu y trouver des moyens de conciliation, car les efforts des principales nations participant au Congrès, visaient principalement le marché anglais, sans qu'aucune d'elles ait voulu se prêter à modifier en rien sa propre législation.

La réserve extraordinaire dans laquelle la Grande-Bretagne s'est enfermée, est un indice de l'importance qu'elle attache à ce grave problème, moins pour ce qui peut affecter son territoire européen que pour ce qui touche au développement de la culture de la canne dans l'Inde où on a dépensé des sommes considérables en vue d'une acclimatation à laquelle on n'est point parvenu.

C'est à cette préoccupation qu'obéit une loi du 10 mars dernier, qui a élevé les droits d'importation des sucres dans l'Inde en proportion avec la prime d'exportation dont l'article jouit dans les pays producteurs.

L'Allemagne continue à encourager l'exportation au moyen d'une prime directe de 2 marks 50 à 3,55 par 100 kilogrammes, prime accrue du calcul des rendements en raffinerie. Elle limite en même temps la production, fixant la quantité que chaque fabricant peut produire et taxe les excédents. Le sucre consommé dans le pays paye 20 marks par 100 kil., sans la surtaxe d'exploitation et cet impôt est payé à la sortie des fabriques.

L'Autriche-Hongrie octroye également des primes d'exportation variant de 1 florin 50 à 2,30, suivant les classes de sucre, et le montant total des primes à payer en 1896-97, a été limité à 9 millions de florins, moyennant le recouvrement au prorata sur les fabricants de l'excédent qui aurait été acquitté pendant l'année. La consommation extérieure est taxée à 13 florins payés au sortir de la fabrique.

La Belgique conserve le système si critiqué qui consiste à calculer la production du sucre, basée sur le rendement des jus en fabrique, calculé à une teneur inférieure à la réalité, ce qui constitue une véritable prime à l'exportation augmentée par une manière analogue de compter le rendement en raffinerie, de façon à favoriser le raffineur. Le sucre consommé dans le pays, paye des droits oscillant, suivant la classe, entre 45 et 59 francs par 100 kilogrammes sur le sucre raffiné étranger, 36, 40 à 50 et 56 francs sur le sucre brut étranger et 45 francs sur le sucre de betterave brut de production nationale.

La France possède un système plus complexe. Les sucres bruts et raffinés payent de 60 à 72 francs par 100 kilos de raffinés, 85 et 90 les candis et 24 seulement ceux qui sont destinés à être dissous dans les moûts de vin pour en renforcer la richesse alcoolique. Il y est, en outre, perçu une taxe de 1 franc sur les sucres bruts allant à la consommation et de 4 sur les raffinés. On paye à l'exportation une prime de 4 francs par 100 kilogs de sucre et on rend aux exportateurs les taxes de fabrication et de raffinage, mais la législation établit un mode de perception du droit, lequel constitue une véritable prime à la production.

Il y a deux procédés de perception entre lesquels le fabricant peut choisir. Dans l'un, l'Etat touche 60 francs par 100 kilos de sucre fabriqué, mais on suppose un déchet de 15 0/0 sur lequel on ne prélève que la moitié des droits, de sorte que le droit n'est en réalité que de 55,50 par 100 kilogrammes. Dans l'autre système, on suppose que 100 kilos de betteraves ne produisent que 7,75 de sucre qui paye à raison de 60 francs; si on en retire un rendement de 10 k. 50, la différence entre 7,75 et 10,50 paye 30 francs par 100 kilos, et si le rendement est supérieur à 10.50, une moitié de l'excédent paye à raison de 60 francs et l'autre à raison de 30. La législation française comporte en outre l'admission tempo- raire pour les sucres étrangers que l'on raffine en France et accorde la restitution des droits sur le sucre employé dans le chocolat, les bonbons, les confitures, les fruits en compotes et autres articles analogues exportés à destination de l'étranger.

En Russie, les fabriques payent une patente de 1 piécette 22 par 100 kilogrammes de sucre fabriqué qui est taxé à la consommation à raison de 35 piécettes. En outre, on chiffre à chaque fabricant le montant de sa production, et on lui fait payer double droit sur les excédents. Les fabricants sont également tenus de conserver en magasin un certain stock, dont la vente est ordonnée par le Gouvernement quand il le juge convenable suivant les besoins du marché et le prix du sucre. A l'exportation, on restitue le droit de 35 piécettes.

Dans l'état actuel de la fabrication du sucre dans la Péninsule, ces divers systèmes compliqués n'y sont point applicables, quoiqu'il soit bon d'en tenir compte, pour tout ce qui se rapporte à l'importation, à l'exportation, à la taxation du sucre, aux encouragements à la production et à l'élasticité du rendement de la taxe qu'il est juste d'en retirer.

Pour ce qui est de l'importation, il faut, sauf les considérations d'ordre international, y main- tenir un droit suffisamment élevé, afin de restreindre autant que possible l'introduction des sucres étrangers.

Les droits et surtaxes qui se perçoivent sur ces sucres font un total de 102 p. 25 par 100 kilogramme pour les nations convenues; il suffira de conserver le taux de 100 piécettes à toutes les provenances, pour que la production espagnole soit maîtresse du marché national, en dépit des primes que d'une façon notoire ou d'une façon dissimulée, les principales nations octroyent à l'exportation de leurs sucres.

La production nationale n'est pas encore en état de penser à l'exportation de ses produits, et il ne lui serait pas facile, ni peut-être même possible aujourd'hui, de lutter avec les provenances rivales, sur les marchés consommateurs étrangers. Mais le patriotisme conseille de penser à cette désirable contingence et d'y préparer les voies pour l'avenir.

Pour ce faire, il faut adopter des mesures transcendentales. La première est de restituer à l'exportation l'impôt acquitté, et la seconde de rembourser aux exportateurs de denrées alimentaires dont la préparation implique l'emploi de sucre, les droits correspondant à celui qui est entré dans la préparation, tels le chocolat, les fruits en compote, les bonbons et les biscuits. Ainsi on encouragera le commerce de ces articles très appréciés dans beaucoup de pays en raison des excellentes conditions de leur fabrication et l'industrie nationale trouvera là un nouveau champ ouvert à son activité.

Ces mesures ne présenteront pas de danger pour la réalisstion de l'impôt, dont la règlementation, quoique simple, sera si sévère qu'elle rendra impossible la fraude et l'abus que l'on pourrait tenter d'en faire.

D'autres mesures sont également nécessaires pour garantir à la production du sucre l'approvisionnement du marché national, et entre autres celles qui auront pour but d'empêcher l'importation frauduleuse des sucres étrangers et la falsification de ceux qui sont livrés à la consommation nationale. Pour cela, il n'y a d'abord qu'à étendre à la circulation du sucre dans l'intérieur du royaume, les restrictions fiscales en vigueur dans la zone de surveillance des côtes et frontières. Quant aux falsifications, il est indispensable, non seulement pour assurer la perception du plein de l'impôt, mais aussi pour des motifs d'hygiène et de probité commerciale, de prohiber d'une façon absolue la mise en vente de mélanges de sucre avec la glucose obtenue des substances amylacées et avec la saccharine ou tous autres produits analogues ayant une forte saveur sucrée, qui ne peuvent pas être considérés comme des substances alimentaires. En outre, comme il est constant que la glucose et la saccharine ont des applications pharmaceutiques et industrielles que l'on ne peut pas négliger, il sera indispensable de soumettre l'importation de ces substances à des droits élevés en rapport avec ceux qui atteignent le sucre.

Le désir d'arriver à la perception intégrale de l'impôt nous oblige aussi à refuser la franchise en Espagne et aux Baléares, aux sucres provenant des Canaries ou de toute autre possession espagnole.

Les franchises commerciales dont jouissent ces pays et l'impossibilité d'y établir une règlementation qui serait incompatible avec leurs libertés et immunités ne permettent pas d'accorder à leurs sucres un traitement distinct de celui des sucres étrangers.

Le préjudice que cette mesure peut causer particulièrement aux Canaries, est infime, car les quantités de sucre que l'on en a reçues dans la Péninsule, sont insignifiantes, et il est facile de compenser avec usure ce désavantage au moyen d'innovations proposées dans un autre projet de loi, dont l'ensemble doit être hautement propre à développer le commerce de cet archipel, en le délivrant des entraves qui le gênent dans l'actualité.

Une fois cette protection dûment assurée à la production, au commerce et à la consommation du pays, l'État peut imposer toutes les taxes qu'il voudra, sans autre souci que d'en arrêter le montant et le mode de perception. Ni le produit si réduit de l'impôt, ni la manière dont il fonctionne, ne permettent de laisser les choses dans l'état où elles sont, au détriment des intérêts de l'État.

La protection accordée au sucre péninsulaire, par rapport au sucre colonial, ne s'est jamais effectuée dans les proportions fixées par la loi, sans responsabilité des fabricants, parce que l'on en a basé l'assiette sur le rendement des cultures de canne et de betterave appartenant pour la plupart à des personnes ou à des Sociétés étrangères à la fabrication, et sur la teneur en sucre de ces végétaux, sans vérifier en aucune façon l'exactitude des données arithmétiques.

D'autre part, le système d'abonnement avec les fabricants, pour le payement de la contribution dans une industrie qui est dans sa période de croissance, devait forcément en réduire le produit. Cela résulte de l'état n° 3, qui cependant n'est malheureusement pas complet. On y voit que les quantités de sucre embarquées au cabotage ou chargées dans les stations de chemins de fer, qui ne peuvent provenir que de certaines fabriques, sont excessivement supérieures aux droits correspondant au *canon* stipulé dans les abonnements. L'examen de cet état suffit pour se convaincre de la nécessité urgente de réformer le régime de cette contribution. Pour cela, il faut renoncer au procédé de l'abonnement et administrer directement l'impôt. L'administration des Finances dispose des moyens nécessaires pour surveiller et percevoir, sans molester en rien les assujettis.

Il y a des fabriques de sucre situées dans des localités où il y a des administrations des Finances, et d'autres dans des localités où, sans avoir d'administration, le département est représenté par des agents qui ont déjà un service fiscal et de surveillance à remplir. Ces éléments peuvent et doivent être utilisés dans le but dont il s'agit, et il n'y aura lieu de pourvoir d'une vigilance spéciale que les quelques points qui manquent aujourd'hui de tout élément administratif. Ces sages principes d'économie pourront être également observés dans l'organisation des employés techniques dont le concours sera nécessaire pour aider la Douane dans certaines opérations intimement liées avec le rendement de l'impôt, car la fabrication du sucre de canne ayant lieu dans une saison différente de celle où on fabrique le sucre de betterave, les mêmes employés spéciaux pourront suffire pour les deux fabrications.

De cette organisation administrative, résultera la possibilité de recouvrer aisément l'impôt. Quant au montant de la taxe à imposer au sucre national, le Ministre soussigné croit qu'elle doit être de la moitié du montant de celle qui sera imposée en Douane aux sucres étrangers, et comme celle-ci est de 100 piécettes par 100 kil., on doit imposer de 50 piécettes par quintal métrique le sucre national, quelle que soit sa classe, parce que la diversité de prix que comporte la diversité des classes, conseille de ne pas entrer dans des subdivisions qui entraveraient la perception et favoriseraient des fraudes difficiles à prévenir et à éviter.

Si avec un écart de 13 p. 50, la fabrication péninsulaire a pu lutter contre la fabrication coloniale et prendre les développements qu'on y connaît, il lui sera plus facile encore de ruiner la concurrence étrangère avec un droit beaucoup plus considérable.

L'expérience démontre qu'avec un droit de 102 p. 25, le sucre étranger n'entre en Espagne qu'en quantité insignifiante, et la raison en est bien simple. Les sucres qui peuvent venir faire concurrence aux nôtres, valent au moins de 30 à 35 piécettes les 100 kilogrammes dans les ports d'embarquement, même en tenant compte des primes d'exportation et de restitution de droits ; et comme c'est là le prix de revient dans les fabriques espagnoles bien montées, quoique dans quelques-unes il soit plus élevé, la protection de 50 piécettes sera toujours effective, même sans charger aux prix de revient des sucres exotiques, les frets, les frais connexes et le change.

Pour l'assiette de l'impôt, le Ministre soussigné est persuadé que l'on doit fuir les systèmes employés par les autres nations afin de dissimuler les primes d'exportation que l'Espagne, pour le moment du moins, ne saurait penser à accorder : en conséquence, l'impôt doit porter sur le sucre réellement sorti de la fabrique et sur celui que l'on pourrait retenir dans les miels et les mélasses dans l'espoir de le soustraire au payement de la taxe. De cette façon, la surveillance des fabriques sera relativement facile et exempte d'incommodité pour les fabricants.

La justice exige cependant que l'on excepte de l'impôt les miels et mélasses destinés à la distillation des alcools et des esprits qui payeront un autre impôt.

Il n'est pas facile de prévoir exactement le rendement immédiat de l'impôt du sucre, en raison des difficultés inhérentes à tout changement de système en matière de contribution, parce qu'il y a au pouvoir des fabricants et des négociants, un stock que l'on ne peut pas soumettre à la taxe. A la vérité, depuis le jour où a cessé l'importation du sucre des Antilles, le gouvernement aurait été en droit d'abroger tous les contrats d'abonnement et de relever les droits, parce que le prix de la chose, objet de l'abonnement, avait subi une altération considérable, mais il a préféré se montrer observateur fidèle des conventions et attendre pour cette décision ce que les Cortès, dans leur sagesse, décideront à l'égard d'une question si ardue.

D'après les renseignements qui signalent une augmentation considérable de la culture de la betterave, on peut supposer que le produit des deux récoltes ne sera pas inférieur à 50 millions de kilogrammes, ce qui suppose un rendement fiscal de 25 millions de piécettes. Si l'administration de l'impôt se fait avec l'exactitude que l'on espère, et si la production continue à s'accroître comme elle le fait, on doit compter sur un rendement, pour 1900-01, de 30 millions de piécettes au moins sans en varier le taux.

Se fondant sur les raisons précédemment exposées, le Ministre soussigné, d'accord avec le Conseil des ministres et dûment autorisé par S. M., a l'honneur de soumettre à l'approbation des Cortès le projet de loi ci-joint.

PROJET DE LOI

Article premier. — L'impôt actuel sur le sucre de production nationale est supprimé à partir du 1er juillet 1899 et, en conséquence, sont abrogés les contrats consentis entre le Ministre des finances et les fabricants pour la perception de cet impôt.

Art. 2. — Le sucre de toute classe, la glucose, les miels et mélasses, la saccharine et tous les produits propres à remplacer le sucre dans l'alimentation et la préparation des substances alimentaires, sont soumis, à partir de la même date, à un impôt qui prendra la dénomination d'impôt du sucre.

Art. 3. — L'administration des Douanes percevra à l'importation sur les sucres, comme droit unique, les taxes suivantes au poids net :

Sucre, glucose, caramel liquide et produits analogues, par 100 kilogrammes . . P. 100 »
Miels et mélasses contenant plus de 50 0/0 de sucre cristallisable, par 100 k. . . . . 75 »
Les mêmes jusqu'à 50 0/0 de sucre cristallisable . . . . 50 »
Chocolat, kilogramme . . . . 3 »
Bonbons, biscuits, confitures, conserves de sirops et sirops non médicinaux, kilogramme . . . . 3 »
Saccharine et substances analogues, kilogramme . . . . 10 »
Médicaments contenant du sucre, de la glucose, de la saccharine et produits analogues . . . . 4 »

Art. 4. — On réformera le tarif actuel des douanes, en y incluant les mentions ci-dessus en substitution de celles y relatives qui y figurent aujourd'hui.

Art. 5. — Seront soumis à cet impôt tous les produits ci-dessus désignés importés de l'étranger, des îles Canaries ou des possessions espagnoles.

Art. 6. — Le sucre de toute classe, la glucose, les miels et mélasses, la saccharine et les substances analogues, produits dans la Péninsule et les îles Baléares, payeront les droits suivants :

Sucre de toute classe, 100 kilogrammes, poids net . . . . P. 50 »
Glucose, 100 k., poids net . . . . 25 »
Miels, mélasses, écumes, contenant plus de 50 0/0 de sucre cristallisable, 100 k., poids net . . . . 25 »
Les mêmes jusqu'à 50 0/0 de sucre cristallisable, 100 k., poids net . . . . . . 10 »
Saccharine et produits analogues, poids net, kil. . . . . 2 »

Art. 7. — Sont exceptés du payement des droits établis par l'article antérieur, les miels, mélasses et écumes de production nationale, destinés à la fabrication des alcools et des eaux-de-vie, à la condition que les droits perçus sur les produits de la distillation ne soient jamais inférieurs à ceux qui auraient été perçus sur le sucre.

Art. 8. — Les droits marqués à l'article 6 seront recouvrés au moment où les produits sortiront des fabriques respectives et dans la forme déterminée par le règlement.

Art. 9. — Il ne pourra être exigé sur les articles, qui sont l'objet de cette loi, aucune surtaxe au profit de l'Etat, des provinces ou des communes.

Art. 10. — Le sucre national, les miels et les mélasses, résidus de la fabrication, exportés à l'étranger, seront exempts du payement de l'impôt.

Pour jouir de l'exemption, il faudra :

1° Que les fabricants la sollicitent eux-mêmes en due forme ;

2° Que les sucres, miels et mélasses, aillent directement de la fabrique au port ou au point frontière habilité pour l'exportation ;

3° Que la quantité exportée ne soit pas inférieure à 500 kilogrammes ;

4° Qu'il soit justifié de l'arrivée des produits à l'étranger, aux îles Canaries ou dans les possessions espagnoles, dans le premier cas par une attestation de la douane respective, visée par le consul espagnol, et dans les deux autres cas au moyen d'une attestation des autorités désignées à cet effet par le règlement relatif à l'impôt.

Art. 11. — Les fabricants de chocolats, bonbons, confitures, fruits en compotes et au naturel, pâtes de fruits, gelées, sirops et biscuits, qui exportent ces produits à l'étranger, aux îles Canaries et dans les possessions espagnoles, auront droit, en restitution de l'impôt payé sur le sucre employé à la préparation de leurs produits, de recevoir les compensations suivantes :

Chocolat, bonbons, confitures, fruits en compotes, pâtes de fruits, gelées et sirops, 100 kilogrammes, poids net.. ....P. 25 »
Fruits au naturel et biscuits.......... 8 »

Pour obtenir la restitution des droits, il faudra que les fabricants remplissent les formalités décrites à l'article antérieur et qu'ils prouvent en outre, dans la forme déterminée par le règlement, qu'ils ont préparé ces produits avec du sucre national.

Art. 12. — L'administration pourra exiger que les produits assujettis à l'impôt des sucres ne circulent sur le territoire de la Péninsule et des îles Baléares que dûment, accompagnés d'un acquit à caution et que les emballages conservent jusqu'à leur sortie, les marques ou signes établis par le règlement pour justifier leur provenance légitime.

Art. 13. — Toute personne ou société qui voudra dans la Péninsule ou aux îles Baléares entreprendre la fabrication des produits mentionnés à l'article 6 de cette loi, devra solliciter de l'administration l'autorisation de ce faire et ne pourra pas commencer l'élaboration, sans avoir obtenu la permission dont il s'agit et rempli les formalités prescrites par le règlement de l'impôt.

Art. 14. — Sont prohibées expressément l'importation, la fabrication, la circulation, l'existence et la vente dans le royaume des substances alimentaires qui contiennent de la saccharine ou des produits analogues, ainsi que les mélanges de sucre et de glucose. Ces produits considérés comme sophistiqués, seront saisis partout où ils se rencontreront et seront détruits, ces deux circonstances étant aussitôt portées à la connaissance de l'autorité aux effets prévus par le code pénal et autres que ces circonstances comportent.

Art. 15. — Tomberont dans le délit de fraude en ce qui concerne l'impôt du sucre, délit qui sera puni dans la forme prévue par le règlement :

1° Toute personne qui essaye d'introduire ou introduise de l'étranger, des îles Canaries ou des possessions espagnoles, mette en circulation, détienne ou vende, en violation des préceptes du dit règlement, les denrées mentionnées aux articles 3 et 6 de la présente loi ;

2° Ceux qui fabriqueront des sucres, des miels, des mélasses, des glucoses et de la saccharine, sans y être autorisés par l'administration ;

3° Les fabricants qui, autorisés à élaborer les articles ci-dessus, le font dans des locaux autres que ceux habilités à cet effet ;

4° Ceux qui augmentent ou varient les appareils d'élaboration, sans aviser au préalable l'administration ou qui introduisent dans ces appareils des modifications permettant de soustraire une partie de la production à l'incidence de l'impôt ;

5° Les compagnies de chemins de fer et les autres entreprises de transport qui transporteraient des sucres ou glucoses sans les formalités déterminées par le règlement de l'impôt, ou les factureraient avec des noms d'emprunt ou diminueraient le poids des expéditions ;

6° Et ceux qui commettent toutes espèces d'actes, que le règlement ne qualifie pas de délit, mais qui ont une tendance manifeste à éluder ou à amoindrir malicieusement le produit de l'impôt.

Art. 16. — Dans les traités ou conventions de commerce que l'Espagne fera avec les autres nations, il ne sera consenti aucun rabais au sujet des marchandises visées dans la présente loi.

Art. 17. — Dans aucun cas, on n'admettra l'admission temporaire du sucre, de la glucose, des miels, mélasses et saccharines de production étrangère, ou de celle des Canaries et autres possessions espagnoles.

Art. 18. — L'administration de l'impôt du sucre sera à la charge de la Direction générale des Douanes qui y employera son personnel et le personnel technique nécessaire.

Dans toutes les questions qui peuvent surgir de cet impôt, c'est la Direction générale des Douanes qui sera compétente.

Art. 19. — Le Ministre des finances formera le règlement et adoptera les dispositions nécessaires pour la correcte exécution de cette loi.

Article transitoire. — Les préceptes de cette loi seront applicables à tous les produits qui s'élaborent dans les fabriques et à tous ceux qui seront déclarés en Douane pour la consommation ou sortis à cet effet des magasins de dépôts à partir du 1er juillet 1899.

ÉTAT N° 1

Résumé des droits recouvrés sur le sucre de production nationale péninsulaire.

1873-74	172.071	48
1874-75	258.954	78
1875-76	249.958	20
1876-77	225.043	05
1877-78	348.568	12
1878-79	2.618.110	93
1879-80	1.768.242	70
1880-81	2.034.415	31
1881-82	2.038.638	05
1882-83	2.125.140	63
1883-84	2.240.185	22
1884-85	1.142.117	10
1885-86	971.843	94
1886-87	436.830	12
1887-88	414.293	19
1888-89	431.153	31
1889-90	466.016	68
1890-91	568.219	69
1891-92	697.049	60
1892-93 (compris dans le produit des sucres de toute classe).		

1893-94	1.450.513	88
1894-95	1.485.580	49
1895-96	1.453.300	60
1896-97	1.624.448	60
1897-98	1.683.086	20
1898-99 (dix mois)	1.037.473	90

ÉTAT N° 2

Sucres sortis au cabotage par les Douanes des provinces d'Almeria, Malaga et Granada.

1889 (année naturelle) tonnes	11.280	»
1890	13.320	»
1891	11.088	»
1892	13.704	»
1893	18.402	»
1894	19.691	»
1895	21.720	»
1896	25.404	»
1897	23.276	»
1898	32.887	»

ÉTAT N° 3

FABRIQUES ESPAGNOLES

ayant travaillé en 1898

Province d'Almeria	Nombre.	2
— de Cordoue		1
— de Granada		20
— de Madrid		1
— de Malaga		11
— d'Oviedo		1
— de Saragosse		1
Sucre de canne		20
— de betterave		16
— de sorgho		1
Production déclarée pour l'impôt	Kil. 7.377.850	»
Production réelle apparente	55.852.042	»

n'ayant pas travaillé

Province de Barcelone	nombre.	1
— de la Coruna		1

en construction

Province de Madrid	Nombre.	1
— d'Oviedo		3
— de Santander		1
— de Saragosse		3

en projet

Province de Léon	Nombre.	1
— de Pontevedra		2
— de Saragosse		1
— de Valladolid		1

ÉTAT N° 4

STOCK AU 1ᵉʳ AVRIL 1899

Fabriques de sucre de canne, kᵒˢ	2.053.706	»
Fabriques de sucre de betterave	3.431.554	»
Fabriques de sucre de sorgho	11.000	»
Magasins dans la zone de surveillance	10.112.679	»
Total	15.608.939	»

ÉTAT N° 5

IMPORTATION DU SUCRE EN ESPAGNE

(Tonnes)

Année	Étranger	Antilles	Philippines
1850	3	23.642	838
1851	2	24.827	674
1852	3	35.426	864
1853	1	26.608	1.202
1854	6	31.293	228
1855	1	40.894	747
1856	3	32.329	1.012
1857	33	33.359	1.385
1858	132	36.537	1.313
1859	197	36.538	1.400
1860	79	31.637	1.371
1861	78	38.193	1.239
1862	83	42.005	1.081
1863	658	42.358	787
1864	90	38.956	723
1865	171	39.689	1.126
1866	47	35.013	588
1867	17	29.123	354
1868	25	32.052	525
1869	752	31.169	168
1870	2.046	37.724	989
1871	3.440	34.558	1.577
1872	3.554	29.934	1.300
1873	3.395	65.142	2.646
1874	3.300	31.156	739
1875	4.815	23.120	1.072
1876	9.310	30.808	1.473
1877	10.397	19.211	1.383
1878	10.337	17.063	1.869
1879	8.490	22.173	2.680
1880	6.939	18.489	3.046
1881	10.576	15.109	8.240
1882	12.724	18.049	4.275
1883	18.899	18.203	7.421
1884	22.245	23.201	8.648
1885	5.175	43.747	4.161
1886	2.751	49.535	5.281
1887	1.387	46.968	4.402
1888	429	43.826	4.579
1889	218	48.042	5.840
1890	851	72.100	3.273
1891	730	47.717	1.870

1892

| — | 1.636 | Antilles : | 72.008 | Philippines : | 2.843 |

1893

| — | 1.679 | — | 20.947 | — | 2.828 |

1894

| — | 1.262 | — | 37.345 | — | 3.986 |

1895

| — | 923 | — | 40.706 | — | 5.298 |

1896

| — | 923 | — | 33.190 | — | 3.618 |

1897

| — | 805 | — | 24.507 | — | 2.751 |

1898

| — | 866 | — | 7.816 | — | 299 |

XV

PROJET DE LOI

sur les alcools, eaux-de-vie et liqueurs

AUX CORTÈS

Les alcools, eaux-de-vie et autres boissons spiritueuses sont la source, dans les principaux pays, d'une forte contribution qui a le double but de procurer au Trésor des rendements considérables et de restreindre la consommation pour éviter les funestes effets de l'alcoolisme.

La production de l'alcool chez tous les peuples de l'Europe et aux Etats-Unis, est approximativement de 15 millions d'hectolitres ; celle de l'Espagne peut être évaluée à 500.000 dont 300.000 proviennent de la distillation du vin et du marc de raisin.

Quelques nations comme la Russie et la Suisse, sont même allées jusqu'à établir le monopole de la vente des boissons alcoolisées, dans l'intérêt du Trésor. Chez celles où on n'a pas eu recours à ce moyen extrême, le produit des impôts sur l'alcool est si considérable et la vente y a tant d'importance, que la surveillance fiscale y atteint des proportions inconnues dans notre histoire administrative, grâce auxquelles on en retire les rendements suivants comme moyenne :

Grande-Bretagne.....	Piécettes	521	millions
France...............	—	278	—
Allemagne...........	—	189	—
Etats-Unis	—	451	—
Italie...............	—	29	—

Afin d'arriver à ce résultat, il a fallu élever le taux de l'impôt, comme on va le dire :

Grande-Bretagne (*par hectolitre*)....P.	536	»
France............................	156	25
Allemagne..	62	10
Italie.........	147	60
Belgique.........................	200	»

Si on tient compte de la population, on trouve la répartition suivante par tête d'habitant :

Grande-Bretagne...................P.	13	08
France	7	22
Allemagne.	3	56
Italie............................	0	93
Etats-Unis.........................	6	21

correspondant à une consommation individuelle, en litres :

Grande-Bretagne..	2	31
France............................	4	30
Allemagne......................	4	30
Italie............................	0	66
Belgique........................ .	4	55

En Espagne, l'impôt sur l'alcool a constitué autrefois un impôt spécial qui est arrivé à produire 4 millions de piécettes par an et qui s'est refondu ensuite dans la contribution générale de *consumos*, jusqu'à ce que le développement de la richesse nationale ait de nouveau appelé l'attention sur cette branche négligée de revenus. On doit mentionner comme principal, entre les facteurs de la prospérité nationale, la convention de commerce avec la France du 8 décembre 1877, prélude du traité du 11 février 1882. Ces pactes internationaux encouragèrent efficacement la production vinicole du pays, en raison de la période calamiteuse que traversait la viticulture française, considérablement amoindrie par le phylloxera qui y causa tant de dommages.

Malheureusement, la soif immodérée du lucre fit que l'on expédia en France, en plus des vins naturels à l'état de pureté, des mélanges artificiellement préparés qui servirent de véhicule à l'introduction de l'alcool, jusqu'à la dernière limite possible de la tolérance de la douane. Et quoique cette exportation n'ait pas pris des proportions considérables, on le prétendit en France et on crut en Espagne, faute d'approfondir suffisamment la matière, que l'augmentation de l'importation des alcools étrangers dans la pénisule, notamment des alcools allemands et suédois, visait cet emploi, De là les polémiques des années 1887 et 1888, dans lesquelles on oublia que si l'exportation des vins espagnols à destination de la France avait augmenté, il fallait bien remplacer d'une façon quelconque cette masse d'alcool, dans la consommation et dans l'industrie.

L'opinion générale, complètement dévoyée, en vint à se figurer que la baisse naturelle du prix de nos vins en France, au fur et à mesure que le vignoble français se reconstituait, était due à leur falsification, justifiant ainsi les mesures prises par la République voisine pour repousser les vins alcoolisés, quoique au fond, le véritable motif de cette campagne fût le désir de protéger la production indigène et de favoriser la consommation des vins d'Algérie en France, but qui fut en partie atteint. L'offuscation continua en Espagne, empêchant de voir la cause véritable de la baisse du prix du vin et attribuant ce phénomène à la souillure des alcools étrangers: on chercha donc à couper court au mal en le prenant à l'origine.

Tel fut l'objet de la loi du 26 juin 1888 et des règlements pour son exécution, assujettissant l'alcool étranger à un impôt spécial de consommation de 75 centimes par degré alcoométrique centésimal et par hectolitre. L'alcool indigène fut grevé de la même façon, mais la réglementation ne facilita pas la perception de l'impôt, comme le prouvent les renseignements que l'on possède.

On commit une autre erreur en faisant supporter des droits identiques à l'alcool provenant de la distillation du vin et des résidus de raisin, et à celui que l'on retire de la saccharification d'autres substances.

Les résultats de cette législation n'ont pas pu être appréciés avec une exactitude suffisante, car il y a été dérogé par la loi du 21 juin 1889 qui, faisant un mouvement rétrograde, réduisit l'impôt spécial sur les alcools importés et fabriqués en Espagne à 25 piécettes par hectolitre, quelle que fut la graduation, sauf ceux obtenus des vins ou des résidus du raisin qui furent déclarés indemnes, les uns et les autres, d'ailleurs, restant soumis à l'impôt de *consumos* quand ils n'étaient pas destinés au vinage.

Cette loi, non plus, ne jouit pas d'une longue existence, celle du budget de 1892 ayant créé un impôt spécial sur les alcools, indépendant des *consumos*, et fixé à 25 centimes de piécette par degré centésimal pour les alcools provenant de la distillation du vin et des résidus du raisin, et à une piécette pour les alcools industriels fabriqués en Espagne ou importés de l'étranger. On établit, en outre, des droits spéciaux de patente pour la vente au détail des boissons spiritueuses. Ni ces patentes n'ont donné lieu à une perception effective dans l'échelle que l'on avait espérée, ni le nouvel impôt n'a donné les résultats que l'on en attendait. Aussi quelques mois après, une autre loi, celle du 5 août 1893, modifia la loi antérieure, établissant de nouvelles bases. Les alcools pro-

duits de la distillation du vin et des résidus du raisin, devaient acquitter une patente de fabrication, graduée suivant la capacité et la qualité des appareils employés dans la distillerie. La cote fut fixée à 37 p. 50 par hectolitre pour ceux obtenus par la distillation des miels et des mélasses, résidus de la fabrication du sucre dans la Péninsule, îles adjacentes et possessions d'outremer, la même cote devant être imposée à ceux obtenus en Espagne de la distillation d'autres matières. Un décret royal du 8 février 1894 créa aussi 11 classes de patentes pour la vente au détail de l'alcool et autres boissons alcooliques, assurément avec l'espoir, mal réalisé, de percevoir cette taxe dans une forme distincte de celle établie par la loi de 1892. Enfin la loi du 30 juin 1895 déclara que la patente de fabrication des alcools provenant du vin et des résidus du raisin, ne pourrait jamais être inférieure à la cote de la contribution industrielle payée par le producteur, soit comme fabricant d'eaux-de-vie, soit comme fabricant d'alcool, ni en aucun cas être plus que triple de la cote en question. Les autres produits alcooliques élaborés dans la Péninsule et les îles adjacentes, ainsi que ceux provenant des distilleries des provinces et possessions d'outre-mer, furent taxés à 37 p. 50 par hectolitre, sans aucune exception, même pour conventions antérieures ou pour tout autre motif.

Cette législation instable et accidentée d'un impôt dont on a, tour à tour, traité de faire la base d'une contribution spéciale et productive, ou un simple article du tarif des *consumos*, a été refondue aux bénéfices des distillateurs de vin, dans le règlement du 19 avril 1898, encore en vigueur. Il ne faut donc pas s'étonner si, avec ces vacillations et ces innovations, l'impôt de fabrication sur l'alcool, loin de fournir les produits considérables que l'on en attendait, n'ait donné, en 1897-98, que 1.812.790 piécettes.

Si de cette somme on déduit ce que les douanes ont perçu sur les eaux-de-vie de canne de Cuba et de Puerto-Rico et sur les liqueurs importées de l'étranger, comme on le voit par l'état n° 2, le montant du recouvrement effectué sur la production nationale, apparaît encore plus exigu. Il est absolument indispensable, pour fonder un revenu sérieux sur ce produit, d'y donner de nouvelles et solides bases en tenant compte à la fois des leçons de l'expérience, et des triples besoins de la production, du commerce et du Trésor.

La première chose à faire est de déterminer ce que l'on veut imposer et de combien l'on veut l'imposer : à ce point de vue, il est nécessaire de faire clairement apparaître tout d'abord que ce que l'on veut c'est imposer l'alcool consommé dans le pays, soit comme boisson, soit pour les usages industriels. Il y a donc lieu de repousser l'idée de grever l'alcool exporté dans son état naturel, ou transformé en eau-de-vie potable ou en liqueur, et également celle de demander au vin, à la bière ou au cidre une cote plus élevée de *consumos*, en raison de l'alcool qu'ils contiennent.

Dans l'esprit du Ministre soussigné, l'impôt sur les alcools destinés aux usages industriels doit être très léger, et, sans arriver du premier coup au taux minime appliqué dans certains pays aux alcools rendus impropres à la consommation de l'homme ou dénaturés, il espère qu'on pourra y descendre quand les résultats de la perception et la forme de l'impôt le permettront.

Les eaux-de-vie simples employées aux usages industriels, sont soumises à l'impôt représenté par une seule cote, et, par conséquent, inférieur à celui des autres classes. On tiendra compte de ce fait que les produits industriels dans la composition desquels entre l'alcool résultant surtaxés par rapport aux similaires étrangers, il faut relever les droits de douane sur toutes les préparations de cette nature, afin de maintenir les proportions existantes et de permettre aux produits nationaux de soutenir la concurrence.

La classification des alcools et des eaux-de-vie aux effets du tarif de l'impôt, doit être longuement méditée. On ne peut pas faire dans notre pays les mêmes distinctions que dans d'autres, où la production des alcools provient de trois sources bien caractérisées : les distilleries de vin, les distilleries agricoles et les distilleries industrielles. La vaste extension dont jouit en Espagne la distillation du vin, et sa liaison intime avec l'industrie viticole, en font et en ont toujours fait l'objet de considérations et de ménagements considérables. Quant aux distilleries agricoles, qui sont l'objet des soucis du Gouvernement en Allemagne, elles n'existent pas, à proprement parler, en Espagne, et les conditions de la production agricole ne se prêtent guère à leur création.

La distillerie industrielle se trouve dans d'autres conditions. Elle a, en effet, pris d'importants développements depuis que l'élévation des droits de douane a paralysé l'importation des alcools étrangers qui ont totalement disparu du marché. Dans l'établissement de l'impôt, on doit donc tenir compte du premier et du dernier des trois facteurs que nous avons cités, c'est-à-dire à la fois des alcools de vins et de résidus de raisin et de ceux que l'on obtient sur une grande échelle par la saccharification d'autres matières.

En ce qui touche les premiers, le régime qu'ils subissent, est si bénin que l'on peut considérer que, pour eux, l'impôt n'existe pas. Les cotes minimes que l'on paye comme patentes de la fabrication de l'alcool, conformément à l'article 3 du règlement du 19 avril 1898, sont réduites encore de 20 0/0 quand on distille les résidus du raisin et non le vin ; les plus grandes facilités sont données pour faire ces opérations en appareils fixes ou mobiles, appartenant ou non aux distillateurs. Le manque de surveillance est complet et la liberté de circulation pour les produits, absolue, sauf pour les transports dans la zone fiscale qui doivent être accompagnés d'une facture de vente. Aussi cette industrie se soustrait facilement à toute perception.

Malgré toute sa considération pour la production vinicole, et son désir de la protéger et de l'encourager, le Ministre soussigné croit qu'il faut mettre un terme à ce relâchement. C'est très bien de réserver aux propriétaires de vignobles la faculté de distiller en franchise les esprits dont ils ont besoin pour viner leurs vins, ou les bonifier en vue de leur conservation et de leur vente, sans perdre pour cela la qualité de récoltants, mais, du moment que l'eau-de-vie distillée par eux est destinée à la vente et à la consommation en tant qu'eau-de-vie, ils deviennent distillateurs et doivent être soumis au même traitement que les autres.

De là, la nécessité de contraindre les propriétaires à faire leurs opérations distillatoires dans leurs chais ou dans des magasins limitrophes, sans qu'aucune quantité de cette eau-de-vie privilégiée puisse être destinée à la vente, ni mise en circulation. Il sera aussi nécessaire que quand les appareils seront installés dans des locaux autrement disposés que ceux dont il est question ci-dessus, et séparés des caves et chais, les propriétaires soient réputés distillateurs et en acquittent toutes les charges, notamment l'impôt de fabrication.

Les grandes fabriques où l'on distille et raffine l'alcool, où on met en œuvre soit le vin, soit les résidus du raisin, et où on concentre et rectifie l'alcool produit ailleurs, sont dans le même cas, car c'est bien là ce que le législateur a voulu frapper et quoi que, par déférence et sympathie pour la viticulture, l'impôt doive être moindre que sur les usines qui rectifient les alcools industriels, il faut les y assujettir en les soumettant en outre à une surveillance rigoureuse.

La base de l'impôt doit être exclusivement la quantité d'alcool ou d'eau-de-vie réellement produite. Ici se présente un autre problème, qui est celui de savoir s'il est préférable de déterminer la taxe par la graduation alcoométrique des liquides, ou si celle-ci doit reposer uniquement sur le volume.

Au point de vue de la justice absolue, le premier système devrait prévaloir ; mais, en raison des pratiques usuelles de la distillation et des éléments dont dispose l'administration des finances pour la gestion de l'impôt, il ne faut pas faire choix d'un système qui, nécessitant une surveillance assidue et incessante, se prêterait facilement à la fraude.

L'intérêt des grandes distilleries est de produire des alcools d'une graduation élevée, employant pour cela des appareils compliqués et volumineux, d'où il résulte, dans la pratique, que la distinction par degrés est plus fictive que réelle (?). Il n'en est pas de même pour les viticulteurs qui distillent une partie de leur récolte et qui ne peuvent employer que des appareils simples et peu coûteux, avec lesquels on ne peut pas produire des eaux-de-vie d'une graduation élevée.

De tout ceci, il faut conclure qu'il faut traiter les eaux-de-vie autrement que les alcools, en établissant entre ces deux produits une limite que le Ministre soussigné, après un mûr examen, propose dores et déja de fixer à 65 degrés centésimaux.

Quant aux propriétaires d'alambics portatifs qui ne sont jamais de construction compliquée et qui ne produisent pas d'eaux-de-vie d'une graduation élevée, ils devront être soumis à une rigoureuse vigilance, comme pouvant facilement se prêter à la fraude.

Aussi on ne devra pas permettre aux propriétaires de ces appareils de distiller pour leur propre compte, sauf quand ils sont eux-mêmes propriétaires récoltants, et, dans ce cas, ils ne seront autorisés à distiller que leurs propres récoltes. En outre, les appareils portatifs seront l'objet d'une vigilance toute spéciale de la part de l'administration, afin que l'on ne puisse les utiliser pour aucune opération clandestine. Les distilleries industrielles peuvent se diviser en deux groupes principaux : celles qui forment partie des fabriques de sucre de canne et de betterave et celles qui sont complètement indépendantes.

La grande importance de la fabrication du sucre exige que l'on facilite l'utilisation des miels et mélasses qui en sont les résidus et que, dans ce but, on les exempte de tout impôt, pour ne percevoir que la taxe correspondant à l'alcool obtenu de la distillation de ces sous-produits de la sucrerie.

Ces alcools sont de deux espèces : les alcools proprement dits d'une graduation élevée, et les

eaux-de-vie propres à remplacer celles que les colonies envoyaient en grande quantité en Espagne où il en est fait une consommation considérable. La valeur dont ces eaux-de-vie jouissent sur le marché, compense leur faible graduation relative, comparée à celle des alcools, et sert de motif suffisant pour que l'on puisse se dispenser d'en faire une classe à part au point de vue fiscal. On les imposera donc au volume sans tenir compte de leur graduation.

Les fabriques d'alcool industriel proprement dit, c'est-à-dire celles qui utilisent la fermentation alcoolique des grains, des tubercules et des fruits, sont aussi celles auxquelles on imposera les cotes les plus élevées, en raison des conditions exceptionnelles de leur fonctionnement. Tout en reconnaissant l'importance de ces distilleries pour la fabrication des alcools de vinage et de ceux qui servent à la fabrication des eaux-de-vie composées et des liqueurs, et sans oublier l'utilité dont est l'emploi de leurs résidus pour la nourriture du bétail et la bonification des assolements, on ne saurait méconnaitre qu'elles ne répondent pas à une nécessité absolue de la production nationale et qu'elles ne sont pas les auxiliaires indispensables d'autres industries importantes, comme il en est des distilleries de vins ou de mélasses. Il est certain aussi qu'elles sont l'objet de préventions difficiles à dissiper et qui persisteront jusqu'à ce que le temps et la vigilance de l'administration aient démontré que ce sont des facteurs utiles du progrès de la richesse.

La situation géographique de ces usines et les conditions dans lesquelles elles travaillent, y facilitent l'emploi de beaucoup de produits étrangers et en particulier des maïs et d'autres grains analogues, d'où des méfiances qu'il faut détruire. Une surveillance sérieuse démontrera l'injustice de ces soupçons, et si ceux-ci étaient fondés, remédiera aux défectuosités du fonctionnement de ces établissements.

Les produits des distilleries d'alcools et d'eaux-de-vie simples étant soumis à des droits élevés, il ne serait pas juste que les boissons d'un prix relativement élevé, que ces produits servent à fabriquer, fussent exempts de l'impôt de fabrication. C'est le cas des eaux-de-vie anisées et autres composées et des liqueurs, qui ne sont assujetties qu'à l'impôt général de *consumos* et qui sont protégées par le tarif des douanes. En vue de ces particularités et des besoins pressants du Trésor, il y a donc lieu de les taxer d'une façon spéciale comme on le fait dans d'autres pays.

Pour fixer le *quantum* de cet impôt, il faut tenir compte des diverses espèces de ces liqueurs et de la forme sous laquelle elles arrivent à la consommation. Les eaux-de-vie anisées constituent une classe à part qui, étant d'un usage général dans les basses classes, ne doit payer qu'une taxe modique. Par contre, les eaux-de-vie composées et les liqueurs, imitant des similaires étrangers et se vendant sous des noms divers comme si elles étaient de provenance étrangère, doivent non seulement être grevées au maximum, mais sévèrement réglementées au point de vue administratif pour que les consommateurs sachent exactement si ce sont des produits authentiques ou des imitations qu'ils achètent.

Pensant à l'avenir autant qu'au présent, on doit établir la base de la surveillance qu'il est indispensable d'exercer sur la fabrication des alcools en général. Nous avons déjà démontré les motifs qui en font une obligation administrative en ce qui concerne les distilleries, grandes ou petites d'alcool de vin, et ici nous devons tout d'abord consigner la nécessité, tout en respectant les droits acquis, de ne permettre l'établissement ou la construction d'aucune distillerie industrielle dans une localité qui ne soit pas capitale de province ou siège d'une administration des Douanes de 1re classe.

La grande importance des distilleries industrielles permet de croire que si l'impôt arrive à être assis sur des bases durables comme l'espère le Ministre soussigné, leur fonctionnement normal sera le point de départ de la vulgarisation des distilleries agricoles, à peine connues aujourd'hui en Espagne. Dans ces grandes usines, la surveillance doit être active et vigilante, car elle doit embrasser non seulement les produits de la fabrication, mais aussi les matières premières mises en œuvre. Il serait oiseux de rappeler ici la raison d'être de toutes les mesures tendant à assurer la pureté des produits de ces fabriques, lesquels doivent être libres de toute trace d'alcool amylique et des autres analogues qui exercent une si fatale influence sur la santé publique. Les produits impurs ne devront jamais être livrés à la consommation bien que, en raison du bon marché des alcools destinés aux usages industriels, il soit convenable que ceux de cette catégorie puissent être vendus tels quels, mêlés à des substances qui ne leur permettent plus d'être potables, comme on le fait dans les autres pays, mais taxés jusqu'à nouvel ordre comme les alcools potables.

Les considérations précédentes exigent de la part des agents de l'administration des finances une vigilance incessante, car outre que l'impôt grève les produits élaborés, le montant de la cote doit être calculé non seulement sur la quantité, mais en raison de la nature des matières employées à la distillation. Enfin, il faut aussi s'assurer que l'alcool obtenu est dans l'état de pureté absolue que requièrent la consommation et les exigences du vinage. Il est aussi nécessaire que le règlement qui organisera cette vigilance, obvie à toutes les contingences de cet important service, dont les effets doivent s'étendre au transport et à la vente, tout en se préoccupant d'atténuer, autant que possible, les difficultés et les incommodités de cette fiscalisation qui sûrement n'atteindra par le degré de sévérité en usage dans les pays où l'alcool est un article de grand rendement pour le Trésor.

Dans les circonstances présentes, le Ministre soussigné considère que pour obtenir un bon résultat, il faut trois choses : 1° Exiger que toute expédition d'alcools, eaux-de-vie et liqueurs, soit accompagnée d'un congé de circulation pour la Péninsule et les Baléares ; — 2° que les contenants d'une certaine capacité portent le nom du fabricant, la mention du produit et la contenance du récipient ; — 3° que les bouteilles servant à la vente des eaux-de-vie composées et des liqueurs, soient fermées par une bande qui, jusqu'au moment de la vente au détail, soit une sorte de certificat d'origine légale.

Se fondant sur les considérations qui précèdent, le Ministre soussigné, d'accord avec le Conseil des Ministres et dûment autorisé par S. M., a l'honneur de soumettre à l'approbation des Cortès, le projet de loi ci-joint :

PROJET DE LOI

Article premier. — A partir du 1er juillet 1899, est et demeure supprimé l'impôt actuellement perçu sous le nom d'*Impôt spécial* sur l'alcool, et à la place il en est créé un autre dénommé *Impôt de fabrication des alcools.*

Art. 2. — L'impôt de fabrication des alcools sera complètement indépendant de celui qui est perçu comme impôt de **consumos** sur les alcools, eaux-de-vie et les autres boissons alcoolisées.

Art. 3. — Seront passibles de l'impôt de fabrication des alcools, les articles suivants :

1° Alcools de vins et de résidus de raisin ;

2° Alcools de sucres, miels et mélasses de cannes, de sorgho, et de betterave ;

3° Alcools de grains, graines, fruits, tubercules et de toute autre substance donnant de l'alcool par la fermentation et la distillation ;

4° Eaux-de-vie simples obtenues par les procédés ordinaires ;

5° Eaux-de-vie composées ;

6° Liqueurs.

Art. 4. — Pour les effets de cette loi, on réputera :

1° Alcool de vin, le produit de la distillation du vin, du raisin frais ou sec, des marcs, des mouts et de tous les résidus de raisin, marquant à la température de 15 degrés, plus de 65 degrés centésimaux de l'alcoomètre de Gay-Lussac ;

2° Eaux-de-vie, le même produit jusqu'à 65 degrés centésimaux ;

3° Alcools et eaux-de-vie de sucre, miels et mélasses, tous les produits de la distillation des sucres, sirops, miels, mélasses, écumes et tous autres produits provenant de la trituration de la canne ou de la betterave et de l'extraction du sucre ;

4° Alcools et eaux-de-vie industriels, tous les autres liquides, produits de la distillation, qui contiennent de l'alcool éthylique et qui ne sont pas l'objet d'une mention spéciale dans cette loi ;

5° Alcools et eaux-de-vie simples, ceux auxquels on n'a ajouté aucune substance étrangère à leur composition naturelle, soit au moment de l'élaboration, soit après.

L'eau-de-vie de canne, le rhum et le cognac se considèrent comme des eaux-de-vie simples aux effets de cette loi.

6° Alcools et eaux-de-vie composés, ceux qui sont aromatisés avec des substances étrangères à leur composition, sans contenir de sucre ;

7° Et liqueurs, les produits visés au paragraphe antérieur et contenant du sucre.

Art. 5. — Les vins de toute espèce, le cidre, la bière, les médicaments, les produits industriels qui contiennent de l'alcool et ceux que l'on prépare au moyen de l'alcool dans la Péninsule et les îles Baléares, ne seront pas soumis à l'impôt de fabrication des alcools ; mais les établissements où ces préparations sont faites, seront l'objet d'une surveillance déterminée par l'administration.

Art. 6. — L'impôt de fabrication sur les alcools, eaux-de-vie et liqueurs, fabriqués dans la Péninsule et les îles Baléares, sera perçu conformément au tarif suivant :

A. — *Eaux-de-vie simples*

(Par hectolitre de liquide)

1° Alcool de vin...................P.	40	»
2° Eau-de-vie de vin...............	25	»
3° Alcool et eau-de-vie de sucre......	40	»
4° Alcool et eau-de-vie industriels....	50	»

B. — *Eaux-de-vie composées et liqueurs*

Les droits fixés ci-dessus, augmentés des surtaxes suivantes :

(Par hectolitre de liquide)

1° Eau-de-vie anisée, avec ou sans sucre.........................P.	10	»
2° Imitation des eaux-de-vie composées et des liqueurs étrangères..........	30	»
3° Les autres eaux-de-vie composées et liqueurs........................	20	»

Art. 7. — Quand les alcools, eaux-de-vie et liqueurs sortiront en bouteilles des fabriques, celles-ci devront porter une bande enserrant le goulot de la bouteille et dont le prix sera le suivant :

Bouteilles de plus d'un litre........P.	0	25
Bouteilles d'un demi-litre à un litre....	0	15
Bouteilles jusqu'à un demi-litre........	0	10

Art. 8. — Les alcools et produits contenant de l'alcool ou préparés avec de l'alcool et provenant de l'étranger, des îles Canaries et des possessions espagnoles, payeront à leur importation dans la Péninsule et les îles Baléares, pour droits de douane et impôts de fabrication, les quotités suivantes :

Alcools et eaux-de-vie simples de toutes classe (par hectolitre de liquide).......P.	200	»
Eaux-de-vie composées et liqueurs (par hectolitre de liquide)..........	300	»
Vernis à base d'alcool (par kilogramme)	0	50
Produits pharmaceutiques alcoolisés (par kilogramme)..................	5	»
Parfumerie alcoolisée (par kilogramme)	3	»
Ether —	1	»
Chloroforme —	5	»
Vinaigre —	0	50
Autres produits alcoolisés —	0	50
Vins et boissons alcoolisées portant plus de 20 degrés centésimaux (par degré au-dessus et par hectolitre)........	2	»

Art. 9. — Les droits sur les produits mentionnés à l'article 6 seront perçus à la sortie de la fabrique.

Art. 10. — L'administration ne pourra faire aucun accommodement avec les producteurs d'alcools, eaux-de-vie et liqueurs, pour la perception de l'impôt établi par cette loi, ni consentir à aucun calcul de fabrication basé sur la capacité des appareils d'élaboration ou sur le rendement présumé des matières employées.

Art. 11. — Les droits mentionnés à l'article 8 seront acquittés en douane dans la forme usitée pour les autres marchandises. Les alcools, eaux-de-vie et liqueurs de provenance étrangère, introduits en bouteilles, ne pourront pas être sortis de la douane sans la bande qui en autorise la circulation.

Art. 12. — Les alcools et eaux-de-vie, destinés au vinage, seront exempts de l'impôt, conformément aux conditions suivantes :

1° Les alcools et eaux-de-vie seront obtenus de la distillation des vins ou des résidus de raisin ;

2° Ils seront fabriqués par les propriétaires des vins dans leurs chais, magasins ou ateliers annexes ;

3° Les manipulations propres au vinage se pratiqueront dans les mêmes locaux ;

4° Les propriétaires devront à cet effet remplir les formalités prescrites par le règlement.

Art. 13. — Les fabricants d'alcools, eaux-de-vie et liqueurs, exportant leurs produits à l'étranger, aux îles Canaries et dans les possessions espagnoles, auront droit aux restitutions suivantes par hectolitre de liquide :

Alcools simples de toutes classes : de plus de 65 degrés centésimaux..........P. 40 »
Eaux-de-vie simples jusqu'à 65 degrés inclus............................ 25 »
Eaux-de-vie anisées, avec ou sans sucre, en bouteille...................... 35 »
Eaux-de-vie composées et liqueurs en bouteille.......................... 40 »
Eaux-de-vie autrement qu'en bouteille 30 »

Pour obtenir la restitution, il faudra :

1° Que les fabricants eux-mêmes fassent l'exportation ;

2° Que les alcools, eaux-de-vie et liqueurs aillent directement des fabriques aux ports ou lieux d'exportation désignés à cet effet ;

3° Que la quantité exportée ne soit pas inférieure à 500 litres ;

4° Et que l'on prouve l'arrivée des produits à l'étranger, aux îles Canaries ou dans les possessions espagnoles, — dans le premier cas avec une attestation de la douane respective, visée par le Consul espagnol, et dans le second et le troisième, avec un certificat des autorités que le règlement désignera à cet effet.

Dans le cas où les alcools, eaux-de-vie, liqueurs, visés dans cet article, seraient réimportés en Espagne, ils devront payer les droits fixés à l'article 8.

Art. 14. — Toute personne ou société qui dans la Péninsule et les îles Baléares, voudra se livrer à la fabrication des produits mentionnés à l'article 3 de cette loi, devra solliciter à cet effet une autorisation de l'administration et elle ne pourra pas commencer ses opérations sans être munie de ce document et sans remplir toutes les formalités prescrites par le règlement.

Art. 15. — L'administration pourra exiger que les produits, soumis à l'impôt de fabrication des alcools, ne circulent dans la Péninsule et les îles Baléares, que dûment accompagnés d'un congé en forme, et que les emballages ou contenants conservent les marques et signes que prescrira le règlement sur l'impôt, afin de justifier partout de leur provenance légitime.

Art. 16. — Sont expressément défendues, l'importation, la circulation et la vente, dans le royaume, pour l'usage de l'homme, des alcools, eaux-de-vie et liqueurs contenant des substances nuisibles à la santé.

Ces produits seront saisis partout où ils se rencontreront et détruits ; toutes choses qui seront portées à la connaissance de l'autorité compétente aux fins prévus par le Code pénal et la législation applicable dans l'espèce.

Art. 17. — L'importation, la circulation et la vente des alcools impurs, destinés à l'industrie, seront permises aux conditions suivantes :

1° Que l'importateur ou le producteur le demandent avant la liquidation en douane ou la sortie de la fabrique respectivement ;

2° Que les droits correspondant d'importation et de fabrication soient acquittés ;

3° Que ces produits soient préalablement dénaturés et rendus impropres à l'usage de l'homme par les procédés que déterminera le règlement.

Art. 18. — A l'avenir, on ne pourra établir des fabriques d'alcools et d'eaux-de-vie industriels, que dans les juridictions municipales des capitales de provinces et des ports de mer possédant une douane de première classe.

Art. 19. — Commettront le délit de fraude de l'impôt de la fabrication des alcools, puni dans la forme établie par le règlement :

1° Toute personne qui cherche à introduire ou qui introduira de l'étranger, des îles Canaries ou des possessions espagnoles, qui mette en circulation, détienne ou vende, en violation des préceptes du règlement, les articles qui sont l'objet de la présente loi ;

2° Ceux qui fabriquent des alcools, eaux-de-vie ou liqueurs, sans y être autorisés par l'administration ;

3° Les fabricants qui, autorisés à fabriquer des alcools, eaux-de-vie et liqueurs, opèrent dans un local autre que celui désigné à cet effet ;

4° Ceux qui augmentent ou varient les appareils de fabrication sans aviser l'administration, ou qui apportent à leurs appareils des modifications permettant de soustraire une partie de leurs produits au payement de l'impôt ;

5° Ceux qui essayent de revivifier ou qui auraient revivifié des alcools ou eaux-de-vie dénaturés, impurs et nuisibles à la santé ;

6° Les propriétaires d'appareils portatifs de distillation qui ne remplissent pas les obligations que le règlement leur impose ;

7° Les Compagnies de chemins de fer et les autres entreprises de transports, qui transportent des alcools, eaux-de-vie et liqueurs, sans les formalités prescrites par le règlement, ou qui les facturent sous des noms supposés ou en diminuant le poids des colis ;

8° Ceux qui commettront toutes sortes d'actes qui, sans être classés comme contraventions par le règlement, tendront, d'une façon manifeste et directe, à éluder ou à amoindrir malicieusement le produit de l'impôt.

Art. 20. — Dans les traités et conventions de commerce faits par l'Espagne avec les autres nations, il ne sera stipulé aucun rabais sur les droits, ni pacté de compromis quelconque au sujet des alcools, eaux-de-vie simples ou composées et liqueurs.

On n'autorisera pas non plus l'admission temporaire de ces produits.

Art. 21. — L'administration de l'impôt de fabrication des alcools sera à la charge de la Direction générale des douanes, qui y pourvoira avec son propre personnel et les agents techniques nécessaires.

Dans toutes les questions relatives à cet impôt, la susdite direction sera entendue.

Art. 22. — Le Ministre des finances formera le règlement et prendra les dispositions nécessaires pour la correcte exécution de cette loi.

Article transitoire. — Les préceptes de cette loi s'appliqueront à tous les produits existant dans les fabriques et à ceux qui seront déclarés en douane pour la consommation ou qui seront sortis dans ce but des magasins de dépôt, à partir du 1er juillet 1899.

ETAT N° 1

PRODUIT SPÉCIAL DE L'IMPÔT DES ALCOOLS DANS LA PÉNINSULE ET ÎLES ADJACENTES PENDANT LA DERNIÈRE PÉRIODE DÉCENNALE.

1888-89	P. 11.592.355	24
1889-90	15.921.411	06
1890-91	13.946.727	95
1891-92	8.824.038	68
1892-93	3.266.007	35
1893-94	2.385.638	22
1894-95	1.873.034	15
1895-96	2.803.023	65
1896-97	1.918.630	38
1897-98	1.812.790	46

ETAT N° 2

IMPORTATION ET PERCEPTION EN DOUANE PENDANT LA MÊME PÉRIODE DÉCENNALE (année naturelle) SANS L'IMPOT SPÉCIAL

Eaux-de-Vie.

1888	Litres :	50.674.461	Piécettes :	7.989.813
1889	—	36.526.682	—	5.904.046
1890	Litres :	60.208.399	Piécettes :	9.645.362
1891	—	46.197.027	—	6.667.393
1892	—	19.986.189	—	1.717.692
1893	—	5.687.277	—	6.659
1894	—	2.076.404	—	22.610
1895	—	3.149.713	—	18.659
1896	—	2.427.493	—	6.515
1897	—	1.513.789	—	8.531

Liqueurs.

1888	Litres :	74.253	Piécettes :	59.529
1889	—	79.249	—	62.161
1890	—	91.384	—	71.393
1891	—	90.929	—	71.086
1892	—	135.739	—	143.250
1893	—	50.112	—	121.660
1894	—	84.182	—	184.007
1895	—	118.113	—	177.175
1896	—	81.937	—	190.419
1897	—	164.711	—	143.972

XVI

PROJET DE LOI

Etablissant un impôt sur la chicorée brûlée ou moulue et les autres succédanés du café et du thé.

AUX CORTÈS

L'usage des infusions de café et de thé s'est généralisé au point que l'importation de ces articles dans les pays consommateurs sans être producteurs, y constitue un des chapitre les plus productifs du revenu des Douanes. La consommation de ces substances, connues autrefois seulement des gens riches, s'est vulgarisée dans toutes les classes de la société, pour lesquelles elles sont devenues un article alimentaire de première nécessité.

Le prix du café et du thé s'étant toujours soutenu, en raison de la demande croissante, des spéculateurs ont eu l'idée de les mélanger avec d'autres produits susceptibles de les simuler et, pour cet usage, on a donné la préférence à la chicorée grillée et moulue, à la betterave et à quelques végétaux analogues.

Le plus souvent, ces succédanés sont vendus mêlés au café et au thé, constituant alors une tromperie au détriment de l'acheteur et une sophistication délictueuse, car ces matières mêlées au café et au thé n'ont aucune des propriétés qui caractérisent ces deux substances. Cette falsification tombe du reste sous le coup de la sanction pénale et avec d'autant plus de raison, que ces articles sont non seulement alimentaires, mais thérapeutiques dans certains cas, ce qui augmente la transcendance du délit.

Au point de vue de l'administration des finances, la vente de ces mélanges a également l'inconvénient de diminuer le montant des droits que la Douane prélève sur le café et le thé, et comme les circonstances exigent que les deux articles continuent à payer une taxation élevée, il est indispensable que l'on ne vende pas, sous leur nom, d'autres substances indemnes.

Pour éviter l'emploi des produits de cette nature que l'on voudrait importer de l'étranger, il suffit de les taxer à l'égal du café et du thé. Mais on ne ferait rien avec cela, si l'on ne grevait pas d'un impôt spécial ceux qui sont produits dans le pays.

L'impôt sur la chicorée brûlée et moulue existe déjà chez les principales nations, sans que son administration présente la moindre difficulté. En cherchant à l'implanter en Espagne, le Ministre soussigné a essayé de faire disparaître tous les inconvénients inhérents à la perception d'un impôt nouveau. A cet effet, il a établi un système simple qui sert à la fois à la perception et à la surveillance, et qui consiste à faire effectuer le payement de l'impôt dans l'endroit où on vend le produit, au moyen de l'apposition d'une bande fixée sur les paquets contenant cette substance et en indiquant à la fois le poids et le prix. On considérera comme frauduleux tout paquet qui ne sera pas pourvu de la bande en question.

C'est à cela que se concrète l'innovation dont il s'agit, et c'est pour la mener à bonne fin que le Ministre soussigné, d'accord avec le Conseil des Ministres et dûment autorisé par S. M., a l'honneur de soumettre aux Cortès le projet de loi ci-joint :

PROJET DE LOI

Article premier. — A partir du 1er juillet 1899, il est établi un impôt de 100 piécettes par 100 kilogramme de poids net sur la fabrication dans la Péninsule et les îles Baléares, de la chicorée brûlée et moulue, et sur les autres substances servant à imiter le café et le thé, quel que soit l'usage auquel on les destine.

Art. 2. — A l'importation dans la Péninsule et les îles Baléares des marchandises comprises dans l'article antérieur, on percevra les droits qui seront marqués au tarif des Douanes.

Art. 3. — Ces marchandises ne pourront ni sortir des fabriques, ni circuler que dans des paquets ou récipients sur lesquels on collera une bande de papier représentant le payement de l'impôt y afférent, suivant le poids net du contenu.

Les paquets passant par la Douane y seront revêtus d'une bande analogue.

Art. 4. — Les paquets ou récipients dans lesquels la chicorée brûlée et moulue et les substances imitant le café et le thé, seront mises en circulation et en vente, devront conserver la bande dont parle l'article antérieur et porter une étiquette indiquant le vrai nom de ces produits.

Art. 5. — Il sera accordé un délai de 30 jours, à partir de la promulgation de la présente loi dans le *Gaceta de Madrid*, pour que les fabricants et commerçants qui exploitent ces spécialités puissent légaliser leurs existences en plaçant la bande en question sur les paquets et récipients. Passé ce délai, les existences qui ne seraient pas régularisées, tomberont sous l'application de l'article 6 de cette loi.

Art. 6. — La chicorée brûlée et moulue et les autres succédanés du café et du thé qui seront trouvés hors des fabriques sans porter la marque que la loi prescrit et que le règlement définira, seront considérés comme de provenance illégale et soumis aux pénalités établies pour le délit de fraude, par le décret royal du 26 juin 1852 et dispositions postérieures.

Art. 7. — La falsification et la supplantation des bandes qui doivent clore les paquets, seront punies administrativement dans la forme prescrite par le royal décret précité et, en outre, des peines prévues par le Code pour les délits de cette nature.

Art. 8. — Il est expressément défendu de vendre sous le nom de café ou de thé, de la chicorée brûlée et moulue, ou toute autre substance régie par cette loi et d'en opérer le mélange.

Art. 9. — A l'avenir, toute personne ou Société qui voudra s'occuper de la préparation de ces substances, aura besoin d'un permis spécial de l'administration. Les fabricants qui les prépareraient sans cette formalité, commettront le délit de fraude.

Art. 10. — Le produit de la vente des bandes sera considéré comme un produit des Douanes.

Art. 11. — Le Ministre des Finances fera les règlements et prendra les mesures nécessaires pour l'exacte exécution de cette loi.

XVII
PROJET DE LOI
Qui confirme et élargit les immunités des ports des Canaries et y modifie le système de perception des droits.

AUX CORTÈS

Les prévisions de l'illustre homme de loi et d'Etat de glorieuse mémoire qui, le 11 juin 1852, a contresigné le décret royal accordant la franchise aux ports des Canaries, se sont en partie réalisées. Ces îles offrent en effet aujourd'hui une échelle avantageuse et une station de ravitaillement à la flotte de l'Atlantique, et elles en retirent tous les bienfaits dérivés des développements que donne toujours au commerce, le va-et-vient des navires qui, dans la navigation au long cours, sont les agents du trafic universel.

Cette mesure louable et justifiée a été respectée par tous les Gouvernements qui se sont succédés à la tête des affaires publiques, depuis cette époque lointaine, ce qui s'explique d'autant mieux qu'outre leur profitable caractère économique, ces dispositions contribuèrent à resserrer les liens intimes d'affection réciproque qui ont toujours uni cette province au reste de la monarchie espagnole.

Aussi, si le Gouvernement s'est quelquefois préoccupé du dispositif du décret royal de 1852, c'est seulement pour le ratifier, ainsi qu'il résulte de la loi votée par les Cortès du 10 juin 1870, et promulguée par la Régence du Royaume, le 23 du même mois. Cette législation confirmait les franchises conférées aux Canaries et en augmentait le nombre : elle autorisait aussi le Ministre des finances à élargir les franchises fiscales de ces ports, après avoir pris l'avis d'une *Junte* créée à cet effet, et à améliorer le système administratif et économique de la province en modifiant les règles relatives à l'indemnité stipulée en faveur du Trésor par le décret fondamental de 1852. Il y est dit, en outre, que les droits d'importation des céréales aux Canaries, seront mis en rapport avec ceux perçus dans la Péninsule, la franchise ne pouvant pas être en effet absolue, parce qu'en outre de la restriction au sujet du tabac, on avait conservé des droits sur les céréales et les grains, — exception imposée par une invincible nécessité, car les productions des Canaries en céréales et en grains sont librement admises dans la Péninsule au régime du cabotage ; mais pour ce qui est des autres franchises, l'administration a toujours été résolue à les maintenir.

Sur ce point intéressant, le Ministre soussigné a la satisfaction de déclarer que non seulement il s'inspire des mêmes traditions, mais qu'il aspire à les pousser jusqu'au bout, au point d'arriver à la complète et définitive réalisation de la conception patriotique de la déclaration de franchise des ports des Canaries. Son but est donc d'éviter soigneusement les mésintelligences et les conflits, fréquemment suscités par les doutes et les interprétations auxquels a donné lieu quelquefois la perception des droits et impôts qui, en dehors des immunités, correspondent au Trésor public.

En effet, la nécessité de recouvrer les droits imposés à certaines marchandises, ou ceux qui composent les droits de *consumos*, — droits qui ont affecté et affectent quelques articles, certaines marchandises et des impôts auxquels ne profite pas la franchise purement douanière dont jouit cet Archipel, — cette indispensable nécessité, disons-nous, a donné lieu fréquemment à de lamentables confusions. Le manque de règles concrètes et précises a empêché jusqu'à présent de faire fonctionner une action administrative efficace pour les intérêts de l'Etat, de sorte qu'il en est résulté quelquefois des pertes pour le Trésor, malgré la bonne foi de la généralité du commerce de ces îles.

Le Ministre soussigné a la prétention de réaliser ce désir et d'en finir avec ces difficultés, par l'extension du régime de la franchise, — telle que la suppression du droit de 1 0/00 sur les marchandises introduites aux Canaries, et des surtaxes de 2 0/0 sur l'impôt foncier et de 50 0/0 sur les patentes, — et l'atténuation des impôts sur les passagers ainsi que des droits de charge et de décharge sur les marchandises. En outre, il est disposé à adopter pour la perception des quelques impôts qui subsisteront, un procédé de fermage garantissant le recouvrement et respectant le système décentralisateur qui doit être le corollaire de l'existence de ces mêmes franchises.

L'ensemble de ces innovations exclut indubitablement la libre admission dans la Péninsule et les îles Baléares des produits de l'agriculture et de l'industrie des Canaries ; mais cette circonstance est de peu de considération en comparaison des avantages indéniables que supposent la suppression des droits précités et l'établissement du nouveau système administratif. Le Gouvernement espère que l'on appréciera sa sincérité et que cette réforme sera considérée comme féconde et propre à développer, sur une grande échelle, la prospérité à laquelle a droit ce territoire loyal et privilégié que la providence a placé sur le chemin préféré des navigateurs, entre l'ancien et le nouveau Monde.

En raison des considérations qui précèdent, le Ministre soussigné, d'accord avec le Conseil des Ministres et dûment autorisé par S. M., a l'honneur de soumettre à l'approbation des Cortès le projet de loi ci-joint :

PROJET DE LOI

Article premier. — La déclaration des ports francs en faveur des Canaries, en vertu du décret du 21 juillet 1852 et l'ampliation qui en a été faite par la loi du 10 juin 1870, sont et demeurent confirmées.

Le Gouvernement pourra augmenter ou diminuer le nombre des ports habilités pour le commerce.

Art. 2. — Seront libres de tous droits et impôts, quelle que soit leur dénomination, toutes les marchandises importées aux Canaries ou exportées des Canaries à l'exception des suivantes :

Eau-de-vie, alcool et liqueurs.

Sucre et glucose.

Morue.

Cacao en grain et en pâte, beurre de cacao.

Café en grain, brûlé et moulu, et ses succédanés, y compris la racine de chicorée brûlée.

Chocolat.

Miels et mélasses de canne et de betterave.

Thé et ses imitations.

Le tabac sera soumis à une législation spéciale.

Les navires étrangers qui seront immatriculés aux Canaries, quelle que soit la navigation à laquelle on les destine, payeront, au profit du Trésor, les droits marqués au tarif de la Péninsule.

Art. 3. — Sur chacune des marchandises précitées, l'État pourra percevoir, comme octroi, une taxe qui ne dépasssera jamais celles qui frappent dans la Péninsule les mêmes articles comme entrées, fabrication et consommation.

Art. 4. — L'Etat pourra également percevoir sur les passagers, les espèces et les marchandises, à l'embarquement ou au débarquement, dans les ports des Canaries, un impôt qui ne pourra jamais être de plus de 50 0/0 de celui perçu de ce chef dans la Péninsule et les îles Baléares.

Les droits de police sanitaire seront perçus suivant la législation péninsulaire.

Art. 5. — Sont supprimés aux Canaries : l'impôt de 1 pour 100 sur la valeur des marchandises, la taxe additionnelle de 2 0/0 sur la contribution territoriale et celle de 50 0/0 sur la contribution industrielle conformément aux articles 9 et 10 du décret royal du 11 juillet 1852.

Art. 6. — La production, la circulation et la vente aux îles Canaries des alcools, eau-de-vie, liqueurs, sucres, miels et mélasses, ainsi que celles de la chicorée et des autres substances employées pour l'imitation ou l'adultération du café et du thé, seront soumises aux mêmes règles que dans la Péninsule et aux Baléares.

Art. 7. — Les produits et manufactures des îles Canaries seront soumis à leur importation dans la Péninsule et aux Baléares, aux mêmes droits et impôts que les simulaires de production étrangère.

Art. 8. — Les produits et manufactures de la Péninsule et des îles Baléares perdront leur nationalité quand ils seront exportés aux îles Canaries et, s'ils étaient réimportés, ils seraient soumis aux mêmes droits, impôts et formalités que les similaires provenant des pays étrangers.

Art. 9. — Le Gouvernement pourra affermer en adjudication publique, la perception des droits dont il est question aux articles 2, 3 et 4 de cette loi, sur les bases suivantes :

1° La somme stipulée ne sera pas inférieure à un million de piécettes par an ;

2° Le fermage ne dépassera pas 10 ans et ne ne descendra pas au-dessous de cinq ;

3° Le fermier ne pourra, sous aucun prétexte, percevoir sur les articles grevés, des droits supérieurs à ceux que ces mêmes articles payent dans la Péninsule et aux îles Baléares ;

4° Ce sera une condition expresse du contrat, que l'adjudicataire, individu ou société, soit espagnol, et qu'il ne puisse pas transférer ses droits à un étranger, ni à une société étrangère, bien que l'un ou l'autre domicilié en Espagne ;

5° Auront un droit de préférence dans l'adjudication :

Premièrement. La députation provinciale des Canaries ;

Secondement. L'association que peuvent constituer les *gremios* ;

6° L'adjudicataire devra déposer à la Caisse des dépôts ou à la succursale de la Banque d'Espagne à Santa-Cruz de Ténérife un cautionnement en espèces, égal à 25 0/0 du montant de l'adjudication ;

7° Le montant de l'adjudication sera payable par douzième dans les premiers cinq jours de chaque mois, aux caisses du Trésor à Santa-Cruz de Ténérife ;

8° Tout retard dans les payements sera puni le premier mois d'une amende de 6 0/0 de la somme qui n'aura pas été payée. Si le payement tardait deux mois, l'amende serait de 10 0/0 et si le trimestre s'écoulait sans que le payement fut effectué, le contrat sera considéré comme résilié, le cautionnement sera confisqué et l'administration se chargera du service des droits ;

9° L'adjudicataire sera tenu de fournir les documents statistiques que le gouvernement lui demandera, au sujet de la perception des droits ;

10° L'administration exercera une intervention incessante dans le recouvrement de l'impôt au moyen de fonctionnaires désignés à cet effet et conformément au règlement qui sera fait.

Art. 10. — S'il était nécessaire de gérer pour le compte de l'administration des finances, la perception des impôts aux îles Canaries, on entendra comme autorisés par des chapitres et chapitres additionnels des sections 8 et 9 du budget, les crédits nécessaires pour acquitter les frais de personnel et de matériel que ce service nécessitera.

Art. 11. — Les dispositions de la présente loi n'altèrent ni ne modifient en rien les préceptes qui ont été autrefois donnés, ni ne s'opposent à rien de ce qui pourra être déterminé dans le but de combler le déficit dans lequel se trouve la province des Canaries, en ce qui concerne les droits qu'elle doit payer à l'Etat. La députation des Canaries est autorisée à proposer au Gouvernement, afin d'éteindre cette dette, et ce pour le temps nécessaire à cet effet, l'établissement d'un impôt transitoire sur les céréales et farines importées de l'étranger dans cet archipel, impôt qui cessera le jour où le déficit aura disparu.

Art. 12. — Le Gouvernement prendra toutes les mesures nécessaires pour l'exécution de la présente loi et formera les règlements pour sa mise en pratique, y consignant, en vue de l'adjudication de la perception des impôts, les droits, devoirs et facultés de l'adjudicataire et de ses agents, ainsi que le degré et la forme de l'intervention que l'administration devra exercer, aux effets de la statistique, de la surveillance générale des amendes, de la procédure à suivre en matière de fraude et des autres circonstances dont on doit tenir compte.

Art. 13. — Le Gouvernement est autorisé à établir dans les autres possessions espagnoles, en ce qui concerne les contributions, le régime qui lui paraîtra le plus conforme aux intérêts généraux du pays et le plus propre à assurer la prospérité du pays.

Art. 14. — Sont et demeurent abrogés les lois, décrets et dispositions contraires à la présente loi.

XVIII

PROJET DE LOI

Réformant l'impôt des consumos.

AUX CORTÈS

L'impôt des **consumos**, établi anciennement sous la forme de droits de portes, droits de circulation et monopole du sel, cessa de figurer parmi les contributions créées au moyen âge, jusqu'à ce qu'au quatorzième siècle et pour subvenir au frais de la **Reconquista** (*défaite des Maures*), il reparut avec ceux que l'on appelait « alcabalas » confondus plus tard dans le « service du million ».

Le tarif des droits de **consumos** comprenait quelques articles qui ne sont plus imposés, telles que les peaux, les tissus et la laine, et ne grevait pas les articles de plus de 10 0/0 de leur valeur. Mais avec le temps, il se fit intolérable dans certaines régions.

Supprimé en 1813, l'impôt des **consumos** fut rétabli en 1817 ; il disparut de nouveau pour être remplacé par ce que l'on appelait « droits de portes », subit des modifications en 1820 et fut confondu en 1824 dans les impôts appelés « revenus provinciaux ». Dans la réorganisation financière accomplie en 1845 par Don Alejandro Mon, figure l'impôt des **consumos** sur divers articles « à Manger, à Boire et à Brûler », en remplacement des susdits « revenus provinciaux ».

Les tarifs alors établis comprenaient le vin, les eaux-de-vie et liqueurs, l'huile d'olive et la viande, avec des droits progressifs répartis en huit classes conformément à la classification de la population des communes du royaume : seuls la bière, le cidre, le chacoli (piquette) et le savon dur ou mou, furent taxés sans tenir compte du chiffre de la population.

Supprimé en 1855, l'impôt fut rétabli en 1856 ; il disparut de nouveau en 1868 et ne reparut qu'en 1874. Depuis lors, il a subi diverses modifications qui n'en ont pas changé l'essence, mais qui en ont modifié le taux et la répartition municipale. Malgré tout, cet impôt a plutôt le défaut d'être mal réparti que celui d'être excessif.

Suivant Lethevy, un adulte a besoin que les substances alimentaires dont il se nourrit, lui fournissent toutes les 24 heures, 19 grammes d'azote et 310 de carbone, pour se trouver dans des conditions physiologiques propres à un travail ordinaire. A cette formule correspond approximativement, la ration suivante :

Haricots	200 grammes.	Piécetta.	0.09
Pommes de terre	298 —	—	0.03
Viande de porc	20 —	—	0.034
Huile	6 milligr.	—	0.006
Garbanzos (pois chiches)	125 grammes.	—	0.062
Viande	84 —	—	0.11
Assaisonnement	» —	—	0.01
Pain	700 —	—	0.28
Totaux	1.427 —	—	0.622

Cette ration fournit exactement 19 g. 62 d'azote et 361.59 de carbone : c'est à peu près celle du soldat, quoique moins riche en azote, mais celle qui s'en écarte davantage est celle du prisonnier dans nos établissements pénitentiaires.

En dépit de cette théorie, c'est un fait que, par manque de ressources et par excès de sobriété, il y a des milliers d'Espagnols qui n'arvent à consommer, ni en qualité, ni en quantité, les substances énumérées ci-dessus ou leurs équivalents, les remplaçant en partie par des végétaux de peu de valeur, pauvres au point de vue nutritif et non soumis à l'impôt.

Il est certain aussi que beaucoup de journaliers et beaucoup de cultivateurs ne gagnent pas plus d'une piécette à une piécette 50 par jour, et qu'avec une somme aussi minime, il n'y a pas moyen de dépenser, pour chaque personne de la famille, les 62 centimes de piécette, coût de la ration précitée, d'autant plus que les prix qui y figurent sont ceux de la vente en gros, et qu'au moyen de son gain infime, le journalier doit encore subvenir à ses autres besoins indispensables, vêtements et logement.

Cependant on doit considérer, en fait de formules alimentaires, que la plupart se rapportent à des pays où, en raison du climat, on a besoin d'une alimentation plus copieuse et plus nutritive que dans le nôtre. Mais on peut admettre sans exagération que beaucoup d'Espagnols consomment une ration plus abondante, composée d'articles plus chers que ceux que nous avons énumérés plus haut et que les autres ne dépensent pas pour leur nourriture moins de 40 centimes de piécette par jour, de sorte que, même en se plaçant dans les conditions les plus défavorables pour le calcul, on peut adopter le total que nous avons indiqué comme chiffrant la valeur moyenne de l'alimentation d'un adulte dans notre pays.

Cependant, pour plus d'exactitude et pour éviter toute exagération possible, nous déduirons un quart de la population du royaume, supposant que pour raison d'allaitement, de maladie aiguë ou toute autre, cette fraction ne consomme aucune des espèces soumises à l'impôt, — déduction qui est d'ailleurs excessive, car ceux qui ne consomment pas sont loin d'atteindre ce nombre. Les trois quarts du nombre des habitants, soit 12.943.074 $\times$ 0. 40, prix de la ration quotidienne, donnent un produit de 5.177.229 p. qui, multipliées par les 365 jours de l'année, fournissent un autre produit de 1,889.688.585 piécettes, valeur, pour un an, des denrées que l'on suppose consommées pour la manutention de 75 0/0 de la population de l'Espagne. On doit remarquer que dans ce calcul, on a complètement omis la consommation des boissons fermentées, du sucre, du poisson, des combustibles et autres articles qui payent l'impôt.

Si donc on grève de 5 0/0 la valeur des espèces que l'on a fait entrer dans ce calcul, type inférieur au taux moyen du tarif, on obtient une somme de 94.484.429 piécettes, bien supérieure au rendement de l'impôt des **consumos** : en réduisant l'incidence à 4. 50, on arrive à un total s'approchant sensiblement de celui qui est inscrit au budget de l'Etat.

Mais comme on pourrait supposer que la sobriété des Espagnols est telle qu'il y a exagération à tabler sur une ration de la valeur moyenne de 40 centimes de piécettes, il convient d'examiner quelle est la consommation des principales céréales, des légumes secs, du vin, de l'huile et de la viande, ainsi qu'il résulte de la démonstration suivante.

La moyenne de la production du blé, de 1886 à 1890, a été, suivant les travaux de la *Junte consultative agronomique*

de.......... Hectolitres.	33.576.411

mais, comme dans d'autres calculs, on employe comme unité, le quintal métrique de blé, nous ferons la réduction en kilogrammes, à raison de 78 par hectolitre, ce qui donne un

Total de.....Kilogrammes.	2.618.960.058
A ajouter : importation....	141.729.252
Total...	2.760.689.310
A déduire : exportation....	59.362.299
Reste, kilogrammes.	2.701.256.663
A déduire : exportation de pâtes (vermicelle).......	3.998.238
Reste...	2.697.258.425
A déduire : semences	872.986.452
Reste...	1.824.261.973
A déduire : déchets, etc. 10 %	182.426.197
Reste...	1.641.835.776

Appliquant à cette quantité, la moyenne des droits portés au tarif, soit 1 fr. 05 par 100 kil., on obtiendrait pour le montant des droits du

Trésor..........piécettes	17.239.275 »

La production moyenne de l'orge a été, en

hectolitres de..........	17.865.371

Soit, à raison de 64 kilogrammes par hectolitre,

kilogrammes..........	1.143.383.744
A déduire : semence, 192 k. par hectare pour 1.191.028 hectares cultivés, kilog..	228.677.376
Reste....	914.706.368

La production moyenne du seigle a été, en hectolitres,

de.....................	7.891.281

Soit, à raison de 72 k. par hectolitres, kilog...... 568.165.032

A déduire : semence, 108 k. par hectare pour 789.118 hectares cultivés........ 85.224.744

Reste.... 482.940.288

La production moyenne du maïs, a été, en hectolitres, de 6.790.686

Soit, à raison de 78 kilogrammes par hectolitre, kilogrammes.......... 529.673.508

A déduire : semence, 70 k. 20 par hectare pour 424.418 hectares cultivés, kilog.. 29.794.143 »

Reste.... 499.879.365

La production moyenne de l'avoine a été en hectolitres de..................... 3.549.657

Soit, à raison de 43 kil. par hectolitre....... kil. 152.635.251

A déduire : semence, 86 kil. par hectare pour 246.293 hectares cultivés.... kil. 21.181.198

Reste........ 131.454.053

La production moyenne du riz en balle a été, en hectolitres, de............. 1.919.328

Soit à raison de 52 kil. par hectolitre.......... kil. 99.805.056

A déduire : semence, 5 hectolitres par hectare pour 35.543 hectares cultivés. 9.241.180

Reste.... kil. 90.563.876

Les autres déductions et additions qu'il convient de calculer, se feront ensemble, car il faut tenir compte de l'importation et de l'exportation. Or, la statistique publiée par la direction générale des douanes ne comporte pas les mêmes détails que celle de la production nationale, et elle comprend dans un seule groupe des céréales distinctes.

On peut donc résumer comme suit, tout ce qui se rapporte aux céréales ci-dessus désignées, exception faite des céréales.

Production en kilogramme, semence déduite :

Orge.................... 914.706.368
Seigle................. 482.940.288
Maïs................... 499.879.365

A reporter....... 1.897.526.021

Report 1.897.526.021
Avoine 131.454.053
Riz.................... 90.563.876

Total.......... 2.119.543.950

Excédent de l'importation sur l'exportation........ 136.604.394

Total.......... 2.256.148.344

A déduire pour déchets : 10 0/0................ 225.614.834

Reste.......... 2.030.533.510

Appliquant à ce chiffre le terme moyen du taux du tarif, soit 0.30 par 100 kilos, on obtiendrait comme droits du Trésor sur ce groupe de grains, la somme de. Piécettes. 6.091.900 »

Légumes secs.

Production des *Garbanzos*, en hectolitres 1.191.225

Soit, à raison de 80 kil. par hectolitre.. Kilogrammes. 95.298.000

A déduire : semence 60 kil. par hectare pour 170.175 hectares cultivés 10.210.500

Reste......Kil. 85.087.500

Production des fèves, en hectolitres............. 3.184.966

Soit, à raison de 80 kil. par hectolitres..........Kil. 254.797.280

A déduire : semence, 160 k. par hectares pour 244.997 hectares cultivés 39.199.520

Reste 215.597.260

Production des haricots, en hectolitres............. 1.665.754

Soit, à raison de 79 kilos par hectolitre..........Kil. 131.594.724

A déduire : semence, 138 kilos 25 par hectare pour 138.813 hectares cultivés. 19.190.897

Reste.......... 112.403.827

Nous formerons pour les mêmes raisons un seul groupe des légumes secs que nous résumerons ainsi :

Garbanzos........ K. 82.087.500
Fèves 215.597.760
Haricots............ 112.403.827

Excédent de l'importation sur l'exportation........ 19.215.251

Total.......... 432.304.338

A déduire : 10 0/0 de déchets................. 43.230.433

Total net.... K. 389.073.905

Appliquant à cette somme le tarif de 0.21, moyenne pour ces substances du tarif de *consumos*, on obtient......... P.   812.527

(La somme exacte est de 817.055, l'erreur provient de la déduction du déchet de 10 0/0).
Le produit moyen de l'huile est en litres de.........   267.874.560
A déduire : excédent de l'exportation 12.496.196

Reste..........   255.378.366
A déduire : déchets *(erreur légère)* 25.517.836

Total.........   229.860.530

Cette quantité multipliée par 0.10, terme moyen de la taxe de *consumos*, donne au profit du Trésor.. P.   22.986.083

La production moyenne des vins pendant la période quinquennale de 1886 à 1890, a été, en hectolitres, de 29.875.020
A déduire : excédent de l'exportation en [1897....   5.350.614

Reste..........   24.524.406
A déduire : vin distillé pour eaux-de-vie exportées...................   181.108

Total.....   24.343.298
Vin tranformé en alcool pour vinage et autres usages à l'intérieur..............   7.000.000

Reste.....   17.343.298
Pertes, déchets et diminution de la récolte par suite du phylloxera.............   7.468.758

Reste : consommation intérieure...................   9.874.543

Cette quantité, multipliée par P. 7. 50 par hectolitre, terme moyen du tarif de *consumos*, fournirait au Trésor ....P.   74.059.072

Mais comme dans beaucoup de localités, on ne perçoit pas l'intégralité des droits, nous ferons le calcul à 5 piécettes par hectolitre, qui donnent un total de............   49.372.715

Suivant l'état ci-dessous, on tue, en année moyenne, dans les abattoirs publics :

643.528 bœufs, taureaux, vaches et veaux.
3.515.031 moutons et brebis.

720.121 chèvres.
937.885 porcs.

Toutefois, pour les porcs, les renseignements manquent pour les provinces de Grenade, Lugo et Orense, et il n'y en a d'aucune espèce pour les Canaries.

On ne sait rien non plus dans beaucoup de provinces du poids des animaux, et on l'a calculé en attribuant celui de 150 kil. à l'espèce bovine, de 12 aux moutons, de 15 aux chèvres et de 75 aux porcs, — en tenant compte, bien entendu, de 10 à 15 0/0 de veaux, agneaux et chevreaux.

En partant de ces prémisses et en tenant compte de ce fait que dans beaucoup de localités, il n'y a pas d'abattoirs, et que même dans beaucoup de celles où il y en a, on tue la plus grande partie des porcs dans les maisons particulières, on a établi l'état suivant, en kilogrammes :

Bœufs..... ....   96.529.200
Moutons, etc. 42.180.372
Chèvres.............   10.801.815
Porcs 70.344.375

Total.......   219.852.762

En appliquant à cette quantité le taux moyen du tarif, on obtient en piécettes... 21.192.671.

Les principaux articles dont on a déduit la consommation, de la production et de l'excès de l'importation sur l'exportation, sont en rapport avec la consommation probable par habitant, déduction faite du quart du total de la population, comme on l'a fait dans les calculs antérieurs. La consommation moyenne et annuelle de chacun des habitants des trois quarts qui sont supposés consommer, s'établit comme suit : Blé, 174 kil. 740, — autres céréales, 154 kil. 270, — garbanzos, haricots et fèves, 30 kil. 270, — huiles, 17 litres 460, — vin, 74 litres 950, — viande de toute sorte, 17 kil. — quantités qui loin d'être exagérées, accusent une consommation à peine suffisante. En résumé le produit moyen du tarif 1 appliqué aux articles que nous venons d'analyser, se raisonnerait ainsi :

Blé.................   P. 17.239.275
Autres céréales 6.091.600
Légumes secs..........   812.527
Huile 22.986.083
Vins.................   49.372.715
Viandes..............   21.192.671

Total 117.694.871

Cette somme est approximative, car le nombre des habitants compris dans les trois premières bases de population, étant plus grand que celui de ceux des trois dernières, on ne peut pas évaluer exactement, le terme moyen résultant de la division par 6 de la somme des différents droits assignés par le tarif aux six catégories de population. Mais on a donné ce résumé comme un document à consulter pour se rendre un compte raisonné du rendement probable de l'impôt.

Si on grevait de 5 0/0 la valeur des articles dont il est question, les droits de *consumos* dépasseraient la somme présumée, quoique l'on n'ait compris dans leur évaluation, ni le vinaigre, ni la bière, ni le cidre, ni le chacoli, ni le millet, ni le panis (variété de millet), ni les lentilles, ni l'alpiste et autres grenailles, ni le poisson, ni le charbon, ni les conserves de fruits et de légumes, ni les autres articles dénommés au tarif n° 2 applicable dans les capitales de province et dans les villes de plus de 30.000 habitants. On a donc, en fixant au minimum la ration nécessaire à un adulte et en évaluant la consommation moyenne des principales céréales, des légumes, de l'huile, du vin et de la viande, calculé seulement le strict nécessaire pour la conservation de la vie humaine, mais sans l'énergie consécutive pour le travail ordinaire.

Malgré la parcimonie exagérée du calcul, il est démontré qu'en limitant la taxe aux articles de consommation les plus communs et en établissant sur leur prix de vente un tantième uniforme et inférieur aux tarifs en vigueur de l'impôt de *consumos*, on peut obtenir un produit bien supérieur à celui que ce dernier fournit aujourd'hui.

Nous examinerons maintenant la procédure qui a été suivie pour déterminer la part adéquate des diverses localités. L'analyse de la méthode adoptée pour la détermination des quotes-parts des villes au-dessous de 30.000 habitants, confirme toutes les considérations précédemment exposées et démontre que généralement ces cotes de répartition ne sont pas excessives, quoiqu'elles soient souvent entachées d'inégalités qu'il faut faire disparaître.

A cet effet, il suffira d'observer que, même dans la supposition qu'il ne se consomme pas plus de 700 grammes de blé et de seigle, mélange équivalant à 500 grammes de pain, par tête, dans les localités de la première catégorie, les droits pour le Trésor de

$$700 \times 365 = 255.500 \times 0 \text{ p. } 72,$$

moyenne de l'impôt correspondant à cette quotité de céréales, équivalent à 1 p. 84, soit un peu plus que la moyenne des types maxima et minima (2 p. et 1 p. 40) autorisés pour la formation des rôles de cette catégorie.

Pour couvrir la quote-part d'une localité de cette catégorie (de 12.001 à 30.000 habitants), il

suffira que l'alimentation quotidienne ou individuelle, soit ainsi :

500 grammes de pain, payant ....P.	0.006
20 — de lard	0.003
1 centilitre d'huile................	0.001
15 — de vin................	0.010
Assaisonnement et combustible	0.004
Total..........	0.024

soit 0.024 de droits multipliés par 365 jours de l'année, P. 8.76.

Il y a plus. La valeur de la ration fournie à l'entreprise à chacun des détenus dans les établissements pénitentiaires, est estimée approximativement à 150 piécettes par an, ce qui est, d'autre part, la valeur attribuée à la consommation par tête, dans les localités de la quatrième catégorie, dont le type maximum d'impôt pour la computation du rôle, est fixé à 7 p. 50.

Des résultats identiques se déduisent de la pratique des moyens employés par les localités de moins de 30.000 habitants, pour couvrir le montant de la contribution de *consumos* qui leur est attribué. C'est ainsi que l'on voit souvent des municipalités ne pas imposer à certaines espèces, le plein du tarif et même les en exempter complètement ; — d'autres, obtenir du fermage une augmentation sur le taux de l'adjudication, — et d'autres, obtenir le même avantage, d'accord avec les *gremios*. Il y a aussi à considérer qu'en règle générale on ne fait figurer dans le cens qui sert à justifier la répartition municipale, que les deux tiers des habitants.

Si l'impôt des *consumos* ne produit pas tout ce qu'il est susceptible de produire, cela tient à la facilité de frauder, aux vices, et à l'insuffisance de l'administration, au manque de vigilance et à la répartition qui n'est point équitable. Cette dernière considération est d'autant plus grave, qu'il est difficile de remédier à cet inconvénient, faute de données statistiques, permettant de jauger exactement la source du rendement, c'est-à-dire de connaître l'importance réelle correspondant dans chaque localité à la consommation de chacun des articles du tarif. Les efforts que l'on a faits pour obtenir, au moyen du concours de personnes compétentes, des données positives et convaincantes à ce sujet, n'ont abouti à rien. (Article 7 de la loi du 31 décembre 1887).

Il y a des réformes importantes et radicales à introduire dans les bases pour l'administration de l'impôt; mais il n'est pas prudent de les aborder immédiatement d'une manière brusque qui occasionnerait de graves perturbations et compromettrait, pendant les premières années, le rendement même de l'impôt. On peut et on doit y introduire lentement les modifications les plus indispensables pour assurer avec mesure et précaution l'accroissement des produits de cette contribution et sa péréquation possible dans l'avenir. Mais, pour le moment et tant que les contrats d'accommodement, faits avec les municipalités de plus de 30.000 hab., et les contrats de fermage en vigueur ne seront pas expirés, il ne faut rien faire qui pourrait provoquer la rescision de ces instruments administratifs.

Ce qu'il y a de certain, c'est qu'il convient de donner plus d'élasticité à l'action administrative pour fixer les règles ou les bases prises en compte, en vue de fixer la cote correspondant à chaque localité dans tous les cas où, par suite de circonstances spéciales, le minimum pourrait résulter trop onéreux, et le maximum hors de proportion avec ce que le Trésor pourrait exiger. C'est, du reste, ce qui fait que les adjudications procurent un boni aux municipalités et que d'autres fois, celles-ci, tout en couvrant leurs obligations, peuvent abaisser les droits, voire même les supprimer sur les articles qu'il leur convient de favoriser.

Sans résilier les contrats en vigueur, — fermages ou concerts — et en évitant toute perturbation dans la manière d'être de l'impôt, il y a lieu de modifier, en les élevant, les tarifs en vigueur ainsi qu'il résulte de ceux y annexés. On en a éliminé le sel qui sera imposé à part. On divise les vins en deux groupes dont le premier comprend les vins communs et le second les vins de liqueurs et les vins mousseux, parce qu'il n'est pas bien que des liquides de valeur si différente, payent les mêmes droits et parce que leur classification dans les bureaux d'octroi ne saurait offrir de difficultés.

Les droits sur la bière sont augmentés dans la même proportion que ceux du vin.

On subdivise la classification des céréales et des légumes secs qui, dans l'actualité, sont confondus et imposés au même taux, quoique leur valeur soit distincte. Les autres modifications rentrent dans le même ordre d'idées. Mais ces nouveaux tarifs ne sont pas impératifs et serviront seulement de maxima à l'administration pour fixer les taux applicables en fait.

Comme conséquence de ce principe, on autorise les entités subrogées par fermage ou concert, aux droits de l'État, à diminuer le taux des droits, et même à en exempter certains articles, sans autre formalité que d'en donner préalablement connaissance à l'administration, et de ne rien modifier à cet état de choses pendant un an au moins, le ministre des finances se réservant toutefois le droit de n'autoriser ni la réduction ni la suppression, s'il le jugeait préjudiciable au

régime et à la progression du rendement de l'impôt.

En compensation de la surcharge que les besoins croissants de l'État obligent à imposer aux municipalités, il convient de les débarrasser des formalités qui ne sont pas indispensables et de leur faciliter la perception de l'impôt.

Les lois du 7 Juillet 1888 et du 21 Juin 1889 disposent que la *concertation* générale des droits correspondant à un des groupes, — grains ou liquides, — soit obligatoire dans le cas où, pour couvrir le rôle des *consumos*, la municipalité aurait recours à la répartition par tête. Dans la majorité des localités qui emploient la répartition, les individus qui composent les *gremios* n'ont pas d'intervention directe dans la procédure pour la perception de la cote de la *concertation* obligatoire des espèces comprises dans ces groupes et, en général, c'est la municipalité qui désigne les représentants répartiteurs du *gremio*, lesquels procèdent à la répartition du dividende au juger, entre les récoltants ou les fabricants des espèces dont il s'agit et ceux qui en font commerce.

Comme on manque de bases certaines pour la distribution de la somme à percevoir, les cotes sont chiffrées arbitrairement, et on inclut même dans la répartition, des récoltants résidant dans d'autres localités, lesquels ne livrent à la consommation, là où on les impose, absolument rien de ce qu'ils y récoltent. Ce système donne lieu à de multiples demandes de dégrèvement, et, en tout cas, ne répond pas au désir du législateur, qui a voulu éviter la répartition individuelle, puisque même, au lieu d'une répartition, il y en a deux, la première pour le montant des droits afférents aux espèces objets du concert, et la seconde pour le montant du restant du rôle. Il est donc urgent d'abroger tout ce qui se rapporte aux *concertations* obligatoires.

Il n'est pas juste d'obliger les municipalités à contracter avec les *gremios*, des concerts pour le payement des droits correspondant à chacun des groupes d'articles, en s'astreignant aux dividendes partiels que l'administration a attribué aux susdits groupes, parce que l'on peut avoir commis des erreurs en chiffrant la consommation de chacun des articles du tarif, et parce que dans certaines localités peut prévaloir un article sans importance dans une autre.

L'étendue du rayon des zones de perception ne doit pas être soumise à un mesurage inflexible pour toutes les localités, car les circonstances topographiques étant variables, il peut en résulter un bénéfice pour les uns et un préjudice pour les autres. On doit raccourcir ou allonger ce rayon, suivant ce que demanderont les municipalités, la *junte* des contribuables, ou les fermiers, d'accord avec les susdites corporations.

Dans la zone située en dehors du rayon, on devra autoriser la perception au moyen de bureaux spéciaux, partout où il y aura des hameaux de 400 habitants y résidant constamment ou plus de trois mois par an. Si en effet le nombre d'habitants domiciliés dans des groupes importants d'édifices, est considérable, il est difficile d'y opérer la perception par abonnements individuels, et dans les localités où la convenance et l'usage amènent hors du rayon, pendant l'été, un grand nombre d'habitants, domiciliés au centre le reste de l'année, il n'est pas juste que ceux-ci jouissent des avantages réservés à ceux qui habitent constamment les demeures disséminées de la zone suburbaine.

Les droits correspondants aux articles consommés dans les grands groupes d'habitations formés dans la zone en question, doivent être identiques à ceux qui seraient applicables à une localité ayant le même nombre d'habitants.

Dans les cas ci-dessus, la municipalité devra établir un 'abattoir pour les animaux destinés à la consommation de ces groupes et faire le nécessaire pour que les viandes y destinées, n'acquittent point de doubles droits.

On doit défendre, dans les localités de plus de 30.000 habitants, d'établir les bureaux d'octroi dans le centre de la ville, parce que c'est incommode pour le commerce.

Les mesures indiquées faciliteront l'administration de l'impôt et contribueront à éviter la fraude.

Pour fixer les types minima dans le calcul des rôles obligatoires, on doit considérer que les droits les moins élevés du tarif n° 1 correspondant à 500 grammes de pain, 100 grammes de légumes secs, 40 grammes d'huile, graisse ou lard et 200 grammes de charbon, monteraient à 3 fr. 21. En conséquence le type minimum applicable aux localités de la première catégorie (jusqu'à 5.000 habitants suivant le projet), ne devra pas être inférieur à 2 piécettes, puisque ce chiffre n'est même pas le montant des droits correspondant à une consommation de substances alimentaires, qui ne suffit pas à réparer les forces d'un individu obligé de travailler et parce que dans la démonstration précédente, on n'a pas fait entrer en fonction des articles qui, comme le vin, le savon et autres, sont cependant d'un usage général.

Pour se faire une opinion au sujet du taux adopté pour fixer les rôles des grandes villes, il convient d'examiner le calcul qui suit :

Consommation par an et par tête et perception du Trésor

Pain	kil.	164.25	P. 1.88
Viande fraîche		109.30	13.14
Garbanzos		14.60	0.18
Pâtes alimentaires		10.95	0.15
Porc salé		4.38	0.85
Riz		14.60	0.18
Huile		14.60	1.90
Vin	litres	18.25	2.29
Charbon	kil.	547.50	1.64
Savon		29.20	3.22
Total			25.46

Cette somme est beaucoup plus considérable que le type le plus élevé assigné individuellement aux habitants des villes de plus de 100.000 habitants ; cependant on observe que la consommation présumée n'est pas exagérée ; que les articles stipulés ne font défaut sur la table d'aucune famille d'aisance moyenne ; que l'on n'y a compris ni le vinaigre, ni la charcuterie, ni la bière, ni les liqueurs, ni le poisson, ni le lait, ni les œufs, ni d'autres articles d'une consommation générale et enfin que l'on n'a, en fait de combustible, rien compté pour celui qui en quantité appréciable, est employé au chauffage.

Il est donc démontré qu'il est possible de donner plus d'élasticité au type minimun de taxation dans la fixation des rôles des villes de plus de 100.000 habitants et cela suffit à prouver l'affirmation, faite au début de ce travail, à savoir que l'impôt ne peut pas être considéré comme excessif, mais qu'on peut lui reprocher d'être mal réparti.

Se fondant sur ces considérations, le Ministre soussigné, autorisé par S. M. et d'accord avec le Conseil des Ministres, a l'honneur de soumettre à la délibération des Cortès le suivant

PROJET DE LOI

Article premier. — Sont refondus en un seul, l'impôt de *consumos* et celui de consommation sur les eaux-de-vie de moins de 60 degrés centésimaux, les eaux-de-vie aromatisées et les liqueurs, quelle que soit leur graduation alcoométrique.

Art. 2. — Les rôles de perception de l'impôt dans les capitales de provinces, dans les ports de Carthagène, Gijon et Vigo, et dans les villes de plus de 30.000 habitants, seront librement fixés par l'administration, mais la taxe par tête ne pourra pas dépasser les taux ci-dessous :

Jusqu'à 12.000 habitants	P.	12 »
De 12.001 à 20.000		14 »
De 20.001 à 40.000		16 »
De 40.001 à 100.000		18 »
De 100.001 et au-dessus		22 »

Pour fixer le montant des rôles des localités ci-dessus désignées, on prendra les habitants intra-muros et extra-muros dans le rayon de perception et on appliquera à ceux en dehors du rayon, la moitié du taux adopté pour les autres.

Les rôles pourront être fixés pour cinq ans, sauf les modifications que le Pouvoir législatif y peut introduire. Si une des municipalités ci-dessus désignées n'acceptait pas la quote-part qui lui sera assignée, l'administration percevra l'impôt au moyen d'un fermage dont la durée minimum sera de cinq ans, en s'entendant avec les *gremios* ou en régie, suivant qu'elle le trouvera plus propice aux intérêts du Trésor.

Art. 3. — Le forfait résultant des rôles est obligatoire pour les localités de moins de 30.000 habitants, qui ne sont ni capitales de provinces, ni assimilées à ces chefs-lieux, et l'administration fixera la quote part qu'elles devront acquitter, conformément à l'échelle suivante :

Taxe par habitant

Jusqu'à 5.000... maximum..P. 4.75. minimum.. 2 »
De 5.001 à 8.000   —   7.50.   —   5 »
De 8.001 à 12.000   —   10 »   —   8 »
De 12.001 à 30.000   —   12 » -- 10 »

L'administration pourra fixer les cotes municipales de ces localités, en dehors des types établis, quand des circonstances spéciales le requerront ; mais, en ce cas, le Conseil des Ministres devra en décider.

Les cotes correspondant aux districts municipaux des Asturies, de Galice, des Canaries et des autres provinces où la population est disséminée en groupes, paroisses, conseils, hameaux ou villages, seront graduées sur la catégorie du groupe ou centre principal, quoique ce ne soit pas le chef-lieu du district municipal.

Les cotes assignées aux municipalités des Canaries en vertu de cet article, ne pourront pas dépasser de 20 0/0 celles qui leur correspondent dans l'actualité, à moins qu'elles n'aient obtenu dans la perception une plus-value de 20 0/0, au moyen de l'adjudication, des *concerts* avec les *gremios* ou de l'administration directe en régie.

Art. 4. — Les droits applicables aux articles consommés pourront être perçus sur les types fixés dans les tarifs ci-joints : n°° 1, 2 et 3, jusqu'à l'expiration des forfaits avec les localités de plus de 30.000 habitants et de tous les contrats de fermage consentis par l'administration des Finances ou par les municipalités avant la promulgation de la présente loi.

Les tarifs 1 et 2 seront applicables à toutes les localités.

Le tarif 2 ne sera appliqué que dans les villes de plus de 12.000 habitants.

Le Gouvernement, le Conseil d'Etat entendu, pourra accorder des augmentations du taux des droits fixés par le tarif 1, dans les localités où cette mesure serait sollicitée par l'*ayuntamiento* et la *junte des contribuables*.

Art. 5. — Les *ayuntamientos* et les fermiers, pourront diminuer le taux des droits sur certains articles, les en exempter ou ne pas s'astreindre à certaines règles fiscales, sauf à aviser préalablement l'administration, laquelle se réserve la faculté de ne pas autoriser la mesure, pendant les soixante jours qui suivront la réception de l'avis. Jusqu'à ce que ce délai soit expiré, la modification ne pourra pas être valablement appliquée.

Art. 6. — L'administration pourra varier les limites de la zone du rayon dans toutes les localités, à la demande des *ayuntamientos*, des *juntes* de contribuables, ou des fermiers, d'accord avec les municipalités, et si la convenance et l'opportunité de cette mesure sont suffisamment démontrées.

Art. 7. — Il est défendu d'établir les bureaux d'octroi dans l'intérieur des villes de plus de 30.000 habitants, dans les capitales de provinces, et dans les ports de mer y assimilés, à moins qu'il n'y ait également des bureaux à l'entrée et que ceux de l'intérieur ne soient établis pour la commodité du public.

Art. 8. — Pour pacter les *concerts* avec les groupes professionnels, les municipalités pourront former l'état présumé de la consommation des articles correspondant à chacun des groupes compris dans les tarifs n°° 1 et 2, et ces contrats seront approuvés quand leur ensemble couvrira le rôle assigné à la localité, ou quand les augmentations réalisées sur un groupe compenseront les diminutions opérées sur un autre.

Art. 9. — On pourra établir, pour faciliter la vigilance et la perception, des bureaux *ad hoc* dans les hameaux, situés en dehors du rayon, de plus de quatre cents habitants y demeurant constamment ou y résidant plus de trois mois.

Art. 10. — Les adjudications pour le fermage des droits de *consumos* à la diligence de l'administration des finances, pourront se répéter autant de fois que celles-ci le jugera bon ; s'il n'y avait pas preneur la première fois, on abaissera la mise à prix d'un tiers, et s'il ne se présentait pas de preneur, on baissera encore des deux tiers. Le Ministre des finances pourra alors traiter de gré à gré, sans les formalités de l'adjudication, après avoir requis préalablement la municipalité de se charger de la perception au taux auquel il se propose de traiter. Si la municipalité accepte, on lui accordera la préférence pour un an.

Art. 11. — Les municipalités des localités de moins de trente mille habitants, qui ne sont ni des capitales de provinces, ni des villes assimilées, pourront répartir individuellement le montant de leur cote avec les additions qui y correspondent, à la condition de justifier qu'elles ont vainement tenté l'adjudication ou le concert avec les groupes professionnels.

Art. 12. — On considérera comme population disséminée aux effets de l'impôt, celle qui habite dans des édifices isolés ou dispersés, à moins que le nombre des habitants qui y résident, ne dépasse de 25 0/0 le total de la population réelle de tout le district municipal.

Art. 13. — Le gouvernement, le conseil d'Etat entendu, pourra autoriser les municipalités de toutes les villes à établir des tarifs spéciaux pour la zone située en dehors du rayon, à la condition que la vigilance, au moyen de bureaux, soit autorisée et que cette mesure soit sollicitée par les *ayuntamientos* et la *junte* des contribuables.

Art. 14. — Les propriétaires de dépôts privés et de fabriques perdront, pour un an, le droit de continuer à jouir des avantages du régime des dépôts, s'il commettaient' trois infractions graves à la réglementation de l'impôt.

Art. 15. — Les *ayuntamientos* ayant traité à forfait et les fermiers pourront placer des barrières sur les points de la localité où ils le jugeront convenable pour assurer la vigilance, sauf à respecter le droit de propriété ou les servitudes établies.

Art. 16. — L'administration de l'impôt est autorisée à trancher tous les cas de fraudes dans lesquels les droits correspondant au délit découvert et l'amende y afférente, ne dépassent pas 25 piécettes.

Art. 17. — Les modifications apportées à l'impôt de *consumos* par cette loi, n'impliquent pas la rescision des forfaits volontaires, ni celle des contrats de fermages avec l'administration ou les municipalités. Mais le produit des uns et des autres sera augmenté dans la proportion où le sont les tarifs, sans aucune déduction.

TARIF N° 1

LOCALITÉS DE 5.000 HABITANTS ET AU-DESSOUS
ET DE 5.001 A 12.000

	HABITANTS	HABITANTS
	5.000 et au-dessous	5.001 à 12.000
VIANDES (kilogramme)	—	—
Bœuf, mouton, chèvre :		
Viande fraîche......P.	0.06	0.08
— salée.........	0.09	0.10
Porcs :		
Viande fraîche	0.09	0.10
— salée	0.12	0.15
LIQUIDES :		
Huiles (kil)	0.09	0.10
Vins :		
Ordinaire (hectolitre)..	2.75	5.50
De liqueur ou mousseux. H.	5 »	8 »
Vinaigre.......... »	2 »	5 »
Bière............ »	3 »	6 »
Cidre et chacoli.... »	1.50	1.75
GRAINS (100 kil.) :		
Riz, garbanzos et farines.............	1.25	1.25
Blé et farines.........	1.10	1.10
Seigle, maïs et farines.	0.40	0.40
Orge, avoine, millet, panis et farines.....	0.35	0.35
Haricots, lentilles et farines.............	0.25	0.25
Autres grains, légumes secs et farines......	0.23	0.23
DIVERS :		
Poissons salés et en conserve (kilogr.)...	0.03	0.03
Savon dur et mou (k.).	0.08	0.08
Charbon de bois (100 k.)	0.22	0.22
Coke...............	0.07	0.11
Conserves de fruits et de légumes (kilogr.)	0.10	0.10

LOCALITÉS DE 12.001 A 20.000
ET DE 20.001 A 40.000 HABITANTS

	HABITANTS	HABITANTS
	12.001 à 20.000	20.001 à 40.000
VIANDES (kilogramme)	—	—
Viande fraîche......P.	0.10	0.11
— salée.........	0.11	0.12
Porcs :		
Viande fraîche..	0.11	0.12
Viande salée..........	0.17	0.18
LIQUIDES :		
Huiles (kilogramme)....	0.11	0.12
Vins :		
Ordinaire (hectolitre)...	6.88	9.62
De liqueur ou mousseux. H.	10 »	12 »
Vinaigre.......... »	6 »	7 »
Bière............. »	7.50	10.75
Cidre et chacoli.... »	2 »	2.25

GRAINS : (100 kil.) :

Riz, garbanzos et farines...............	1.25	1.30
Blé et farines..........	1.10	1.15
Seigles, maïs et farines.	0.40	0.52
Orge, avoine, millet, panis et farines......	0.35	0.45
Haricots, lentilles et farines...............	0.25	0.28
Autres grains, légumes secs et farines.......	0.23	0.25

DIVERS :

Poisson frais, salé et en conserve (kil.).......	0.05	0.06
Savon dur et mou (kil.)	0.08	0.10
Charbon de bois (100 k.)	0.28	0.33
Coke.................	0.13	0.20
Conserves de fruits et légumes (kil.).......	0.10	0.20

LOCALITÉS DE 40.001 A 100.000 ET AU-DESSUS DE 100.000 HABITANTS

	HABITANTS	HABITANTS
	40.001 à 100.000	au-dessus de 100.000
VIANDES (kilogramme)	—	—
Bœuf, mouton, chèvres :		
Viande fraîche.......	0.12	0.14
— salée.........	0.14	0.17
Porcs :		
Viande fraîche	0.14	0.17
— salée.........	0.20	0.22
LIQUIDES :		
Huiles (kil.)..........	0.14	0.15
Vins :		
Ordinaire (hectolitre)..	11 »	13.75
De liqueur ou mousseux H.	15 »	20 »
Vinaigre.......... »	8 »	9 »
Bière............. »	12 »	15 »
Cidre et chacoli.... »	2.50	3 »

GRAINS (100 kil.) :

Riz, garbanzos et farines.............	1.35	1.40
Blé et farines........	1.25	1.30
Seigles, maïs et farines	0.60	0.65
Orge, avoine, millet, panis et farine.....	0.50	0.55
Haricots, lentilles et farines...........	0.30	0.33
Autres grains, légumes secs et farines.....	0.28	0.30

DIVERS :

Poisson frais, salé et en conserve (kil.)......	0.08	0.10
Savon dur et mou (kil.)..	0.10	0.13
Charbon de bois (100 kil.)...............	0.33	0.33
Coke (100 kil.)........	0.20	0.20
Conserves de fruits et légumes (kil.)........	0.20	0.20

TARIF N° 2

LOCALITÉS JUSQU'A 5.000 ET DE 5.001 A 12.000 HABITANTS

	HABITANTS	HABITANTS
	Jusqu'à 5.000	de 5.001 à 12.000
	—	—
Pigeons, tourterelles, cailles et volatiles analogues (par tête).....	0.04	0.05
Dindon —	0.30	0.35
Chapons —	0.14	0.17
Faisans —	0.35	0.45
Canards, perdrix, poules, oies, coqs, poulets et autres volatiles domestiques et sauvages, lièvres et lapins (par tête)	0.09	0.09
Volailles truffées (par tête)...............	0.35	0.45
Volailles en conserve (kil.)	0.14	0.17
Neige, glace (100 kil.)..	0.93	1.19
Cire (100 kil.).........	18.50	19.05
Stéarine, paraffine, blanc de baleine (100 kil.)..	15.95	16.40
Œufs (le cent.)........	0.22	0.22
Fromage (100 kil.).....	3.60	4.80
Lait —	2.20	2.65
Beurre de lait (100 kil.).	3.30	4.40
Paille, foin et herbe (100 kil.)...............	0.06	0.09
Bois à brûler (100 kil.).	0.17	0.20

LOCALITÉS DE 12.001 A 20.000 ET DE 20.001 A 40.000 HABITANTS

	HABITANTS	HABITANTS
	De 12.001 à 20.000	De 20.001 à 40.000
	—	—
Pigeons, tourterelles, cailles et volatiles analogues (par tête).....	0.05	0.05
Dindons —	0.45	0.45
Chapons —	0.22	0.22
Faisans —	0.50	0.55

Canards, perdrix, poules, oies, coqs, poulets et autres volatiles domestiques et sauvages, lièvres et lapins (par tête)..............	0.12	0.11
Volailles truffées (par tête)...............	0.50	0.55
Volailles en conserve (kil.).................	0.22	0.22
Neige et glace (100 kil.).	2.38	3.37
Cire id. .	19.70	20.25
Stéarine, paraffine, blanc de baleine (100)......	17.30	17.85
Œufs (le cent.).........	0.22	0.22
Fromage (100 kil.).....	4.80	4.85
Lait —	2.55	2.65
Beurre de lait (100 kil.).	4.50	4.60
Paille, foin et herbe — .	0.11	0.17
Bois à brûler — .	0.22	0.28

LOCALITÉS DE 40.001 A 100.000 ET DE PLUS DE 100.000 HABITANTS

	HABITANTS De 40.001 à 100.000	HABITANTS Au delà de 100.000
Pigeons, tourterelles, cailles et volatiles analogues (par tête).....	0.05	0.06
Dindons —	0.55	0.55
Chapons —	0.28	0.28
Faisans —	0.65	0.70
Canards, perdrix, poules, oies, coqs, poulets et autres volatiles domestiques et sauvages, lièvres et lapins (par tête)...............	0.11	0.17
Volailles truffées (par tête)...............	0.65	0.70
Volailles en conserve (kil.).................	0.28	0.28
Neige et glace (100 kil.).	4.76	5.95
Cire — .	20.90	21.45
Stéarine, parafine, blanc de baleine (100 kil.)..	18.50	19.05
Œufs (le cent.).........	0.22	0.22
Fromage (100 kil.).....	6.05	7.40
Lait —	2.75	3.55
Beurre de lait (100 kil.).	4.95	5.50
Paille, foin, herbe (100 kil.)...............	0.17	0.22
Bois à brûler (100 kil.)..	0.28	0.33

TARIF N° 3

Localités jusqu'à 5.000 habitants

Eaux-de-vie de moins de 60 degrés centésimaux et eaux-de-vie aromatisées quelle que soit leur graduation. Par degré centésimal et par hectolitre.........................P. 0.40

Liqueurs, quelle que soit leur graduation. Par litre....................P. 0.22

Localités de 5.001 à 12.000

Eaux-de-vie, etc., *ut supra*. Hectolitre 0.45
Liqueurs......................litre 0.28

Localités de 12.001 à 20.000

Eaux-de-vie, etc., *ut supra*. Hectolitre 0.50
Liqueurs......................litre 0.28

Localités de 20.001 et au-dessus capitales de provinces Carthagène, Gijon, Vigo.

Eaux-de-vie, etc., *ut supra*. Hectolitre 0.60
Liqueurs......................litre 0.45

XIX

PROJET DE LOI

Sur le timbre de l'Etat.

AUX CORTÈS

L'impôt du timbre, par ses différents types d'application et par la multiple variété des documents qui y sont soumis, exige plus qu'aucun autre, d'être fréquemment révisé, s'il doit atteindre la généralité des cas et s'il doit rester équitable. Cette révision est d'autant plus nécessaire, que les augmentations du rendement à en attendre sont considérables, même en bornant la réforme à redresser des iniquités et à effacer des omissions que rien ne justifie.

En examinant la graduation, on trouve que le type de la taxe n'est pas en proportion constante, le plus souvent, avec l'importance des actes. Le taux fixé pour les écritures publiques qui commence à 1 pour 1000, pour atteindre 3.33 dans les documents de 15.000 piécettes, descend à 1 pour 1000 dans ceux dont l'importance dépasse 60.000 piécettes. Dans le papier judiciaire, la progression n'est pas interrompue, mais elle descend de 50 centimes pour 1000 piécettes, ce qui est le second degré de la graduation à un centime, type auquel correspond le timbre que l'on fixe sur la dernière classe. La taxe pour les traites, commence par 40 centimes pour 1000 piécettes, monte à 0.75 au troisième échelon pour descendre ensuite à 0.50 et s'élever de nouveau, atteignant 0.80 au dix-neuvième échelon, descendant ensuite à 0.75 où elle s'arrête. Pour les actions et obligations des Banques et des Sociétés, l'impôt au premier degré est de 7.50 pour 1000 piécettes, et variant ensuite sans orientation fixe, il descend au dernier, pour 50.000 piécettes, à un timbre qui correspond à 2 pour 1000. Il en est de même pour les contrats de liquidation.

On ne peut pas prétendre, dans cette partie de l'impôt, à une étroite proportionnalité, mais on doit trouver la même, au premier et au dernier échelon ; et même les échelons intermédiaires pourraient être établis de façon à être toujours proportionnels. Cette réforme devra être ajournée à une époque où la situation moins anxieuse de nos finances, permettra de la tenter. Dans celle que l'on propose sur l'heure, le timbre pour les écritures publiques répond rigoureusement dans l'impôt graduel à un 2 pour 1000 et pour le timbre judiciaire à un 0.05 pour 1000, quoique pour ceux-ci, les derniers degrés, qui sont exceptionnels, s'écartent de la règle générale. Pour ceux inférieurs à une piécette, quoique l'on fasse un rabais considérable, ce n'est pas encore tout celui que l'on devrait faire, à cause de la baisse qui en résulterait dans le rendement de l'impôt. Pour les traites, le droit est fixé à 1 pour 1000, ce qui est un peu plus que dans l'actualité, mais pas assez pour qu'on ait lieu de le considérer comme excessif, si on réfléchit que dans d'autres pays, on est arrivé à 1.50 pour 1000 quand les circonstances l'ont exigé, et il y en a où, en dépit de la prospérité financière de l'Etat, le taux de 1 pour 1000 subsiste encore. Pour les actions et obligations, on établit le type de 5 pour 1000, inférieur pour un tiers à celui qui commence l'échelle actuelle ; mais, en revanche on le double quand la durée du titre doit être de plus de 10 ans, ce qui fait disparaître l'iniquité résultant du fait de tarifer des documents de cette nature sans tenir compte d'un élément aussi important que l'est la durée de leur validité : on grève en outre ces valeurs d'un pour 1000 et par an, comme droit de transmission ainsi qu'on le fait depuis longtemps dans d'autres pays, car équitablement il n'y a aucun motif pour que ces placements continuent à jouir d'un privilège. Du reste ce droit est si léger et si modéré qu'il n'atteint pas à la moitié de ce qu'il est dans d'autres pays. Pour les locations d'appartements, et autres analogues, l'impôt qui dans certains cas de l'échelle actuelle, est de 4 pour 1000, est ramené à 2, car évidemment c'est son élévation qui jusqu'à présent a paralysé son rendement.

La négociation des effets publics, cotés dans les Bourses de commerce, paye 1 centime 1/2 pour 1000, et quoique la taxe sur ces opérations doive être légère, elle l'est si bien que personne ne saurait méconnaître qu'elle l'est au delà de ce qui est juste et raisonnable, avec cette circonstance aggravante que tous les documents qui interviennent dans ce genre de transaction, ne sont pas soumis au timbre. Les nécessités budgétaires, aux yeux du ministre soussigné, exigent que le droit soit au moins de 0.10 pour 1000 piécettes effectives et que l'impôt atteigne en même temps le *vendi* (facture de vente) par lequel s'opère la transmission ainsi que le bulletin d'intervention de l'agent, puisque les deux documents ont force légale et qu'on peut en exciper en justice.

Aujourd'hui, les polices de prêt sur garantie de valeurs sont soumises à la même graduation et il y a lieu de les y soustraire, parce que ces opérations n'ont aucune analogie. Ces effets ne sont autres que des billets à ordre et par conséquent ils ont leur place marquée parmi les traites et documents analogues.

Pour les polices de négociation de valeurs à terme, la loi actuelle a élevé d'une piécette à cinq, le timbre qui les grèvent, augmentation à laquelle il faut revenir, car c'est sans doute en raison de ce taux excessif que, depuis le 1ᵉʳ octobre 1892 que la loi est entrée en vigueur, on n'a vendu *qu'une seule* police de cette classe. Il y a dans les bourses deux espèces de documents pour les opérations de cette nature, l'un signé par le vendeur et l'autre par l'acheteur, et on reconnaîtra qu'en y apposant un timbre d'une piécette, on reste au-dessous de ce qui serait juste. Il y a donc lieu d'espérer que désormais, en vue de la modicité de l'impôt, les intéressés régulariseront les contrats de cette nature avec l'intervention de l'agent de change pour éviter les risques que, sans cette précaution, ils pourraient courir.

Le chèque a été établi pour faciliter au tireur le moyen de retirer à son profit ou à celui d'un tiers, tout ou partie des fonds qu'il a disponibles chez celui sur lequel il dispose. Toutefois, on l'a dénaturé de telle sorte qu'il est en train de se substituer à la lettre de change et au billet à ordre. Les établissements de crédit les plus respectables admettent eux-mêmes des chèques en représentation de leurs prêts ou escomptes, en les renouvelant à l'echéance, de sorte qu'en supposant une opération de cette nature montant à un million et renouvelée dix-huit fois, même dans le cas le plus favorable où le chèque serait payable à 5 jours de date, on ne payerait pour droits de timbre que seulement une piécette 80 centimes au lieu de 750 piécettes qui totaliseraient le montant de l'impôt, si l'opération eut été faite au moyen d'un billet à ordre. Le préjudice pour le Trésor est manifeste et il faut y mettre un prompt remède. Comme ordre de remettre les fonds que le tireur a au pouvoir du tiré, il est juste que le timbre ne dépasse pas 50 centimes ; mais pour que la taxe ne soit pas plus élevée, il est également juste que le tireur ne puisse, sans encourir de responsabilité, ni retirer, ni acquitter le chèque qu'il a émis, si ce n'est en vertu d'un protêt en due forme, duquel il résulte que le tireur au moment du tirage, avait fait la provision de fonds au pouvoir du tiré. Quand il y a provision, de même que quand le chèque est normalement acquitté, l'impôt ne doit pas dépasser le taux indiqué, mais dans les autres cas, c'est une obligation que de considérer le chèque comme une lettre de change.

C'est également sans aucune raison que les reçus de dépôt de bijoux payent 5 piécettes et non pas 10 centimes comme ceux d'effets publics : aussi, on ne peut attribuer cette inégalité de traitement qu'à un oubli. Les deux documents sont soumis aux dispositions du Code de commerce, et même il est certain que le dépôt d'effets publics jouit en fait de plus d'avantages que celui de bijoux, car il donne certainement lieu à des transactions mercantiles plus fréquentes et il est transférible par endossement, avec les mêmes facilités et les mêmes prérogatives que les traites : aussi, en vue de la diversité de leur importance, l'échelle graduée que l'on propose paraît plus équitable que le droit fixe pour ces espèces.

Le timbre grevant tous les documents mercantiles représentant des opérations de crédit ou des mouvements de fonds, et descendant jusqu'à la facture que délivre le détaillant pour ce qu'il vend, sans autre exception que les billets au porteur émis par les banques d'émissions, il paraît juste, comme on le fait du reste dans d'autres pays, que nous soumettions à l'impôt les billets en question qui jouissent de cette exemption sans aucun motif légal et sans que ce soit même équitable.

En effet, la concession à la Banque d'Espagne du droit d'émission des billets au porteur, n'y confère pas cette exemption, et dans les conditions accessoires, il n'est rien dit qui pourrait être allégué en faveur de cette exception : d'ailleurs il est certain qu'obéissant aux suggestions de son patriotisme bien connu, la Banque sera la première à accepter avec plaisir cette innovation financière. C'est pourquoi les billets au porteur de la Banque d'Espagne seront taxés à 1 pour 1.000, dont l'incidence, comme moyen pratique expéditif, sera établie sur la moyenne de la circulation.

C'est incontestablement pour la facilité et la commodité de son application que l'on a fixé à 10 centimes le timbre pour les reçus de sommes supérieures à 25 piécettes, quelles que soient la somme et la cause du reçu. Il y a beaucoup de cas, en effet, où la simplicité des procédés de recouvrement d'un impôt, doit passer avant l'équité même ; mais dans l'espèce, sans mettre cette considération de côté, il y a lieu d'élever, quoique légèrement, la taxe afférente aux reçus de sommes importantes. On établira donc une proportionalité qui, sans être absolument rigoureuse, sera toujours plus en harmonie avec la justice. L'exemption sera abaissée à 10 piécettes ; le timbre de 10 centimes sera conservé pour les sommes de 10 à 500 piécettes ; on mettra un timbre de 25 centimes pour les sommes de 501 à 1.000 piécettes, et un timbre de 50 centimes pour celles de 1.001 piécettes et au-dessus. Le Ministre soussigné est persuadé que de cette façon on respectera mieux la loi de l'équité et que les recettes du Trésor s'en accroîtront. Dans les contrats de louage d'habitation et dans ceux qui ont rapport à l'éclairage au gaz et à l'électricité, le timbre ne donne jusqu'à présent, qu'un rendement insignifiant.

Les contrats étant verbaux, et le timbre grevant le document et non l'acte, dans beaucoup de cas, on ne le régularise pas, tout au moins en ce qui concerne l'impôt. Mais les reçus des loyers et de la consommation de la lumière, précisément parce qu'ils sont une dérivation de ces contrats et parce que l'on part de la supposition que les contrats ont acquitté les droits, ne payent que le timbre de 10 centimes quand ils dépassent 25 piécettes. Aussi comme la raison pour laquelle le timbre n'est pas plus élevé fait défaut, il paraît juste de soumettre ces reçus à un timbre équitablement proportionnel.

La chasse et la pêche ont pris de considérables proportions et, cependant, la délivrance des permis est loin de donner les résultats que l'on est en droit d'en espérer, ce qui tient sans doute à l'élévation des droits, aux difficultés que les particuliers éprouvent à se procurer les permis, et en partie aux nombreuses exemptions accordées, sans être même autorisées par la loi. Ces inconvénients disparaissent dans le projet, ainsi que le Ministre soussigné l'espère. La taxe est diminuée, les alcades, dans les localités qui ne sont pas capitales de provinces, sont autorisés, comme délégués du Gouvernement, à délivrer des permis moyennant les formalités et garanties que le Ministre de l'intérieur déterminera et l'égalité devant la loi sera rétablie. On doit donc s'attendre à ce que ces mesures provoqueront une augmentation des recettes en même temps qu'elles éviteront de nombreux conflits et délivreront les contribuables de nombreuses vexations.

De tout temps, et cette façon de faire est fondée sur l'équité, on a employé le papier le moins cher, exception faite des timbres des pauvres et d'office, pour les protocoles des écritures publiques, pour les copies qui en sont faites, ou pour les feuilles intermédiaires, quand la première et la dernière, ou seulement même la première, devaient porter un timbre plus élevé, jusqu'à ce que la loi actuelle ait fixé le timbre d'une piécette pour le protocole et celui de 75 centimes pour la deuxième feuille des copies et les suivantes.

Il faut revenir comme auparavant au même timbre pour les deux documents, ce qui est préférable.

Un impôt excessif sur les services des Postes, télégraphes et téléphones, ne pourrait pas se défendre et serait préjudiciable à tous les points de vue ; mais la taxe n'étant pas excessive, même avec les surtaxes, il convient de la soutenir, tout au moins tant que les nouveaux impôts n'auront pas produit les rendements dont ils sont susceptibles, si on se propose de satisfaire exactement les péremptoires obligations de l'Etat. Dans des circonstances moins difficiles que celles que la Nation traverse aujourd'hui, on a tarifé ces services respectifs à des prix sensiblement plus élevés que ceux que l'on propose et ils ont pu fonctionner, comme il arrive maintenant, sans produire d'arrêt dans les transactions, ni par conséquent dans la marche progressive du commerce et de l'industrie, ce qui permet d'affirmer que leur taux, loin d'excéder la mesure, n'atteint pas celle que l'expérience indique.

En vue des considérations ci-dessus exposées, le Ministre soussigné, autorisé par S. M., et d'accord avec le Conseil des Ministres, a l'honneur de proposer au Cortès l'approbation du suivant

PROJET DE LOI

DU

Timbre de l'Etat

TITRE PREMIER

Dispositions générales et valeurs de chaque espèce d'effets timbrés.

CHAPITRE PREMIER

Dispositions générales

Article premier. — Le timbre de l'Etat s'emploiera :

1° Pour grever les documents publics et privés en vertu desquels sont transmis les biens de toute nature, ou constitués, reconnus, modifiés ou éteints des droits réels sur les biens immeubles, ou contractées des obligations, quand bien même celles-ci n'impliquent pas des transmissions de biens. ;

2° Pour faire contribuer les documents, qui sans représenter ni obligations, ni transmissions, se rapportent à des actes qui ne sont pas expressément énumérés par la loi ;

3° Pour réaliser le prix des services publics, qui, monopolisés par l'Etat, sont régis par des lois spéciales et dont la perception est assurée par celle du timbre ;

4° Pour l'acquit de certains impôts dont la perception est ordonnée sous cette forme ;

5° Et pour rendre effectives les responsabilités pécuniaires décrétées par quelle juridiction et pour quel motif que ce soit.

Art. 2. — L'impôt du timbre sera proportionnel, gradué et fixe et sera perçu de la façon suivante :

1° Par l'emploi du papier et de documents sur lesquels il sera gravé ;

2° Par des timbres mobiles ;

3° Et au moyen de payements en espèces dans les cas prévus par la loi qui seront déterminés par le Ministre des finances.

Art. 3. — La gravure et l'impression des timbres se feront exclusivement à la *Fabrique nationale du timbre.*

Art. 4. — L'administration des finances remettra gratuitement aux tribunaux civils, militaires et ecclésiastiques, ainsi qu'aux procureurs et aux fonctionnaires de l'ordre judiciaire et aux bureaux déterminés par le règlement, le papier d'office qu'ils demanderont, conformément aux dispositions prises à cet égard.

Art. 5. — Le papier timbré commun et judiciaire, excepté celui de 10 centimes, inutilisé en écrivant, sera échangé dans les débits moyennant un droit de 10 centimes par feuille, quand bien même les quatre pages seraient écrites, mais à la condition qu'il ne porte ni trace d'avoir été cousu, ni signature, ni rubrique, ni aucune autre marque d'avoir sorti son effet.

Les lettres de change, billets à ordre et les polices de toute espèce ou les autres documents seront échangés dans les mêmes conditions, au tarif de 10 centimes la feuille, quand il n'y a pas lieu de soupçonner qu'ils ont été utilisés.

Art. 6. — Le papier timbré qui à la fin de l'année resterait sans emploi au pouvoir des particuliers, corporations et fonctionnaires publics, sera échangé dans les débits, pour d'autre de la même catégorie, dans le mois de janvier de la nouvelle année.

Il en sera de même pour les timbres mobiles qui porteraient mention de l'année d'émission; quant au papier d'office fourni gratuitement aux tribunaux et aux bureaux, il sera rendu et inutilisé.

Art. 7. — Les particuliers et les corporations qui désireront avoir leurs documents sur parchemin, vélin ou papier d'une qualité supérieure à celui de l'Etat, pourront s'adresser à la Direction générale de l'impôt, pour le faire timbrer, moyennant le payement préalable des droits de timbre.

Les particuliers et les corporations astreints à l'emploi du timbre, pourront employer indistinctement, sauf les restrictions prévues, soit du papier timbré, soit du papier libre, à la condition d'y apposer les timbres mobiles correspondants.

Art. 8. — Les dimensions du papier auquel se rapporte l'article antérieur, ainsi que celles des livres de commerce, dont le timbre doit être acquitté en papier de payements à l'Etat, auront aux effets de la fixation du montant du timbre y afférent, les dimensions du pli de la marque normale espagnole, soit 43 centimètres et demi de longueur et 31 centimètres et demi de largeur. Sont exceptés de cette règle, les livres de comptabilité, dits *grand livre* et *journal*, dont parle l'article 160 et dont les feuilles seront considérées comme ayant cette dimension, quelle qu'elle soit réellement.

Art. 9. — Les timbres mobiles et les timbres spéciaux mobiles, sans aucune exception, seront inutilisés par ceux qui les emploieront, en écrivant sur chaque timbre la date du document sur lequel il est apposé. L'omission de cette formalité sera considérée comme défaut d'apposition du timbre aux effets du titre 4 du chapitre 2 de cette loi.

Art. 10. — L'administration exercera la surveillance par l'intermédiaire de ses agents et fera les inspections qu'elle jugera nécessaires pour assurer l'exacte exécution des dispositions de la loi.

Art. 11. — Dans les cas où l'application du timbre présentera des doutes, les bureaux provinciaux instruiront l'affaire en prenant l'avis de l'avocat de l'Etat et remettront le dossier à la direction centrale pour que celle-ci détermine quel est le timbre exigible. Les cas douteux et les questions à ventiler, ne seront l'objet d'aucune pénalité, quand bien même la direction déciderait qu'il y a lieu d'employer un timbre d'une classe supérieure à celle qui était l'objet de la controverse.

Art. 12. — Un règlement spécial organisera le service administratif de cet impôt et contiendra les instructions nécessaires pour sa correcte et facile application.

CHAPITRE II

Espèces d'effets timbrés, classe et prix

Art. 13. — Les effets timbrés qui seront mis en vente, leurs classes et leurs prix seront ceux qui sont énumérés ci-dessous :

Papier timbré ordinaire

Première classe.....................P.	100	»
Deuxième classe...............	75	»
Troisième classe.....................	50	»
Quatrième classe..	25	»
Cinquième classe....................	10	»
Sixième classe......................	7	»
Septième classe	5	»
Huitième classe	4	»
Neuvième classe.....................	3	»
Dixième classe......................	2	»
Onzième classe......................	1	»
Douzième classe.....................	0	10

Papier timbré judiciaire

Première classe... ....P.	10	»
Deuxième classe.....................	9	»
Troisième classe..	8	»
Quatrième classe....................	7	»
Cinquième classe....................	6	»
Sixième classe......................	5	»
Septième classe.....................	4	»
Huitième classe.....................	3	»
Neuvième classe..	2	»
Dixième classe......................	1	»
Onzième.........................	0	75
Douzième classe.....................	0	50
Treizième classe : Papier d'office pour les tribunaux.....	»	»
— Le même à la vente publique.........	0	10

Papier pour les Biens de mainmorte

Ventes ....P.	2	»
Cens............................	2	»

Lettres de change, billets à ordre et polices pour prêts avec garantie

Première classe................ ......P.	100	»
Deuxième classe......	75	»
Troisième classe....	50	»
Quatrième classe	40	»
Cinquième classe	30	»
Sixième classe......................	20	»
Septième classe	10	»
Huitième classe.....................	7	»
Neuvième classe....................	5	»

Dixième classe	4	»
Onzième classe	3	»
Douzième classe	2	»
Treizième classe	1	»
Quatorzième classe	0	50
Quinzième classe	0	25
Seizième classe	0	10

PERMIS D'ARMES, DE CHASSE ET DE PÊCHE

Chasse

Première classe	P.	40	»
Deuxième classe		30	»
Troisième classe		20	»
Quatrième classe		10	»
Cinquième classe		2	50

Port d'armes

Première classe	P.	30	»
Deuxième classe		20	»
Troisième classe		10	»
Quatrième classe		7	»

Pêche

Première classe	P.	20	»
Deuxième classe		10	»
Troisième classe		7	»
Quatrième classe		5	»
Cinquième classe		1	»

POLICES DE BOURSE POUR OPÉRATIONS AU COMPTANT

Première classe	P.	250	»
Deuxième classe		200	»
Troisième classe		175	»
Quatrième classe		150	»
Cinquième classe		125	»
Sixième classe		100	»
Septième classe		75	»
Huitième classe		50	»
Neuvième classe		25	»
Dixième classe		10	»
Onzième classe		7	»
Douzième classe		5	»
Treizième classe		4	»
Quatorzième classe		3	»
Quinzième classe		2	»
Seizième classe		1	»
Dix-septième classe		0	50
Dix-huitième classe		0	25
Dix-neuvième classe		0	10

Autres documents de bourse
(Droit fixe de 1 piécette)

Polices d'opérations à terme : Achat..		
— — — Vente..		

Polices d'opérations à prime : Achat..		
— — — Vente..		
— — formes : Achat..		
— — — Vente..		
— — à différence : Achat..		
— — — Vente..		

Vendis, opérations au comptant par Agent de change ou Courtier de commerce..............................

Oppositions à la vente d'effets négociables..............................

Notes d'intervention d'opérations entre Agents de change ou Courtiers de commerce, ou de négociation de valeurs endossables avec intervention d'Agent de change ou de Courtier de commerce, chaque pièce........P.   0 25

Vendis à terme ou au comptant sans intervention d'Agent ou de Courtier.   10   »

CONTRAT DE LOCATION D'HABITATION

	Original :		Duplicata :	
Première classe	100	» P.	1	»
Deuxième classe	75	» »	»	»
Troisième classe	50	» »	»	»
Quatrième classe	40	» »	»	»
Cinquième classe	30	» »	»	»
Sixième classe	20	» »	»	»
Septième classe	10	» »	»	»
Huitième classe	7	» »	0	10
Neuvième classe	5	» »	»	»
Dixième classe	4	» »	»	»
Onzième classe	3	» »	»	»
Douzième classe	2	» »	»	»
Treizième classe	1	» »	»	»
Quatorzième classe	»	50 »	»	»
Quinzième classe	0	40 »	»	»
Seizième classe	0	30 »	»	»
Dix-septième classe	0	20 »	»	»
Dix-huitième classe	0	10 »	1	»

TIMBRES MOBILES

Equivalents au papier timbré commun

Première classe	P.	100	»
Deuxième classe		75	»
Troisième classe		50	»
Quatrième classe		25	»
Cinquième classe		10	»
Sixième classe		7	»
Septième classe		5	»
Huitième classe		4	»
Neuvième classe		3	»
Dixième classe		2	»
Onzième classe		1	»

Pour traites

Première classe...............P.	100	»
Deuxième classe..................	75	»
Troisième classe.................	50	»
Quatrième classe.................	40	»
Cinquième classe............	30	»
Sixième classe...	20	»
Septième classe	10	»
Huitième classe..................	7	»
Neuvième classe.................	5	»
Dixième classe	4	»
Onzième classe...................	3	»
Douzième classe..................	2	»
Treizième classe,........	1	»
Quatorzième classe	0 50	
Quinzième classe	0 25	
Seizième classe..................	0 10	

Timbres spéciaux mobiles

De 5 centimes de piécettes		
De 10 — —		
De 15 — —		
De 25 — —		
De 50 — —		

TIMBRES DE COMMUNICATIONS

(*Postes et télégraphes*)

De 1 centime divisé en quatre parties facilement séparables et permettant de payer un quart de centime (Port de journaux)..	
De 2 centimes....................	
De 3 —	
De 4 —	
De 10 —	
De 15 —	
De 20 —	
De 25 —	
De 30 —	
De 40 —	
De 50 —	
De 75 —	
De 1 piécette....................	
De 4 —	
De 10 —	

Cartes postales

Pour l'intérieur des villes ....P.	0 10	
Simples pour le Royaume...........	0 15	
Doubles pour le Royaume (réponse payée)....................	0 25	

Cartes de l'Union postale

Simples de 5 centimes de piécette...	
— de 10 — — ...	
— de 15 — — ...	

Doubles de 10 centimes de piécette...	
— de 20 — — ...	
— de 30 — — ...	

Papier de payments à l'Etat

Première classe................P.	100	»
Deuxième classe...................	75	»
Troisième classe.................	50	»
Quatrième classe	25	»
Cinquième classe.................	15	»
Sixième classe	10	»
Septième classe	5	»
Huitième classe	2	»
Neuvième classe..................	1	»
Dixième classe	0 50	
Onzième classe...................	0 25	

Papier pour payer les amendes municipales

Première classe.................P.	25	»
Deuxième classe..................	5	»
Troisième classe.................	2	»
Quatrième classe	1	»
Cinquième classe..................	0 50	

Papier d'amende pour infraction à la loi électorale

Première classe.. .... Piécettes.	200	»
Deuxième — .... —	100	»
Troisième — .... —	50	»
Quatrième — .... —	25	»
Cinquième — .... —	5	»
Sixième — .... —	1	»

Art. 14. — Chaque feuillet de papier de payements faits à l'Etat se composera de deux parties, dites *supérieure* et *inférieure* ; quand on l'employera, on spécifiera sur chaque partie l'objet et le montant total du payement, en exprimant la loi, le décret ou l'ordre donnant lieu à la perception, la date de l'opération et le nom de l'intéressé, le tout avec le visa et la signature du fonctionnaire accompagné de son timbre s'il en use, ou de celui de l'autorité ou du tribunal compétent. S'il fallait employer plus d'un feuillet, celui de la classe supérieure seul portera toutes ces annotations, sur les autres on mettra uniquement la note suivante : « en complément du payement auquel se rapporte le feuillet... série... numéro... », date et signature. Ces formalités remplies le feuillet se coupera en deux parties dont la *supérieure* sera remise à l'intéressé pour lui servir de reçu et l'*inférieure* unie au dossier comme pièce à l'appui, ou simplement *archivée* s'il n'y a pas de dossier.

Art. 15. — Le papier de payements à l'Etat servira pour opérer le payement des droits de toute sorte en matière d'infraction à la loi du timbre et tous autres que la loi ordonne ou ordonnera.

TITRE II

Des actes publics

CHAPITRE PREMIER

Ecritures publiques

Art. 14. — On employera le timbre gradué pour la première feuille de la copie des minutes des écritures publiques, ayant pour objet des quantités ou des choses susceptibles d'évaluation, conformément à l'échelle suivante :

Jusqu'à 500 piécettes..................	1
De 500,01 à 1.000..................	2
De 1.000,01 à 1.500................. .	3
De 1.500,01 à 2.000..................	4
De 2.000,01 à 2.500...	5
De 2.500,01 à 3.500................	7
De 3.500,01 à 5.000.............. ...	10
De 5.000,01 à 12.500..................	25
De 12.500,01 à 25.000..................	50
De 25.000,01 à 37.500..................	75
De 37.500,01 à 50.000..................	100

Art. 17. — La première feuille des copies des écritures ou documents ayant pour objet plus de 50.000 piécettes, sera du papier de 100 piécettes, mais avant que les copies soient remises aux ayants droit, elles seront présentés au bureau de liquidation des droits réels, afin de payer deux piécettes pour chaque somme de mille piécettes ou toute fraction de mille piécettes excédant les susdites 50.000 piécettes. Le liquidateur, à côté du timbre de la première feuille, mettra l'annotation suivante :

Visé numéro (Date et signature)

Art. 18. — Pour graduer le timbre, on prendra pour base :

1° Dans les contrats de vente et d'achat, et dans les cessions à titre onéreux, le prix net déduction faite des charges ;

2° Dans les échanges, la valeur acquise par celui qui demande la copie, déduction faite des charges ;

3° Dans les adjudications en payement de dette, la valeur nette des biens adjugés;

4° Dans les cessions à titre gratuit, la valeur des biens cédés ;

5° Dans les ventes en rédemption de cens et autres charges analogues, le prix du rachat ou de la rédemption ;

6° Dans les location de tout genre, le montant de la vente ou du loyer d'une année ;

7° Dans la constitution, la rénovation et l'extinction des hypothèques, la valeur de l'obligation principale, sans y comprendre les intérêts et garanties que les parties peuvent stipuler pour frais, dépens ou dommages s'il y a lieu ;

8° Dans les contrats de prêt sur cargaisons, navires ou partie de navires, le montant de l'intérêt stipulé et quand il n'y en a pas de déterminé, le 3 0/0 du capital qui constitue le prêt ;

9° Dans les écritures de contrats d'assurance, la prime convenue, c'est-à-dire le total de toutes les primes à payer pendant toute la durée du contrat ;

10° Dans les actes ou contrats relatifs aux servitudes, quand la valeur n'est pas indiquée, la quatrième partie de la valeur du fonds supérieur ;

Dans les usufruits en général, on se réglera sur le quart du montant de la valeur ou de l'évaluation de la propriété dont il s'agit, et l'usufruit viager se réglera sur la moitié de la valeur de la susdite propriété ;

11° Dans la formation des sociétés, le capital avec lequel elles se fondent ou se constituent, quoiqu'il ne soit pas encore déboursé, on appréciera de même les augmentations du capital qui ne payeront que pour la différence ;

12° Dans les contrats de fournitures et autres services publics, généraux, provinciaux ou municipaux, et dans tous ceux de même nature entre particuliers, le prix ou la somme auxquels ils montent et, à son defaut, le devis qui aura servi de base à la définition des services; quand cette base n'existera pas non plus, on se réglera sur la capitalisation à 10 0/0 du cautionnement définitif que l'entrepreneur devra verser ;

13° Dans les écritures se rapportant à la constitution, reconnaissance, modification ou extinction d'obligations personnelles ayant pour objet principal une quantité ou une chose susceptible d'évaluation, on tiendra compte du montant du capital, abstraction faite de l'intérêt ou du revenu stipulés.

Art. 19. — Quand, dans un même document, se trouvent compris des actes ou des contrats de différente nature juridique, se rapportant ou non au même bien, la base régulatrice pour le choix des timbres sera celle du timbre le plus élevé.

Art. 20. — Sur la première feuille des copies remises à chaque partie de l'acte de partage des successions, on employera le timbre correspondant à la valeur nette des biens adjugés à chacun. Si de la déclaration de la part héréditaire respective des intéressés et des démarches faites par l'administration pour connaître la valeur exacte de la succession, il résultait une différence de 10 0/0 en sus dans la valeur de l'héritage, les intéressés dans ces documents seront tenus de restituer la somme dont ils auront fraudé l'administration pour la différence du timbre et de payer l'amende qui leur sera infligée.

Art. 21. — Dans les copies d'écritures additionnelles faites pour remédier à des défauts ou à des omissions de forme dans d'autres écritures, on employera le papier correspondant à la valeur de la propriété ou des propriétés auxquelles se rapporte l'acte et le notaire constatera cette circonstance dans le protocole; mais si l'écriture additionnelle avait pour but d'interpréter ou d'amplifier des clauses d'une autre écriture, on emploiera le même timbre que pour la copie des actes dont il s'agit, sans toutefois acquitter aucun supplément pour l'excédent au-dessus de 50.000 piécettes.

Art. 22. — On emploiera le timbre de 10 piécettes, cinquième classe, pour la première feuille des copies d'écritures testamentaires et de codocilles ouverts, que l'on y fasse connaître ou non, la valeur de la succession ; — pour celles de réforme des statuts ou règlements des société quand elles ne visent pas une augmentation ou une diminution de capital ; — pour celles d'approbation de comptes ou de quitus, s'il n'y a pas dans le présent de remise ou de dévolution de capital, et s'il n'en résulte pas d'obligation de payer plus tard une somme quelconque ; — pour celles de nomination de juges, arbitres et amiables compositeurs, — et pour toutes celles qui ne se rapportent pas à un objet susceptible d'évaluation avec les exceptions suivantes :

1° Feuille timbrée de 75 piécettes, deuxième classe, pour les testaments fermés, protocolisés après leur ouverture, outre le timbre mobile de la même classe et celui qui sera apposé sur l'enveloppe, et inutilisé par le notaire conformément à l'article 9 ;

2° Timbre de 50 piécettes, troisième classe, pour les écritures d'adoption d'enfant faites conformément à l'article 1.832 de la loi de procédure civile ;

3° Timbre de 25 piécettes, quatrième classe, pour les écritures dans lesquelles sont consignés le consentement ou le conseil pour la célébration du mariage et pour les écritures de reconnaissance d'enfants naturels ;

4° Timbre de 10 piécettes, cinquième classe, pour les écritures de réformation de statuts ou de règlements de société, quand elles auront pour objet la réduction du capital social, et pour celle d'émission d'actions et d'obligations, dans le cas où les sommes que ces valeurs représentent, aient été comprises dans les contrats ayant déjà acquitté le timbre proportionnel à ce capital ;

5° Timbre de 7 piécettes, sixième classe, pour les pouvoirs pour plaider au sujet de sommes ou de biens déterminé d'une valeur de plus de 50.000 piécettes, ou pour aliéner des biens dont le montant soit supérieur à cette somme ;

6° Timbre de 5 piécettes, septième classe, pour les autorisations maritales et les pouvoirs de toute sorte, excepté ceux compris dans l'article antérieur, ou qui auront pour objet d'entamer des réclamations dans les bureaux de l'Etat quand la somme ne dépasse pas 250 piécettes ;

7° Timbre de 3 piécettes, neuvième classe, pour :

I. Les substitutions ou révocations de toute sorte de procurations et des autorisations maritales dont il a été parlé ci-dessus et les copies des protêts, traites et billets à ordre ;

II. Les certifications que donnent les notaires à instance de partie de tout écrit ou document qu'on leur présente et que légalement ils peuvent certifier ;

III. Les copies des actes de reconnaissance de cens, droits réels et autres charges analogues.

8° Timbre de 2 piécettes, dixième classe, pour :

A. Les copies des actes notariés qui n'ont pas pour objet de déclarer un droit ou de compléter un titre domanial, ni de remettre une somme ou une valeur, s'ils ne sont pas classés spécialement, et les copies des actes ayant pour objet des stipulations tendant à suspendre des conditions pactées dans des actes antérieurs déjà soumis aux droits du timbre;

B. Les adjudications extra-judiciaires de biens immeubles et de droits réels ;

9° Timbre d'une piécette, onzième classe, pour :

A. Les minutes ou dépôts des écritures publiques et actes notariés, considérant comme tels les inventaires, partages et adjudications de biens exécutés volontairement ou par disposition judiciaire, sauf les exceptions qui seront indiquées;

B. Les copies des actes notariés d'adjudications de biens meubles;

C. Les procès-verbaux d'adjudication des services de l'Etat, des provinces ou des municipalités;

D. Les inventaires des minutes, registres et papiers des notaires ;

E. La seconde feuille et les suivantes des copies des écritures, et actes notariés et les extraits de ces instruments, quelle que soit la valeur dont il s'agisse ;

F. Les légalisations et attestations de signatures délivrées par les notaires, les annotations des liquidateurs de droits réels et celles qui se rapportent à des inscriptions au registre de la propriété (hypothèque), quand il n'y a pas de place suffisante sur le papier sur lequel ces actes sont consignés ou quand ce papier est d'un millésime distinct de celui de l'accomplissement de cette formalité;

G. Le registre que conformément aux prescriptions de l'article 9 du règlement du 9 novembre 1874, les notaires doivent tenir comme index ou pour enregistrer les extraits destinés à être produits, les attestations, les certifications de signatures et les légalisation notoriales;

10° Timbre de 10 centimes, douzième classe, pour :

A. Les dépôts, copies et extraits des écritures par devant notaires au nom de l'Etat, ou dans des affaires du service public, quand il n'y a pas de partie qui doive en payer les frais, et en tout cas sans préjudice du payement correspondant s'il y a lieu;

B. Les minutes, copies et extraits des actes à la charge des pauvres reconnus ou de ceux qui ont obtenu le bénéfice de pauvreté par déclaration judiciaire, mais seulement pour les cas auxquels cette déclaration se concrète, et les documents à la charge des Sociétés de charité ou de bienfaisance, qui, conformément à la loi sur la matiére, ont droit de plaider comme pauvres, uniquement toutefois dans le cas où ces documents se rapportent à des actes ou contrats n'ayant pour objet ni le lucre ni l'accroissement d'un capital ou d'une rente.

C. Les index des minutes des notaires, ceux qu'ils doivent remettre à l'Audience du district (Cour d'appel) et à la *junte* directrice du Collège notarial, ceux qu'ils doivent envoyer tous les mois au bureau de la liquidation des Droits réels, des actes passés devant eux et ceux qu'ils doivent également adresser chaque trimestre au Registre de la propriété, des actes soumis à l'inscription, et enfin ceux des communications qu'ils légalisent dans tous les services publics ;

D. Les procurations et leurs copies pour entamer des réclamations dans les administrations publiques, quand la somme dont il s'agit ne dépasse pas 250 piécettes.

E. Les extraits que les notaires doivent remettre aux juges municipaux, des reconnaissances d'enfants naturels, conformément aux prescriptions de l'article 61 de la loi du Registre civil.

CHAPITRE III

Polices de Bourse

Art. 23. — Les polices de négociation au comptant et à terme d'effets publics, valeurs industrielles ou mercantiles et marchandises ; les *vendis* dans les opérations au comptant avec intervention d'agent de change ou de courtier de commerce ; les bulletins d'opérations entre ces fonctionnaires ; ceux qu'ils donnent pour la négociation des valeurs endossables et les oppositions à la négociation de droits ou de valeurs au porteur, tous ces documents seront étendus sur le papier timbré vendu à cet effet par l'Etat.

La base pour la détermination du timbre des polices de négociation au comptant, sera le montant effectif de l'opération, et l'échelle de graduation du timbre sera la suivante :

Jusqu'à 1.000 piécettes............P.	0 10
De 1.000 01 à 2.500......	0 25
De 2.500 01 à 5.000......	0 50
De 5.000 01 à 10.000......	1 »
De 10.000 01 à 20.000......	2 »
De 20.000 01 à 30.000......	3 »
De 30.000 01 à 40.000......	4 »
De 40.000 01 à 60.000......	5 »
De 50.000 01 à 70.000......	7 »
De 70.000 01 à 100.000......	10 »
De 100.000 01 à 250.000......	25 »
De 250.000 01 à 500.000......	50 »
De 500.000 01 à 750.000......	75 »
De 750.000 01 à 1.000.000......	100 »
De 1.000.000 01 à 1.250.000......	125 »
De 1.250.000 01 à 1.500.000......	150 »
De 1.500.000 01 à 1.750.000......	175 »
De 1.750.000 01 à 2.000.000......	200 »
De 2.000.000 01 et au-dessus......	250 »

Les autres polices pour opérations à terme, pour opérations à terme et à prime, pour opérations à terme fermes et pour opérations sur différences, les *vendis* dont il a été parlé et les oppositions pour empêcher les négociations de documents de crédit et d'effets au porteur, susceptibles d'être cotés, porteront un timbre d'une piécette; — les bulletins d'opérations entre agents de change ou courtiers de commerce et ceux de négociations de valeurs endossables, porteront un timbre de 25 centimes.

Les remises de valeurs faites en vertu d'opérations à terme, se considèreront aux effets de cette loi comme opérations au comptant et on leur appliquera l'échelle précédente et les autres prescriptions concernant le comptant.

Des effets de classe distincte ne pourront pas être consignés sans un même document.

Art. 24. — Les documents dont il est parlé ci-dessus, ne pourront être reconnus comme valables ni par les tribunaux, ni par la *Junte* syndicale, ni ne sortiront aucun effet, et les opérations auxquelles ils se rapportent seront considérées comme nulles et non avenues, quand il y manquera le timbre correspondant. Il est, en outre, entendu que, dans les opérations à terme, les polices devront toujours être doubles, une pour l'acheteur et l'autre pour le vendeur, toutes deux dûment timbrées.

Art. 25. — Le registre des procès-verbaux de la cote des effets publics, auquel se réfère l'article 50 du règlement intérieur pour l'organition et le régime des Bourses de commerce, du 31 décembre 1885, sera formée sur papier libre timbré de 2 piécettes, dixième classe, et sera visé par l'autorité supérieure de la province (gouverneur).

Art. 26. — Les agents de change et les courtiers de commerce consigneront dans l'annotation, sur leur registre, de chaque opération au comptant ou à terme, le numéro d'ordre des documents timbrés, y relatifs. L'inexécution de cette formalité sera considérée comme omission du timbre et les Agents de change et courtiers encourront les responsabilités déterminées par l'article 97 du Code de Commerce. Ce livre sera soumis au payement des droits, conformément à l'article 161 de cette loi.

Art. 27. — Les *vendis* délivrés pour les opérations de Bourse au comptant et à terme, faites, en vertu de l'article 74 du Code de Commerce, sans intervention d'agent ou de courtier, devront être écrits sur timbre fixe de 10 piécettes, quelque soit le montant de l'opération.

CHAPITRE III

Documents administratifs ou gouvernatifs (préfectoraux et ministériels).

PREMIÈRE SECTION.

Documents délivrés, autorisés ou intervenus par les bureaux de l'Etat.

I

Dossiers administratifs.

Art. 28. — Seront payés en papier de payements à l'Etat, les droits d'immatriculation de tous les élèves inscrits pour étudier ou passer des examens dans les Universités et Instituts où dans tout autre établissement public où cette forme de payement sera en vigueur.

Les droits académiques et ceux d'immatriculation seront les mêmes pour tous les élèves, y compris ceux qui appartiennent à des collèges privés incorporés.

Les droits d'immatriculation seront soumis au tarif suivant : dans les Universités, 20 piécettes; dans les Instituts d'enseignement secondaire, 8, par classe. Dans les écoles normales, par groupe ou par partie de groupe, et en deux termes, 25 piécettes.

Les dossiers de transfert de matricules de toute classe, d'élèves entre les différents Centres d'instruction, seront soumis au tarif suivant : Universités, 25 piécettes, Instituts, 18. Dans les autres centres, on percevra les droits qui y sont établis.

Les droits académiques correspondant au titre de Docteur, sont fixés à 1.000 piécettes. Ces dispositions ne portent aucune atteinte aux prescriptions du paragraphe 3 de l'article 83 de cette loi.

Art. 29. — On employera le timbre de 3 piécettes, neuvième classe.

1° Pour la première feuille des ordres de contrainte délivrés par l'administration, et le montant, si les documents sont imprimés, sera réintégré en timbres mobiles, sans que le chef de bureau correspondant puisse viser le document si cette formalité n'a pas été remplie ;

2° Dans les attestations relatives au remboursement des cautionnements des employés;

3° Dans les mêmes documents relatifs au cautionnement des entrepreneurs de services publics pour l'Etat, les députations provinciales ou le commerce.

Art. 30. — On employera le timbre de 2 piécettes, dixième classe :

1° Dans les attestations à instance de partie, délivrées par toute autorité ou tout bureau public, quand elles ne sont pas nommément tarifées par cette loi;

2° Dans les billets à l'ordre de l'administration des finances pour l'achat de biens de main-morte et rédemption de cens.

Art. 31. — On employera le timbre d'une piécette, onzième classe :

1° Dans les instances sur lesquelles on demande la certification de cédules personnelles; quand le prix de la cédule ne dépasse pas une piécette, la certification devra être délivrée sur l'instance même, s'il n'en est pas délivré de *duplicata ;*

2° Dans les propositions à l'effet de prendre part aux adjudications de l'Etat, des provinces ou des communes;

3° Dans les autorisations administratives des classes actives et passives pour percevoir leurs droits, au-dessus de 100 piécettes, des caisses du Trésor, des provinces et des Communes ;

4° Dans toutes les pétitions, sollicitudes ou instances présentées à toute autorité qui ne soit pas de l'ordre judiciaire, et dans les réclamations des entrepreneurs et fermiers des services publics contre les décisions de l'administration générale, provinciale ou municipale, excepté dans les instances auxquelles donne lieu le service télégraphique international ou extérieur ;

5° Dans les copies simples de documents produits dans les affaires *gouvernatives*, aucune pièce sur papier libre ne devant être admise sous prétexte d'usage ou de tolérance ;

6° Pour les autorisations définitives, dans les affaires d'inscription sur le registre matricule de la contribution industrielle, que l'administration doit délivrer et remettre aux intéressés, fixant le tarif, la classe, le numéro, la nature et le montant de la cote pour laquelle ils sont inscrits, afin qu'ils puissent exercer librement leur industrie, commerce, profession, art ou métier ;

Toute erreur commise dans ces documents sera imputable uniquement à l'administration ;

7° Les dossiers exécutifs pour le recouvrement des contributions, impôts et revenus publics, exception faite de la première feuille, qui requiert le timbre marqué à l'article 29 de cette loi ;

Ces dossiers peuvent être formés sur papier d'office, avec la condition précise d'en réintégrer le montant à raison d'une piécette, quand on les présentera dans les administrations respectives qui constateront l'accomplissement de cette formalité ;

Les dossiers relatifs aux cotes irrécouvrables et à celles dont le découvert n'arrive pas à 50 piécettes, seront toujours formés sur du papier d'office et ne donneront lieu à aucune restitution du timbre ;

8° Les notes (offices) dans lesquelles les sénateurs, députés aux Cortès, chefs supérieurs d'administration, chefs supérieurs et autres assimilés, justifient de leur existence et de leur domicile, pour la perception des pensions auxquelles ils ont droit ;

9° La seconde feuille, lorsqu'il y aura lieu à l'y adjoindre, des certificats de *revue* des classes passives, quand les droits dépassent 1.000 piécettes.

Art. 32. — Sera réintégré à raison d'une piécette par feuille le papier employé dans les recours ou appels contre les décisions en première instance, quand la résolution, causant *état (définitive)* dans la voie gouvernative, confirme dans tout son contenu la décision dont est appel, et que le recours est déclaré téméraire.

Art. 33. — Seront étendus sur papier des timbres de 10 centimes, douzième classe :

1° Les instances et certifications supplémentaires s'il y a lieu, de cédules personnelles non comprises dans le paragraphe 2 de l'article 36 ;

2° Les attestations délivrées par les bureaux de l'Etat, qui ne le sont pas à instance de partie ou qui n'ont pas un objet spécial ;

3° La copie de toute répartition de contributions et d'impôts ;

4° Les listes de recouvrement des comptes et les livres des agents de recettes et receveurs ;

5° Les comptes que rendent à l'administration publique ceux qui y sont astreints, les *quitus* et autres documents d'un caractère spécial ;

6° La première feuille des livres d'administration et de comptabilité de l'Etat ;

7° Les livres des *Juntes* de salubrité et autres d'un caractère permanent et officiel, dont la présidence dans les provinces appartient au Gouverneur ;

8° Les livres des *Juntes* et établissements de bienfaisance, ainsi que les comptes d'administration y relatifs ;

9° Les instances, documents et autres écrits présentés au sujet de questions gouvernatives par les pauvres déclarés et les corporations désignées au paragraphe antérieur ;

10° Les livres d'inscription d'amendes que doivent tenir les autorités ayant pouvoir d'en imposer ;

11° La seconde feuille ajoutée aux certificats de revue des individus des classes passives dont les pensions, déduction faite de l'impôt, ne dépassent pas 1,000 piécettes par an ;

12° Les procès-verbaux des séances des Facultés, Universités et Instituts.

Art. 34. — On apposera un timbre spécial mobile de 10 centimes en l'inutilisant conformément à l'article 9, quand la somme dépassera 10 piécettes et n'excédera pas 500 ; — de 25 centimes pour 500,01 à 1.000, et de 50 centimes pour 1.000,01 et au-dessus :

1° Aux reçus de leur commission de recouvrement, donnés par les dépositaires et receveurs ;

2° Aux reçus des employés actifs, permanents ou temporaires, ou en disponibilité, ayant des droits actifs ou passifs, de toutes les classes civiles et militaires, s'ils ne résident pas à l'étranger, pour la perception de leurs traitements, gratifications, vacations, commissions, honoraires, frais de voyage, frais de représentation et rétributions, sous quelque prétexte que ce soit, soit qu'ils servent l'Etat, les corporations provinciales ou municipales, les établissements publics ou subventionnés de tout ordre, et, à cet effet, on apposera le timbre mobile sur les feuilles, états, mandats ou reçus.

3° Aux documents, conformément aux paragraphes précédents, constatant la perception par les membres du clergé, quelque soit leur degré hiérarchique, du montant de leur dotation ;

4° Aux reçus, au moyen du timbre mobile qu'on y aura fixé, de tous ceux qui ont à percevoir quoique ce soit, espèces, valeurs ou effets de l'Etat pour anticipations, dévolutions de dépôts, intérêts de la dette publique, achat et vente de fournitures, rémunération de services et pour tout autre motif.

Sont exceptés les salaires journaliers d'ouvriers qui ne seront assujettis à aucun timbre.

Art. 35. — Les patentes de la contribution industrielle, qui ne dépassent pas 100 piécettes, porteront un timbre mobile de 10 centimes ; de 100,01 à 250 piécettes, un timbre de 25 centimes, et de 250,01 et au-dessus, un timbre de 50 centimes.

Art. 10. — Apposeront un timbre spécial mobile de 10 centimes :

1° Les assujettis à la contribution industrielle sur les avis d'ouverture, fermeture ou cession de leurs établissements ;

2° Les commerçants et fabricants, laboureurs et récoltants, sur les documents qu'ils présenteront dans les bureaux des Finances, des administrations de *consumos* et de perception d'octroi, pour l'entrée et la sortie des dépôts privés dont ils jouiront conformément aux prescriptions du règlement des *consumos* ;

3° Les mêmes pour la concession qui leur est faite, du susdit dépôt, auquel cas le timbre sera apposé sur la notification qui leur sera faite et qui doit rester unie au dossier ;

4° Ceux qui obtiendront un délai pour la présentation de documents ou le payement de droits correspondant aux Droits réels ;

5° Ceux qui présentent des instances ou des documents dans les bureaux des administrations publiques, sur le reçu qu'ils en demandent, et ceux auxquels il sera délivré des reçus des documents présentés à la liquidation de l'impôt des Droits réels, sur les reçus dont il s'agit ;

6° Ceux auxquels il sera accordé une concession du domaine public utile ou une parcelle de ce même domaine au rabais, ou une subrogation de cens ou de charges, ou une indemnité quelconque sur la cédule de notification unie au dossier ;

7° Ceux qui contracteront des obligations en faveur de l'autorité économique (administration des Finances) sur ces documents et les subalternes de l'administration des Finances, sur les comptes mensuels de leur gestion ;

8° Les écoliers, sur les bulletins d'examen ou de matricule dans les établissements de l'Etat,

des députations et des municipalités, les séminaires et les collèges incorporés à l'enseignement officiel, et sur les bulletins délivrés pour les examens relatifs aux grades, faute de quoi, ils ne pourront être ni immatriculés, ni admis à passer les examens ;

Les écoliers seront tenu à la même obligation dans les établissements scientifiques ou littéraires qui ne sont subventionnés ni par l'Etat, ni par les Députations ou municipalités ;

9° Ceux qui importent du tabac pour leur usage, sur la bande fermant les paquets et les boîtes ;

10° Ceux qui émargent, en vertu des feuilles de paye ou des bulletins de payement des classes passives, sur ces documentss ;

11° Les employés actifs en disponibilité et passifs sur leurs états de services, quand ils les présentent, pour exercer quelque droit et les professeurs de l'instruction publique sur ceux qu'ils présentent pour les concours et examens auxquels ils prennent part ;

12° Les employés de l'Etat et des corporations provinciales et municipales, sur les congés qui leur sont accordés et sur les autorisations qu'ils donnent pour percevoir leurs traitements pendant leur absence.

II

DOUANES

Art. 37. — On réintégrera un timbre de 2 piécettes sur :

1° Chaque feuille de route des marchandises importées par chemins de fer ;

2° Les certificats d'origine ;

3° Chaque manifeste général de cargaison que devront former les capitaines de navires en entrant dans les eaux de juridiction espagnole.

Art. 38. — On emploiera un timbre de 5 piécettes pour les documents suivants :

1° Les permis d'entrée pour les animaux de cirque, seuls ou avec les véhicules propres à leur espèce, les théâtres portatifs, figures de cire et autres objets destinés à des spectacles publics ;

2° Les permis spéciaux d'entrée en faveur des voitures et chevaux des habitants de la frontière qui font de fréquents voyages en Espagne ;

3° Les permis spéciaux de sortie en faveur des voitures et chevaux des habitants des frontières d'Espagne qui font de fréquents voyages dans les localités étrangères voisines de la frontière.

Art. 39. — On emploiera un timbre de 2 piécettes sur :

1° Les permis de débarquement de colis des

vapeurs qui ne stoppent que quelques heures dans les ports ;

2° Les demandes de congés de transit pour marchandises étrangères en Espagne ;

3° Les pétitions présentées par les consignataires aux administrateurs des douanes, aux fins de transbordement des marchandises ;

4° Les pétitions de congés de transit de marchandises d'un point à un autre de l'Espagne en passant par l'étranger ;

5° Les congés de transit de marchandises d'un point à un autre de l'Espagne en passant par l'étranger ;

6° Les permis d'octroi de voitures et de chevaux, provenant de l'étranger et appartenant à des particuliers ou à des loueurs ;

7° Les permis d'entrée des charrues, chars et bestiaux destinés au labour, à la culture et à la récolte des fruits de la terre ;

8° Les permis spéciaux comme ci-dessus, quand les objets appartiennent à des habitants des frontières entrant fréquemment en Espagne ;

9° Les permis pour la sortie des chevaux, chars et bestiaux destinés au labour, à la culture et à la récolte des fruits de la terre ;

10° Les permis spéciaux comme ci-dessus, quand les objets appartiennent à des habitants des frontières sortant fréquemment d'Espagne.

Art. 40. — On apposera un timbre d'une piécette :

1° Aux copies des manifestes que les capitaines de navires présenteront dans les Douanes ;

2° Aux pétitions des capitaines de navires, aux administrateurs des Douanes, demandant l'autorisation de charger des marchandises destinées à l'exportation ou au cabotage, et le visa de sortie ;

3° Aux pétitions des consignataires aux administrateurs des Douanes à l'effet d'être autorisés à décharger les marchandises conduites par cabotage et destinées à une autre Douane ;

4° Aux manifestes ;

5° Aux déclarations principales des consignataires, pour marchandises destinées à la consommation ou au transit, ou constituées en dépôt ;

6° Aux feuilles de liquidation des droits à payer ;

7° Aux factures principales d'exportation par eau, de marchandises libres de droits ou soumises aux droits, que l'exportation se fasse par eau ou par terre ;

8° Aux factures principales pour l'exportation des marchandises des dépôts pour le commerce du cabotage ;

9° Aux acquits-à-caution que délivre la Douane ;

10° Aux autorisations données à des agents pour faire les opérations de Douane au nom des consignataires de marchandises ou des capitaines

de navires, ces autorisations pourront être écrites sur papier libre, auquel cas le droit sera acquitté au moyen d'un timbre mobile ;

11° Aux pétitions auxquelles donnent lieu les opérations de Douane et au moyen de timbres mobiles ;

12° Au registre et à la vérification des marchandises dans les ports.

Art. 41. — Porteront un timbre de 25 centimes :

1° Les passes pour marchandises conduites à des ports situés dans la même baie ;

2° Les passes de sels ;

3° Les passes à souche pour la sortie des voitures et des chevaux, hors du royaume ;

4° Les congés de transit de marchandises étrangères à travers le royaume.

Art. 42. — Porteront le timbre mobile de 10 centimes :

1° Les factures principales d'exportations par terre de marchandises libres de droits et leurs *duplicata* ;

2° Les permis d'office de déchargement ;

3° Les reçus à souche des voyageurs ;

4° Les *duplicata* des documents compris aux articles 38 à 40 de cette loi ;

5° Les déclarations ;

6° Les listes des voyageurs que les capitaines de navires présenteront aux administrateurs des Douanes ;

7° Les autorisations données aux patrons des barques par les consignataires pour le déchargement des navires ;

8° Les passes de conduite à terre des colis ou des marchandises en vrague, délivrées par les agents de la surveillance à bord des navires en rade, aux déchargeurs, et les passes des colis déchargés à titre provisoire et emmagasinés à la Douane ;

9° Les reçus pour droits de Douane ;

10° Les bulletins à souche pour l'enlèvement des marchandises ;

11° Les avis de la Douane d'entrée à celle de sortie pour les marchandises en transit ;

12° Les avis de la Douane de sortie à celle d'entrée par les marchandises transportées par le cabotage ;

13° Le résumé des factures de cabotage à l'entrée.

III

Art 43. — Aucun pli, aucune lettre, aucun paquet ne circulera en Espagne par le service des postes, sans porter le timbre correspondant, sauf la correspondance officielle qui jouira de la franchise.

On entendra par correspondance officielle uniquement celle adressée à l'emploi et qui portera le timbre du bureau d'origine, prouvant la provenance officielle de l'objet.

Art. 44. — Pour l'intérieur des localités, on affranchira les lettres avec des timbres de 10 centimes, quel que soit leur poids : les cartes postales seront du même prix.

Art. 45. — Le prix des cartes postales circulant entre les diverses localités du pays, est fixé à 15 centimes pour les cartes simples et 25 centimes pour les doubles ou à réponse payée.

Art. 46. — Les lettres destinées à l'intérieur du royaume seront affranchies au moyen de timbres de 20 centimes de piécette par chaque 15 grammes ou fraction de 15 grammes. Celles qui circulent entre les localités de l'intérieur du royaume et la côte occidentale du Maroc, seront affranchies au moyen d'un timbre de 15 centimes par 30 grammes ou fraction de 30 grammes.

Art. 47. — Le droit de chargement sera de 30 centimes pour toute espèce de correspondance.

Art. 48. — Les timbres postaux seront inutilisés dans les bureaux de poste au moyen d'encre typographique, conformément au règlement actuel et à celui qui pourrait être fait.

Art. 49. — Les télégrammes de 1 à 15 mots, entre stations situées dans la même province, payeront 0 p. 50 par 15 mots et 0,05 pour chaque mot en plus

Ceux de 1 à 15 mots entre stations de provinces distinctes, payeront une piécette et 0,10 par chaque mot en plus.

Les télégrammes transmis entre les stations de la Péninsule ou des îles Baléares et celles des Canaries, payeront 4 piécettes jusqu'à 15 mots et 30 centimes pour chaque mot en plus.

Art. 50. — Les télégrammes entre stations de provinces différentes, adressés aux journaux de toute classe et aux agences de nouvelles, payeront la moitié de la taxe fixée au paragraphe 11 de l'article précédent.

Ceux provenant ou à destination des îles Canaries, payeront, en outre, la redevance correspondant à la Compagnie du câble.

Art. 51. — Tout télégramme et tout message téléphoné acquittera, outre le prix du tarif, un droit de 10 centimes, lequel sera perçu au moyen d'un timbre mobile de ce prix, qui sera apposé sur l'original du télégramme ou du *téléphonème*. Ces timbres seront inutilisés par l'envoyeur dans la forme prescrite par l'article 9.

Art. 52. — La correspondance postale et télégraphique internationale continuera à être régie par les traités ou conventions en vigueur ou qui seront nouvellement pactés.

Art. 53. — La circulation des journaux ne pourra avoir lieu que moyennant l'adjonction d'un timbre adhérent, de la valeur d'un quart de centime pour 35 grammes de poids ou fraction inférieure.

On placera sur les paquets remis par les administrations, le nombre de timbres nécessaires pour représenter la taxe d'un quart de centime par 35 grammes ou fraction de 35 grammes.

Art. 54. — En tout ce qui n'est pas contraire aux articles qui précèdent, sont et demeurent en vigueur les tarifs des postes et télégraphes, lesquels pourront être modifiés par dispositions de caractère administratif analogues à celles qui les ont établies.

IV

DOCUMENTS RELATIFS AU PERSONNEL DE LA GUERRE ET DE LA MARINE

Art. 55. — Dans tous les documents d'intérêt personnel, délivrés à instance de partie ou non, et relatifs aux officiers généraux, chefs et officiers de tous les corps de l'armée, y compris la Garde civile et les Carabiniers, on employera le timbre correspondant à leur classe, conformément aux prescriptions de la loi. Les documents de même caractère, concernant les individus ou la classe de troupe pendant la durée obligatoire du service, seront exempts du timbre à moins qu'ils ne soient délivrés à la demande d'un tiers qui y ait intérêt.

Art. 56. — Dans les contrats de toute espèce, même dans ceux qui n'exigeant pas l'intervention d'un notaire, peuvent être passés devant un fonctionnaire militaire, on employera le timbre correspondant à l'objet dont il s'agit, conformément à l'échelle également correspondante ; dans tous les autres documents, tels que titres, nomination aux emplois, dignités et charges, diplômes de décorations et de commanderies, licences pour voyage d'outre-mer et pour contracter mariage et passeports à l'étranger, on s'en tiendra à ce qui est déterminé par cette loi dans les articles qui précèdent et qui suivent le présent chapitre. Il en sera ainsi pour les permis de chasse et de pêche qui seront les mêmes que pour les personnes étrangères à ces deux services.

Art. 57. — On employera le timbre d'une piécette, onzième classe, dans les cédules de récompense pour assiduité et dans les propositions faites par les concurrents dans les adjudications qui ont lieu devant l'autorité militaire ou les chefs et officiers des corps administratifs de l'armée et de la marine.

Art. 58. — On employera le timbre d'une piécette dans toute sollicitude ou instance signée par un officier général, chef ou officier de l'armée ou de la flotte ou assimilé.

Art. 59. — On employera le timbre de 10 centimes, douzième classe, pour :

1° Toute pétition, instance ou exposition que doivent signer les classes et individus de troupe de l'armée ou de la flotte ;

2° La première feuille des livres de procès-verbaux de caisse, d'états de munitions et des armes et autres d'administration et de comptabilité qui, réglementairement, doivent être foliotés et qui sont soumis à la formalité du visa d'ouverture ;

3° Les procès-verbaux de mouvement de fonds ;

4° Les comptes généraux des dépenses, les certificats ou justifications qui s'y rapportent, ainsi que les résumés et récapitulations générales des sommes restées pendantes de payement ou de remboursement que l'on doit remettre au Tribunal des Compte du royaume ;

Les copies de ces documents seront écrites sur papier libre ;

5° L'exemplaire qui doit être remis au Tribunal des Comptes, des comptes spéciaux de l'artillerie, du génie, de la remonte, de l'élevage des chevaux, de l'administration militaire et du service de santé des armées;

Les copies de ces documents se feront sur papier libre;

6° Les procès-verbaux des *Juntes* et des commissions, quand ils ne seront pas écrits sur des livres spéciaux ;

7° Les comptes de soldes sans préjudice du timbre afférent aux pièces à l'appui ;

8° Les attestations de cessation de services donnant lieu à une indemnisation et toutes celles qui tendent à prouver des droits acquis, quand elles ne sont pas délivrées à la demande des parties ;

9° La première et la dernière feuille des carnets des payeurs, des dépendances et des établissements ;

10° Les instructions administrativo-gouvernatives sur des contraventions ou des détournements, dont le remboursement sera toujours à la charge de celui qui en sera déclaré responsable.

Art. 60. — Dans les feuilles, listes ou états de soldes personnelles, gratifications, suppléments de soldes, commissions et rétributions sous quelque prétexte que ce soit, tâches, gratifications pour travaux, payements à des entreprises ou à des particuliers, on employera le timbre spécial mobile que l'on oblitérera conformément à l'article 9, de 10 centimes quand la somme

dépassera 10 piécettes et ne dépassera pas 500, — de 25 centimes pour les sommes de 500,01 à 1.000, et de 50 centimes de 1.000,01 et au-dessus.

Art. 61. — On fixera le timbre spécial mobile de 10 centimes sur :

1° Les états de services des chefs et des officiers ; les copies qui en seront délivrées en vertu d'ordres et d'instructions pour joindre à des dossiers, seront expédiées sur papier libre ;

2° Les certificats de vie des individus et classes de troupes, à l'exception de ceux remis par les corps aux députations et municipalités pour justifier de la présence au corps des volontaires compris dans la conscription de l'année ;

3° Les congés définitifs avec attestation des états de services remis aux individus et classes de troupes, volontaires et réengagés ;

4° L'exemplaire des états de revue de tous les instituts de l'armée qui doit être remis au Tribunal des Comptes ; sont exemptées les copies et les pièces à l'appui ;

5° Les récépissés remis par les caisses respectives aux *habilités* et aux payeurs ;

6° L'exemplaire original des comptes présentés à la caisse par les capitaines et autres chargés du maniement des fonds ; les pièces à l'appui en seront exemptées, sauf quand elles se rapporteront à des valeurs de plus de 10 piécettes ;

7° Les balances et vérifications mensuelles des caisses et les états de recettes et de dépenses ;

8° Les quitus, états ou balances à la charge ou à la décharge des caissiers;

9° Les résumés de ventes, remboursements, achats au détail, marchés de vivres et d'ustensiles, factures de services prêtées par les compagnies, entreprises ou entrepreneurs, lettres de voitures et, en général, tous les documents qui accompagnent les comptes.

Art. 62. — Sont exemptés de l'impôt du timbre :

1° Les titres des différents ordres de décorations, civiles et militaires, quelle que soit leur catégorie, concédées pour mérites de guerre aux individus de l'armée et de la flotte, quand ces décorations ne sont pas accompagnées d'une pension ;

2° Les matricules des soldats de terre et de mer ;

3° Les certificats de célibat délivrés au seul effet de justifier le changement de situation des individus de troupe dans les différents corps d'armée; quand ils s'agira d'un autre objet, ces documents ne sortiront aucun effet, sous la responsabilité de celui qui les représente, s'ils ne sont pas revêtus du timbre qui y correspond ;

4° Les livrets des susdits individus des classes de troupe et de marins ;

5° Les copies sans attestations de documents, délivrées en exécution des ordres des autorités supérieures, à l'effet d'être classées comme antécédents par les bureaux qui les réclament ;

6° Les extraits de revues, les balances des hommes présents et les liquidations y afférentes, quand elles sont remises comme résumé des revues ;

7° Les distributions ou feuilles des individus, quand elles sont remises à l'appui des états de revue ;

8° Les bons de caisse à caisse, aux crédits d'individus qui passent à un autre corps ; les autres bons, quels qu'ils soient, payeront le timbre correspondant au montant qu'ils représentent, conformément aux tarifs des traites et billets à ordre ;

9° Les congés définitifs délivrés, avec un certificat de service, aux individus de troupe de l'armée et de la flotte ;

10° Les passeports, sans distinction, donnés à tous les individus de l'armée pour affaires de service ;

11° Les feuilles et états des ouvriers à la journée.

On ne pourra pas accorder d'autres exemptions que celles expressément indiquées ci-dessus.

V

REGISTRE CIVIL

Art. 63. — Porteront un timbre d'une piécette, onzième classe :

1° Les actes de naissance et de décès délivrés en rapport avec les livres du registre civil ;

2° Les dossiers de mariage civil ;

Les documents adjoints porteront le timbre correspondant ;

3° Les actes originaux de consentement et de conseil pour contracter mariage, sauf ceux qui sont négatifs, lesquels seront écrits sur papier à 10 centimes de la classe 12 ;

4° Les extraits de ces actes ;

5° Les certificats de jouissance des droits civils ;

6° Les extraits de tout document existant dans le Registre civil ;

7° Les certificats négatifs de l'existence de tout fait ou document ;

8° Les certificats de vie, de domicile, de résidence et d'état-civil, sauf les exceptions mentionnées aux articles 64 et 65 de cette loi ;

9° Tous les autres témoignages analogues

Art. 64. — Les certificats de vie, domicile, résidence ou état-civil des individus des classes passives dont la pension ne dépasse pas 1.000 piécettes par an, déduction faite de l'impôt, seront écrits sur timbre de 10 centimes, et on admettra, s'ils sont imprimés, le remboursement en un timbre mobile du même prix qui sera oblitéré conformément à l'article 9.

Art. 65. — Tous les certificats ci-dessus seront écrits sur timbre d'office, quand ceux qui les demanderont seront pauvres déclarés ou quand ils seront réclamés par une autorité, sans l'être à instance de partie, si celle-ci n'a pu obtenir la déclaration de pauvreté aux effets de la procédure.

Art. 66. — Les certificats de décès délivrés par les médecins pour le Registre civil ne sont pas compris dans les dispositions de cette loi et pourront être écrits sur papier libre.

Art. 67. — Les inscriptions faites sur le Registre civil seront remboursées par les intéressés à raison de cinq centimes pour chaque fois cinq lignes ou toute fraction de cinq lignes.

Sont exceptés de cette taxe les ouvriers et les pauvres déclarés.

VI

REGISTRE DE LA PROPRIÉTÉ

Art. 68. — La première feuille des informations possessoires, pratiquées conformément aux prescriptions de la loi hypothécaire, sera du timbre correspondant à la valeur de la propriété, suivant l'échelle suivante :

Jusqu'à 1.000 piécettes..........P. · 1	
De 1.000 01 à 3.000.............	3
De 3.000 01 à 5.000.............	5
De 5.000 01 à 7.000.............	7
De 7.000 01 à 10.000.............	10
De 10.000 01 à 25.000.............	25
De 25.000 01 à 50.000.............	50
De 50.000 01 à 75.000.............	75
De 75.000 01 à 100.000.............	100

Quand la valeur de la propriété dépassera 100.000 piécettes, l'information se présentera au bureau de liquidation de l'impôt des Droits réels pour payer en espèces le timbre correspondant à la différence en excédent, à raison d'une piécette par 1.000 ou par fraction de 1.000 piécettes.

Art. 69. — Les instances qui, jointes aux testaments ou déclarations de successions *ab intestat* et portant un état détaillé et une évaluation de la succession, sont présentées aux liquidateurs de l'impôt des Droits réels pour satisfaire cette contribution, ou au Registre de la propriété pour y être inscrites, dans les cas où il y aura un seul héritier ou plusieurs restant dans l'indivision, seront considérées comme comprises dans les articles 16 et 17 de cette loi.

Art. 70. — On employera le papier de deux piécettes — dixième classe — dans tous les certificats délivrés par les conservateurs des hypothèques.

Art. 71. — On employera le papier d'une piécette, onzième classe :

Pour les annotations additionnelles destinées à rectifier des énonciations défectueuses sur les anciens registres ;

Pour les inscriptions des documents quand, faute de papier ou parce que la pièce correspond à une autre année, il y aura lieu d'y joindre une autre feuille ;

Pour la première feuille des informations possessoires, quand la valeur de la propriété ne dépasse pas 1.000 piécettes ;

Pour la deuxième feuille et les suivantes des informations possessoires, quand la valeur de la propriété dépasse 1.000 piécettes.

Art. 72. — Les intéressés rembourseront à raison de 5 centimes par cinq lignes ou fraction de cinq lignes, les inscriptions faites au livre Journal et au Registre des hypothèques.

VII

ÉLECTIONS

Art. 73. — On employera le timbre d'office dans tout dossier relatif aux élections générales, provinciales ou municipales, pour les diligences judiciaires et gouvernatives, ainsi que pour les incidents et réclamations provoqués par l'inclusion ou l'exclusion indues d'électeurs, sur les listes du cens électoral ; et on usera du timbre de 10 centimes de la classe 12, pour les attestations des titres professionnels et autres documents que les notaires certifient à instance de partie, afin d'obtenir et d'exercer le droit électoral ; cette mention sera portée sur le certificat.

VIII

TITRES, DIPLOMES ET AUTRES DOCUMENTS ANALOGUES

Art. 74. — Les titres royaux, nominations, lettres de créances, d'emplois, charges ou dignités, quand ces dernières servent seules pour la prise de possession et la jouissance du traitement sans que le titre soit nécessaire, quelle que soit la carrière dont il s'agisse, civile, militaire ou ecclésiastique, et quand les fonctions sont rénumérées sur les budgets généraux de l'Etat ou sur ceux des provinces ou des communes, ainsi que les employés de la Maison Royale, ceux des corps colégislateurs, les certificats de déclaration des droits passifs, les *duplicata* de ces documents, lorsqu'ils sont délivrés à instance de partie, et les nominations d'employés faites par des entreprises particulières, fermières de revenus ou de services publics, lesquelles doivent être confirmées de quelque manière par les autorités administratives, tous ces documents donneront lieu à la réintégration des droits de timbre, au moyen d'un timbre mobile dont la valeur variera suivant le traitement ou la rénumération annuels, conformément à l'échelle suivante :

Jusqu'à 1.000 piécettes..............P.   2
De 1.000 01 à 1.500................   5
De 1.500 01 à 2.500................   10
De 2.500 01 à 3.500................   25
De 3.500 01 à 6.000...   50
De 6.000 01 à 10.000................   75
De 10.000 01 et au-dessus............. 100

Les susdits documents délivrés pour l'exercice de charges n'ayant pas de traitement fixe, porteront le timbre de la catégorie à laquelle la charge sera assimilée. S'il n'y avait pas d'assimilation possible avec aucune des carrières de l'Etat à traitement fixe, les autorités, chefs ou corporations à qui incombe la délivrance des titres, lettres de créances et nominations, feront la computation des honoraires, rémunérations et émoluments annuels, et ce sera sous leur responsabilité, que sera fait le choix des timbres correspondants.

Art. 75. — Quand par la nature de l'emploi, son caractère éventuel ou toute autre cause, il n'est pas délivré de titre, le timbre sera réintégré, le chef prenant soin de faire joindre à la lettre de créance le papier timbré de la classe correspondante ou l'équivalent en papier de payements à l'Etat, suivant le traitement annuel, ce qui sera mentionné sur la feuille réintégrée. Sans cette formalité, il ne pourra pas être donné possession de l'emploi. En outre, sur la première feuille d'émargement que l'employé aura à signer, on inscrira, en regard de son nom, cette note : « L'intéressé a réintégré le timbre correspondant à son traitement ».

Art. 76. — Les feuilles que l'on devra ajouter pour les titres successifs sans variation de traitement, seront d'une piécette, onzième classe.

Art. 77. — Les titres délivrés aux juges, procureurs fiscaux et secrétaires municipaux, (justices de paix), seront réintégrés suivant l'échelle suivante :

JUGES (JUGES DE PAIX).

Madrid.........................P.	100	»
Barcelone, Granada, Coruna, Saragosse, Sevilla, Valence, Valladolid..	75	»
Albacete, Burgos, Caceres, Las Palmas (Gran Canaria), Palma (Mallorca), Oviedo...................	50	»

Chefs-lieux de districts judiciaires.

1re classe.....................	25	»
2e —	10	»
3e —	7	»
Autres localités................	5	»

PROCUREURS FISCAUX (JUSTICES DE PAIX).

Madrid..................	50	»
Barcelone, Granada, Coruna, Saragosse, Sevilla, Valence, Valladolid..	25	»
Albacete, Burgos, Caceres, Las Palmas (Gran Canaria), Palma (Mallorca), Oviedo...................	10	»

Chefs-lieux de districts judiciaires.

1re classe.....................	7	»
2e —	5	»
3e —	2	»
Autres localités...	1	»

Secrétaires des justices municipales

(Juges de Paix).

Madrid........	75	»
Barcelone, Granada, Coruna, Sévilla, Saragosse, Valence, Valladolid.....	50	»
Albacete, Burgos, Caceres, Las Palmas (Gran Canaria), Palma (Mallorca), Oviedo...................	25	»

Chefs-lieux de districts judiciaires.

1re classe.....................	10	»
2e —	7	»
3e —	5	»
Autres localité.......s..........	3	»

Art. 78. — Les titres donnés aux suppléants seront réintégrés suivant l'échelle de l'article antérieur, mais à moitié prix.

Art. 79. — Les juges et fiscaux municipaux ne peuvent entrer dans l'exercice de leur charge, sans avoir préalablement remboursé les droits afférents à leurs titres, qui devront être visés par le juge de première instance du district. Les mêmes juges contresigneront de la même façon les titres des juges et procureurs fiscaux suppléants. Les titres des secrétaires des tribunaux municipaux, seront visés par le juge municipal.

Art. 80. — Satisferont l'impôt du timbre au moyen des timbres mobiles correspondants, à raison de 200 piécettes :

Les titres et lettres de successions délivrés aux titres de Castille auxquels est jointe la Grandesse.

Art. 81. — Contribueront sous la même forme en raison du timbre et pour 150 piécettes :

Les titres de Castille sans grandesse d'Espagne.

Art. 82. — Payeront également de ce chef, 100 piécettes :

Les grands-croix de tous les ordres, ainsi que les autorisations pour porter des titres et des décorations étrangèrs, et user des honneurs de chefs supérieurs d'administration. .

Art. 83. — Il y aura lieu à réintégrer 75 piécettes :

1° Pour les titres de commandeurs de tous les ordres;

2° Pour les croix de Saint-Ferdinand de 3me et 4me classes.

3° Pour les titres de Docteur dans toutes les Facultés civiles et ecclésiastiques.

Art. 84. — Payeront le timbre de 50 piécettes :

1° Les honneurs de chef d'administration et de division et les dignités de toutes les carrières de l'État;

2° La croix et la plaque simple de Saint-Herménégilde et les croix de 1re et de 2e classes de Saint-Ferdinand, concédées à des chefs et à des officiers effectifs;

3° Les titres de chevaliers de tous les ordres;

4° Les titres d'architectes, ingénieurs, archivistes et archéologues, et tous autres analogues qui ne sont pas nominativement désignés ou qui pourraient être créés à l'avenir;

5° Les titres de licenciés dans toutes les Facultés civiles et ecclésiastiques, quoique les derniers ne soient que de simples certificats, et les titres de notaires;

6° Les titres d'agents de change et de Bourse et ceux de courtiers de commerce;

7° Les titres, nominations ou diplômes de tout genre, portant la signature de S. M. et qui ne sont pas taxés plus cher dans cette loi.

Art. 85. — Seront réintégrés avec un timbre de 25 piécettes :

1° Les titres de bacheliers;

2° Les titres d'experts et de professeurs mercantiles;

3° Les titres d'escribanos (greffiers-huissiers), et procureurs auprès des tribunaux, sans distinction de juridiction;

4° Les titres de courtiers-interprètes de navires;

5° Les titres de géomètres, vétérinaires et maréchaux-ferrants;

6° Les titres de professeurs de gymnastique, maîtres et maîtresses d'écoles;

7° Les titres de chirurgiens-dentistes;

8° Les titres d'officiers de santé et de sages-femmes;

9° Les titres de contre maîtres des mines et les certificats de pratique et de capacité en ce qui concerne l'exploitation des mines.

Art. 86. — Les droits des grades universitaires, de ceux des instituts et autres qui mettent à même d'exercer une profession, ceux qui correspondent à l'expédition des titres et diplômes, et ceux d'apposition du sceau royal de Castille, conformément au décret Royal du 16 octobre 1879, se feront toujours sur papier de payements à l'État.

Art. 87. — Seront exceptés de la réintégration du timbre, et par conséquent du payement de cet impôt, les diplômés des trois catégories de décorations de l'ordre de la Bienfaisance, dans tous les cas, où, suivant l'opinion du Conseil d'État, on aura, dans l'instruction de l'affaire qui aura donné lieu à la concession de la croix, démontré la pauvreté de l'intéressé, et dans les autres cas auxquels se rapporte le numéro 1 de l'article 62 de cette loi.

<h3 style="text-align:center">IX</h3>

CONCESSIONS

Art. 88. — On réintégrera avec timbre de 100 piécettes, première classe, les concessions de chemins de fer et tramways, utilisations d'eau, desséchements de lagunes et marais, barrages, rizières et colonies agricoles, faites par ordonnance royale.

Art. 89. — Payeront le timbre de 75 piécettes, seconde classe :

1° Les concessions auxquelles se rapporte l'article précédent faites par arrêté des gouverneurs civils de provinces;

2° Les concessions de pâturages pour bœufs, bois de chauffage dans les forêts, ou édifices provenant de biens des corporations civiles ou ecclésiastiques, octroyées aux municipalités;

3° Les titres de propriétés de mines;

4° Les brevets d'inventions.

Art. 90. — Porteront un timbre de 50 piécettes, troisième classe :

1° Les patentes d'introduction de machines, outils, produits manufacturés et marques de fabrique;

2° Les patentes royales de navigation.

Art. 91. — Porteront un timbre de 5 piécettes, troisième classe, les passeports que les gouver-

neurs civils de provinces délivrent à ceux qui les demandent, pour voyager dans les pays où cette formalité est requise.

Art. 92. — Seront réintégrés avec timbre d'une piécette, onzième classe, les permis et autorisations donnés par les gouverneurs ou leurs délégués en raison de leur emploi, et qui ne sont pas l'objet d'une mention spéciale dans la loi.

Art. 93. — Les incriptions faites dans les livres registres de la propriété industrielle, mercantile ou minière, par la Direction générale des services respectifs, les gouverneurs civils de provinces et le Conservatoire des arts et métiers, seront réintégrés par les intéressés à raison de cinq centimes par chaque cinq lignes et toute fraction de cinq lignes.

<h3 style="text-align:center">X</h3>

PERMIS DE PORT D'ARMES, DE CHASSE ET DE PÊCHE

Art. 94. — Pour les permis de chasse et de port d'armes de chasse et pour chasser, permis d'usage d'armes en général et permis de pêche, concédés et autorisés par les autorités compétentes, on devra toujours employer les documents que l'État mettra en vente à cet effet, les seuls qui auront une valeur légale et dont voici l'énumération :

Permis de chasse et de port d'armes de chasse et pour chasser :

Madrid et Barcelone ....P.	40	»
Villes de plus de 50.000 habitants......	30	»
Autres localités de 20.001 à 50.000 habitants	20	»
Localités de 20.000 habitants et au-dessous.....................	10	»
Chasseurs et pêcheurs de profession....	2	50

Permis de port d'armes en général :

Madrid et Barcelone..................	30	»
Villes de plus de 50.000 habitants.....	20	»
Localités de 20.001 à 50.000 habitants.	10	»
Localités de 20.000 habitants et au-dessous	7	»

Permis de pêche :

Madrid et Barcelone..................	20	»
Autres villes de plus de 50.000 habitants	10	»
Localités de 20.001 à 50.000 habitants..	7	»
Localités de 20.000 habitants et au-dessous	5	»
Chasseurs et pêcheurs de profession....	1	»

Seront considérées, aux effets de cet article, comme armes de chasse, celles de guerre ou des corps armés dont les porteurs, en vertu de leurs fonctions, sont autorisés à user en dehors de leur service.

Pour ce qui est du prix du permis, on se réglera sur le domicile de l'impétrant ; dans les localités qui ne sont pas capitales de provinces, les alcades pourront, comme délégués du gouverneur civil, accorder les permis en se conformant aux formalités que prescrira le Ministre de l'Intérieur.

Art. 95. — La restitution des armes saisies faute de permis, ne pourra pas se faire sans le payement préalable de cinq piécettes, qui s'effectuera en apposant sur l'ordre de dévolution un timbre mobile de cette somme lequel devra être oblitéré conformément à l'article 9 de cette loi.

Art. 96. — Les propriétaires ou locataires de propriétés rurales, ne pourront pas y chasser sans être pourvus du permis de chasse et de port d'armes pour chasser.

Art. 97. — (?) Porteront un timbre de 25 piécettes, quatrième classe, les autorisations accordées pour contracter mariage aux personnes qui, par leurs conditions nobiliaires, y sont assujetties.

Art. 98. — Seront réintégrées avec un timbre mobile de 10 piécettes les permissions accordées pour se rendre dans les pays d'outre-mer.

Le timbre sera apposé dans le dossier original et à la suite de la décision qui en motive l'emploi ainsi qu'on le fera constater.

SECONDE SECTION.

Documents dans lesquels interviennent les Députations provinciales.

Art. 99. — Les procès-verbaux de prise de de possession des présidents des Députations provinciales, seront écrits sur du papier timbré, des classes et des prix suivants :

Province de Madrid	1ʳᵉ classe	P.	100
— de Barcelone	2ᵐᵉ —		75
Autres provinces	3ᵐᵉ —		50

Art. 100. — Sont applicables à ces corporations les articles de la section antérieure, pour les documents, titres, dossiers, certificats, instances et registres de nature identique, avec les modifications ci-dessus.

Art. 101. — On écrira sur papier du timbre de 2 piécettes, dixième classe, les procès-verbaux des séances de ces corporations, et sur papier d'une piécette, onzième classe, les comptes définitifs du budget provincial et ceux de la caisse en recettes et en dépenses.

TROISIÈME SECTION

Documents dans lesquels interviennent les ayuntamientos.

Art. 102. — Les procès-verbaux de prise de possession des alcades seront écrits sur papier timbré suivant l'échelle suivante :

Madrid	2ᵐᵉ cl.	P.	75
Barcelone	3ᵐᵉ —		50
Capitales de provinces	4ᵐᵉ —		25
Chefs-lieu de districts	5ᵐᵉ —		10
Autres localités	6ᵐᵉ —		7

Art. 103. — Dans les contrats de fermage et les prestations de caution, y compris celles d'un caractère personnel, consenties par des fermiers et leurs répondants en faveur des municipalités pour l'administration et la perception des contributions et des impôts, sans écriture publique, on employera le timbre correspondant aux actes notariés d'égale importance, suivant l'échelle établie à l'article 16.

Art. 104. — Sont applicables aux documents des municipalités les dispositions de l'article 160 de cette loi, avec les variations suivantes :

Art. 105. — Les licences concédées pour la construction, la réfection, la réparation et la décoration des édifices, seront tarifées suivant l'échelle suivante :

Constructions neuves.

Pour une superficie de 250 mètres carrés :

Madrid (10 piécettes par 50 mètres en plus)	P. 50	»
Localités de plus de 50.000 habitants (5 piécettes par 50 mètres en plus)	25	»
Localités de 20.001 à 50.000 habitants (2 piécettes par 50 mètres en plus)	10	»
Localités de 10.001 à 20.000 habitants (1 piécette par 50 mètres en plus)	5	»
Localités de 10.000 habitants et au-dessous (0 p. 50 par 50 mètres en plus)	2	»

Agrandissement de construction en superficie et en hauteur.

Pour une superficie de 100 mètres à ajouter ou l'élévation en hauteur sur 250 mètres carrés :

Madrid (5 piécettes par 20 mètres en plus d'augmentation de superficie et par 50 mètres en plus d'édifices surélevés)	P. 25	»
Localités de plus de 50.000 habitants (2 piécettes en plus *ut supra*)	10	»
Localités de 20.001 à 50.000 habitants (1 piécette en plus *ut supra*)	5	»
Localités de 10.001 à 20.000 habitants (0 p. 50 en plus *ut supra*)	2	»
Localités de 10.000 habitants et au-dessous (0 p. 25 en plus *ut supra*)	11	»

Réparation et consolidation d'édifices.

Pour une superficie de 250 mètres :

Madrid (3 piécettes par 50 mètres en plus)	P. 25	»

Localités de plus de 50.000 habitants
(2 piécettes par 50 mètres en plus)... 10 »
Localités de 20.001 à 50.000 habitants
(1 piécette par 50 mètres en plus).... 5 »
Localités de 10.001 à 20.000 habitants
(0.50 par 50 mètres ou plus........ 2 »
Localités de 10.000 habitants et au-dessous (0.25 par 50 mètres en plus).... 1 »

Réparation et décoration de façade

Pour une superficie de 200 mètres carrés :

Madrid (5 p. par 50 mètres en plus)..P. 25 »
Localités de plus de 50.000 habitants et
plus (2 p. par 50 mètres en plus)..... 10 »
Localités de 20.001 à 50.000 habitants
(1 piécette par 50 mètres en plus).... 5 »
Localités de 10.001 à 20.000 habitants
(0. p. 50 par 50 mètres en plus)..... 2 »
Localités de 10.000 habitants et au-dessous (0.25 par 50 mètres en plus)... 1 »

Menus travaux de réparation

Madrid.......................P. 10 »
Localités de plus de 50.000 habitants. 5 »
Localités de 20.001 à 50.000 habiiants.. 2 »
Localités de 10.001 à 20.000 habitants. 1 »
Localités de 10.000 habitants et au-des-
sous 0 50

Pour les licences de construire *extra-muros*
et dans les municipalités où la population n'est
pas agglomérée, le timbre sera celui qui correspond aux localités de moins de 1,000 habitants (?).

Ces licences seront à souche et c'est la souche qui recevra le timbre.

Art. 106. — On étendra sur papier timbré,
conformément à l'échelle suivante, sans préju-
judice des autres droits que le Gouvernement
établira, les licences concédées, savoir :

Madrid et Barcelone, établissements publics,
10 piécettes, et éventaires dans les rues, 5 piécettes.

Autres villes de plus de 50.000 habitants, 7 et
4 piécettes respectivement.

Villes de 20.001 à 50.000 habitants, 1 piécette respectivement.

Localités de 10.001 à 20.000 habitants 2 et
1 piécette et localités au-dessous de 10.000 habitants, 1 piécette et 10 centimes.

Art. 107. — Timbre de 2 piécettes, dixième
classe :

Les livres des procès-verbaux des séances
des *ayuntamientos* et des *Juntes* de contribuables.

Art. 108. — Timbre d'une piécette, onzième
classe ·

1° Les procès-verbaux de déclaration de soldat ;

2° Les comptes d'administration des biens et
droits municipaux ;

3° Les comptes du budget municipal et des
dépôts de blé (*Positos*);

4· Les dossiers gouvernatifs relatifs à des intérêts particuliers et tout ce qui s'y rapporte ;

5° Les dossiers relatifs à des fugitifs, formés à
instance de partie ;

6° Les rôles des contributions et des impôts ;

7° Le livre des procès-verbaux spéciaux des
séances des conseils municipaux relatives à
l'administration des dépôts de blé (*Positos*) ;

8° Le livre protocole des obligations envers le
magasin de blé (*Positos*);

9° Les procès-verbaux des vérifications mensuelles, ordinaires et extraordinaires des existences en espèces, valeurs et grains des magasins de blé (*Positos*);

10° Le livre des procès-verbaux de la vérification de la caisse municipale ;

11° Les feuilles de répartition des contributions.

Art. 109. — Timbre de 10 centimes, douzième-
classe :

1° Les matrices de la richesse publique (*amillaramientos*);

2° Les copies de répartition des contributions ;

3° Les dossiers de déclaration de fugitifs
avec l'exception indiquée à l'article 103 de cette
loi ;

4° Les dossiers de la conscription pour la déclaration des soldats ;

5° Les informations et documents dans lesquels on doit prouver la pauvreté de quelque
individu, sauf la réintégration dans le cas où
la déclaration de pauvreté serait refusée ;

6° Le recensement des habitants ;

7° Les livres des procès-verbaux des *Juntes*
locales d'instruction primaire ;

8° Le registre des amendes;

9· La première feuille des inventaires, balance, journal, grand-livre, livre de caisse et les
livres spéciaux d'intervention et de caisse des
magasins de blé (*Positos*).

Art. 110. — Les livres compris dans les articles précédents, seront visés par l'administration
des finances de la province ; ceux des procès-
verbaux pourront servir plusieurs années. La
réintégration se fera en papier de payements à
l'Etat sur lequel l'administration des finances
fera l'annotation nécessaire.

Art. 111. — L'administration aura la faculté
de traiter à forfait avec les municipalités n'ayant

pas plus de 5.000 habitants immatriculés, pour la valeur du timbre de leurs livres.

On prendra pour base de la fixation de la somme la valeur moyenne du timbre employé pour les livres utilisés pendant la dernière période triennale.

CHAPITRE IV

Documents judiciaires ou procédure contentieuse

PREMIÈRE SECTION

Juridiction civile contentieuse

Art. 112. — Les écrits des plaideurs ou de leurs représentants, les jugements d'expulsion de locataires, les actes, décisions et sentences des juges et tribunaux ordinaires et contentieux administratifs à tous les degrés, présentés ou rendus au cours de la procédure et jusqu'à la conclusion définitive de toute affaire civile soumise ou qui se soumette à la juridiction contentieuse, ou qui ait pour objet la régularisation de la demande, ainsi que les copies littérales et les extraits de documents qui s'y produisent, y compris celles ou ceux délivrés par les notaires, par mandat de justice, dans une affaire contentieuse, seront écrits sans exception sur du papier timbré du même prix et proportionnel à l'évaluation de la chose, ou à l'objet matériel et déterminé du litige, conformément à l'échelle suivante :

Jusqu'à 100 piécettes....	13me cl.	P.		0.10
De 100 01 à 1.000..	12me —	—		0.50
De 1.000 01 à 5.000..	11me —	—		0.75
De 5.000 01 à 20.000..	10me —	—	1	»
De 20.000 01 à 40.000..	9me —	—	2	»
De 40.000 01 à 60.000..	8me —	—	3	»
De 60.000 01 à 80.000..	7mo —	—	4	»
De 80.000 01 à 100.000..	6me —	—	5	»
De 100.000 01 à 300.000..	5me —	—	6	»
De 300.000 01 à 350.000..	4me —	—	7	»
De 350.000 01 à 400.000..	3me —	—	8	»
De 400.000 01 à 450.000..	2me —	—	9	»
De 450,000 01 et au-dessus.....	1re —	—	10	»

Art 113. — Les documents présentés dans la procédure, soit comme fondement des demandes respectives, soit pour prouver les actions ou exceptions qui s'y exercent, n'exigent pas un timbre d'un prix plus élevé que celui qui correspond au montant du litige, quelle qu'en soit la classe et la nature. Si ces documents étaient de ceux que la loi n'assujettit pas au timbre, on exigera le remboursement du timbre en papier de paye-

ments à l'Etat, conformément à l'importance de l'affaire.

Art. 114. — Si le litige roule sur des effets de la Dette publique, des obligations ou actions de banques, sociétés ou entreprises de chemin de fer de toute classe et autres valeurs analogues, on prendra pour base régulatrice de leur valeur le taux moyen de leur cours officiel sur le marché pendant le mois antérieur à celui durant lequel on présentera le premier écrit.

Art. 115. — Quand la valeur de la chose en litige n'est pas indiquée, les juges ou tribunaux, avant de faire droit sur le principal, ordonneront au demandeur de fixer la valeur de la *litispendencia* pour l'application du timbre correspondant. Les juges vérifieront cette déclaration suivant les règles établies par l'article 189 de la loi de procédure civile et il en sera pris note dans le dossier.

Art. 116. — Dans les jugements relatifs aux *ab intestat* et aux successions, on s'astreindra pour le timbre à employer dans toutes les pièces du procès, à la valeur globale des biens qui composent la succession, suivant la déclaration de l'héritier reconnu ou présomptif ou de celui qui prétendra être l'héritier. Dans les concours de créanciers et dans les faillites, on graduera le timbre sur la valeur de l'actif tel qu'il résultera du bilan présenté par le failli ou, si celui-ci est absent, par les créanciers qui auront provoqué la déconfiture, suivant les cas.

Dans les incidents dérivés de la procédure générale dont il est parlé dans les deux paragraphes antérieurs, on tiendra compte de la valeur de la réclamation sur laquelle roule l'incident et si celle-ci n'est pas claire on procédera comme il est dit à l'article précédent.

Art. 117. — Si, au cours d'un procès, sa valeur apparaissait supérieure à celle qui lui a été attribuée au début, le juge ou le tribunal qui en est saisi, ordonnera immédiatement la réintégration de la différence entre le timbre employé et celui qui aurait dû l'être. Si cet excédent de valeur ne venait à être connu qu'à la fin du procès, on ferait avec la liquidation des dépens, celle de cette plus-value et on en exigerait la réintégration. Dans les deux cas, le débit sera acquitté en papier de payements à l'Etat.

Art. 118. — Quand, en vertu d'une décision ou d'une sentence judiciaire, on adjuge des biens meubles ou des droits qui ne requièrent pas une écriture publique, les certifications correspondantes délivrées par les actuaires pour servir de titres de propriété aux adjudicataires ou licitateurs, seront écrites sur papier en rapport avec la valeur des biens dont il s'agit et conformément à l'échelle de l'article 16, quel que soit le timbre qui ait été employé dans la procédure.

Art. 119. — On emploiera le timbre de 10 piécettes sur la première feuille des certifications des actes de conciliation ; quand il y aura conciliation, la feuille suivante sera de dixième classe.

Art. 120. — On emploiera le timbre de 3 piécettes, huitième classe :

1° Dans les procès dont la valeur ne peut pas être appréciée ou ne puisse pas être déterminée par les règles précédemment établies ;

2° Dans les procès relatifs aux droits politiques ou honorifiques, exemptions et privilèges personnels, filiation, paternité, interdiction et autres ayant pour objet l'état civil et la condition des personnes ;

3° Dans les jugements de qualification des faillites auxquels se rapporte l'article 895 du code mercantile.

Art. 121. — Porteront le timbre d'une piécette, dixième classe :

1° Les certificats des actes de conciliation, s'il n'y a pas eu conciliation ;

2° Les procès-verbaux des jugements de conciliation, qu'il y ait eu conciliation ou non, sans que l'on puisse mettre plus d'un jugement sur une seule feuille.

Art. 122. — On emploiera le papier timbré de 0 p. 75, onzième classe, dans les assignations à jugement verbal, quelle que soit l'importance du litige et dans les assignations en conciliation. Les copies de ces documents seront écrites sur papier libre.

Art. 123. — On emploiera le papier du timbre d'office, treizième classe :

1° Dans toutes les procédures d'office devant les juges et les tribunaux, y compris les affaires instruites gouvernementalement, en vue d'exiger la responsabilité qu'ils peuvent avoir encourues, des fonctionnaires et auxiliaires de l'administration judiciaire, sauf la réintégration du papier à raison de 2 piécettes par feuille employée, aux dépens des intimés auxquels il serait imposé une correction disciplinaire ;

2° Dans les affaires civiles dans lesquelles sont partie l'Etat ou les corporations jouissant du même privilège, pour tout ce qui est fait ou articulé à leur instance ou dans leur intérêt, sauf la réintégration du papier quand il y aura lieu.

Art. 124. — Quand tous ceux qui sont partie dans un procès, jouissent de la déclaration de pauvres et ont été reconnus pauvres, conformément à la loi de procédure civile, on emploiera le timbre d'office, sans préjudice de la réintégration s'il y a lieu.

Art. 125. — Quand les parties sont, les unes pauvres dans le sens légal et les autres non, ou quand sont partie l'Etat ou les corporations également privilégiées, chaque partie plaidera avec le papier qui correspond à sa classe pour les actes de procédure faits à sa requête. Les actes de procédure intéressant toutes les parties seront faits sur timbre d'office, auquel on adjoindra le papier de payements à l'Etat, nécessaire pour faire la part qui dans le timbre correspond à ceux qui ne plaident pas comme pauvres. S'il y a eu condamnation de la partie solvable aux dépens, la réintégration s'étendra à la valeur de tout le timbre d'office employé dans la procédure.

Juridiction civile volontaire.

Art. 126. — On emploiera du papier timbré de 2 piécettes, neuvième classe, dans la procédure relative aux actes de juridiction volontaire dont parle le livre 3 de la loi de procédure civile.

Art. 127. — Sont applicables à cette juridiction les dispositions des articles 124 et 125 concernant la juridiction contentieuse.

Juridiction criminelle.

Art. 128. — On emploiera le timbre d'office dans les causes criminelles, dans les jugements en matière de contraventions et délits, et dans les diligences faites en vue de la procédure y afférente.

Celui qui sera condamné avec dépens dans ces diverses procédures, réintégrera le timbre correspondant aux feuilles de papier d'office employé, à raison de 10 centimes de piécette par feuille, pour les contraventions et délits ; de 75 centimes par feuille dans les causes où il y aurait condamnation à l'emprisonnement ; d'une piécette dans celles où la condamnation serait une autre peine correctionnelle, et de 2 piécettes pour toute peine supérieure.

Art. 129. — Dans les cas où il y aurait tentative de conciliation dans les demandes tendant à une procédure criminelle, on payera les mêmes timbres que s'il s'agissait d'une affaire civile.

Juridiction de Guerre et Marine

Art. 130. — Dans les procédures et instructions militaires, devant les tribunaux de la Guerre et de la Marine, on s'en tiendra aux dispositions de l'article 341 du Code de Justice militaire et autres, déjà prises ou qui se prendront à l'avenir en ce qui concerne ces deux juridictions.

CINQUIÈME SECTION

Juridiction contentieuse administrative

Art. 131. — On employera le timbre suivant la quotité de la somme, et conformément à l'article 112, dans les procédures suivies devant le tribunal contentieux-administratif, ou devant les tribunaux provinciaux de la même juridiction, excepté dans le cas où le plaideur jouit du bénéfice de pauvreté, sauf la réintégration, s'il y a lieu, conformément à l'article 285 du règlement sur la procédure contentieuse.

Art. 132. — Aux effets de l'article antérieur, le demandeur usera, dans sa requête, du timbre qu'il jugera applicable dans l'espèce; quand le cas sera douteux, le tribunal saisi appréciera, conformément à l'article 267 du règlement précité.

Art. 133. — On employera le papier timbré de 3 piécettes, huitième classe, dans les procès contentieux dont la valeur n'est pas appréciable et ne peut pas être déterminée conformément aux prescriptions de l'article 489 de la loi de procédure civile.

Si dans le cours du procès ou à sa conclusion, on venait à connaître le véritable montant du litige, il sera fait une liquidation de la différence existant entre le timbre employé et celui qui aurait dû être employé, et l'intéressé remboursera cet écart ou en sera remboursé.

Art. 134. — Les écrits présentés au nom de l'administration de l'Etat, seront écrits sur papier d'office. On employera le même papier dans les diligences pratiquées à la requête du ministère public ou des avocats de l'Etat, ainsi que dans les copies de sentences définitives et dans les actes ou extraits auxquels se rapporte l'article 74 de la loi du 13 septembre 1888 sur la juridiction contentieuse-administrative, quand l'administration est demanderesse ou intente le recours.

Dans les extraits et actes faits au cours de la procédure, on employera en quantités égales le papier d'office et celui du timbre correspondant au montant de l'affaire.

Art. 135. — Sera applicable à cette juridiction, l'article 113 de cette loi au sujet des documents présentés dans le procès, soit pour introduire la demande, soit pour prouver des droits ou pour alléguer des exceptions.

SIXIÈME SECTION

Juridiction du Tribunal des Comptes du royaume

Art. 136. — Dans toutes les procédures devant ce tribunal pour le jugement des comptes présentés à son approbation et dans toutes les affaires donnant lieu à des dévolutions ou restitutions, on employera toujours du papier timbré d'office; mais si le jugement porte condamnation, l'individu, déclaré responsable, devra réintégrer, en papier de payements à l'Etat, le montant à raison de 10 centimes par feuille, de tout le papier d'office qui aura été employé.

SEPTIÈME SECTION

Documents et livres en général procédant des tribunaux

Art. 137. — On employera le timbre de 2 piécettes, neuvième classe :

1o Dans les enquêtes administratives de toute classe, instruites par les tribunaux ou par les juges, à instance ou dans l'intérêt des particuliers ;

2o Dans les livres d'annotations des rapporteurs, greffiers de chambres, secrétaires de chambres, greffiers de juges, et procureurs : ces livres pourront servir plusieurs années, à la condition que, sur la première feuille, on ait constaté par une note signée le nombre de folios et l'année du timbre ;

3o Dans les livres de comptes avec les plaideurs, les avocats, les auxiliaires et les subalternes percevant des droits ou des honoraires, que les procureurs doivent tenir, conformément à l'article 885 de la loi organique des tribunaux ;

4o Dans les copies ou registres des certifications, exécutions ou jugements, portés aux chancelleries des audiences.

Art. 138. — On employera le papier d'office, treizième classe :

1o Dans les livres des décisions des tribunaux et dans ceux d'entrée, de sortie et de visite des prisonniers ;

2o Dans les livres dont il est question au second paragraphe de l'article antérieur, concernant les procès de pauvres, et ceux où sont partie l'Etat et les corporations jouissant des mêmes privilèges dans la procédure, sauf réintégration, s'il y a lieu ;

3o Dans les index des chancelleries.

Art. 139. — Les droits de secrétariat dans les Audiences seront acquittés en papier de payements à l'Etat.

Art. 140. — Pour la réintégration du timbre dans les procès et les causes criminelles, l'Etat aura la préférence sur les autres créanciers pour honoraires et dépens.

Juridiction ecclésiastique

Art. 141. — On employera le timbre d'une piécette, onzième classe :

1° Dans les documents, originaux de consentement et de conseil paternels au mariage, autorisés pour les curés, notaires et autorités ecclésiastiques.

Les refus seront écrits sur papier de 10 centimes, douzième classe ;

2° Dans les certificats de baptême, de mariage, de décès et extraits d'actes de consentement ou de conseil en matière de mariage, délivrés à la demande des parties.

Les documents visés dans le paragraphe ci-dessus, quand ils seront délivrés par ordre de l'autorité judiciaire pour être unis aux causes criminelles, jugements pour délits ou contraventions et dossiers administratifs, seront écrits sur papier d'office, sans préjudice de la réintégration prévue par les articles 124 et 125 de cette loi; on devra également se servir du papier timbré d'office, pour les extraits de baptême à unir aux dossiers de mariages de pauvres ;

3° Dans la procédure devant les tribunaux ecclésiastiques, excepté quand il y aura eu déclaration de pauvreté en due forme, auquel cas on employera le papier d'office ;

4° Dans les extraits ou copies délivrés à instance de partie, de documents existant dans les archives ecclésiastiques; quand ces documents seront réclamés par une autorité compétente et dans l'intérêt public, on employera le papier d'office, lequel sera fourni par le bureau qui réclamera la pièce.

TITRE III

Documents privés en général

CHAPITRE Ier

Documents mercantiles.

PREMIÈRE SECTION.

Effets endossables.

Art. 142. — On considérera comme documents privés, aux effets de cette loi, ceux qui sont signés par des particuliers ou des associations, tout en ayant un caractère mercantile, sans l'intervention de fonctionnaires publics et qui ont pour objet la constitution, la reconnaissance, la novation ou l'extinction d'obligations, ou qui comprennent des actes que l'on ne peut pas évaluer, mais que la loi a assujettis à l'impôt.

Ces documents se divisent en mercantiles et civils ou privés.

Art. 143. — Sont considérés comme effets endossables aux effets de cette loi :

1° Les lettres de change ;

2° Les billets à ordre ;

3° Les polices de prêts avec garantie de valeurs cotées ;

4° Les polices de crédits sur les mêmes valeurs ;

5° Les mandats à ordre ;

6° Les chèques à ordre ;

7° Les mandats de virement émis par les banques et les sociétés sur leurs succursales;

8° Les lettres de crédit à ordre pour sommes fixes, ainsi que les délégations, bons et tous autres documents au moyen desquels on réalise le transfert, l'acquit et la prise en compte d'une somme quelconque.

Art. 144. — Tout document de cette nature dont l'échéance ne dépassera pas six mois, portera un timbre d'un prix correspondant à la somme en jeu, suivant l'échelle suivante :

Jusqu'à 100 piécettes...	16e classe.P.			0	10
De 100 01 à 250.	15^e	»	...	0	25
De 250 01 à 500.	14^e	»	...	0	50
De 500 01 à 1.000.	13^e	»	...	1	»
De 1.000 01 à 2.000.	12^e	»	...	2	»
De 2.000 01 à 3.000.	11^e	»	...	3	»
De 3.000 01 à 4.000.	10^e	»	...	4	»
De 4.000 01 à 5.000.	9^e	»	...	5	»
De 5.000 01 à 7.000.	8^e	»	...	7	»
De 7.000 01 à 10.000.	7^e	»	...	10	»
De 10.000 01 à 20.000.	6^e	»	...	20	»
De 20.000 01 à 30.000.	5^e	»	...	30	»
De 30.000 01 à 40.000.	4^e	»	...	40	»
De 40.000 01 à 50.000.	3^e	»	...	50	»
De 50.000 01 à 75.000.	2^e	»	. .	75	»
De 75.000 01 à 100.000.	1re	»	...	100	»

Quand le montant de l'effet dépassera 100.000 piécettes, on apposera en outre les timbres mobiles correspondant à la différence ou excédent, à raison d'une piécette par 1.000 francs, ou pour une fraction de 1.000 francs, et en les oblitérant conformément à l'article 9 de cette loi.

Les effets payeront un droit double, si leur échéance dépassait six mois.

Art. 145. — Les chèques au porteur et ceux délivrés au profit d'une personne déterminée, porteront un timbre spécial mobile de 10 centimes de piécette, quand leur valeur ne dépasse pas 500 piécettes; un timbre de 25 centimes de P. 500 01 à 5.000 et de 50 centimes à partir de 5.000 01. Mais si ces chèques sont acquittés ou renouvelés par le tireur, ils seront considérés comme compris dans l'article 143, et on leur expliquera l'échelle de l'article 144, à moins qu'ils ne soient accompagnés d'un protêt en due forme, duquel il résulte qu'au moment où ils ont été formulés, le tiré avait en son pouvoir des fonds, appartenant au tireur, suffisant pour en satisfaire le montant. Ces timbres seront oblitérés conformément à l'article 9 de cette loi.

Art. 146. — Les lettres de crédit, sans fixation de somme, recevront au moment où elles seront signées, un timbre mobile d'une piécette ; mais si elles sont réalisées pour une somme supérieure à 1.000 piécettes, on réintégrera la différence conformément à l'échelle de l'article 144, au moyen de timbres mobiles, oblitérés conformément à l'article 9 de cette loi. Quand il s'agira de lettres de crédit limitées, on y apposera, en les signant, un timbre mobile de 10 centimes de piécettes, et on réintégrera la différence conformément à l'échelle de l'article 144, suivant la somme qui sera encaissée.

Art. 147. — Les reçus de sommes ou compte couvert, porteront un timbre spécial mobile de 10 centimes, quel qu'en soit le montant. Les talons au porteur émis en vertu de comptes courants sur les Banques, porteront un timbre de 10 centimes quand le montant ne dépasse pas 500 piécettes, de 25 centimes de 500,01 à 5.000 piécettes et au-dessus. Ces timbres devront être oblitérés conformément à l'article 9 de la présente loi.

Art. 148. — L'État vendra au public les lettres de change, billets à ordre et police de prêts avec garantie de valeurs cotées, portant le timbre spécial indiqué par l'échelle précédente. Cependant les banques, les sociétés légalement constituées, les Monts-de-Piété et les commerçants nationaux et étrangers, qui tiennent leurs livres conformément aux prescriptions du code mercantile, pourront obtenir de la direction, le timbrage des effets qu'ils présenteront à cet effet.

Les autres documents, dont il a été parlé dans les articles antérieurs, pourront être imprimés ou écrits sur papier libre et recevront des timbres mobiles correspondants, qui seront oblitérés conformément à l'article 9 de cette loi.

Art. 149. — Les lettres de change émises dans l'intérieur du Royaume ne pourront être ni négociées, ni acquittées, si elles ne sont pas écrites sur le papier dont il est parlé à l'article 148, sauf les exceptions qui y sont faites en vertu du même dispositif. Il en sera de même des billets à ordre et des polices de prêt avec garantie de valeurs cotées.

Art. 150. — Les ordres de payement donnés pour le télégraphe seront unis à une traite timbrée à l'échelle correspondante de la somme transmise, et les deux pièces seront signées par l'expéditeur et par le fonctionnaire du télégraphe.

Art. 151. — Les traites tirées à l'étranger et payables en Espagne, et celles tirées des territoires espagnols où l'impôt du timbre n'est pas en vigueur, donneront lieu, avant de pouvoir être négociées, à la réintégration du timbre correspondant au moyen de l'adjonction d'une lettre de change espagnole du timbre nécessaire sur laquelle on écrira, en temps et lieu, l'acceptation, l'endos et l'acquit. Sans cette formalité, ces documents ne seront pas admis en justice.

On exigera la même formalité pour les documents de provenance analogue au profit du Trésor ou négociés par le Trésor.

Art. 152. — Les lettres de change et les documents analogues émis à l'étranger et payables à l'étranger, seront exempts du timbre, quoique on les négocie en Espagne, mais s'ils y étaient retournés protestés, ils devraient payer le timbre dans la forme prescrite à l'article antérieur.

Art. 153. — Les secondes, troisièmes et autres de change pourront être émises sans timbre ; mais elles devront payer le timbre, au moyen de l'adjonction d'un exemplaire dûment timbré, si acceptées ou payées, elles ne sont pas, pour une cause quelconque, unies à la première qui a dû être émise dans la forme prescrite par l'article 148.

Art. 154. — L'aval donné dans un document séparé, acquittera le même timbre que la lettre de change.

Art. 155. — Celui qui recevra un document de cette nature sans être timbré dans la forme et pour les valeurs indiquées aux articles précédents, devra le retourner au tireur ou à l'endosseur pour qu'il le régularise conformément à la loi et les notaires publics devront s'abstenir de protester les documents qui ne porteraient pas les timbres y afférents.

Art. 156. — Tout document de cette nature qui ne sera pas écrit sur le papier y applicable vendu par l'État ou sur papier libre, dûment réintégré, ainsi qu'il a été dit ci-dessus, sera nul et sans aucune valeur, ne pouvant être admis ni en justice, ni dans une administration publique d'aucune espèce, et dépourvu de toute l'efficacité que portent en eux les documents mercantiles aux effets de la justice exécutive. Cela n'empêche pas toutefois que l'on puisse, dans une action civile, aux effets de la loi, utiliser ces documents pour valoir ce que de droit en procédure ordinaire.

Art. 157. — Il est défendu à toute personne, aux banques, sociétés, établissements publics et maisons de commerce, de garder dans leurs caisses, pour leur compte ou pour compte de tiers, des effets qui ne seraient pas dûment timbrés.

Art. 158. — Les billets au porteur des banques d'émission sont soumis, en raison du timbre, à un impôt annuel de 1 pour 1000, dont le montant sera liquidé sur la moyenne de la circulation pendant l'année.

Art. 159. — Ne seront pas considérées comme documents de commerce et seront par conséquent exemptées de l'impôt du timbre, les dispositions de la direction générale du Trésor ou des délégués des Finances dans les provinces, faites pour affaires de service. Mais ceux qui sont chargés du service des mandats du Trésor, quel que soit le montant de la remise, devront exiger de celui qui vient prendre un mandat, un timbre mobile de 10 centimes.

SECONDE SECTION

Livres de commerce

Art. 160. — Seront soumis à cet impôt dont la réintégration se fera à raison de 7 piécettes pour le premier folio et 25 centimes pour les suivants, les livres d'inventaires et de balances : le Journal et le Grand-Livre ; — payeront 5 centimes par folio, le copie de lettres et de télégrammes des banques, sociétés mercantiles et industrielles, entreprises de vapeur, compagnies d'assurances maritimes, terrestres et sur la vie ; — payeront pour les mêmes livres, 5, 15 et 2 centimes 1/2 respectivement, par folio, les commerçants nationaux et étrangers qui accommodent leur comptabilité aux prescriptions du Code de commerce, afin d'utiliser les avantages et prérogatives y attachés par les articles 48 et 889 :

Sans la réintégration du timbre correspondant, ces livres ne pourront pas être visés par le juge municipal du district correspondant, et ce sous la responsabilité immédiate du fonctionnaire chargé du visa, s'il omettait le timbre. La réintégration se fera sur papier de payements à l'Etat et l'annotation correspondante sera signée par le juge municipal, qui devra rubriquer les livres.

Les succursales des sociétés ne seront pas obligées de réintégrer le timbre de leurs livres, quand par la nature et la qualité des opérations qu'elles pratiquent, elles ne sont pas tenues de faire viser leurs livres par le juge municipal ; mais si cette formalité était jugée nécessaire, on les considérerait comme comprises dans le présent article.

Art. 161. — Aux mêmes conditions de réintégration que le Livre-Journal des commerçants, sont soumis :

1° Les livres que doivent tenir les agents de change et de bourse, les courtiers de commerce, les courtiers-interprètes de navires, formés en collèges, conformément aux articles 93, 107 et 114 respectivement du Code de Commerce et tous autres livres qu'ils voudraient tenir avec les mêmes formalités ;

2° Les livres de navigation, de comptabilité et de cargaison que les capitaines de navires sont obligés de tenir, conformément à l'article 412 du Code précité ;

3° Le Livre-Registre que les commissionnaires de transports doivent tenir en exécution de l'article 398 du même Code.

Art. 162. — Sera également réintégré, à raison de 5 piécettes, la première feuille et 15 centimes les suivantes ; le Livre-Journal des opérations des prêteurs sur gages et celui des entreprises de diligences, quand celles-ci n'appartiendront pas à des sociétés mercantiles régulièrement constituées. Ces livres seront visés par l'administration des Finances.

Art. 163. — Tous les livres énumérés dans cette section pourront servir pour plusieurs années consécutives ; mais, si pour un motif quelconque, l'exercice du commerce et de l'industrie auxquels ils se rapportent, venait à être interrompu, ils devraient être renouvelés, si le même commerçant et industriel venait à reprendre les affaires.

TROISIÈME SECTION

Actions et obligations émises par les Banques et les Sociétés.

Art. 164. — Toute action, certificat ou extrait d'action et toute autre espèce de titre équivalant, représentatif du capital des banques, sociétés, compagnies ou entreprises de crédit, chemins de fer, commerce, industrie, mines et autres analogues, représentant une somme fixe ou une part aliquote dans un capital fixe, sera assujetti, quand sa durée ne devra pas dépasser 10 ans, à un timbre gradué conformément à l'échelle qui sera indiquée, sans préjudice du timbre mobile qu'il y aura lieu de fixer sur les reçus partiels de tout versement passant, 10 piécettes. L'échelle est comme suit :

Jusqu'à 200 piécettes.....	11ᵉ classe P.		....	1
De 200 01 à 400 P.	10ᵉ	—	....	2
De 400 01 à 600 —	9ᵉ	—	....	3
De 600 01 à 800 —	8ᵉ	—	....	4
De 800 01 à 1.000 —	7ᵉ	—	....	5
De 1.000 01 à 2.000 —	5ᵉ	—	....	10
De 2.000 01 à 5.000 —	4ᵉ	—	....	25
De 5.000 01 à 10.000 —	3ᵉ	—	....	50
De 10.000 01 à 15.000 —	2ᵉ	—	....	75
De 15.000 01 à 20.000 —	1ʳᵉ	—	....	100

Quand les actions seront de plus de 20.000 piécettes, elles porteront, en outre, le timbre mobile correspondant à la différence, à raison de 5 piécettes pour 1.000 piécettes ou pour chaque fraction de 1.000 piécettes.

Les titres, certificats ou extraits d'inscriptions qui contiendront deux actions, ou plus, payeront le timbre pour chaque action suivant son montant.

Art. 165. — Les titres, extraits ou certificats d'actions porteront uniquement le timbre de 10 centimes, si le document analogue qu'ils remplacent a déja été timbré. Le remplacement des certificats par des titres définitifs, ne pourra pas se faire sans l'intervention des délégations des finances.

Art. 166. — Les actions, certificats ou extraits des actions qui n'expriment pas de valeur ou qui sont des parts aliquotes d'un capital qui n'est pas fixe, devront un timbre de 5 piécettes par action ou par fraction d'action.

Art. 167. — Quand on donne simplement des récépissés provisoires à échanger plus tard pour des titres définitifs, ces récépissés seront légalisés avec un timbre mobile de 10 centimes ; mais si dans le délai de six mois, qui pourra être prorogé de six autres mois, avec l'autorisation préalable de la Direction du timbre, on n'avait pas vérifié l'échange, la société payera immédiatement le montant total du timbre correspondant au nombre d'actions que ces récépissés représentent.

Art. 168. — Les actions, extraits et certificats seront détachés d'un livre à souche et le timbre, dont l'impression sera demandée à la Direction, se placera sur la souche, afin de fournir une base certaine de contrôle.

Art. 169. — Les actions des sociétés étrangères, quand elles seront placées ou négociées en Espagne, porteront le timbre correspondant à leur montant suivant l'échelle de l'article 164.

Art. 170. — Les obligations, cédules, bons et tous les titres de cette catégorie, émis par les Sociétés, Banques, Compagnies de chemin de fer et autres entreprises, ainsi que par les députations et les municipalités, devront réintégrer avec le timbre conformément à l'article 164, quand l'échéance de ces titres ne dépasse pas 10 ans.

Art. 171. — Les valeurs, dont il est parlé cidessus, seront détachées d'un livre à souche et le timbre sera apposé sur la souche.

Art. 172. — Les valeurs, dont il est question dans cette section, payeront des droits doubles, quand leur durée sera de plus de 10 ans.

Art. 173. — Quand les sociétés ou corporations officielles préféreront faire le payement total en espèces, du timbre correspondant aux actions, obligations, cédules, bons et autres valeurs analogues qu'elles vont émettre, elles pourront le faire avec l'autorisation de la direction des services du timbre, conformément au taux fixé par l'article 166 et aux formalités prescrites par le règlement qui sera fait pour l'application de la loi.

Art. 174. — Le timbre correspondant aux valeurs dont traite cette section, échéera au moment où les titres seront séparés de leurs souches.

Art. 175. — Quand les sociétés ou corporations officielles présenteront les actions, obligations et autres valeurs de cette classe qu'elles émettront, à la Fabrique nationale du Timbre, pour être timbrées, elles en remettront, à la Direction du Timbre et à l'administration des finances de la province où elles sont domiciliées, un état authentique dans lequel elles feront connaître le nombre de ces titres, leur numération, leur valeur nominale et la date à laquelle ils ont été signés.

Les sociétés et corporations domiciliées hors de Madrid, peuvent remplacer le timbre de la Fabrique par un timbre mobile apposé sur la souche du titre et oblitéré conformément à l'article 9 de cette loi.

Art. 176. — Les actions, obligations et autres valeurs dont traite cette section, payeront annuellement, comme timbre de transmission, 1 pour 1.000 de leur valeur effective, au taux de leur cours l'année précédente, ou depuis leur émission, si celle-ci ne date pas d'un an. Pour les titres non cotés, on prendra pour base le capital qui résulte de la capitalisation à 5 0/0 de l'intérêt ou du dividende payé l'année précédente. Ce sera aux intéressés à faire cette démonstration, ou à faire connaître la valeur nominale des titres, déduction faite, s'il y a lieu, des remboursements partiels déjà opérés.

Le payement se fera en espèces.

Art. 177. — Les sociétés étrangères par actions sont tenues au payement du susdit impôt de 1 pour 1.000, sur la partie de leur capital qu'elles destinent à leurs opérations en Espagne. A cet effet, la personne ou entité qui devra en représenter légalement une en Espagne, portera à la connaissance de la Délégation des finances, dans le délai d'un mois, à compter du jour où la société commencera ses opérations, la raison sociale sous laquelle elle est constituée, la nature de ses opérations et le montant de son capital, justifiant toutes ces assertions en due forme. Les augmentations ou diminutions de capital seront notifiées de la même façon. La Délégation des finances ouvrira une information pour vérifier ces dires et, après avoir pris l'opinion de l'avocat de l'Etat, elle proposera à la Direction la fixation du capital qui devra être imposé. Ces sociétés seront considérées comme régies par l'article 160 de cette loi, en ce qui concerne leur comptabilité, mais seulement pour le *Journal*, le Grand-Livre et le copie de lettres et de télégrammes.

Art. 178. — Porteront un timbre de 10 centimes :

Les cédules hypothécaires émises par les Banques territoriales : le timbre mobile sera placé sur la matrice.

Art. 179. — Dans le cas où les valeurs de cette section, seraient nominatives, le Registre de transfert donnera lieu aux réintégrations mentionnées à l'article 140 à propos du Journal de comptabilité.

Art. 180. — Les sociétés, soit quand l'administration le réclame, soit quand les agents font une visite d'inspection, seront tenues de faire connaître la date ou les dates de leurs émissions et d'exhiber les souches des titres, afin que l'on puisse vérifier si les timbres ont été apposés en temps opportun.

QUATRIÈME SECTION

Polices d'affrètement, de prêts à la grosse, d'hypothèque navale et d'assurances maritimes, terrestres et sur la vie.

Art. 181. — Les polices relatives aux contrats d'affrètement, aux prêts à la grosse, à l'hypothèque navale et aux assurances maritimes qui ne seraient pas faites par écriture publique, seront assujetties au timbre prévu par les articles 16 et 17 pour les documents publics. Le timbre n'affectera que la police principale ou matricielle ; les copies ou extraits n'acquitteront que le timbre mobile d'une piécette.

Art. 182. — Les contrats d'assurances terrestres et sur la vie, qui ne sont pas non plus consignés dans des écritures publiques, payeront l'impôt du timbre à raison de 2 piécettes pour chaque 1.000 piécettes ou par fraction de 1.000 piécettes, dans le cas où l'assureur est une compagnie à prime unique ou périodique. Quand il s'agira d'une compagnie d'assurances mutuelles, le droit de timbre sera d'une piécette pour 1.000 piécettes, ou par fraction de 1.000 piécettes. Le payement se fera en espèces et la liquidation sera faite sur la somme recouvrée comme prime ou comme dividende passif, suivant les cas, sans aucune déduction.

Les livres d'inscription des polices respectives et ceux de recouvrement que tiennent les Sociétés à prime fixe comme auxiliaires de leur comptabilité, ainsi que ceux que les Sociétés d'assurances mutuelles tiennent de l'inscription de leurs associés et des primes mises en re-

couvrement, seront réintégrés à raison de 15 centimes par folio. La réintégration se fera en papier de payement à l'Etat, qui sera présenté à cet effet à l'administration des Finances, à laquelle il appartiendra, accompagné des notes et de la liquidation à l'appui, écrites sur le papier de payement à l'Etat dans la forme accoutumée ;

Les contrats d'assurance de cette classe entre particuliers, payeront le timbre établi pour les documents publics par les articles 16 et 17 de cette loi.

Art. 183. — Les Sociétés étrangères seront obligées de payer le timbre, conformément aux articles antérieurs, pour les contrats qu'elles réaliseront en Espagne.

Art. 184. — Les directeurs et gérants des Sociétés seront responsables du payement du timbre, sauf à en percevoir le montant des intéressés dans les assurances.

CINQUIÈME SECTION

Livres des procès-verbaux et autres documents que tiennent ou délivrent les Sociétés de toute classe qui ont un but utilitaire.

Art. 185. — On réintégrera avec des timbres de 50 piécettes, troisième classe, les nominations de membres de conseil d'administration des sociétés anonymes, et avec des timbres de 25 piécettes, quatrième classe, celles des directeurs, gérants, administrateurs ou représentants des sociétés mercantiles et civiles.

Art. 186. — On apposera le timbre de 10 piécettes, quatrième classe, sur les titres des sociétaires, excepté ceux des sociétés coopératives qui sont comprises dans l'article 201, paragraphe 7, de cette loi.

Art. 187. — Porteront un timbre de 5 piécettes, septième classe :

1° Les titres des employés qui ne sont pas expressément désignés pour payer d'une autre façon, si leur traitement ne dépasse pas 1.500 piécettes par an ;

2° Les inventaires et balances formés conformément au Code du Commerce, pour être présentés à l'assemblée générale des actionnaires ou des sociétaires ;

3° Les récépissés donnés pour dépôt de bijoux et effets analogues, de numéraire avec désignation des monnaies qui composent le dépôt, ou en paquets scellés et cachetés, ainsi que de ceux consistant en documents, non productifs d'intérêts, quels qu'ils soient, et qu'ils acquittent ou non, des droits de garde.

Art. 188. — On mettra un timbre d'une piécette, onzième classe :

1° Sur les procès-verbaux des séances des

Chambres de Commerce et des sociétés de toutes classes qui, en vertu du Code de commerce, sont obligées d'en tenir registre, et sur les extraits qui en seront faits ;

2° Sur les extraits et bulletins délivrés par les agents de changes, courtiers de Commerce, capitaines et courtiers-interprètes de navires de commerce et commissionnaires de transports, concernant les opérations en question, consignées dans les livres qu'ils sont obligés de tenir : quand ces documents seront en forme de certificats, on y appliquera le timbre de 2 piécettes, dixième classe ;

3° Sur les extraits de comptes, liquidations ou démonstrations, quelle que soit leur forme, que les sociétés de commerce particulières, qui tiennent leur comptabilité conformément au Code de Commerce, délivrent à instance de partie ou expédient, dans leur propre intérêt, à leurs correspondants ou commettants ;

4° Et les récépissés d'espèces en dépôt qui ne jouissent d'aucun intérêt.

Art. 189. — Porteront un timbre spécial mobile de 10 centimes :

1° Tout compte ou balance ou tout document analogue opérant charge ou décharge, sans employer plus d'un seul timbre pour chacun, quel que soit le nombre de feuilles y employées ;

2° Les factures que les commerçants en détail remettent aux acheteurs, et les documents quels qu'ils soient que leur remettent les acheteurs dans les opérations à terme.

Art. 190. — Les Monts-de-Piétés, les caisses d'épargne et les caisses de secours réintégreront les livres de leur comptabilité générale à raison de 10 centimes par feuille, devant employer un timbre mobile de 10 centimes pour le livre à souche des engagements, prêts et versements, quand les opérations atteignent ou dépassent 10 piécettes. Sont exceptées les polices de prêts faits avec garantie de valeurs cotées, lesquelles sont assujetties au payement du timbre fixé par l'article 144 de cette loi.

Art. 191. — Les documents, quelle que soit leur dénomination, dans lesquels les fabricants et négociants en gros régularisent directement la vente de leurs articles sans intervention d'agents de change ni de courtiers de commerce, sont soumis au même timbre que les polices de Bourse dont parle l'article 23 de cette loi. Ces documents seront extraits d'un registre à souche et le timbre se fixera sur la souche.

Art. 192. — Les récépissés de dépôts en espèces avec intérêts et ceux de titres, valeurs, effets ou documents produisant intérêt, auxquels se rapporte l'article 308 du Code de Commerce, sont soumis à un timbre gradué dont la base sera la valeur effective des effets déposés, au cours du jour de la constitution du dépôt, le tout conformément à l'échelle suivante :

Jusqu'à 400 piécettes.......	12e cl.	0	10
De 400 01 à 4.000....	11e —	1	»
De 4.000 01 à 8.000...	10e —	2	»
De 8.000 01 à 12.000....	9e —	3	»
De 12.000 01 à 16.000....	8e —	4	»
De 16.000 01 à 20.000...	7e —	5	»
De 20.000 01 à 28.000....	6e —	7	»
De 28.000 01 à 40.000....	5e —	10	»
De 40.000 01 à 100.000....	4e —	25	»
De 100.000 01 à 200.000....	3e —	50	»
De 200.000 01 à 300.000....	2e —	75	»
De 300.000 01 et au-dessus..	1e —	100	»

Art. 193. — La transmission par endossement des récépissés dont parle l'article antérieur, portera un timbre spécial mobile de 50 centimes de piécette, qui sera placé après l'endossement et oblitéré conformément à l'article 9 de la présente loi.

Art. 194. — Les billets et talons-récépissés des chemins de fer et entreprises de diligences et de bateaux à vapeur, pour le transport des voyageurs et des marchandises, porteront un timbre de 5 centimes quand leur valeur ne dépassera pas 10 piécettes, — de 10 centimes pour une valeur de 10.01 à 500, — de 25 centimes pour une valeur de 500.01 à 1.000 et de 50 centimes au-dessus de 1.000 piécettes. Le montant de ces timbres sera payé en espèces aux dates et avec les formalités que déterminera le règlement pour l'exécution de cette loi, sous déduction d'une commission de perception de 1.50 0/0 au profit des entreprises.

Les livres-registres de délivrance des billets et des talons-récépissés seront, à leur tour, réintégrés à raison de 15 centimes par folio et visés par l'administration des finances de la province respective.

CHAPITRE II

Documents délivrés par des particuliers et des sociétés civiles.

Art. 195. — Les documents privés qui n'ont pas de caractère mercantile, et dans lesquels le montant de l'obligation dépasse 10 piécettes, seront, en principe, soumis au timbre proportionnel fixé pour les actes notariés par les articles 14 et 17 de cette loi.

Sont exceptés des préceptes antérieurs :

1° Les contrats spéciaux compris dans la seconde section du présent chapitre ;

2° Les reçus de sommes supérieures à 10 piécettes qui porteront un timbre spécial mobile de 10 centimes de piécette, quand le montant sera supérieur à 10 piécettes sans dépasser 500 ; — de 25 centimes de piécette pour 500,01 à 1.000 et de 50 centimes pour 1.000,01 et au-dessus.

On entendra par reçu, à cet effet, tout écrit que le créancier signe en faveur du débiteur pour payement partiel ou total en espèces, compensation ou prise en compte, ou qui annule une dette existante ; — la déclaration de payement ou acquit apposé sur une traite, police de prêt avec garantie de valeurs cotées, chèques à ordre, billets à ordre et autres documents endossables ; les mentions manuscrites ou imprimées avec composteur ou timbre, de « payé, soldé, acquitté », ou autres analogues usités en comptabilité, les annotations ou tout écrit en justification de payement de numéraire, les reçus pour payement réalisés au moyen de traites, chèques et tous autres effets endossables ; les écrits accusant réception de sommes ou espèces pour solde total ou partiel d'une dette, et, en général, tout écrit dénotant une transmission de numéraire quelle qu'en soit l'origine ou la cause. Quand il s'agit de sommes perçues de l'Etat, on payera dans la forme prévue par le paragraphe 4 de l'article 34 de cette loi ;

3° Les mémoires, plans et devis formés et signés par les ingénieurs et architectes, et les avis que les avocats donnent à instance et dans l'intérêt des particuliers, seront réintégrés en fixant, sur la première feuille du mémoire ou de l'avis, le timbre mobile correspondant à l'importance du devis ou de l'affaire, respectivement, conformément aux indications des articles 16 et 17, et les autres feuilles du mémoire, ainsi que celles des devis et des plans, porteront chacune un timbre d'une piécette. Quand la base ci-dessus fera défaut, la première feuille portera un timbre de 5 piécettes, au lieu de celui indiqué plus haut ;

4° Les inventaires, partages et licitations de biens de succession testamentaire ou *ab intestat*, qui devront être approuvés par les tribunaux conformément aux articles 1077 et 1081 de la loi de procédure civile, seront écrits sur papier libre dont le prix sera réintégré en timbre de payements à l'Etat, à raison d'une piécette par feuille, une fois homologués par l'autorité judiciaire ; ces documents seront ensuite protocolisés et, dès lors, soumis au timbre des actes notariés, car ils auront cessé d'être des documents privés.

Si on ne les protocolisait pas, ils seraient réintégrés en papier correspondant au montant de l'affaire pour la première feuille, conformément aux articles 16 et 17 de la présente loi, et au papier d'une piécette pour les autres feuilles.

Art. 196. — Pour fixer le quantum du timbre de la première feuille dans les documents privés, on observera les règles suivantes :

1° Dans les inventaires, évaluations, partages et licitations d'héritages, le montant net de la succession, les dettes héréditaires une fois déduites, à moins que l'on n'adjuge aux héritiers, des biens en payement, auquel cas la base sera l'inventaire tout entier ;

2° Dans les prêts ou dépôts de sommes ou d'effets qui n'ont pas une mention particulière dans cette loi, le montant de la somme prêtée ou déposée ;

3° Dans tout contrat impliquant vente ou transmission de valeurs et effets dont la loi ne détermine pas le prix, celui que les contractants auront stipulé ;

4° Les documents privés dont les particuliers voudront rendre la date authentique, aux effets de l'article 1229 du Code civil, seront réintégrés avec un timbre de 2 piécettes, dixième classe, si leur montant ne dépasse pas 5.000 piécettes ; de 3 piécettes, neuvième classe, pour une valeur indéterminée ou de 5.000 01 à 25.000 piécettes, et de 4 piécettes, huitième classe, pour 25.000 piécettes et au-dessus.

Art. 197. — On réintégrera avec le timbre de 5 piécettes, septième classe, la première feuille de l'exemplaire de leur règlement, dûment visé, que les sociétés, en se constituant, retirent du gouvernement civil de la province sur les deux qu'elles sont tenues d'y déposer. Les autres feuilles seront réintégrées à raison d'une piécette par feuille. On réintégrera dans la même forme les exemplaires des décisions d'assemblées d'actionnaires ou sociétaires, modifiant les statuts et règlements. Les procès-verbaux de constitution et de remplacement des *Juntes directives* des sociétés, seront réintégrés au timbre de 2 piécettes, deuxième classe, et on écrira sur le même timbre les certifications qui devront en être remises au gouvernement civil).

Les livres de comptabilité des susdites sociétés seront réintégrés à raison de 5 piécettes le premier folio et 15 centimes les autres, et visés par l'administrateur des finances. L'exemplaire des comptes que les sociétés remettent deux fois par an au gouverneur civil, sera réintégré en timbre de 2 piécettes, dixième classe, par feuille.

Art. 198. — On grèvera avec un timbre fixe d'une piécette, onzième classe :

1° Les bulletins ou tout autre document équivalant, que délivrent les médecins-directeurs des établissements balnéaires publics ou des établissements d'eaux minérales artificielles, excepté quand ces documents sont en faveur d'individus de la classe de troupe ou de pauvres envoyés aux bains par une société ou une corporation charitable ; le timbre, qui sera mobile, sera apposé sur le livre d'inscription tenu par le médecin-directeur qui l'oblitérera conformément à l'article 9 de cette loi ;

2° Les rapports ou expertises techniques non compris dans l'article 195, à moins qu'ils ne soient en forme de certificats, auquel cas on devra les écrire sur papier de 2 piécettes ;

3° Les certificats de vaccine, excepté ceux délivrés aux pauvres ainsi déclarés.

Art. 199. — Pour les billets de spectacles publics dans des théâtres ou des locaux fermés, on fera payer en équivalence du timbre, 10 0/0 du produit brut, y compris les entrées. Dans les spectacles, où l'on parie, on considérera comme supplément de recettes aux effets de l'impôt, le prélèvement qu'y fait l'entreprise.

Les billets pour les spectacles, comme pour les paris, seront à souches, et celles-ci devront être conservées pendant deux mois afin de faciliter le contrôle et la vérification. La non-présentation de ces matrices à première réquisition des agents à ce préposés, sera considérée comme une tentative de fraude.

Le Ministre des finances pourra se mettre d'accord avec les entreprises pour la perception de cet impôt.

Art. 200. — Les livres ou registres des voyageurs, tenus dans les hôtels et auberges, seront réintégrés aux droits suivants, par feuille :

Madrid et Barcelone : Hôtels, 25 centimes et auberges, 15 ; — autres villes de plus de 50.000 habitants, 15 et 10 centimes ;

Localités de 20.001 à 50.000, 10 et 5 centimes ;

Localités de 10.001 à 20.000, 5 et 2 centimes et demi ;

Localités de 10.000 habitants et au-dessous : Hôtels, 2 centimes et demi.

Les bulletins du mouvement des voyageurs exigés par la police, porteront, à Madrid et dans les villes de plus de 50.000 habitants, un timbre de 10 centimes et de 5 dans les autres villes. Ces livres porteront le visa de l'administration des finances de la province.

Art. 201. — Porteront un timbre spécial mobile de 10 centimes :

1° Les visa donnés par les avocats aux pouvoirs des procureurs ;

2° Les livres des procès-verbaux des réunions des athénées, académies, collèges *gremiales* (*syndicats corporatifs*), casinos, et de toute espèce de sociétés scientifiques, *gremiales*, de secours mutuels, ou ayant quelque but d'utilité ou de plaisir ;

Ces livres seront visés par l'administration des finances de la province et payeront le timbre pour chaque folio ou feuille ;

3° Les nominations de charge ou d'emploi qui se feront dans ces sociétés, rétribués ou non, auquel cas le timbre sera apposé sur le procès-verbal de la séance où la nomination aura été faite ;

4° Les reçus de toute cotisation d'entrée ou autre que les sociétaires aient à payer dans les sociétés auxquelles se rapporte le paragraphe 2 du présent article ; ces reçus seront à souches et le timbre sera apposé sur la souche pour pouvoir être contrôlé ; s'il n'était pas donné de reçu, on considérerait comme document à réintégrer avec le timbre ci-dessus, la liste, feuille ou état servant à opérer la perception ;

Ces sociétés conserveront pendant un an les matrices des reçus ou des listes, suivant le cas, aux effets de l'investigation, et l'omission de cette formalité sera considérée, au point de vue de la pénalité, comme l'omission même du timbre ;

5° Les licences ou permis accordés aux particuliers pour la chasse et la pêche dans leurs propriétés ;

6° Tous les spécifiques et les eaux minérales auxquels, au moment de la vente, on apposera un timbre collé sur l'étiquette extérieure ;

7° Les titres de sociétaires des sociétés coopératives ouvrières, non compris dans l'article 204 de cette loi ;

8° Les annonces insérées dans les publications particulières, le Ministre des finances étant autorisé à en concerter la perception avec les entreprises de publicité.

Art. 202. — Les annonces dans les publications officielles, à la demande des particuliers ou par mandat de justice à instance de partie, seront soumises à un timbre de 50 centimes que les intéressés devront apposer sur l'original de l'insertion.

Art. 203. — Toutes les annonces placées dans des lieux publics, tramways, omnibus et autres voitures publiques, stations de chemins de fer, cafés, boutiques, magasins et locaux analogues et celles que l'on place sur les rideaux de théâtres, seront réintégrées conformément à l'échelle suivante :

Jusqu'à 20 décimètres carrés de superficie.	P.	0 10		
De 21 à 50	»	»	»	0 15
De 51 et plus	»	»	»	0 25

Le timbre sera fixé en tête de l'annonce, oblitéré conformément à l'article 9 de la loi.

On ne considérera pas comme annonces aux effets du timbre, celles qui seront placées aux vitrines, sous les portes, à l'entrée ou à l'intérieur des boutiques, ateliers, magasins, faisant connaître la classe, le prix et la provenance des articles, à la condition qu'elles se rapportent à ceux qui sont vendus ou confectionnés dans le local.

Dans le cas où l'annonce devrait durer plus d'un an, on doublera la taxe.

Art. 204. — Pour les catalogues que les fabricants ou commerçants font distribuer, des articles composant leur industrie ou leur commerce, on s'en tiendra à l'échelle suivante, quels que soient le tirage ou le format :

Catalogues de 2 pages		Exempt.	
—	3 » à 20	.P.	5
—	10 » à 20		10
—	21 » à 40		20
—	41 » à 60		30
—	61 » à 80		40
—	81 et plus		50

Art. 205. — Les billets de toute tombola de caractère éventuel, autorisée par l'administration, seront à souche et avant de procéder à leur mise en vente, ils seront présentés à l'administration des finances pour acquitter l'impôt du timbre à raison de 5 centimes par billet. L'administration apposera le timbre sur la souche afin que la vérification soit possible.

Art. 206. — Les sociétés ouvrières qui ont pour objet unique l'instruction ou la bienfaisance, mêmes constituées ou fondées par d'autres personnes, seront exemptes du timbre pour tous leurs documents.

SECONDE SECTION.

Contrats spéciaux.

Loyers.

Art. 207. — Les contrats de location, de sous-location, de transfert de propriétés urbaines et toute autre classe de locations, devront être rédigés précisément sur papier timbré vendu dans les bureaux de l'État ou de l'entreprise subrogée à l'État. La base du timbre sera le montant de la location pour une année, et l'échelle de perception sera la suivante :

Jusqu'à 50 piécettes	18e classe, P.				0 10
De	50 01 à	100...	17e	— —	0 20
De	100 01 à	150...	16e	— —	0 30
De	150 01 à	200...	15e	— —	0 40
De	200 01 à	250...	14e	— —	0 50
De	250 01 à	500...	13e	— —	1 »
De	500 01 à	1.000...	12e	— —	2 »
De	1.000 01 à	1.500...	11e	— —	3 »
De	1.500 01 à	2.000...	10e	— —	4 »
De	2.000 01 à	2.500...	9e	— —	5 »
De	2.500 01 à	3.500...	8e	— —	7 »
De	3.500 01 à	5.000...	7e	— —	10 »
De	5.000 01 à	10.000...	6e	— —	20 »
De	10.000 01 à	15.000...	5e	— —	30 »
De	15.000 01 à	20.000...	4e	— —	40 »
De	20.000 01 à	25.000...	3e	— —	50 »
De	25.000 01 à	37.500...	2e	— —	75 »
De	37.500 01 à	50.000...	1re	— —	100 »

Art. 208. — Les contrats de plus de 50.000 piécettes seront transcrits sur papier de la première classe, auquel on devra joindre les timbres mobiles nécessaires pour payer 2 piécettes par chaque fois 1.000 piécettes en plus ou par fraction de 1.000 piécettes en plus.

Fourniture de lumière par le gaz et l'électricité

Art. 209. — Dans les contrats pour l'éclairage au gaz ou à l'électricité, on emploiera le timbre suivant l'échelle suivante :

ECLAIRAGE AU GAZ

USAGES DOMESTIQUES

Casinos, Cafés établissements analogues

Compteurs jusqu'à 5 becs	11e classe..P.		1 »
— de 6 à 10 becs	10e —	...	2 »
— de 11 à 25 —	9e —	...	3 »
— de 26 à 35 —	7e —	...	5 »
— de 36 à 50 —	5e —	...	10 »
— de 51 à 125 —	4e —	...	25 »
— de 126 à 250 —	3e —	...	50 »
— de 251 à 375 —	2e —	...	75 »
— de 376 et plus —	1re —	...	100 »

Fabriques, boutiques et établissements analogues

Compteurs jusqu'à 5 becs	Mobile..P.		0 50
— de 6 à 10 becs	11e classe	...	1 »
— de 11 à 25 —	10e —	...	2 »
— de 26 à 35 —	9e —	...	3 »
— de 36 à 50 —	7e —	...	5 »
— de 51 à 125 —	5e —	...	10 »
— de 126 à 250 —	4e —	...	25 »
— de 251 à 375 —	3e —	...	50 »
— de 376 et plus —	2e —	...	75 »

Théâtres et maisons particulières

Compteurs jusqu'à 5 becs	Mobile..P.		0 25
— de 6 à 10 becs	—	...	0 50
— de 11 à 25 —	11e classe..P.		1 »
— de 26 à 35 —	10e —	...	3 »
— de 36 à 50 —	9e —	...	3 »
— de 51 à 125 —	7e —	...	5 »
— de 126 à 250 —	5e —	...	10 »
— de 251 à 375 —	4e —	...	25 »
— de 376 et plus —	3e —	...	50 »

Gaz pour usages industriels

Pour une force d'un demi-cheval.	11e classe . P.	1	»
— d'un cheval......	10e — . .	2	»
— jusqu'à 2 chevaux.	9e — ...	3	»
— — 4 —	7e — ...	5	»
— de 5 à 7 —	5e — ...	10	»
— de 8 chevaux et plus	4e — ...	25	»

ÉCLAIRAGE ÉLECTRIQUE

Usages domestiques

Casinos, Cafés et établissements analogues

Jusqu'à 50 bougies.......	11e classe	1	»
De 51 à 100 bougies.	10e » ...	2	»
De 101 à 250 —	9e » ...	3	»
De 251 à 350 —	7e » ...	5	»
De 351 à 500 —	5e » ...	10	»
De 501 à 1.250 —	4e » ...	25	»
De 1.251 à 2.500 —	3e » ...	50	»
De 2.501 à 3.750 —	2e » ...	75	»
De 3.751 et plus —	1re » ...	100	»

Fabriques, Boutiques
et établissements analogues

Jusqu'à 50 bougies.......	Mobile..P.	0 50	
De 51 à 100 bougies.	11e classe .P.	1	»
De 101 à 250 —	10e » ...	2	»
De 251 à 350 —	9e » ...	3	»
De 351 à 500 —	7e » ...	5	»
De 501 à 1.250 —	5e » ...	10	»
De 1.251 à 2.500 —	4e » ...	25	»
De 2.501 à 3.750 —	3e » ...	50	»
De 3.751 et plus —	2e » ...	75	»

Théâtres et Maisons particulières

Jusqu'à 50 bougies.......	Mobile..P.	0 25	
De 51 à 100 bougies.	» ...	0 50	
De 101 à 250 —	11e classe....	1	»
De 251 à 350 —	10e » ...	2	»
De 351 à 500 —	9e » ...	3	»
De 501 à 1.250 —	7e » ...	5	»
De 1.251 à 2.500 —	5e » ...	10	»
De 2.501 à 3.750 —	4e » ...	25	»
De 3.751 et plus........	3e » ...	50	»

Electricité pour usages industriels

Pour une force d'un 1/2 cheval.	10e classe..P.	2	»
— d'un cheval	9e » ...	3	»
— de 2 chevaux...	7e » ...	5	»
— jusqu'à 4 —	5e » ...	10	»
— de 5 — et plus.	4e » ...	25	»

Fourniture d'eau

Art. 210. — Ces contrats payeront le timbre suivant l'échelle suivante :

Usages domestiques pour toute forme de contrats

Base : le loyer annuel de l'édifice dans lequel se fait le service.

Jusqu'à 250 piécettes.....	Mobile..P.	0 50	
De 250 01 à 500 ...	11e classe. ...	1	»
De 500 01 à 1.000 ...	10e » ...	2	»
De 1.000 01 à 1.500 ...	9e » ...	3	»
De 1.500 01 à 2.500 ...	7e » ...	5	»
De 2.500 01 à 3.500 ...	6e » ...	7	»
De 3.500 01 à 5.000 ...	5e » ...	10	»
De 5.000 01 à 12.500 ...	4e » ...	25	»
De 12.500 01 à 25.000 ...	3e » ...	50	»
De 25.000 01 à 37.500 ...	2e » . .	75	»
De 37.500 01 et plus.....	1re » ...	100	»

USAGES INDUSTRIELS

Consommation par 1.000 mètres

Jusqu'à 1.000 mètres cubes.	11e classe. P.	1	»
De 1.001 à 2.000	10e » ...	2	»
De 2.001 à 3.000	9e » ...	3	»
De 3.001 à 5.000	7e » ...	5	»
De 5.001 à 7.000	6e » ...	7	»
De 7.001 à 10.000	5e » ...	10	»
De 10.001 à 25.000	4e » ...	25	»
De 25.001 à 50.000	3e » ...	50	»
De 50.001 à 75.000	2e » ...	75	»
De 75.001 et au-dessus ...	1re » ...	100	»

Art. 211. — Les contrats d'abonnements temporaires pour la construction de maisons, porteront un timbre de 5 piécettes, septième classe, quelle quelles que soient leur durée et la quantité d'eau consommée.

Art. 212. — Les duplicata des contrats compris dans cette section, dont le timbre ne dépassera pas 10 piécettes, porteront un timbre de 10 centimes, et d'une piécette quand celui de l'original réel sera de plus d'une piécette.

Art. 213. — Les timbre des contrats de fourniture de lumière au gaz ou à l'électricité pour les usages domestiques et industriels et ceux d'eau pour les usages industriels, seront rectifiés à la fin de la première année, à partir du commencement de la fourniture, et on prendra la quantité réelle de gaz, d'électricité ou d'eau livrée par le fournisseur, pour base du chiffre de l'impôt que l'on liquidera suivant l'échelle fixée pour les contrats de location. La différence, quand elle sera en faveur de l'administration des Finances, sera réintégrée en apposant sur le contrat le nombre nécessaire de timbres mobiles : dans le cas contraire, l'administration rendra l'excédent.

Art. 214. — Quand les contrats compris dans cette section ne seront pas mis par écrit, les reçus de payement du loyer ou de la fourniture seront assujettis au timbre fixé par les articles 16 et 17 de cette loi.

TITRE IV

Investigation et sanction correctionnelle

CHAPITRE PREMIER

Investigation

Art. 215. — L'investigation du timbre de l'Etat sera particulièrement à la charge des fonctionnaires dépendant du Ministère des Finances. Toutefois, tant que durera le contrat avec la Compagnie fermière des Tabacs, du 30 août 1896, l'investigation sera exercée, aux effets de la présente loi, par les agents de la susdite Compagnie, mais le Ministre des Finances pourra en même temps ordonner, sans que rien puisse limiter cette faculté, que ses employés fassent les visites d'inspection nécessaires, au mieux des intérêts de l'Etat ;

Les liquidateurs de l'impôt des Droits réels et de la transmission de biens, conserveront aussi le caractère de liquidateurs de l'impôt du timbre dans leurs districts respectifs.

CHAPITRE II

Sanction correctionnelle

Art. 216. — Ni les autorités, ni les tribunaux, ni les bureaux de l'Etat, des Députations ou des municipalités, ni les particuliers ne pourront admettre aucun document dépourvu du timbre correspondant, sous peine d'une amende et de la réintégration du timbre au besoin.

Art. 217. — Toute erreur ou omission dans l'emploi du timbre, excepté pour les timbres mobiles spéciaux, donnera lieu tout d'abord à la réintégration et sera punie ou corrigée ensuite par une amende du triple du montant de la fraude.

Art. 218. — L'omission des timbres spéciaux mobiles, en plus de la réintégration, sera corrigée par une amende d'une piécette pour chaque 10 centimes de fraude ;

Seront considérés comme grevés avec cette sorte de timbre, les billets des spectacles publics, y compris ceux où l'on parie. Dans les cas de fraude, on déterminera l'amende en considérant la réintégration comme si le montant des timbres mobiles spéciaux était de 10 centimes pour chacun ;

Dans aucun des cas visés par cet article et l'antérieur, l'amende ne pourra dépasser 25.000 piécettes.

Art. 219. — La responsabilité administrative prescrite dans les articles précédents, sera également encourue, quand on aura utilisé des timbres d'une année distincte de la date des documents soumis à l'impôt, sans préjudice de toute autre responsabilité qui pourrait en dériver et de celle dont pourraient connaître les tribunaux ordinaires.

Art. 220. — Seront toujours responsables de la réintégration et de l'amende, les signataires du document pour lequel l'omission aurait été commise ou pour lequel on aurait employé un timbre insuffisant, sans préjudice du droit qui les assiste de se retourner à leur tour contre ceux qu'ils considéreraient comme en étant débiteurs.

En ce qui concerne les insuffisances ou omissions du timbre sur les annonces auxquelles se rapportent les articles 203 et 204, la responsabilité en retombera sur les personnes ou entités au profit desquelles l'annonce aura été faite, et, dans les autres cas, sur l'entreprise qui les aura publiées.

Art. 221. — Les autorités, fonctionnaires, corporations, Sociétés ou particuliers qui admettront des documents ou écrits de quelle espèce que ce soit, soumis au timbre, sans que ces pièces soient revêtues du timbre correspondant, seront subsidiairement responsables de la réintégration, avec les intéressés, et seront, en outre, passibles d'une amende égale à celle à laquelle seront condamnés les délinquants.

Art. 222. — Malgré la disposition qui précède, les infractions commises par les fonctionnaires des postes en laissant circuler sans le timbre, des plis, lettres ou paquets ne jouissant pas de l'exemption du timbre postal, seront punies, quelle que soit l'importance de la fraude, d'une amende de 50 piécettes.

Art. 223. — La faculté de corriger administrativement les infractions au timbre de l'Etat appartiendra aux autorités économiques et, à cet effet, les autorités ou fonctionnaires publics qui en auraient connaissance, ainsi que les particuliers qui voudront les dénoncer, devront en aviser les Délégués des Finances dans leurs provinces respectives aux effets de la loi.

Art. 224. — Les responsabilités dans lesquel les encourront les Députations, municipalités et autres corporations officielles, telles que les Athénées, Académies, Collèges *gremiales*, Casinos et autres Sociétés visées au paragraphe 2 de l'article 241 de cette loi, seront à la charge de l'entité ou corporation, sauf à celle-ci a exercer son recours contre ceux ou celui qui en faisaient partie, lors de la *commission* de la contravention.

Art. 225. — Les banques, sociétés mercantiles, entreprises industrielles, compagnies d'assurances maritimes, terrestres et sur la vie, légalement constituées, — les commerçants nationaux ou étrangers qui tiennent leur comptabilité conformément au Code de Commerce, — les notaires, agents de change, courtiers de commerce et autres entités et particuliers dont les livres et documents sont soumis à l'impôt du timbre, qui se refuseront à exhiber leurs livres et documents aux agents de l'administration ou à ceux de la Compagnie fermière des Tabacs, encourront, dans ce cas et pour ce refus, les responsabilités définies par l'article 265 du Code Pénal, à moins qu'ils ne prouvent l'impossibilité absolue de le faire au moment où ils en sont requis.

La qualification provisoire du fait, sera de la compétence de la *Junte administrative*, sans recours ultérieur ; si le *fait* est considéré comme constituant la désobéissance, le procès-verbal de l'inspection sera remis au juge de 1re instance, afin qu'il procède en droit aux effets de l'article 265 précité, et qu'il ordonne immédiatement en due forme qu'il soit passé outre à l'inspection intentée et entravée.

Art. 226. — Les responsabilités auxquelles seront sujettes les entreprises, banques et sociétés, seront exercées sur l'entité à laquelle le délit est imputable, sans considération de modification, cession ou transfert en faveur de tiers ou de collectivités, les cessionnaires étant solidaires de ceux qui les ont précédés.

Art. 227. — Pour les infractions au timbre commises par les banques et sociétés sur toute espèce de documents qu'elles délivrent ou visent, quelle que soit la personne, entité ou corporation à laquelle ceux-ci soient délivrés, la responsabilité sera d'abord et directement à la charge de ces sociétés ou banques dans la forme sus-indiquée, et seulement pour la réintégration subsidiaire, à la charge des personnes que ces documents intéressent.

Art. 228. — Les propriétaires d'établissements publics de tout genre qui laisseront poser chez eux des annonces quelles qu'elles soient, sans le timbre correspondant, encourront une amende de 5 à 100 piécettes, suivant l'importance des cas, et seront subsidiairement responsables de la réintégration et de l'amende pour omission de timbre.

Art. 229. — Toutes les amendes gouvernatives et judiciaires, sauf les infractions à la loi électorale et aux ordonnances municipales, seront perçues en papier de payements à l'Etat. Les amendes ci-dessus réservées, seront acquittées en papier spécial créé à cet effet par décret royal du 11 août 1890 pour les infractions à la loi électorale et en papier spécial d'amendes municipales, de création antérieure. Si le montant de l'amende exige plusieurs feuilles de papier, l'annotation sera mise sur les deux parties de la feuille du prix le plus élevé et les autres feuilles seront paraphées avec note.

Les fractions d'amendes gouvernatives et judiciaires, qui ne sont pas spéciales et dont le montant sera de 15 à 25 centimes, seront payées en timbres mobiles de cette valeur, et celles au-dessous de 15 centimes avec un timbre mobile spécial de 10 centimes.

Art. 230. — Le Ministre des finances peut remettre les amendes imposées pour infractions à la loi du timbre, excepté pour les parts revenant au dénonciateur, privé ou officiel.

Les amendes imposées aux fonctionnaires des postes, conformément au dispositif de l'article 222 de cette loi, ne seront jamais remises.

Art. 231. — Pour solliciter la remise de l'amende, il faut que l'impétrant ait payé la réintégration du timbre et soldé le tiers de l'amende revenant, s'il y a lieu, au dénonciateur.

Art. 232. — Les recours dans les affaires de fraude, dont le montant dépasse 100 piécettes, seront résolus par la direction centrale ou par le *tribunal gouvernatif* du Ministère des Finances, s'il y a lieu.

Art. 233. — Demeure dérogée toute législation antérieure sur le timbre de l'Etat, qui serait contraire à la présente loi.

Article additionnel

Les documents exempts de l'impôt, en vertu des dispositions en vigueur dans les provinces basques et en Navarre, l'acquitteront quand ils les devront sortir leurs effets au dehors.

Les documents publics et pièces signés à l'étranger, mais qui devront sortir leur effet en territoire espagnol où l'impôt du timbre est en vigueur, ne pourront être admis ni dans les tribunaux, ni dans les bureaux de l'Etat, des Députations ou des municipalités, ni par les particuliers qu'ils intéressent, et n'auront aucune efficacité juridique, tant qu'ils n'auront pas été réintégrés dans les mêmes conditions que s'ils avaient été passés en l'Espagne.

X X

PROJET DE LOI

réformant l'impôt sur la consommation de la lumière du gaz et de l'électricité et sur le carbure de calcium.

AUX CORTÈS

L'article 7 de la loi du 28 juin 1898 a créé un impôt transitoire sur la consommation du pétrole et autres huiles minérales destinées à l'éclairage et sur la consommation de la lumière électrique et de la lumière du gaz.

Cet impôt doit subsister avec un caractère permanent pour la consommation de la lumière du gaz et de l'électricité, car il n'existe aucun motif d'exception en faveur de ces fluides, puisque tous les autres articles servant à l'éclairage, payent l'impôt de *consumos*.

Le privilège dont jouit, conformément à la loi précitée, le gaz employé au chauffage n'est pas justifié non plus, parce que ni le bois à brûler, ni le charbon de bois, ni le charbon minéral ne sont exempts que quand ils sont destinés aux usages industriels.

Il n'y a pas de raison pour maintenir non plus le taux actuel sur la consommation du gaz et de l'électricité, attendu que ce taux n'est pas en rapport avec l'importance de la taxe à laquelle sont soumises les huiles minérales pour droits au profit du Trésor et surtaxes municipales, droits et surtaxes qui équivalent à 18 0/0 du prix des pétroles de première qualité, taux auquel on peut élever l'impôt sur les susdits fluides.

Les pétroles qui constituent l'éclairage des classes ayant le moins de ressources, sont compris dans le tarif n° 1 de *consumos* et payent en outre des droits de douane élevés qui contribuent à les renchérir et à en restreindre l'emploi.

Afin d'éviter les doubles droits sur cet article, il faut excepter les huiles minérales de l'impôt transitoire ou de son équivalent.

Il convient de conserver la pratique actuelle pour la perception de l'impôt transitoire, puisque les fabricants de gaz et d'électricité peuvent le recouvrer des contribuables directement, sans augmentation sensible de travail, en même temps qu'ils perçoivent le prix du fluide vendu à leurs abonnés.

Les forfaits faits avec beaucoup de ces fabricants ne sont pas un obstacle à l'élévation du taux de la taxe, si on considère qu'il existe dans les contrats une clause en vertu de laquelle le montant du forfait convenu doit augmenter ou diminuer, suivant la fluctuation de l'impôt.

L'accroissement de l'impôt n'affecte donc en rien ces contrats; c'est comme si simplement on mettait un impôt sur la partie du gaz qui en est exempte. Conformément aux motifs ci-dessus manifestés, le Ministre soussigné, autorisé par S. M. et d'accord avec le Conseil des Ministres, a l'honneur de soumettre à l'approbation des Cortès le suivant

PROJET DE LOI

Art. 1. — L'impôt transitoire créé par l'article 7 de la loi du budget du 28 juin 1898, sur la consommation des pétroles, du carbure de calcium, de la lumière électrique et de la lumière du gaz, s'étendra au chauffage au gaz et sera perçu à l'avenir avec le caractère d'impôt permanent, conformément au tarif établi par cette loi, excepté en ce qui concerne les pétroles qui en sont exemptés à partir également de la promulgation de cette loi.

Cet impôt ne supportera aucune surtaxe pour dépenses municipales et les municipalités ne peuvent grever en rien les produits qui y servent de base.

Art. 2. — L'impôt sera perçu au tarif ci-dessous :

Par kilogramme de carbure de calcium, 0.0565 piécettes ;

Par mètre cube de gaz et par kilo watt-heure d'électricité, 15 0/0 du prix de vente de ces articles dans la localité où ils sont consommés.

Art. 3. — Les consommateurs payeront l'impôt ; mais la perception de celui qui correspond au gaz et à l'électricité sera faite par les fabricants.

Art. 4. — Les *concerts* en vigueur dans l'actualité avec les députations des provinces Basques et de la Navarre et avec les fabricants de gaz et d'électricité, continueront à subsister pour la durée qui leur est assignée.

Le Gouvernement est autorisé à étendre ces accords à l'impôt sur le gaz employé au chauffage à raison de 20 0/0 du montant présumé de la perception.

Art. 5. — Dans les contrats faits à forfait sans unité de mesure par les fabricants de gaz et d'électricité, le prix du forfait sera frappé du tantième de l'impôt.

Art. 6. — Seront personnellement responsables du payement de l'impôt, les *alcades* et conseillers des *ayuntamientos* des villes possédant l'éclairage au gaz ou à la lumière électrique, s'ils ne comprennent pas dans le budget municipal des dépenses, la somme nécessaire pour payer l'impôt correspondant à la consommation de ces deux fluides, et dans le budget des recettes, la dotation indispensable.

Art. 7. — On considérera comme production aux effets de la loi, celle qui résulte réellement de la marche des usines, déduction faite pour le gaz de 15 0/0 pour fuites et condensations, et pour l'électricité de 20 0/0 à titre de perte à la transmission, sauf à augmenter ces déchets, s'ils étaient dépassés dans la pratique.

XXI

PROJET DE LOI

Etablissant un impôt sur le sel.

AUX CORTES

Le sel est une matière imposable que le fisc utilise depuis longtemps chez presque tous les peuples, soit en monopolisant l'élaboration ou la vente, soit en en grevant la fabrication ou la consommation. Il serait oiseux de narrer les vicissitudes par lesquelles a passé en Espagne cette source de revenus et il nous suffira, pour ce que nous nous proposons, de rappeler que durant le monopole de l'Etat, ses rendements ont fourni des chiffres divers, suivant les exigences du Trésor et suivant le prix de vente adopté, soit que le sel fut destiné à l'alimentation, aux usages industriels ou à la nourriture du bétail.

Les prix du sel ont souffert tant de variations, que de 16 à 17 réaux (le réal = 0 fr. 26) prix de la Fanègue (54 litres), pendant le second tiers du dix-huitième siècle, il s'éleva de 28 réaux 23 maravédis en 1794 et en 1795, à cause de la guerre avec la France, à 52 réaux 23 maravédis, maximum qui s'abaissa graduellement jusqu'à 20 réaux en 1820, prix modique auquel il fut tarifé dans les salines. Mais cet état de choses dura peu et, en 1823, il revint à 42 et 45 réaux. Le décret du 3 août 1834 ayant modifié le mode d'approvisionnement, le prix monta à 52 réaux et fut ramené à 40 par le décret du 21 avril 1854.

La loi du 25 juillet 1855 remplaça la mesure par le poids et fixa le prix à 50 réaux les 100 livres de Castille, égales à 46 kilogrammes.

La loi du 15 juin 1865 porta ce prix à 5 écus et 200 millièmes, soit 52 réaux, ou 13 piécettes, sans compter la surtaxe que quelques provinces furent autorisées à y ajouter jusqu'à un maximum de 30 millièmes d'écu, — 3 réaux, — par quintal castillan.

Pour mettre le sel à la portée de toutes les classes sociales, on en autorisa la vente au détail par livraisons de 4 onces à 6 livres, à des prix différents variant suivant la distance de l'*alfoli* (magasin) aux lieux de consommation, et le quantum de l'achat. En vertu de l'ordonnance du 10 août 1866, on vendit la livre de sel à 0.060 — 0.65 et 0.071 d'écu (écu = 10 réaux) suivant que la vente avait lieu dans la localité même où l'*alfoli* était situé, à 6 lieues de l'*alfoli* ou à une plus grande distance. Ces prix étaient augmentés pour les ventes de 8 et 4 onces et diminués pour celles de 2 à 6 livres. Ces prix furent pratiqués jusqu'au 31 décembre 1869, époque où le sel fut laissé libre.

Le prix de grâce pour le sel destiné à la conservation de la viande, du poisson et autres substances alimentaires, fut fixé autrefois à 2 p. 50 le quintal de 46 kilogrammes, avec la faculté d'en ajourner le payement pendant six mois en équivalence de la prime d'exportation accordée par la loi du budget de 1835, et seulement pour le sel employé dans les salaisons exportées, moyennant les formalités et conditions résultant de l'ordonnance royale du 21 août et de l'instruction du 31 décembre 1828, ordonnance royale du 26 novembre 1835, circulaire du 28 avril 1828 et ordonnance royale du 4 mai 1866.

La vente du sel destiné aux usages industriels, et préalablement dénaturé, de façon à rester impropre à l'alimentation humaine, se faisait aux fabricants de barrille (carbonate de soude impur) et de savon, au prix de 12 réaux ou 3 piécettes les 100 livres, équivalant à 46 kilogrammes conformément aux ordonnances royales des 4 mai et 2 juin 1856. Le même avantage fut accordé aux fabricants de verre et de cristal, de porcelaine, de carreaux de faïence, de guano artificiels et de produits chimiques, et à l'industrie sidérurgique, par les ordonnances royales des 22 août 1865, 23 juin 1856, 18 octobre 1858 et autres. Le prix ci-dessus, accru des frais de dénaturation, subsista jusqu'au décret du 4 mars 1869 qui mit fin au monopole l'Etat.

Le sel était livré aux propriétaires de bestiaux à raison de 3 fanègues par 100 têtes d'animaux de l'espèce ovine ou caprine, 16 de l'espèce bovine et 12 de la race équine, soit que ces animaux appartinssent à un seul propriétaire ou appartinssent à plusieurs qui réunissaient leurs troupeaux pour arriver à ces chiffres. Les propriétaires pouvaient opter entre l'achat, dans les *alfolis*, du sel dénaturé avec du genêt et de la suie, à 17 réaux 90 le quintal castillan, ou l'achat du sel pur dans les fabriques à 30 réaux le quintal, suivant le décret royal du 16 janvier 1854 et les ordonnances royales des 18 mars 1854, 16 janvier et 11 septembre 1855. Le prix de 19 réaux 90 fut porté ensuite à 2 écus, soit 20 réaux.

La loi du 15 juillet 1865 dérogea à la faculté laissée aux propriétaires de se procurer du sel pur, et le décret du 4 mars 1869 fixa le prix du quintal à écu : 1.200 — soit 3 piécettes.

Le monopole de l'Etat pour la fabrication et la vente du sel, a fourni au Trésor de si gros rendements, que pour l'année économique 1865-1866, dans laquelle on atteignit le *maximum*, ceux-ci s'élevaient au chiffre respectable de, piécettes : 31.029.881 40, de sorte que, déduction faite de 8.103.210 piécettes, montant des frais de personnel, de matériel, de fabrication et de vente, il resta un produit net de 22.926.671 piécette 40.

La loi du 16 juin 1869 décréta la liberté de l'exploitation et de la vente du sel et fit cesser le monopole de l'Etat à partir du 1er janvier 1870, sous la seule réserve de l'exploitation et de la vente des produits des salines de Torrevieja.

Afin de compenser la perte résultant pour le Trésor public de l'émancipation du sel, on aggrava d'abord la contribution territoriale et la contribution industrielle ; plus tard, on comprit le sel dans le tarif des *consumos*, d'où le retira la loi du 11 juillet 1877, qui le soumit à deux impôts, l'un, exigible des municipalités, tarifé, au débit des *consumos*, à 1 piécette par habitant, et l'autre de 1 500.000 piécettes à la charge des propriétaires de mines et de fabriques, en raison des ventes opérées par eux pour la consommation intérieure. Ces deux taxes furent supprimées par la loi du 31 décembre 1881, et on créa, pour les remplacer, un impôt dénommé « équivalent à ceux du sel », dont les bases furent la richesse nette imposable de la contribution territoriale et les cotes de la contribution industrielle ; en conséquence, on greva la première de 4.80 0/0, la seconde de 12 0/0 et on augmenta l'impôt sur le loyer des maisons d'habitation.

La passive et tenace résistance opposée par les contribuables à la perception de ces impôts, qu'ils se refusèrent à payer en dépit des menaces d'exécution, mirent dans un tel désarroi le recouvrement des contributions, alors confié à la Banque d'Espagne, qu'il fallut les supprimer.

La loi du budget du 16 juin 1885 abandonna « l'impôt équivalent à ceux du sel » et inclut cet article dans le tarif des *consumos* à raison de 0 p. 09 par kilogramme, taux qui subsista jusqu'à la loi du 30 août 1896, laquelle doubla le montant des sommes imposées de ce chef, tant aux capitales de provinces qu'aux autres localités. Depuis lors, le sel, destiné à l'alimentation, figure aux tarif pour 18 centimes, taux auquel il est resté, sans que les *ayuntamientos* puissent y rien ajouter. La répartition, faite sur les municipalités, est basée sur un rendement de 50 centimes par tête d'habitant, pour une consommation de 6 kilogrammes. La taxe du sel noir pour l'industrie, l'agriculture et les bestiaux, est de 12 centimes de piécettes par quintal métrique, et de 25 pour le sel blanc destiné aux usages industriels.

Maintenant que nous avons donné ces explications, nous allons examiner quelle est la meilleure façon de grever une matière imposable qui se présente dans de si excellentes conditions.

Le rendement que le Trésor retire actuellement des sels est dè huit millions, bien exigu en raison de la consommation et du prix de vente.

La consommation alimentaire pour les 17 millions d'habitants de l'Espagne (déduction faite des provinces Basques et de la Navarre), en raison du taux moyen régulateur, de 6 kilogrammes par habitant, est de 102.000.000 de kilogrammes qui, à la taxe actuelle de 0 p. 18 par kilogramme, soit 18 piécettes par 100 kil., devraient produire............P. 18.360.000 »
Déduisant 500.000 piécettes
  pour frais d'administration et
  1.000.000 pour fraudes, ci.. 1.500.000 »

  Il resterait..... 16.860.000 »

C'est plus que le double du rendement actuel. En y ajoutant la taxe du sel destiné à l'industrie, à l'agriculture et aux bestiaux, que l'on peut évaluer à 1.500.000 piécettes, on arrive à un total de 18.360.000 piécettes. Le nombre des industriels immatriculés qui réclament du sel, passe en effet 4.000 et si on n'a pas de données exactes sur la consommation de l'agriculture et du bétail, on sait qu'elle est considérable et qu'elle s'accroît tous les jours. Sous le régime du monopole, le prix du sel était arrivé à 35 centimes le kilogramme, sans que la consommation se ralentît. En supposant que le prix de revient actuel du sel, soit de 6 centimes par kilogramme, avec 18 centimes par kilogramme, on arriverait à 24 centimes, ce qui, jusqu'à 35, laisserait une marge de 11 centimes. La taxe de 18 centimes n'aurait donc rien d'exagéré ; cependant le Ministre soussigné se contente de proposer un impôt de 12 piécettes par quintal métrique. La connaissance des défectuosités du mode actuel de perception de cet impôt, est une raison puissante pour en changer les bases, en le retranchant du tarif des *consumos*, afin que, sans recourir toutefois au monopole de l'Etat, auquel s'opposent de nombreux droits acquis et des intérêts respectables, l'Administration des Finances ait une prudente intervention dans l'exploitation et la vente des sels, pour imposer aux fabricants et aux propriétaires de salines et de mines de sel, l'accomplissement de formalités déterminées, de nature à faciliter l'intervention et la surveillance, dans le but d'empêcher la fraude.

Ce système se trouve établi dans les pays étrangers avec des restrictions si absolues, qu'elles convertissent les lieux d'exploitation et de fabrication en véritables enceintes murées, gardées sans cesse par des agents du fisc, comme il arrive en France. En Espagne, on ne pourrait pas en faire autant, car les salines étant au nombre de 360, le nombreux personnel qu'il faudrait pour exercer cette vigilance exquise, absorberait une part démesurément trop grande du produit de l'impôt.

Sans s'écarter du principe du respect des droits légitimement acquis, l'Etat peut modifier et réglementer comme il appartiendra, l'extension des exploitations actuelles, l'élaboration et la circulation de leurs produits, l'importation et l'exportation du sel, le tout pour augmenter le rendement de cette matière imposable.

S'appuyant sur les considérations qui précèdent, le Ministre soussigné, autorisé par S. M. et d'accord avec le Conseil des Ministres, a l'honneur de soumettre à l'approbation des Cortès, le suivant :

PROJET DE LOI

Article premier. — Les sels provenant des salines, mines, eaux salées et matières salifères d'origine nationale ou obtenues par fabrication dans le royaume, et les sels étrangers importés en Espagne, demeurent soumis, à partir de la promulgation de cette loi, à un impôt de 12 piécettes par quintal métrique.

Cet impôt se payera sur les sels étrangers à leur entrée en douane avant d'en autoriser la sortie ; si les sels sont d'origine et de fabrication nationales, ils seront acquittés à leur sortie des salines ou des magasins pour la consommation.

Art. 2. — Sont exceptés des impôts établis par l'article 1 de cette loi :

A. Les sels exportés à l'Etranger ;

B. Les sels destinés à la conservation des viandes, poissons et substances alimentaires, quelle que soit la destination des salaisons et des conserves ;

C. Les sels destinés aux usages industriels ;

D. Les sels employés pour la nourriture des animaux et comme engrais ou amendement.

Art. 3. — Les exportateurs de sels donneront un cautionnement propre à répondre du montant des droits que les sels en question devraient acquitter à la consommation. Le cautionnement leur sera rendu quand ils justifieront de l'arrivée des sels à l'étranger.

Art. 4. — Les sels destinés à des usages industriels et à l'agriculture, seront dénaturés avant de sortir des salines, fabriques ou magasins, au moyen des matières visées à l'état n° 1, ci-joint, afin d'empêcher qu'ils ne puissent être employés à l'alimentation.

Les sels employés à l'alimentation du bétail seront dénaturés dans les mêmes conditions, avec les matières énumérées à l'état n° 2.

Art. 5. — Les personnes qui utilisent le sel pour les usages industriels, l'agriculture et les bestiaux, payeront pour indemnisation des frais de surveillance et d'administration occasionnés par ce régime de franchise, 25 centimes de piécettes par quintal.

Pour les mêmes raisons, les sels destinés aux salaisons et aux conserves, acquitteront un droit de 50 centimes par quintal métrique.

Art. 6. — L'impôt et les indemnisations fixées à l'article antérieur, seront payés par les propriétaires des salines ou les fabricants au moment de la sortie des sels de leurs magasins.

Art. 7. — Le sel, même dénaturé, ne pourra circuler sans congé et facture de vente du fabricant.

Art. 8. — On ne pourra pas expédier les sels dénaturés par fraction de moins d'une tonne, sans compter la matière employée pour la dénaturation.

Art. 9. — A l'avenir, on ne pourra exploiter le sel sur le littoral ni dans l'intérieur du royaume, sans autorisation du Ministre des Finances, et sans remplir exactement les formalités déterminées par le règlement.

Il ne sera pas accordé d'autorisation d'exploiter, si la saline, fabrique ou mine, n'est pas en mesure de produire au moins 500 tonnes métrique par an.

Tout propriétaire de salines, fabriques ou mines de sel, existant au moment de la publication de cette loi, qui aura à exécuter des travaux pour agrandir ou améliorer ses installations, devra obtenir l'autorisation nécessaire du Ministre des Finances et prouver qu'il peut fabriquer un minimum de 500 tonnes métriques par an.

Les propriétaires de salines, fabriques ou mines de sel qui ne les auraient pas exploitées depuis trois ans, au moment de la promulgation de cette loi, ne pourront reprendre leurs travaux sans remplir les formalités prescrites par les deux paragraphes antérieurs.

Art. 10. — Les propriétaires de salines, fabriques et mines de sel, auront un délai de trois mois pour les placer dans les conditions que le Ministre des Finances déterminera, afin d'y faciliter la surveillance.

Art. 11. — Les fabriques de produits chimiques dans lesquelles on obtient du sel, quoique ce soit comme résidu ou mélangé à d'autres matières, seront soumises à la surveillance du Ministre des Finances, à toutes les règles de cette loi et à toutes les dispositions prises pour son exécution, si le sel qui y est produit, doit être versé dans la consommation pour l'alimentation, les usages agricoles ou industriels, ou les bestiaux.

Art. 12. — Les agents du fisc peuvent, — nuit et jour,— pénétrer dans les fabriques, dans l'enceinte des salines, dans les magasins et dépôts de cette substance, pour faire les reconnaissances et vérifications qu'ils jugeront convenables.

Art. 13. — Le Ministre des Finances organisera, suivant les nécessités du service, l'administration de l'impôt et les services maritimes et terrestres de surveillance.

Art. 14. — Les frais d'administration et de surveillance de cet impôt, seront déduits de son produit et considérés comme diminution de recettes pendant la première année.

Art. 15. — Les infractions à cette loi et aux règlements pour son exécution, seront considérées comme constituant le délit de fraude, s'ils consistent dans un acte ou dans l'omission d'une formalité tendant à éluder les obligations imposées pour la fabrication, la dénaturation, la vente, la circulation et l'exportation des sels.

Dans les autres cas, elles seront considérées comme simples contraventions administratives.

Art. 16. — Les infractions, qualifiées de délit de fraude par l'article antérieur, seront punies par la double procédure administrativo-judiciaire établie par le décret royal du 20 juin 1852, tant qu'une loi n'en ordonnera pas autrement, et toujours avec la confiscation du sel, objet de la fraude et une amende de 500 à 10.000 piécettes.

On infligera une amende de 150 à 1.500 piécettes aux transporteurs et Compagnies de transport qui chargeront des sels sans congé ou sans facture de vente, ou avec des documents périmés.

Les contraventions administratives comporteront des amendes de 125 à 1.250 piécettes.

Art. 17. — Nonobstant le dispositif de l'article 4 de cette loi, le Ministre des Finances est autorisé à réaliser la perception sous une des formes suivantes :

A. Concert avec le *gremio* des sauniers, propriétaires de fabriques et de mines de sel, pour la somme inscrite au budget ;

B. Fermage par adjudication publique ;

Si la majorité du *gremio* des sauniers, propriétaires de mines et de sources salifères, acceptent les conditions du fermage dans les premiers quinze jours du délai imparti pour l'adjudication, celle-ci sera prononcée immédiatement au profit des proposants, et le concours public n'aura pas lieu.

C. Accord qui pourra être obligatoire si le gouvernement le décide, avec les municipalités, à raison de 70 centimes de piécette par habitant ;

Dans ce cas, les municipalités convenues jouiront du droit exclusif de la vente au détail et pourront établir des magasins de dépôt pour approvisionner et surveiller les détaillants ;

Le Ministre des Finances fixera la durée du fermage et des accords faits au sujet de la perception.

Art. 18. — Le Ministre des Finances prendra les dispositions nécessaires pour l'exécution de la présente loi.

ÉTAT N° 1

Industries autorisées à recevoir, libres de droits, des sels dénaturés avant leur sortie du magasin.

On incorporera par tonne de sel, au choix des intéressés 10 kilogrammes de naphtaline brute ou raffinée, ou 2 kilogrammes de goudron de houille, ou 2 1/2 de goudron végétal, ou on teindra le sel au moyen d'une dissolution de sulfate d'indigo.

Désignation des industries.

Tanneries.
Saloirs de peaux fraiches en poil.
Fabrique de céramique.
Fabrique de limes.
Fonderies de cuivre.
Fonderies de zinc.
Fabriques d'acier puddlé.
Industries sidérurgiques.
Raffineries d'huiles végétales.
Fabriques de carmin d'indigo.
— de savon.
— de chlorhydrate d'ammoniaque.
— des couleurs dérivées de l'aniline.
— de verre et de cristal.
— de papier et de carton en pâte de bois.
— et raffineries de térébenthine.
— d'eau de javelle.
— de gaz, pour empêcher la congélation de l'eau dans les cuves de gazomètre.
— de chlorure de chaux liquide.
Préparation du bleu de méthylène.
— d'extraits de substances tannantes.
Emploi de l'électrolyse pour la fabrication de l'aluminium ; pour le blanchiment de la pâte à papier ; pour décolorer les fécules ; pour blanchir le coton ; pour la fabrication de la soude et du chlore.
Fabriques d'acide chlorhydrique.
— de chlorure de zinc.

Brasseries, pour empêcher la congélation de l'eau destinée d'abord à maintenir une température fraîche dans les caves et ensuite à fabriquer la glace artificielle.

Fabrique d'acétylène pour former des mélanges réfrigérants.

Le sel employé pour conserver la sardine fraîche destinée à servir d'amorce au printemps et en été et le sel employé dans la fabrication de la bière seront dénaturés au moyen de 2 kilos de goudron de houille par tonneau de sel, de façon à former un amalgame homogène.

Le sel, avant d'être dénaturé, sera pulvérisé.

Le sel pour engrais et pour amendement sera dénaturé en y mélangeant, par tonne, 30 kilos de guano, de fumier d'écurie ou d'autres engrais d'origine animale ; ou avec 30 kilogrammes de sulfate de fer, 120 kilogrammes de guano, de fumier ou autres engrais animaux; ou avec 60 kilos de plâtre, cru ou cuit, ou des plâtras pulvérisés, 150 kilos de guano, de fumier d'écurie ou d'autres engrais d'origine animale, — ou avec 230 kilos de chaux éteinte en poudre.

ÉTAT N° 2

Sel destiné à l'alimentation des bestiaux et procédés pour le dénaturer.

Chaque mille kilogrammes de sel seront incorporés avec :

300 kilogrammes		de pulpe de betteraves comprimée, ou
10	—	d'absinthe en poudre, ou
10	—	de suie, ou
10	—	de goudron végétal, ou
10	—	de mélasse, ou
200	—	de genêt haché.

La suie et la pulpe de betterave devront être assez humides pour que le sel y adhère et ne puisse pas en être séparé par un criblage.

XXII

PROJET DE LOI

Pour élever le prix de vente des tabacs et les droits de « regalia » sur ceux que les particuliers introduisent pour leur usage.

AUX CORTÈS

Dans la nécessité de remanier tous les impôts susceptibles de plus forts rendements, en raison des sommes considérables qui sont nécessaires pour pourvoir, comme l'honneur de la nation l'exige, aux obligations de l'Etat, le revenu du tabac apparaît aussitôt comme un de ceux auxquels on doit s'adresser, car c'est un article qui n'est pas indispensable, et qui est susceptible de plus-values de facile perception.

Tout le monde sait que les produits de nos manufactures, tout en étant de qualité supérieure aux similaires étrangers, sont vendus à des prix inférieurs, et si une exploitation bien entendue doit se préoccuper de satisfaire les goûts des consommateurs, il n'en faut pas moins se préoccuper des tarifs de vente qui doivent être l'objet d'une constante étude, afin que, sans entraver la consommation, les prix atteignent les limites que la nature de cet impôt y assigne.

Nos tarifs sont loin d'égaler ceux qui étaient en vigueur en France en 1872 et que cette nation a haussés alors de 25 0/0, obligée comme l'Espagne aujourd'hui, de se procurer de grandes ressources pour subvenir aux pertes qu'elle venait d'éprouver. Les résultats de cette augmentation furent si satisfaisants que, dès la première année, on atteignit le produit présumé, qui depuis a continué à croître en débit et en rendement. Il y a lieu de noter que ces tarifs avaient déjà été augmentés de 20 0/0 en 1860, avec le même succès conforme aux prévisions administratives, au point que l'année 1869 offrait une plus-value de 67.500.000 francs sur 1859. En autorisant sur les produits de nos manufactures, une plus-value de 20 0/0, on peut donc assurer, sans hésitation, que les nouveaux prix continueront à être modiques en comparaison de ceux qui se pratiquent en Europe : par conséquent, la progression de ce revenu n'aura pas à en souffrir.

On ne saurait non plus rien alléguer en faveur des tarifs de douane ou de *regalia*, appliqués au tabac élaboré à l'étranger que les particuliers introduisent pour leur consommation, car comparés à ceux qui régissent le monopole à l'étranger, ils y sont inférieurs de plus de 100 0/0. Le remaniement, ici encore, ne dépassera pas une juste limite, et il y aura toujours un écart considérable en moins, quand bien même on mettrait un droit de 30 piécettes par kilogramme sur les cigares et de 25 sur les cigarettes et le tabac haché.

Il ne serait pas impossible de soutenir que pour opérer cette innovation, le Gouvernement n'a pas besoin de l'autorisation des Cortès, car l'article 7 du contrat avec la Compagnie fermière des Tabacs dit que les prix assignés aux diverses espèces de manufactures, ne pourront être changés qu'avec l'approbation du Président du Conseil d'administration de cette Compagnie et du Gouvernement en cas de désaccord, mais le Ministre soussigné s'en tient, avant tout, au précepte constitutionnel suivant lequel nul ne saurait être obligé à payer une contribution qui n'a pas été votée par les Cortès.

Se fondant sur les motifs ci-dessus, le Ministre soussigné, autorisé par S. M. et d'accord avec le Conseil des Ministres, a l'honneur de soumettre à l'approbation des Cortès, le suivant

PROJET DE LOI

Article premier. — Le Ministre des Finances est autorisé à établir une plus-value de 20 0/0 au plus, sur les prix de vente des manufactures constituant le revenu des tabacs, en rapport avec le produit total de l'exercice 1898-99, et à élever les droits de *régalia* par kilogramme brut, sans tare pour le paquetage ni pour l'emballage de luxe, sur les tabacs élaborés à l'étranger et importés dans la Péninsule et les iles Baléares, à raison au maximum de 30 piécettes sur les cigares et de 25 sur les cigarettes et le tabac haché. Cette réforme, dans les limites qui y sont posées, pourra être réalisée en une ou plusieurs fois au mieux des intérêts du Trésor, dans l'opinion du Ministre des Finances.

Art. 2. — Le Ministre des Finances est autorisé à concerter avec la Compagnie fermière des Tabacs la participation ou commission que cette société, en vue de cette réforme et de celles introduites dans la loi du timbre de l'Etat, doit percevoir sur le produit net qui en résultera sur ces deux branches de revenus.

Le Ministre des Finances rendra compte aux Cortès, en temps opportun, de l'usage qu'il aura ait de cette autorisation.

XXIII

PROJET DE LOI

sur la reconnaissance des droits et le payement
des classes passives

AUX CORTÈS

Les obligations budgétaires au profit des classes passives qui, en 1850, figuraient aux dépenses pour 34.934.185 piécettes, sont allées en augmentant depuis cette date éloignée ; elles montent pour l'année économique 1898-99, à 51.749.730 piécettes et, pour le prochain exercice, elles augmenteront encore, de façon à élever à plus de 70 millions de piécettes la somme nécessaire pour subvenir aux pensions péninsulaires et à celles que les budgets de Cuba, de Puerto-Rico et des Philippines laissent à la charge du budget péninsulaire.

On ne peut pas méconnaître que l'Etat a le devoir de subvenir aux besoins de ceux qui ont

consacré au service de l'administration, la plus grande partie de leur vie ; mais, en présence de l'importance des chiffres ci-dessus, c'est aussi un devoir de considérer que, si on ne met pas un frein à l'extension, quelquefois mal justifiée, de ces droits, un jour viendra où le Trésor ne pouvant plus y subvenir, il faudra adopter des mesures radicales, propres alors à affecter également ceux qui jouissent d'un droit équitable e légitime, et ceux qui n'ont pas des mérites péremptoires à alléguer.

Le Ministre soussigné considère comme un devoir de l'administration de respecter les droits des fonctionnaires qui vieillissent au service de l'Etat et de prendre soin de leurs veuves et de leurs enfants, mais il croit absolument nécessaire, précisément pour mieux assurer le respect de ce double devoir, de contenir énergiquement la progression, en en finissant avec une interprétation des lois en vigueur sur la matière, qui s'est faite trop large et trop complaisante.

Peu de branches de l'administration publique ont été l'objet d'un plus grand nombre de dispositions législatives que celle qui nous occupe ; parmi elles, il en est qui ne sont ni justes ni équitables, et cette raison suffirait pour les réviser de façon à en faire disparaître des inégalités révoltantes en opposition avec la morale et le droit.

Dans l'actualité on peut obtenir les droits passifs correspondant au premier degré de jubilation, avec 20 années de service et seulement avec 12 et une concession de 8 années de service, pour les fonctionnaires qui ont obtenu cette faveur. Il est évident que ni l'employé qui a 20 années de service, ni encore moins celui qui n'en a que 12, ne peuvent alléguer qu'ils ont vieilli au service de l'Etat, raison exclusive sur laquelle doit se fonder le droit à la pension de retraite.

Il est également incompatible avec la nature et le caractère des droits passifs, d'adopter comme traitement régulateur, pour la fixation de la pension, celui dont l'intéressé n'a pas joui pendant 2 ans, et celui qui excède de 12.500 piécettes, car la pension, dont la limite de 12.500 pié cettes peut être encore de 3.125, ce qui est suffisant pour la famille de l'ayant cause. Il est aussi équitable de ne reconnaître aucun droit passif au fonctionnaire qui abandonne volontairement le service de l'Etat, ni à celui qui se retire par suite d'incapacité physique ou pour entrer au service d'une société ou d'une entreprise particulière, ni à la famille de celui qui, une fois retiré, contracte mariage, car l'objet et la raison d'être de la pension sont de venir au secours de la famille que l'employé avait quand il servait l'Etat, famille qui a comparti avec lui les peines de sa sujétion. Or, la famille créée autour du fonctionnaire, dans de nouvelles conditions, n'est nullement dans ce cas.

On propose comme strictement équitable de conserver les pensions viagères du Trésor, établies en vertu de l'article 49 du projet de loi du 20 mai 1862, mis en vigueur par l'article 15 de la loi du 25 juin 1864, mais avec la limitation nécessaire pour que les familles ne puissent pas réclamer des droits passifs quand leur auteur ne les possèdait pas lui-même et pour excepter des droits à la pension, celles dont l'auteur n'aurait pas 25 ans de service et celles qui ont, d'autre part, des moyens suffisants d'existence, s'il y a quelque doute au sujet de leur prétention. On abroge également la faculté laissée aux orphelines, veuves en premières ou en secondes noces, de rentrer dans la jouissance des droits antérieurs qui leur correspondaient, comme filles ou comme veuves, ce qui est évidemment contraire à l'équité, car leur changement d'état a éteint leur droit.

Enfin, pour leur incontestable caractère d'alimentaires, ces pensions doivent être frappées de la prescription de l'article 1966 du Code civil en vigueur, en ce qui concerne les pensions viagères. Il faut aussi supprimer les pensions temporaires, ainsi que celles qui procèdent des différents Monts-de-Piété, en raison de la disproportion qui existe avec les services du fonctionnaire qui y a droit. Il est, en effet, inadmissible que, pour un seul jour de service, l'État soit obligé au payement de pensions de plus ou moins de durée, car dans ce cas il faut employer toute la force de fiction possible pour considérer le *de cujus* comme un fonctionnaire de l'État. Pour les Monts-de-Piété, il suffira de rappeler qu'il suffit de deux ans de service pour avoir droit à la pension, et que comme celle-ci est transmissible de la veuve aux enfants, elle dure souvent plus d'un demi-siècle.

S'appuyant sur les considérations qui précèdent, j'ai l'honneur, avec l'autorisation de S. M. et d'accord avec le Conseil des Ministres, de soumettre à la délibération et au jugement des Cortès le suivant

PROJET DE LOI

Article premier. — A partir de la promulgation de cette loi, les droits passifs qui, pour jubilation ou retraite, seront reconnus aux fonctionnaires des divers services de l'administration publique, le seront conformément à l'échelle suivante :

A 25 ans de service.   0.40 du traitement régulateur.

A 30 ans de service.   0.60 du traitement régulateur.

A 35 ans de service.   0.80 du traitement régulateur.

Pour opter à la jubilation ou à la retraite, pour impossibilité physique, il sera nécessaire de réunir au moins 25 ans de service.

Art. 2. — Pour justifier à l'avenir du nombre d'années de service nécessaire à l'obtention de la jubilation, pension ou retraite, on ne tiendra plus compte, désormais ni de la double durée attribuée aux services en campagne, ni du temps employé dans leurs études à ceux qui sont avocats, ni du temps de disponibilité, comme excédent, dans tous les corps de l'État. On ne comptera plus que le service effectif jour pour jour, y compris les congés et délais accordés pour prendre possession de l'emploi, quand l'employé aura continué à jouir de son traitement.

Art. 3. — Le traitement régulateur pour la fixation des droits passifs, sera celui dont l'employé a joui pendant deux ans ou plus, sans comprendre dans ce laps de temps, celui passé en commission dans des emplois de moindre catégorie.

Art. 4. — Les traitements supérieurs à 12.500 piécettes, seront considérés comme étant de 12.500 piécettes aux effets de la fixation des droits passifs.

Art. 5. — La démission de tout emploi civil et militaire, rétribué avec un traitement inférieur à 10.000 piécettes, fait perdre toute option aux droits passifs, quand elle n'est pas justifiée par des infirmités ou une impossibilité physique.

Art. 6. — Le Gouvernement suspendra le payement de leurs consignations passives aux fonctionnaires jubilés ou retraités, pour incapacité physique, qui entreraient au service d'entreprises, banques, compagnies, maisons de commerce ou sociétés industrielles.

Ceux qui, à la promulgation de cette loi, se trouveront dans le susdit cas, pourront opter en toute liberté.

Art. 7. — La jubilation ou retraite suppose l'abandon définitif du service actif.

Le fonctionnaire civil ou militaire qui, une fois jubilé ou retiré, retournerait au service actif, n'en bonifiera pas plus tard ses droits à la retraite.

Art. 8. — Le fonctionnaire qui aura prêté des services dans la carrière militaire et dans la carrière civile, aura droit, comme traitement régulateur de ses droits passifs et de ceux de sa famille, au traitement le plus élevé dont il ait joui pendant deux ans dans l'une des carrières où il a servi.

Art. 9. — Le fonctionnaire civil ou militaire ne léguera de droits à la pension correspondante, ni à la femme avec laquelle il aura contracté mariage depuis sa retraite, ni aux enfants nés de cette union.

Art. 10. — Continueront à jouir de la pension du Trésor, les veuves et enfants des employés civils et militaires, conformément aux droits passifs qui leur seront reconnus suivant l'échelle suivante :

25 ans de service de leur auteur : 0.15 du traitement régulateur ;

30 ans de service de leur auteur : 0.20 du traitement régulateur ;

35 ans de service de leur auteur : 0.25 du traitement régulateur.

Art. 11. — Auront cependant droit à une pension, les veuves et enfants des employés de toutes les carrières de l'administration publique, quelle que soit la durée de leurs services, s'ils sont morts dans une action de guerre, à la défense de l'Etat ou de l'ordre public, ou dans l'exercice de leurs devoirs et fonctions, par suite de naufrage, incendie, tremblement de terre, épidémie, dans une place assiégée ou prisonniers de guerre.

On prendra dans ce cas pour traitement régulateur, le plus élevé dont le défunt ait joui.

La pension sera le quart du traitement régulateur.

Art. 12. — Les pensions accordées aux veuves et aux orphelins, ayant le caractère d'alimentaires, ne seront désormais reconnues au-dessus de 1.000 piécettes, que quand les ayants droit auront prouvé qu'ils ne possèdent ni rentes, ni ressources supérieures à la pension qu'ils sollicitent.

Cette particularité se justifiera au moyen d'information testimoniale administrative, devant la *Junte* des classes passives, laquelle unira au dossier les renseignements provenant du service des contributions et autres, et, avant de rien décider, écoutera l'avis de l'avocat de l'Etat.

Art. 13. — Perdront définitivement le droit à la pension dont elles jouissent actuellement, ou à laquelle elles accéderont plus tard en vertu de cette loi, et sans qu'elles puissent les recouvrer, les veuves qui contractent un nouveau mariage, les orphelines qui se marient ou qui entrent en religion, les orphelins qui arrivent à vingt ans accomplis, qui se marient ou qui perçoivent sur les fonds de l'Etat, les fonds provinciaux et municipaux, et les fonds de la Maison royale, un traitement égal ou supérieur.

Dans ce dernier cas, la partie de pension correspondant à ces orphelins, restera au bénéfice du Trésor, et les co-intéressés ne jouiront de la plus-value leur en revenant que quand la pension des autres participants cessera, parce

qu'ils ont atteint l'âge prescrit ou contracté mariage.

Art. 14. — Toute pension de veuve ou d'orphelin devra être réclamée, avec les pièces à l'appui, dans le délai d'un an à partir du décès de l'auteur, auquel cas les droits courront à partir du lendemain du décès.

Si la réclamation est intentée la seconde année, la pension ne sera payable qu'à dater du jour de la présentation de l'instance avec les pièces à l'appui. Si les intéressés laissent passer cinq ans sans entamer de réclamations, leurs droits seront considérés comme caduques.

Art. 15. — Les deux mois de paye de survivance que les dispositions en vigueur accordent, pour frais funéraires et de deuil, aux veuves et aux orphelins des fonctionnaires morts en service actif ou jouissant de droits passifs, devront être réclamés dans le délai d'un an après la mort du *causante*. Passé ce délai, ces droits seront considérés comme atteints de caducité.

Auront droit au payement de ces deux mensualités, calculées sur le traitement le plus élevé obtenu depuis deux ans, les veuves et orphelins des fonctionnaires qui, sans mourir en service actif et sans jouir des droits passifs, meurent ayant plus de cinq ans de service dans des emplois publics, de nomination royale.

Art. 16. — On continuera à payer les pensions gracieuses de cinquante centimes de piécette, accordées aux veuves et orphelins des ouvriers des mines d'Almaden, morts dans les circonstances mentionnées dans les ordonnances royales y afférentes, mais le droit en question sera déclaré périmé s'il n'en est pas fait usage dans le délai d'un an à partir de la mort de l'ouvrier.

Art. 17. — Sont supprimées pour l'avenir les pensions indiquées dans le règlement des divers Monts-de-Piété, ainsi que les pensions temporaires du Trésor auxquelles se réfèrent les articles 45 à 47 du projet de loi du 20 mai 1862, mis en vigueur par la loi du budget du 25 juin 1864.

Les pensions de cette classe, sollicitées avant la promulgation de la présente loi, seront reconnues et jouiront des mêmes droits que celles qui existent, jusqu'à leur complète extinction, par suite des décès des pensionnaires ou du défaut d'aptitude des bénéficiaires.

Art. 18. — Les droits passifs qui n'auront pas été réclamés par les ayants droit de leur vivant, ne seront pas payés à leurs ayants cause.

Art. 19. — Pour la classification des services et la déclaration des droits passifs, on continuera à appliquer les dispositions en vigueur, en ce qu'elles n'ont pas de contraire à la présente loi.

FIN

INDEX

TABLE DES MATIÈRES

Imp. Dosmond, 147, rue du Temple — Félix Payen, Successeur.

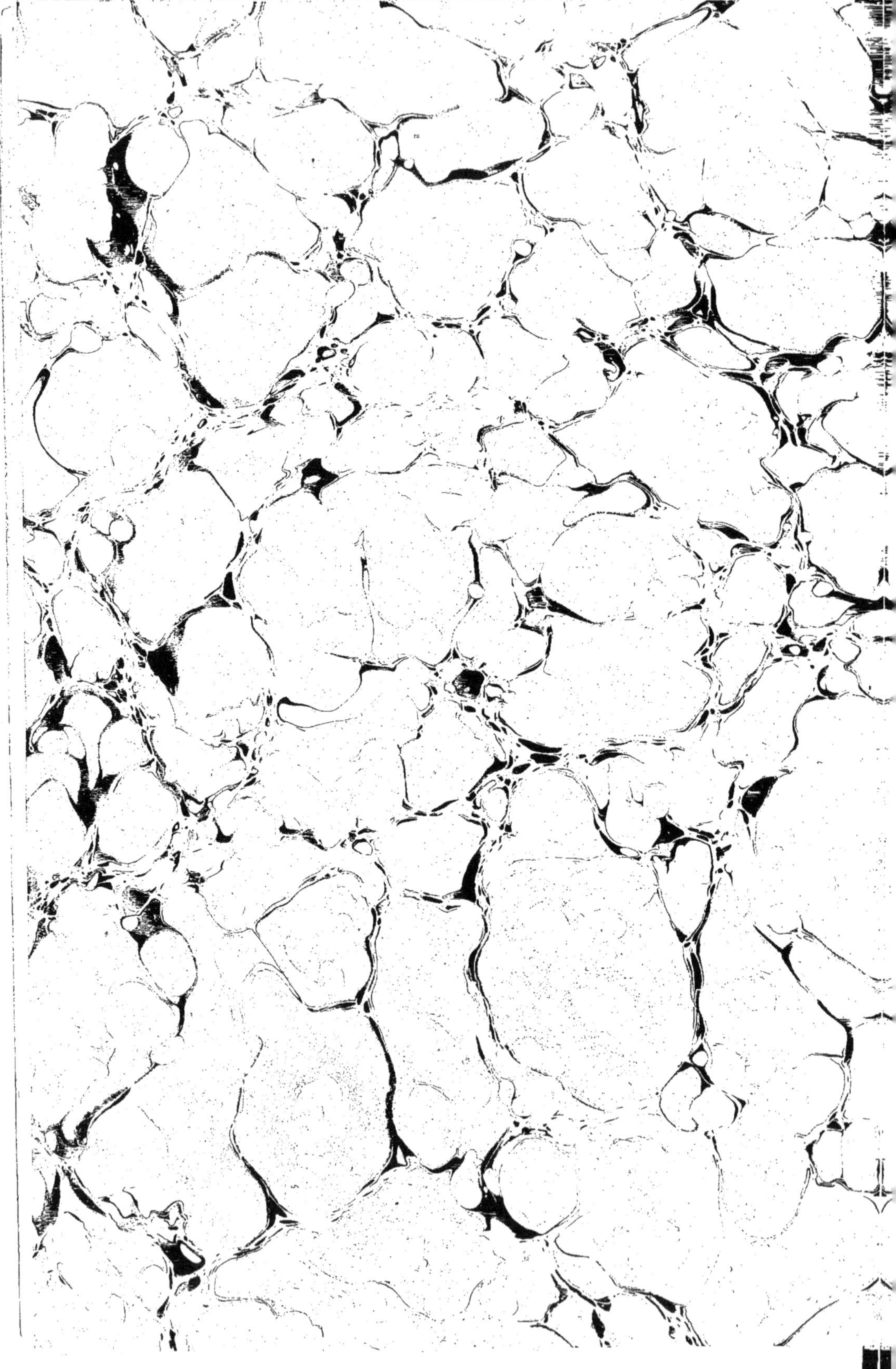

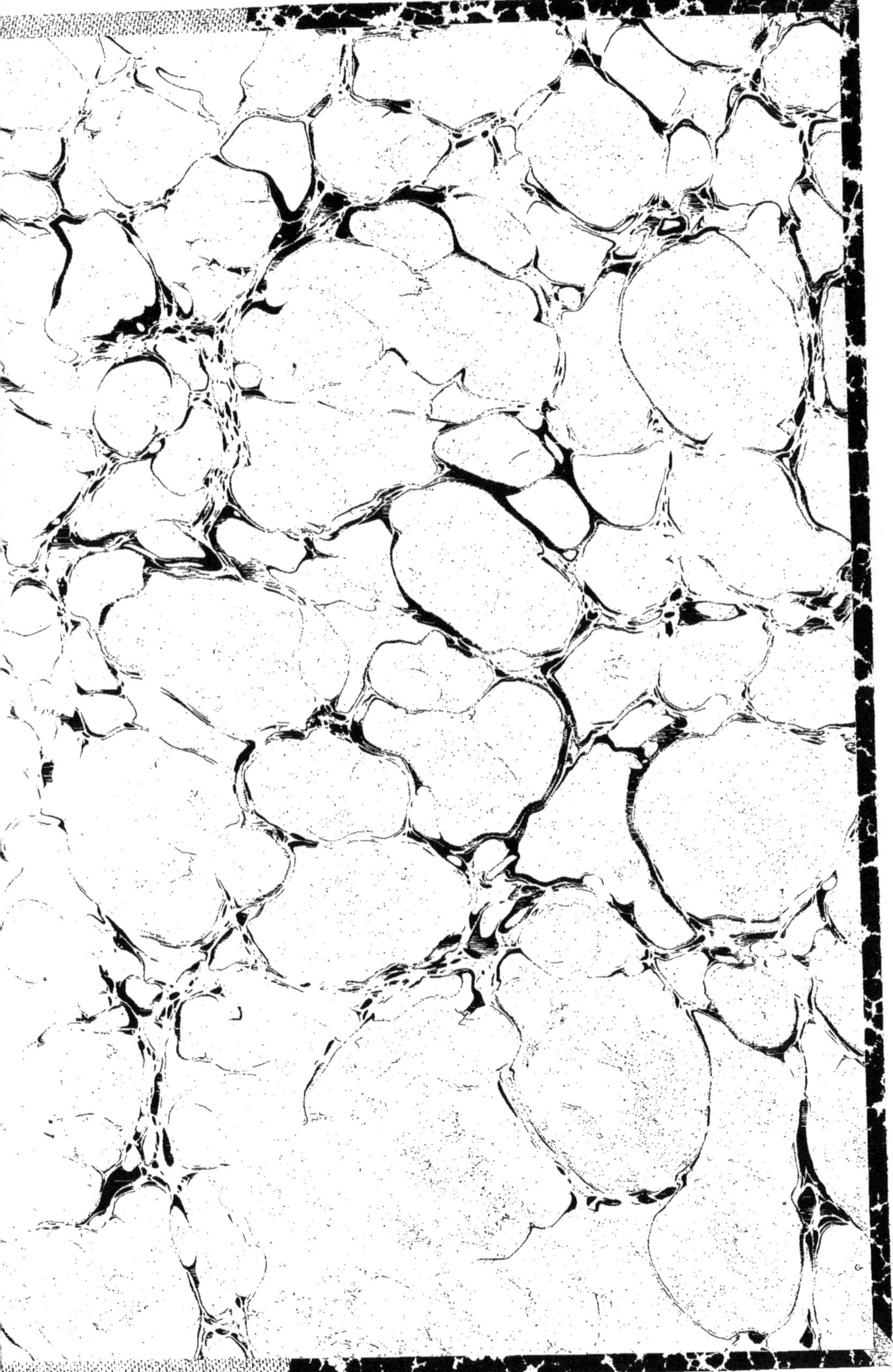

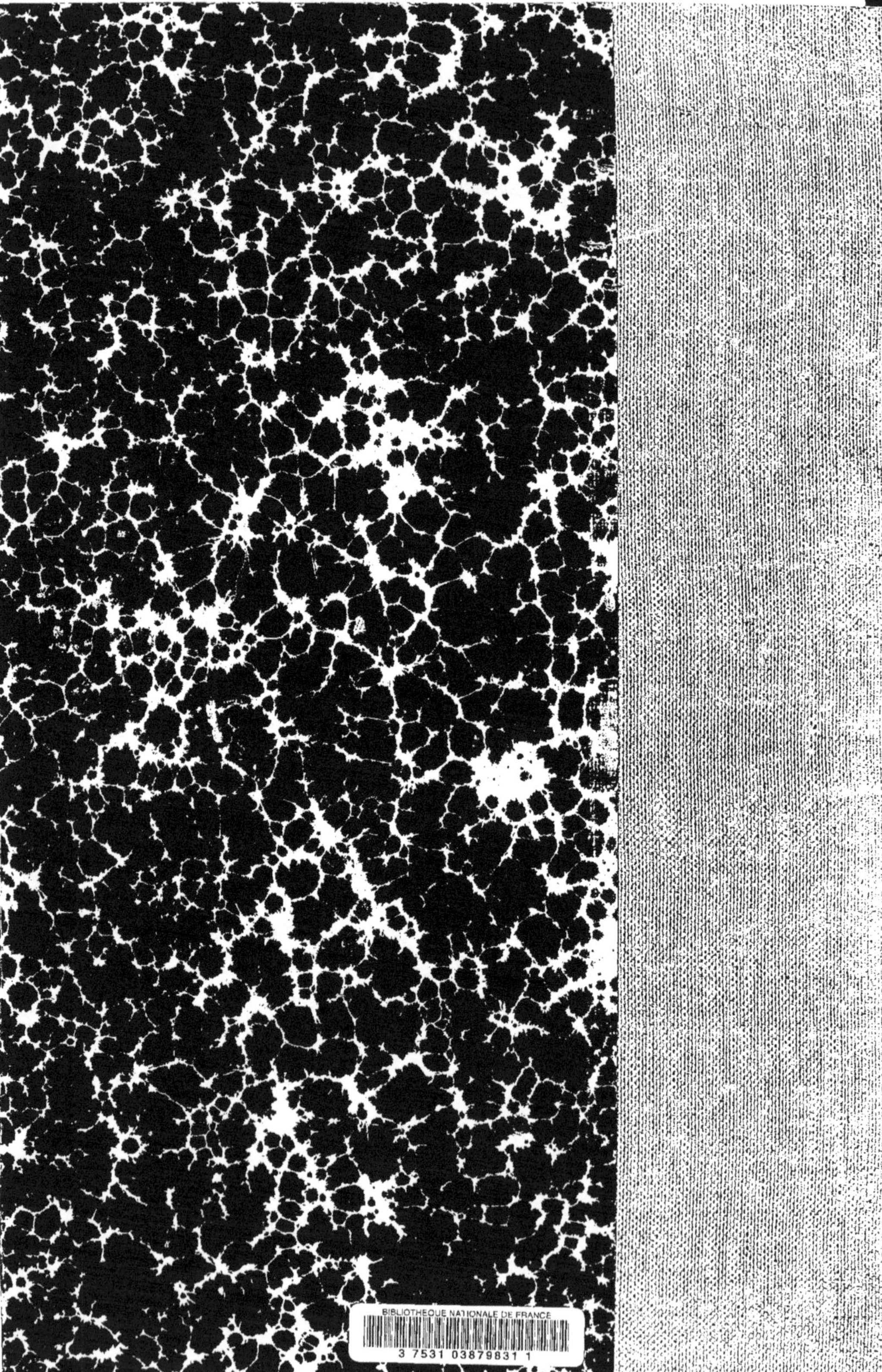